Oliver Goldsmith

Geschichte der Griechen

Nebst einem kurzen Abriß der Geschichte Griechenlands von dieser Periode an, bis auf die Eroberung Constantinopels durch die Othmanen

Oliver Goldsmith

Geschichte der Griechen

Nebst einem kurzen Abriß der Geschichte Griechenlands von dieser Periode an, bis auf die Eroberung Constantinopels durch die Othmanen

ISBN/EAN: 9783743685628

Hergestellt in Europa, USA, Kanada, Australien, Japan

Cover: Foto ©ninafisch / pixelio.de

Weitere Bücher finden Sie auf **www.hansebooks.com**

Dr. Goldsmiths
Geschichte der Griechen

von

den frühesten Zeiten

bis

auf den Tod

Alexanders des Großen.

Nebst einem kurzen Abriß der Geschichte Griechenlands von dieser Periode an, bis auf die Eroberung Constantinopels durch die Othmanen.

Aus dem Englischen nach der neuesten Ausgabe übersetzt, berichtigt, und mit vielen Anmerkungen und Zusätzen versehen

von

Christian Daniel Beck.

Erster Theil.

Mit einer Charte von Griechenland.

Leipzig,
im Schwickertschen Verlage, 1792.

Der Beyfall, mit welchem Herrn Goldsmiths Geschichte der Römer aufgenommen wurde, bewog ihn, nach eben dem Plan auch eine Geschichte der Griechen zu schreiben.

Das Werk war unter der Presse, als der Tod die gelehrte Republik einer ihrer vorzüglichsten Zierden beraubte. Seit des Verfassers Absterben haben verschiedne seiner gelehrten Freunde es gelesen, und sind der Meynung, daß es einer gleich guten Aufnahme des Publikums, als die Geschichte der Römer, würdig sey.

Nachricht
der zweyten englischen Ausgabe.

Von den Zeiten Alexanders bis auf die Eroberung von Constantinopel durch die Türken, eine Periode von 15 Jahrhunderten hindurch, standen die griechischen Staaten unter dem Einfluß auswärtiger Regierungen, wurden von den Waffen fremder Mächte bedrängt, und hatten ihre Nationalexistenz verlohren. Aber keiner von ihnen unterwarf sich der Sclaverey ohne Widerstand, keine Gewalt, die ihre Staatsververfassung umstürzte, konnte auch auf einmal ihren Nationalcharacter austilgen, sondern nur allmählig die verschiedenen Würkungen ihres originellen Geistes und ihrer politischen Einrichtungen vernichten. Der Verfasser des dieser Ausgabe beygefügten Anhangs zu der Geschichte des D. Goldsmith, ist bemüht, die Ueberreste Griechenlands unter den Revolutionen der Völker aufzusuchen; einen kurzen Ueberblick von ihren Bemühungen zu geben, die ersterbende Freyheit wieder herzustellen; die Züge aufzuspüren, welche am längsten unbefleckt von der ansteckenden Barbarey blieben; die Aeusserungen des Geistes zu verfolgen, der die Auflösung ihres Staats überlebte, fortfuhr und noch fortfährt, die Welt zu erleuchten und zu verfeinern.

Vorrede
des
deutschen Herausgebers.

Die erste deutsche Uebersetzung dieses Werks, die vor funfzehn Jahren herausgekommen war, hatte so vielen Beyfall bey Lesern gefunden, welche eine lesbare, von trocknen Untersuchungen und von ermüdender Weitläuftigkeit gleich weit entfernte, Geschichte der vornehmsten griechischen Staaten wünschten, daß eine neue Ausgabe nöthig war, deren Besorgung mir vom Herrn Verleger aufgetragen wurde. Unterdessen war zu London im Jahr 1785. ein sehr vermehrter Druck des Originals erschienen, zwar auch nur in zwey Bänden, die aber ungleich stärker sind, als die der vorigen Ausgaben. In dieser neuen englischen Ausgabe sind weniger die Fehler des Geschichtschreibers, besonders in der Schreibart der eigenthümlichen Namen, berichtigt, als die Erzählung erweitert, die Nachrichten ergänzt, und nicht selten lange Stellen eingeschaltet, welche geographische oder historische Details enthalten. Vorzüglich aber ist die Fortführung der griechischen Geschichte bis auf die entfernteste Zeit. Denn die erste deutsche Uebersetzung endigt die Geschichtserzählung mit dem Tode Alexanders (im 14. Abschn.) Alles also, was vom 15. Abschnitt an hinzugekommen, ist aus der letzten englischen Ausgabe verdeutscht worden, und beträgt im Original 157 Seiten. Ich habe folglich bey diesem zweyten deutschen Druck zuerst die neu hinzugekommenen Stücke übersetzen müssen; von dem übrigen Theil aber keine ganz neue Uebersetzung liefern wollen, sondern nur die ältere mit dem Original wieder verglichen, und hin und wieder geändert entweder nach Maasgabe des neuen Originals, oder nach den Quellen, die ich, etwas genauer als der erstere Herr Uebersetzer, nachgesehen hatte. An einigen Orten und vornemlich im letzten Kapitel sind in den Text selbst Ergänzungen von mir eingeschaltet, aber von der Erzählung des Verfassers selbst durch Zeichen hinlänglich unterschieden worden. Meine Absicht gieng, bey Bearbeitung des Werks, nach dem Willen des Verlegers, noch weiter. Es sollte ein Handbuch der griechischen Geschichte für Schulen werden. Dazu schien mir das Original überhaupt seiner Einrichtung nach, nicht unbrauchbar. Die Erzählung ist größtentheils frey von groben Fehlern, welche ausländische und auch wohl inländische Geschichtschreiber alter Staaten, selbst wenn sie die Quellen brauchten, aus Mangel hinreichender Sprachkunde und historischer Kritik begangen haben. Die Darstellung der Begebenheiten hält das Mittel zwischen einer den Anfänger überladenden Ausführlichkeit und einer compendiarischen Kürze, die zur genauern Einsicht in die Geschichte Griechenlands und zum Verstehen der Alten unzureichend ist. Der Geschichtschreiber hat sich mehr auf die Erzählung der Thatsachen eingeschränkt, als durch Räsonnemens die Geschichte verdunkeln wollen. Die philosophisch-politische Behandlung der Geschichte, wie man sie gewöhnlich nimmt, kann bey Anfängern zu nichts dienen, als sie zu pragmatisirenden Schwätzern zu bilden. Erst muß man Facta wissen, in der Chronologie fest seyn, den Zusammenhang aller wichtigen Begebenheiten übersehen, dann lassen sich auch pragmatische Betrachtungen über das Ganze mit Nutzen anstellen. Das zu frühe Philosophiren über Geschichte macht uns nur zu geneigt, die Begebenheiten zu dichten, wie wir sie zu unsern politischen Absichten brauchen können, nicht wie sie erfolgt sind. Ich leugne die Nothwendigkeit einer Anleitung zur richtigen Beurtheilung von einzelnen Personen, Handlungen und erheblichen Begebenheiten, gar nicht; ich bestreite nur die Verdrängung der eigentlichen Geschichtserzählung durch die pragmatisirende Auffassung einiger Daten und schimmernde Raisonnemens darüber, als unzweckmäßig und schädlich für den, der noch nicht Geschichte weiß. Endlich ist der Vortrag unsers Schriftstellers leicht, natürlich, ungekünstelt, durch edle Simplicität anziehend, und ganz entfernt von der neuen Gewohnheit, die Geschichte zu dramatisiren. Mag diese dramatische Behandlung der Geschichte immer Liebhabern und vorzüglich Liebhaberinnen der Geschichte gefallen; sie scheint doch der männlichen Würde der Geschichte eben so wenig angemessen zu seyn, als durch die besten Muster unter den frühern Geschichtschreibern empfohlen zu werden, welche wohl wusten, daß, den Leser auf den Schauplatz der Begebenheiten versetzen, nicht heisse, ihn auf eine Schaubühne führen. Ein nicht weniger großer

IX

lerhafter Ausgaben herrührten) und falsche Schreib-
arten der Namen von Personen und Oertern habe ich
im Text verbessert; erheblichere Unrichtigkeiten in
den Anmerkungen gerügt, in welchen auch die
Hauptquellen immer sorgfältig von mir angegeben
worden sind, weil der Anfänger frühzeitig auf ih=
ren Gebrauch geleitet werden muß; diejenigen Abweichungen von der Wahrheit, die nur daher rühr-
ten, daß der Verfasser einem einzigen schlechten Führer gefolgt war, konnten am wenigsten abgeändert,
konnten in den Anmerkungen nur, mit Verweisung
auf bessere Schriftsteller, angedeutet werden. Auch
hier mußte ich eine zu große Ausführlichkeit vermeiden.

Da ich diesem Handbuche der griechischen Geschichte diejenige Brauchbarkeit für Studierende
zu geben wünschte, welche es durch vollständige Zusammenstellung alles dessen erhalten konnte, was zur
gründlichen Kenntniß der Quellen der Geschichte
und des griechischen Alterthums selbst, zur
chronologischen Uebersicht der Begebenheiten und
zur genauern Einsicht in die vornehmsten Theile der
abwechselnden Verfassung der Hauptstaaten, anführen kann: so habe ich nicht nur in der folgenden
Einleitung das Hauptsächlichste von den Quellen
der griechischen Historie überhaupt und von verschiedenen ältern und neuern Geschichtschreibern angeführt, sondern auch jedem Theile noch einige Zusätze beygefügt, welche das Wesentlichste der griechischen Zeit- Länder- und Staatenkunde vortragen
sollten. So wie der Verf. selbst sich, bey Erzählung
der Begebenheiten, vornemlich auf die größern grie-

chischen Völker und Staaten einschränken muſte:
ſo konnte auch der Herausgeber nur ſelten auf die
kleinen Völker Rückſicht nehmen, welche in der
That auch nur dann für die allgemeine Geſchichte
Griechenlands wichtig werden, wenn ſie eine bedeu-
tende Rolle auf dem größern Schauplatz zu ſpielen
anfangen. Eine Charte von Griechenland und den
angränzenden Ländern war zur beſſern Einſicht in
die Begebenheiten unentbehrlich, am lehrreichſten
muſte eine ſolche ſeyn, welche zugleich die neuern Namen der Hauptplätze angab. Eine ſolche ſehr ver-
beſſerte Charte war zu London 1791 erſchienen:
Greece, Archipelago and Part of Anadoli by L.
S. de Rochette, publiſhed by Faden, im größten
Form. (ſ. Zimmermann Geogr. Ann. 11. Jahr. 1
St. S. 95.) Sie iſt, ohne Nachtheil verkürzt, nach-
geſtochen worden, und man hat mehrere alte Namen den neuern beygefügt, welche im Original
fehlten.

C. D. Beck.

Einleitung.

Ueber die Quellen und Schriftsteller der griechischen Völkergeschichte.

Wie die Geschichte jedes Volks, so fieng auch die griechische von Sagen an, welche eine mündliche Ueberlieferung mehrere Jahrhunderte hindurch fortgepflanzt und schon abgeändert hatte, ehe der Anfang gemacht wurde, sie aufzuschreiben. Da Griechenland von so vielen Stämmen verschiedenen Ursprungs, und welche zum Theil aus fernen Gegenden in verschiednen Zeiten eingewandert waren, bevölkert worden; so muste auch jeder Theil von Griechenland und jedes Volk seine eigenthümlichen Mythen ursprünglich haben, welche theils einheimisch und bey den Stämmen seit ihrer Entwilderung in Griechenland selbst erwachsen, theils fremd und mitgebracht gewesen sind. So wie in der Folge, und gewiß noch ehe Sänger diese Sagen bearbeiteten, bey der Vereinigung mehrerer Stämme zu einer Nation und ihrer Ausbreitung, auch aus verschiedenen Stammmythen derselben sich ein einziger Volksmythus bildete, so vergaß man nur zu bald die ausländische Quelle und Beziehung mancher Nachricht, und verlohr, indem man sie zur ursprünglich griechischen machte, die wahre Deutung derselben. Der Gang der griechischen Mythen überhaupt war der natürliche. Den Anfang machten Geschlechtssagen, welche theils die Abkunft und Niederlassung einer Familie und eines Stamms, theils die dabey vorgefallenen Begebenheiten, andere Hauptveränderungen, und die Folge der Geschlechter angiengen, von welchen letztern die Ueberlieferung nicht selten etwas wegläßt. Hierauf folgten, wenn ein Stamm schon zu Betrachtungen über die natürlichen Dinge, die ihn umgaben, veranlaßt wurde, Philosopheme, oder Vorstellungen des noch ganz sinnlichen Menschen, zuerst über den Lauf, die Beschaffenheit und den Einfluß der Himmelskörper, die Elemente, und die Gegenstände der Natur, welche seine Aufmerksamkeit reitzen, dann über den Ursprung und die frühere Geschichte dieser Gegenstände, um dadurch die Entstehung ihres gegenwärtigen Zustandes zu erklären, ferner über die belebenden und wirkenden Ursachen in und bey diesen Gegenständen, wodurch diese Stämme auf die Idee von höhern Kräften und Wesen geleitet werden. So entstanden die physischen Sagen*), Cosmogonien und Theogonien. Denn so wohl in den Genealogien als den Philosophemen, wurden alle Gegenstände personificirt, Flüsse, Oerter, Gegenden, Naturkörper wie Personen vorgestellt, und alle Begebenheiten und Eräugnisse in Handlung und That verwandelt. **) Das heroische Zeitalter der griechischen Stämme und eingewanderten Horden, das von Theseus bis auf die Rückkehr der Herakliden in den Peloponnes fortdauerte, gab eine neue Gattung von Heldensagen, deren Stoff zwar historisch war; allein die anstaunende Bewunderung vergrösserte alle Thaten, und die Ueberlieferung schmückte sie mehr aus. Jeder einzelne Stamm hatte seine ursprünglichen Stammmythen, und nahm frühzeitig auch fremde an. Die Sagen erhielten sich bey den Stämmen durch mündliche Fortpflanzung, und wurden bey Vereinigung mehrerer Horden, Volkssagen

---

*) C. G. Heyne de caussis fabularum s. Mythorum veterum physicis, in Opusc. Acadd. I. 184. ss.
**) Rabaud de St. Etienne Lettres sur l'Histoire primitive de la Grèce. Par. 1787. 8.

und Landesmythen. Ehe sie noch schriftlich aufgezeichnet werden konnten (denn die Griechen bedienten sich erst spät der Schreibkunst), waren sie schon zu Volksgesängen verarbeitet worden, und hatten eine mannigfaltige dichterische Behandlung erfahren, je nachdem sie zu Lobgesängen auf Götter, oder auf Helden, zu Familien- oder Nationalgesängen gebraucht wurden. Diese Gesänge haben sich zwar nicht erhalten, aber es sind die Quellen gewesen, aus welchen die folgenden Dichter, deren Werke auf uns gekommen sind, schöpften, die Quellen, aus denen Homer und Hesiodus ihre Mythen nahmen.*) Da schon theils durch die fortgehende mündliche Ueberlieferung, theils durch die frühesten Dichter diese Sagen, wenigstens in ihrer Ausbildung, oft geändert werden mußten; so erhielten sie unter den Händen der spätern Dichtern diejenige Beschaffenheit, welche die Grundlage unserer itzigen griechischen Sagenlehre, sie mag nun auf Volksreligion oder auf Geschichte angewendet worden seyn, ausmacht.

Auf die ältesten Sänger der Griechen welche einzelne Mythen in Versen mit Gesang vortrugen, oder sie in ihre grössere epischen Gedichte verwebten, oder auch zu größern poetischen Werken verarbeiteten, folgte eine große Zahl von Dichtern, welche das Alterthum mit dem Namen der cyclischen Dichter belegt hat, entweder weil sie einzelne Mythen aus einer fortgehenden Reihe derselben zum Stoff ihrer Gedichte machten, oder weil die spätern Grammatiker eine Reihe von Dichtern dieser Art

---

*) Heyne de origine et caussis fabularum Homicarum, Nov. Comm. Soc. Gott. Vol. VIII. de Theogonia ab Hesiodo condita in Commentat. Soc. Gott. Vol. II.

festsetzten *), welche die ältesten Mythen Griechenlands von den Geschlechten der Götter und den Cosmogonien an, bis auf den Untergang von Troja in ihren mythisch-epischen Gedichten ausgeführt, und so die Geschlechter und Thaten der Götter und vaterländischen Helden, die Begebenheiten der griechischen Stämme, vor, während und gleich nach dem Trojanischen Krieg, der Nachwelt, nicht ohne wundervolle Ausschmückung der Erzählungen, überliefert hatten. Entweder behandelten sie die ältesten Sagen von den Geschlechten der Götter und dem Ursprung der Dinge (Theogonien, Cosmogonien) oder von dem Kampf der Götter mit Titanen und Giganten (Titanomachiae, Gigantomachiae, z. B. von Telesis, von Arctinus oder Eumelus, von Thamyris, s. Bibl. der alten Litt. IV. S. 52. ff.) oder von den Begebenheiten einzelner griech. Helden (z. B. mehrere Heracleae, Heyn. ad Apollod. p. 326. Groddeck Bibl. der alten Litt. II. 72. f. Aegimius, oder die Thaten des Stammvaters der Dorer, Bibl. II. 84. ff. eine Theseide, Danaide, Oedipodea, Bibl. der alten Litt. IV. 57. ff.) oder von einzelnen Unternehmungen (Argonautica, von verschiedenen Verfassern, Bibl. der alten Litt. II. 70. ff. Αμαζονικα, mehrere Thebaiden, eine Alcmäonis, Minyas, Europia, Phoronis u. s. f. Heyn. ad Apoll. III. 917.) oder von ein-

---

*) Cyclus mythicus die Reihe der Mythen von Entstehung des Weltalls bis auf das Ende des Trojanischen Kriegs. Cyclus epicus Reihe der Gedichte, oder der Dichter, die diese Mythen in epischen Gedichten bearbeitet. s. Heyne Bibl. der alten Litt. I. 14. ff. 45. Groddeck ebend. II. 62. Heeren eb. IV. 51. C. G. Schwarz diss. de poetis cyclicis in eius diss. selectis, Erf. 1778. N. 2. Heyne Exc. I. ad Aen. lib. 2. T. II. 267. ff. das alte Basrelief in der Bibl. der Litt. und K. Th. IV. Wassenbergh. praef. ad Hom. cum pataphr. Villoison prolegg. ed. Hom. Schellenberg ad Antimachum, Fabric. Bibl. Gr. vol. II. 378. sq. et Harles. ad eum p. 381.

zelnen Ländern; oder sie lieferten zusammenhängende dichterische Bearbeitungen mehrerer Sagen (Cypria in XI Büchern, von der Heyrath des Peleus und der Thetis bis auf den Anfang der Jliade, Heyne Bibl. der alten litt. I. 27. ff. Naupactica oder von berühmten griech. Frauenzimmern, Heyne ad Apoll. III. 988. ff.); oder endlich behandelten sie nur die Trojanischen Mythen (Arctini Aethiopis oder von den Begebenheiten des Memnon in Aethiopien und bey Troja nach Hectors Tode, des *Lesches* kleine Jlias, *Arctinus* Zerstörung Jliums, *Augias* Gedicht von der Rückkehr, *Eugammon* Telegonie ꝛc. Heyne Bibl. I. 31 — 46.)

Die vornehmsten der cyclischen und mythischen Dichter früher und späterer Zeit waren: Eumelus von Corinth, der um die 4 Olymp. blühte, und mehrere Gedichte schrieb, von denen aber Pausanias wenige für ächt hielt (Heyn. ad Apoll. III. 983.). Seine Corinthiaca waren ein Gedicht, das die Corinthischen Mythen in sich faßte (Bibl. der alten litt. II. 94. f.) — Asius aus Samos, der die ältesten Geschlechtssagen behandelte (Valken. Diatr. p. 58. f.) — Stasinus von Cypern, von dem die Cyprien wahrscheinlich verfertigt worden sind, die auch den Namen seines Vaterlands führten (Bibl. der alten litt. I. S. 17. Heyn. ad. Virg. T. II. p 279.) Lesches aus Mytilene, dessen kleine Jlias, und ein anderes Gedicht von Trojas Zerstörung bekannt sind (Bibl. I. 35. 39. Heyn. ad Virg. II. p. 278.) Arctinus von Miletus war auch Verfasser eines Gedichts von Troja's Zerstörung, und des Gedichts von Memnons Zügen (Aethiopis, Proclus Bibl. der alten litt. I. 3b. 37.) Augias von Trözen hatte die Sagen von der Rückkehr der Griechen von Troja in einem Gedichte aufgestellt (No ra) Proclus am angef. Orte S. 41. Mehrere Schrie-

ben Νοςυς Heyn. ad Apoll. III. 990.) Cercops von
Miletus war der Verfasser des Aegimius, oder eines Ge.
dichts von den Helden des Dorischen Stamms (Heyn.
ad Apoll. p. 979.) Carcinus von Naupactus wird
als Urheber des cyclischen Gedichts Naupactica, genannt (Bibl. der alten Litt. II. 93.). Cinäthon aus Lacedämon, hatte ein Gedicht, über die Genealogie der Götter und Helden, eine Heraclea, eine Oedipodia verfertigt, und blühte schon in der dritten Olymp. (Heyn. ad
Ap. II. 729. Bibl. der alten Litt. IV. 57. ff.) In der
33. Olymp. blühte Pisander von Camirus auf Rhodus
dem eine Heraclea in zwey Büchern zugeschrieben wird.
Ungleich später (im dritten Jahrh. n. Christi Geb.) soll
ein anderer Pisander von Laranda gelebt haben, dem
man das cyclische Gedicht von den Heirathen der Götter
und Helden (ἡρωϊκαι θεογαμιαι), welches verschiedene
Gelehrte für ein und dasselbe Werk mit der Heraclea gehalten haben, beylegt (Heyn. Exc. ad Virg. T. II.
p. 283. ff.) Im Zeitalter des Solon blühten Epi-
menides von Creta, der ausser andern Gedichten auch
eine Theogonie und Argonautica verfertigt hat (Bibl. der
alten Litt. II. 78. f.), und Stesichorus der Lyriker, der
eine Europia, Orestia, Geryonis, und Excidium
Troiae gedichtet hat. (Heyn. ad Virg. II. 280.
Fragm. Stesich. ed. a Suchfort, Götte. 1771.).
Eugammon aus Cyrene, in der 53. Olymp. war Verfasser der Telegonia (Prcclus Bibl. der alten Litt. Med.
I. 42. f.) Pannasis um die 78. Olymp. hat eine Heraclea, und Ionica gedichtet (Heyn. ad Apoll. III.
991. f) Simonides der jüngste (in der 82. Olymp.)
verdankte seinem genealogischen Gedichte in drey Büchern
den Beynamen Genealogus (de Boissi Histoire de
Simonide p. 79. ff.) Herodorus aus Pontus ver-

fertigte Argonautica und eine Heraclea (Heyn. ad Apoll. III. 984.): nicht weniger berühmt waren die Argonautica des Cleon von Curium (Bibl. der alten litt. II. 70.) Unter den Gedichten des berühmten Epikers, Antimachus von Colophon (der um die 92. Olymp. blühte), war auch eine Thebaide, die nicht mit einer ältern (κυκλικη Θηβαϊς) verwechselt werden darf (Schellenberg Reliquiae Antimachi, Hal. 1786. p. 19. ff.) Künstler der spätern Zeit, welche eine Reihe von Begebenheiten der mythischen Zeiten in halb erhabener Arbeit darstellen, haben zum Theil diese Dichter genannt, aus welchen sie schöpften, wie der Verfasser der bekannten Tabula Iliaca auf dem Capitol, einer ähnlichen Tafel zu Verona (Maffei Muſ. Veron. p. 468. f.), und der Marmortafel im Museum des Card. Borgia zu Velletri, die Herr Prof. Heeren (Bibl. der alten litt. IV. 43. ff.) bekannt gemacht und erläutert hat. Alle jene Dichter haben die Sagen der Vorzeit, so wie sie dieselben in den mündlich überlieferten Gesängen erhielten, in ihren Gedichten ausgeführt und gewiß nicht ohne dichterische Zusätze der Nachwelt übergeben; die spätern von ihnen haben wahrscheinlich noch manche Erklärungen und Vorstellungen der jüngern Zeit (Philosopheme) eingetragen, und, um ihre Leser zu vergnügen, die ältesten Sagen ausgeschmückt, erweitert und verschönert.

Den cyclischen und epischen Dichtern folgten zunächst andere Arten griechischer Poeten, die entweder die ältesten Mythen zur Ausschmückung ihrer Gedichte benutzten, und ihnen folglich eine solche Wendung und Deutung gaben, die ihrer Benutzung am angemessensten waren, oder sie auch als Hauptstoff neuer Darstellungen brauchten. Zu jenen gehören erstlich die ältesten Weisen oder Physiker Griechenlands, welche ihre Lehren über den

Ursprung und die Natur der Dinge, die aus den mythischen Vorstellungen entsprungen, sich wenig davon entfernten *), entweder in Gedichten (wie Xenophanes, Parmenides, Empedocles) oder in dichterischer obgleich ungebundener Sprache (wie Pherekydes, Heraclitus, Democritus) vortrugen. Die cosmogonischen und physischen Sagen des Alterthums dienten ihren neuen Philosophemen zur Grundlage, und erhielten eben dadurch nicht nur manche Erweiterung sondern auch die früheste wissenschaftliche Anwendung und Erklärung, zumal da manche physiologische Dichter z. B. Xenophanes, mit der ältern Behandlung der Mythen durch Homer und Hesiodus sich ganz unzufrieden bezeigten. Zweytens haben vorzüglich die Lyrischen Dichter die alten Mythen zu Episoden ihrer Gedichte so verarbeitet, wie ihre erhitzte Einbildungskraft, die Begeisterung, die Umstände, die Regeln der lyrischen Poesie es erforderten. Das was bisher Sage, dichterisch vorgetragene Sage des Alterthums war, wurde nun Stoff der dichterischen Imagination und Fiction, und auf mannigfaltige Art abgeändert;**) die alten Mythen dienten nur zur Ausschmückung neuer Gedichte. Kein Wunder, daß sie bald zum Stoff einer neuen Art von dichterischer Darstellung, nemlich der dramatischen und insbesondere der tragischen, gebraucht wurden. Schon hatten die alten lyrischen Chorgesänge den Vorrath von Mythen fast erschöpft, als auch die neu angebrachten Zwischengesänge eben daher ihr Materiale entlehnten. Dieser Gang führte die nachherigen tragischen Dichter, ohne irgend eine andere politische oder ästhetische Rücksicht, darauf, die Haupthandlung ihrer

---

*) Meiners Gesch. der Wiss. in Griech. I. 154 — 161. 605. 642. Heyn. ad Apoll. III. 919.
**) Heyne Vorrede zu Herrmanns Handb. der Mythol. 2. Band.

Trauerspiele aus den berühmtesten und schon am meisten
von frühern Dichtern vorgearbeiteten Mythen zu nehmen.
Wie häufig die mythische Geschichte den griechischen
Tragikern zum Stoff ihrer Trauerspiele gedient hat, kann
uns freylich der kleine Ueberrest ganzer Stücke weniger
zeigen, aber die Menge der Titel von ganz oder größtentheils verlohrnen Tragödien, die man kennt, so wohl von
andern, als insbesondere den drey großen Trauerspieldich-
tern, kann uns davon überzeugen *). Am häufigsten ist
der Cyclus der Thebanischen Mythen von Cadmus an benutzt worden (Cadmus des Eurip., Antiope von eben-
demselben, Ino des Sophocles, Semele und Διονυσε
τροφοι von Aeschylus, Pentheus desselben, Bacchae
des Euripides, Sphinx von Aesch., Phoenissae von Eurip. und Aesch., Oedipus, Electra, Antigone von den
meisten Dichtern, Septem contra Thebas von Aesch.
Epigoni von Aesch. und Sophocles u. s. f.;) wohin auch die
Geschichte des Hercules gehört, z. B. Alcmena und
Hercules furens des Eur., auch bey satyrischen Stücken, wie Hercules in Taenaro des Sophocles), dann
die Begebenheiten der Pelopiden (Oenomaus des Sophocles, Thyestes des Eurip. Clytaemnestra, Aegi-
sthus, Orestes u. s. f.), ferner einzelne wichtige Unternehmungen des heroischen Zeitalters, wie der Argonautenzug (Groddeck Bibl, der alten Litt. II. 106. ff.) der
Trojanische Krieg und einzelne Vorfälle desselben (Οπλων
κρισις und Φρυγες des Aeschylus, Philoctetes des Soph.
Hecuba, Troades des Eurip., Aiax des Aesch. und
andere) nebst den Vorfällen der Rückkehr, Einwanderung
der Heracliden in den Peloponnes (Heraclidae des Eurip.) Was bisher als Sage vorgetragen war, wurde

*) Fabric. B. Gr. L. II. c. 16—19. T. I. der alten Aus-
gabe, vorzüglich T. II. ed. Harles. p. 84. fs.

durch die Tragiker als Handlung dargestellt und erhielt schon dadurch eine veränderte Gestalt. Noch kommen dazu Erweiterungen und Ausschmückungen, welche die Gesetze des Drama nothwendig machten.

Den Dichtern folgten Schriftsteller, welche die Geschlechtssagen, Mythen von Göttern, und Erzählungen von den Heroen der Vorzeit, die schon von den Dichtern bearbeitet worden waren, in ungebundener Rede vortrugen.*) Ihr Vortrag war einfach und ohne historischen Schmuck, getreu überlieferten sie was sie in den Sagen und in Denkmälern vorfanden, ohne etwas zu bezweifeln oder zu verändern, ohne kritische Prüfung, oder pragmatische Behandlung. Gewöhnlich sammelten sie die Mythen einzelner Nationen oder Städte, und schrieben keine zusammenhängenden Geschichten **) Ihre Mythensammlung unterschied sich durch die Behandlungsart merklich von der epischen und dramatischen und physiologischen ***) Ihre Werke aber waren schon in den Zeiten Augusts gröstentheils verlohren gegangen, oder wenn es Geschichtbücher gab, die ihnen zugeschrieben wurden, so waren sie sehr zweifelhaft. †) Als der älteste griechische Geschichtschreiber wird Cadmus von Miletus genannt ††), nicht viel jünger als Orpheus, nach einigen Angaben. Er hatte von der Erbauung der Stadt Miletus, ingleichen eine Geschichte von ganz Jonien verfer-

*) Meine Comment. de litt. gr. et lat. P. I. Sect. I. p. 16. f.

**) Dionys. Halic. Iud. de Thuc. c. 5. p. 818. f. T. VI. Reisk. c. 7. p. 823. c. 29. p. 864. f. Arch. l. I. T. I. p. 23.

***) Sturz Comm. de Pherecyde Syr. p. 172. ff. de Hellanico p. 9. f.

†) Dion. de Thuc. T. VI. p. 864.

††) Plin. H. N. 7, 59. Eudociae Viol. p. 267. Strab. p. 18. Fabric. B. Gr. I. p. 198. f. 200. Harl.

tigt; aus seinen Geschichtbüchern hatte Bion von Proconnes einen Auszug gemacht, und schon zu des Dionysius von Halicarnaß Zeiten (T. VI. p. 864. Reisk.) wurden die dem Cadmus beygelegten Schriften für unächt gehalten. Manche alte Schriftsteller unterscheiden zwey Historiker dieses Nameus, beyde aus Miletus gebürtig, und der jüngere oder der wahre Historiker, Cadmus, soll erst um die 65 Olympiade geblüht haben.

Der erste Geschichtschreiber soll nach andern Angaben Hecatäus von Miletus *) gewesen seyn, der in der 69. und 70. Olympiade blühte, und nicht mit einem später lebenden Hecatäus von Miletus zu verwechseln ist. Er hatte eine Beschreibung von Asien (Ασιας περιηγησις) und eine andere von Europa (Ευρωπης περιοδος) ein Geschichtbuch (wovon vielleicht die Genealogien einen Theil ausmachten) verfertigt, in welchem er sich wie es scheint, nur auf die vaterländischen Begebenheiten einschränkte und manche Fabeln der Vorgänger verließ. (Demetr. de Eloc. §. 12. Fisch. Vossius de Hist. Gr. 4, 3. p. 440.) Noch etwas früher, schon zu Cambyses Zeit, blühte Acusilaus aus Argos, welcher Genealogien der Götter und Heroen schrieb, und die unzuverlässigsten Sagen des Alterthums ausgab. (Acusilai Fragm. cum Fragm. Pherecydis edidit Sturz 1789. vergl. Heyne ad Apoll. p. 973. s.). Seine Schriften sind aber noch vor oder gleich nach Chr. Geb. verloren gegangen und andere ihm untergeschoben worden, wenn das Urtheil, eines alten Schriftstellers, das Suidas anführt, gegründet ist.

Auch die Schriften des Aristäas von Proconnesus, der zu des Cyrus Zelten lebte und von Herodotus (4, 13. ff.) als ein fabelhafter Schriftsteller bekannt gemacht wird,

*) Said. h. v, und unter ιςοργαι und συγγραφ. Sévin in den Mem. de l'Acad. des Inscr. T. VI. p. 421. fs.

waren zu den Zeiten des Dionysius (Th. VI. S. 864.) verloren, und die welche seinen Namen führten zweifelhaft. Von den übrigen, ältesten Historikern Eugeon von Samos, Deiochus von Proconnes, Eudemus von Paros, Democles von Phygalea (Dionys. VI. p. 818.) Charon von Lampsacus (schrieb zu des Xerxes Zeiten, eine Geschichte der Persischen Kriege, deren Begebenheiten er selbst erlebt hatte; (Voss. IV. p. 442.), Hippys von Rhegium (schrieb um eben diese Zeiten Chronica in 5 Büchern, eine Geschichte von Sicilien, eine Geschichte der Bevölkerung Italiens, und Argolica) dem noch ältern Theagenes von Rhegium (zu den Zeiten des Cambyses) und dem Amelesagoras (dessen Name nicht einmal einstimmig angegeben wird, denn er heißt auch Melesagoras, und schrieb eine Atthis, s. Beckmann zum Antigonus Carystius K. 12. S. 23.) ist noch weniger bekannt geworden. Sie waren συγγραφεις (Schriftsteller welche in Prosa schrieben) oder λογογραφοι (Sagenschreiber) aber nicht eigentliche Historiker.

Dionysius von Miletus, der noch um die 73 Olympiade lebte, hat zuerst in einem einzigen prosaischen Werke die vornehmsten Sagen der Vorzeit und der Dichter zusammengestellt. Dies Werk ist Κυκλος μυθικος genannt worden, und bestand aus mehrern Büchern, welche meistens nach dem Inhalte von den spätern Historikern und Grammatikern citirt werden, Argonautica, Troica. Auch die Geschichte des Bacchus und der Amazonen war darin vorgetragen, und zwar so, wie die ältern Sagenschreiber sie erzählt hatten (Diod. S. 3, 65.) Die spätern Erklärer der Mythen (Apollodorus) und Grammatiker haben ihn vorzüglich benutzt, und er wird von ihnen oft nur ὁ Διονυσιος genannt. Auch ὁ κυκλογραφος (Suid. Tzetz.) Valck. ad Eur. Phoen. Schol. p. 735.

f. (wo ihm doch mit Unrecht ein cyclus epicus zugeschrieben wird), Heyn. ad Virg. Aen. T. II. p. 270. ad Apoll. III 980. fs. Er schrieb aber auch einen Κύκλος ἱσορικος in 7 Büchern, zu welchem vermuthlich die Περσικα und τὰ μετὰ Δαρεῖον in 5 Büchern (Eudociae Violar. p. 128. f.) gehörten, und war folglich der erste welcher die mythische Geschichte mit der wahren zu verbinden und in eine zusammenhängende Folge zu bringen wußte. Andere Schriftsteller, welche vor dem Peloponnesischen Krieg lebten, machten den Anfang die Begebenheiten einzelner Länder oder Städte aufzuzeichnen. So schrieb Xanthus aus Lydien (um die 70. Olymp.) *Lydiaca*, oder eine Geschichte der Könige von Lydien, die von den meisten Alten gelesen und geschätzt wurde, obgleich auch Zweifel gegen ihre Aechtheit erhoben worden waren (Voss. de Histor. p. 12. 451. f.). Zeitgenossen des Herodotus waren zwey Schriftsteller von deren Werken sich noch Bruchstücke erhalten haben Hellanikus von Lesbos (12 Jahre älter), der so leicht mit einem andern Hellanicus von Miltus verwechselt werden konnte, und Pherecydes von Leros oder Athen, der einige Jahre nach dem Herodotus gebohren wurde.

Erstern werden mehrere Werke beygelegt, unter welchen vorzüglich die Κτισις oder das Werk von Ursprung griechischer Städte und Nationen, und Φορωνίς oder von der Argivischen Geschichte sich befanden. Ueberdieß werden seine Ἱσορίαι, Aegyptiaca, Aeolica, Phoenicia, Persica, Scythica, Lydica, Atlantis, Deucalionia u. s. f. angeführt, vielleicht nur Theile eines größern Werks (Hellanici Lesbii Fragmenta, edidit F. G. Sturz L. 1787. 8.) Er wird nicht nur von alten Schriftstellern beschuldigt, daß er aus seinen Vorgängern und selbst aus den Werken der Zeitgenossen vieles ausgeschrieben, sondern auch, daß er noch so ohne alle Kunst und ohne weitere Prüfung bloß erzählt habe, daß er vom Mythologen wenig entfernt war. Seinen jedesmaligen Quellen aber folgte er so genau, daß er nicht nur öfters von andern Geschichtschreibern abwich, sondern selbst mit sich nicht immer übereinstimmte. Pherecydes war vornemlich durch ein großes Werk Ἰστορίαι bekannt, das aus 10 oder 12 Büchern bestand, und eine Sammlung von Geschlechtssagen und Erzählungen von Ursprung und Begebenheiten der griech. Städte und Länder war. Er wird daher auch zu den Genealogen gerechnet (Dion. Hal. Arch. I, 13. (Pherecydis Fragmenta - illustrauit F. G. Sturz, Ger. 1789. 8.). Hier schließt sich die erste Periode der griech. Geschichtschreibung. Mythen verschiednen Ursprungs und Inhalts, von Dichtern schon mannigfaltig bearbeitet und verschönert, wurden ohne Erklärung und Prüfung gesammlet, und in der kindischen Erzählungsart des frühern Zeitalters kunstlos vorgetragen (Diod. S. I, 27. Dion. Hal. Arch. I, 13.)

Mit dem Herodotus von Halicarnaß (er blühte zwischen der 74. und 87. Olymp. Zeitgenoße des Pericles) fängt eine zweyte Periode der griech. Geschichtschreibung an. Außer der Assyrischen und Africanischen Geschichte (wenn er anders die letzte wirklich geschrieben hat (Wesseling, diss. Herod. c. 1, 2.) umfaßte er in einem größern noch vorhandnen Werke die allgemeine Geschichte der Ausländer und der Griechen, ohne sich vorzüglich auf das Mythische einzulaßen, und die Begebenheiten eines Zeitraums von 220 Jahren (Dion. Hal. Ep. ad Pomp. de Histor. T. VI. p. 767, 774. de Thuc. p. 820.) nebst der Beschreibung der Merkwürdigkeiten der Länder, die er selbst besucht hatte. Von seinen Vorgängern unterscheidet er sich dadurch, daß er nicht, wie sie, die aus irgend einer Quelle geflossenen Sagen ohne Urtheil überliefert, sondern überhaupt mehrere Traditionen und aufgezeichnete Nachrichten gebraucht, das was er selbst gesehen und geprüft von dem, was er gehört oder gelesen hat, unterscheidet, bloße Sagen durch eine kleine Bemerkung von zuverläßigen Erzählungen und von seiner Meinung absondert, falsche Berichte und erdichtete Schriften verwirft, daß er vornemlich die griechischen und persischen Begebenheiten, die kurz vor seiner Zeit hergiengen, sehr weitläufig erzählt, daß er nicht bloß die Thatsachen anführt, sondern bisweilen auch die Ursachen angiebt, daß er endlich sich vom dichterischen und mythischen Vortrag der Vorzeit eben so weit entfernt, als von der kunstvollen Darstellungsart der spätern Historiker, einfach, fließend, und angenehm, bisweilen auch nachläßig, schreibt. So wenig seine Geschichte noch allgemeinen Anspruch auf Richtigkeit aller Nachrichten und Erklärungen, oder auf regelmäßige Schönheit der Behandlung machen kann: so fängt doch mit ihm die Periode der mehr kritischen, sorgfältigern und anmuthigern griechischen Geschichtschreibung an.

Kurz nach dem Herodotus lebten noch mehrere Historiker, welche entweder noch die ehemalige Gewohnheit Mythen zu sammlen, befolgten, oder in der Manier jenes Schriftstellers, ohne ihn gerade nachzuahmen, ihre Werke der inn- und ausländischen Geschichte abfaßten. Antiochus des Xenophanes Sohn, aus Syracus, schrieb die älteste Geschichte Italiens und Siciliens, indem er aus den alten Sagen (αρχαιοι λογοι) das auswählte, was ihm am glaubwürdigsten zu seyn schien. (Dion. Hal. Arch. 1. 12. Sein Name ist bisweilen mit dem Namen Antigonus vertauscht worden; denn es ist nicht wahr scheinlich, daß Antigonus von Carystos die ältere Geschichte von Italien behandelt habe. (Leopold. ad Plur. Rom. c. 16.) *Stasimbrotus* von Thasos der Zeitgenosse des Cimon und Pericles hat ihre Geschichte beschrieben (Plut. T. I. p. 440. T. III. p. 204. Reisk.) Andere Geschichtschreiber bis auf Thucydides nennt Dionysius (T. VI. p. 818. f.) und urtheilt an einem andern Ort (p. 866.) von ihrer kunstlosen und ungeschmückten Erzählungsart.

Thucydides aus Athen (geb. 470. v. Chr. Geb.) welcher nur die Geschichte von zwanzig Jahren des Peloponnesischen Kriegs, der zu seinen Zeiten geführt wurde, ausführlich beschrieben hat, übertraf nach dem Urtheil des Dionysius (T. VI. p. 822.) seine Vorgänger in der Wahl des Gegenstandes seiner Geschichtbeschreibung, indem er sich die Ursachen und Vorfälle eines einzigen, sehr großen und für ganz Griechenland wichtigen Kriegs zu erzählen vornahm, und in der Ausführung, daß er nichts fabelhaftes aufnahm, der Wahrheit durchgängig treu blieb, nichts zu den Begebenheiten hinzusetzte, nichts wegließ, nichts nach Willkühr, aus Haß oder aus Zuneigung, veränderte. Seine Erzählungsart ist, sowohl was die Auswahl der Worte, als die Zusammensetzung und den ganzen Vortrag anbetrift, nicht so einfach, so plan und ungeschmückt, wie die seiner meisten Vorgänger; er hatte einen anhaltenden und mühsamen Fleiß auf die Vervollkommnung der Erzählung verwandt, sie ist reich an Gedanken, absichtlich kurz und gedrängt im Ausdruck, der Vortrag ist kräftig, ernsthaft, nicht eben gefällig und gewandt, aber nachdrücklich und künstlich ausgearbeitet, die Bilder sind mehr groß und stark, als fein und anmuthig; er hat die Geschichtsdarstellung durch eingemischte Reden merkwürdiger Staatspersonen und Feldherren unterbrochen,

XXVII

in welchen er zu sehr sich bemüht hat durch gehäufte Sentenzen und verschlungene Perioden die Aufmerksamkeit der Leser zu fesseln, als daß ihre Geduld nicht ermüdet werden sollte. (Dion. Hal. T. VI. p. 866. ff. Cic. de Or. 2, 13. Brut. 9. Quintil. 10, 1, 73. ff.) So wie aber Dionysius seine Anordnung und Stellung der Materialien nicht immer ohne Grund tadelt, und bemerkt, daß er auch in der Erzählung sich nicht immer gleich geblieben ist (T. VI. p. 826. ff.) so kann man die gewiß nicht lichtvolle und zu einförmige Kürze des Vortrags, die absichtliche oder zufällige Nachlässigkeit in Veränderung angefangener Perioden und den Mangel der Fülle, Numerosität, und Annehmlichkeit in dem Periodenbau, dem zu häufigen Gebrauch gewöhnlicher Figuren der Rede gewiß nicht rühmen *). Das achte Buch, das in dem Vortrag von den übrigen etwas abweicht, ist eben deswegen von einigen dem Thucydides abgesprochen worden.

Cratippus der Zeitgenosse des Thucydides hat seine Geschichte des peloponnesischen Kriegs fortgesetzt (Dion. Hal. de Thuc. Jud. T. VI. p. 847.) Nicht nur ihn, sondern alle vorherigen Geschichtschreiber ließ Xenophon (bl. um die 95. Olymp.) zurück, der gleichfalls zur Fortsetzung des Thucydides die Geschichte Griechenlands in einem Zeitraum von 48 oder 49 Jahren vom 21. Jahre des peloponnes. Kriegs an geschrieben hat. (Dodwell Chronol. Xenophon. vor der Schneiderschen Ausg. der Hell.) Er ahmte mehr dem Herodotus als dem Thucydides nach (Dion. Hal. T. V. p. 426. fs. VI. 777. f.) trägt aber die Begebenheiten in einer richtigern Ordnung

---

*) Vergl. Jo. Dav. Heilmanns kritische Gedanken von dem Character und der Schreibart des Thucydides. Leipzig 1758. 4. M. f. noch Dion. Hal. T. VI. p. 943. ff. V. p. 428

mit gehöriger Umständlichkeit und genauer Angabe der Zeitbestimmungen, ohne Einmischung vieler Reden, mit seltenen aber am rechten Ort gemachten Betrachtungen und Bemerkungen über die Vorfälle, in einem reinen, faßlichen, anmuthigen, fliessenden, nicht glänzenden oder erhabenen, sondern nur bisweilen mit Dichterwörtern ausgeschmückten Stil, vor. Nicht ganz so angenehm und ausgebildet scheint die Erzählung von dem Rückzuge der zehntausend Griechen, obgleich auch hier durchgängig Ordnung und Simplicität in der Darstellung herrscht, und mehrere einzelne schön ausgearbeitete Stellen vorkommen. Mit ungleich sichtbarerer Kunst ist die Cyropädie geschrieben, ein Stück, das zwischen den eigentlichen historischen und den rednerischen oder bramatischen Arbeiten dieser Zeit in der Mitte steht, und den Uebergang zu den Werken der Periode der kunstvollen griech. Geschichtschreibung machen kann.

So wie Xenophon mehr dem Herodot nachahmte, aber seine Manier der Erzählung merklich vervollkommnete, so hielt sich sein Zeitgenoß, Philistus von Syracus, mehr an den Thucydides, eben so kurz und sententiös in seinem Vortrag, nur nicht so kraftvoll aber auch nicht so dunkel. (Cic. ad Q. Fratr. ep. 2, 12. Dion. Hal. vett. Script. cens. p. 427. T. V. de praec. histor. T. VI. p. 779. ip. Reisk.) Außer verschiedenen historischen Schriften hatte er ein Werk über Siciliens Geschichte in 11 Büchern verfertigt, davon der erste Theil (7 Bücher) einen Zeitraum von 800 Jahren umfaßte, und bis zur Eroberung Agrigents durch die Carthager (Olymp. 93, 3.) gieng, der zweyte (8—11. B.) die Geschichte des ältern Dionysius, Tyrannen von Syracus, enthielt (Wesseling. ad Diod. Sic. T. I. p. 625.) So wie er von der edlen Freymüthigkeit der griech. Geschichtschreiber sich dadurch entfernte, daß er den Tyrannen schmeichelte (Dion. Hal. VI. p. 780.): so soll er auch zuerst die Regeln der Redekunst auf Geschichtschreibung angewandt haben (Suid. h. v.). Die Wahrheitsliebe mancher andern griech. Historiker fieng auch schon an verdächtig zu werden. So urtheilte man nicht durchgängig von des Ctesias aus Cnidos, des Zeitgenossen von Xenophon, großen Werke der morgenländischen (assyrischen und persischen) Geschichte günstig, das aus 23 Büchern bestand und von Ninus bis auf das 3. Jahr der 95. Olymp. herab die Begebenheiten Asiens mit beständigem Widerspruche gegen die Nachrichten des Herodotus erzählte. (Voss. de Histor. gr. 1, 5. Phot. Bibl. Cod. 72. f.) Doch gieng dieser Streit die griech. Geschichte wenig an. Die alte Sagengeschichte wurde in diesem Zeitraum nicht vernachlässigt. Anaximander, vielleicht der Milesier, schrieb eine Herologie oder Sagen von den Heroen, und Metrodorus von Chios eine Trojanische Geschichte (Heyn. ad Virg. T. II. p. 271.)

Unterdessen war schon eine der Geschichte sehr nachtheilige Gewohnheit aufgekommen, die alten Sagen, und besonders die von den Göttern und Heroen, welche in den Dichtern vorkommen, allegorisch zu erklären, indem man die Dichterfabeln auf Vorstellungen von Naturkräften oder Naturerscheinungen deutete. Anaxagoras und Metrodorus von Lampsacus hatten den Anfang gemacht, und die Begierde, den Homer und Hesiodus gegen die Vorwürfe späterer Weisen (z. B. des Xenophanes) zu retten, oder das Lesen der Dichter unschädlich für die Jugend zu machen, bewog die angesehensten Philosophen des Alterthums, selbst den Plato dieser physischen Deutungsart der Sagen beyzutreten, und das Bestreben der spätern Dichtererklärer (Grammatiker) ihren Scharfsinn zu üben und zu zeigen erweiterte, die Anwendung derselben bis zum Unsinn. Selbst die Ableitungen der eigenthümlichen Namen welche die alte Mythologie aufstellt, wurde dazu gemisbraucht. Der Nachtheil, den diese bis auf die spätesten Zeiten fortgepflanzte, nur mannigfaltig abgeänderte, Behandlungsart der griechischen Fabel, für die Geschichte hatte, war doppelt. Einmal verfälschte sie die ganze Masse von alten Sagen durch die nur zu bald beygemischten Deutungen, die man in der Folge nicht im Stande war von den Ursagen abzusondern; dann verrückte sie auch den richtigen Gesichtspunkt, aus welchem die noch reinen und ungeänderten Sagen des Alterthums betrachtet werden musten, so, daß man ihn in der Folge nicht wieder finden konnte. Daher die spätern Geschichtschreiber, welche ihre Werke mit der Mythenreihe anfiengen, die älteste Geschichte so wenig aufklären. *)

Bald darauf fieng eine dritte Periode der Behandlungsweise der Sagengeschichte sowohl als der griechischen Geschichtschreibung an. Ephorus von Cumä war der erste, der die Mythologie als förmliche Geschichte behandelte, und der später lebende Euhemerus (zu Cassanders Zeit) suchte in einem eignem Werke (Sacra Historia) darzuthun, daß alle Götter der Griechen als Könige geherrscht hätten. **)

In der Geschichtschreibung selbst machte der Gebrauch eines rednerischen Vortrags, der itzt in Griechenland durchgängig gefiel, eine wichtige Abänderung. Indem er die ehemalige ungeschmückte Einfalt der Erzählung

---

*) Herr D. C. R. Gedike über die mannigfaltigen Hypothesen zur Erklärung der (griech.) Mythologie. Berliner Monatsf. April 1791. S. 333.

**) Gedike ang. O. S. 354. Sevin Mém. de l' Acad. d. Inscr. T. IX.

verdrängte, machte er, daß man mehr Sorgfalt auf die Kunst des Ausdrucks als auf die Begebenheiten und Sachen selbst verwandte, und Treue und Wahrheit bald dem falschen Schimmer der Darstellung aufopferte. Schüler des Isocrates, des ersten gründlichen Lehrers der Redekunst in Athen, waren es, welche die neue Art, Geschichte zu schreiben, einführten, und unter ihnen einer der vornehmsten, Theopompus aus Scio (Dionyſ. Hal. de Iſocr. T. V. p. 536. Epiſ. ad Pomp. T. VI. p. 782. ſs. *) Seine zwey Hauptwerke waren griechische Geschichte (Hellenica) in 12 Büchern von den Zeiten an, wo Thucydides aufhört, die 17 Jahre hindurch (Diod. Sic. T. I. p. 709.) und die Geschichte Philipps Königs von Macedonien und der übrigen gleichzeitigen Begebenheiten (Philippica) in 58. Büchern, von denen aber fünf entweder zweifelhaft waren, oder frühzeitig verloren gegangen sind (Weſſ. ad Diod. S. T. II. p. 84. f.), **) Drey Bücher (41. 43.) enthielten die Sicilianische Geschichte (Diod. S. T. II. p. 138.), so wie er überhaupt den Zusammenhang der Geschichte bisweilen zu sehr durch Digreſſionen und eingemischte Erzählungen von der Erbauung von Städten, Verfaſſungen und Geſetzen der Nationen, auch ältere Mythen (Cic. de Leg. 1, 1. der Mythus aber den Aelian Var. Hiſt. 3, 18. anführt, stand in seinen wunderbaren Erzählungen, Θαυμασια) unterbrach. Er folgte in der Darstellung der Begebenheiten sowohl, als in den Urtheilen, seiner strengsten Ueberzeugung von der Wahrheit; daher es nicht zu verwun-

---

*) Das Werk des Hermippus von dem Schülern des Iſocrates (Dion. Hal. T. VI. p. 588.) hat sich nicht erhalten.

**) Ihn hat Diodor von Sicilien gebraucht, und einige Bruchſtücke aufbehalten. S. Heyne Comm. de fide Diod. in Commentatt. Soc. Gött. T. VII. p. 110. f.

dern ist, daß man seine Schilderungen einzelner Personen und ganzer Völker zu hart fand (Corn. Nep. Alcib. II. Voss. de Histor. p. 33.). Sein Vortrag aber war mehr rednerisch als historisch, sein Ausdruck nach dem Isocratischen gebildet, doch hatte er bisweilen des Demosthenes Stärke (Cic. Brut. 17. Dionys. T. VI. p. 786.) Seinen Zeitgenossen, der gleichfalls des Isocrates Schüler war, Ephorus von Cumä, in Aeolien, scheint die historische Kunst mehr von der ersten Pflicht des Geschichtschreibers abgezogen zu haben. Wenigstens war seine Treue mehr verdächtig, und man hatte vielleicht von seiner Beschreibung der mythischen Zeiten oder von einzelnen Stellen einen zu nachtheiligen allgemeinen Schluß gemacht (Diod. S. 1, 37. ff. und daselbst Wessel. Voss. p. 36.); denn die Begebenheiten die kurz vor ihm und zu seiner Zeit vorgegangen waren, hatte er mit vieler Genauigkeit aufgezeichnet. Er hatte eine große Geschichte der Ausländer und Griechen von der Rückkehr der Heracliden an bis auf die Belagerung der Stadt Perinth durch Philipp (Olymp. 109, 4. 341. v. Chr.) in 30 Büchern geschrieben, und diesen Zeitraum auf 750. Jahre gesetzt.*) Diodor von Sicilien hat das meiste davon aufbehalten. (Heyne l. l. p. 108.) Auch sein Vortrag war durch die Beredsamkeit seines Lehrers gebildet. (Dion. Hal. de compos. verb. p. 173. T. V.)

Die Geschichte des heiligen Kriegs, welche Ephorus nicht berührt hatte, ist von seinem Sohne, Demophilus, beschrieben worden in einem Geschichtbuche, das den Zeitraum von Ol. 106, 2. bis Ol. 108, 3. umfaßte. (Diod. S. 16, 14.) und daselbst Wesseling S. 92. Th. 11.) Ein grösseres Werk zur Ergänzung des

---

*) Nach ihm fällt also die Rückkehr der Heracliden ins Jahr 1091. vor Chr. Geb.

Ephorus schrieb Dyillus von Athen; ein den Alten sehr bekannter Geschichtschreiber (Plut. de Herod. malign. p. 862. B.) welcher ein Werk in 27 Büchern über die spätere Geschichte von Griechenland und Sicilien verfertigte (Diod. l. l. und Wesseling S. 93.) davon der erste Theil von dem Delphischen Tempelraub (Ol. 106, 2.) bis auf die Belagerung von Perinth durch Philipp, der zweyte von Ol. 110, bis auf Philipps Tod gieng (Diod. 16, 76.). Und vielleicht hat er noch in einem dritten Theile die folgenden Begebenheiten in Sicilien beschrieben. (Heyne Commentatt. Gott. Vol. VII. cl. philol. p. 109. Burmann. ad Valef. Emendd. p. 228.) Das Werk des Dyillus hat Psaon von Plataa in 30. Büchern fortgesetzt. Beym Dionyf. Halic. de Comp. verb. T. V. p. 30. war sein Name in Saon verwandelt worden. Aber schon Valois hat (in den Emendd. p. 96.) die Schreibart des Namens berichtigt. Diodorus hat auch noch zwey Thebanische Geschichtschreiber dieser Zeit gebraucht, Dionysiodorus und Anaxis, die ihre griechische Geschichte mit Olymp. 104, 4. schlossen (T. II. p. 78.). Des Phillstus Geschichte der Dionysier, Tyrannen von Sicilien, setzte Athamas von Syracus fort, der die Begebenheiten des Dion in 13 Büchern beschrieb (Diod. S. 15, 94.) Mit Olymp. 101, 1. schloß Hermias von Methymna sein Werk der Sicilianischen Geschichte in 10 oder 12 Büchern. (Diod. 15, 37.)

Am Ende dieser Periode der griechischen Geschichtschreiber, deren Werke ganz verloren gegangen sind, lebte auch der erste Schriftsteller der Universalhistorie Griechenlands, Anaximenes von Lampsacus. Er verfertigte Hellenica in zwölf Büchern von der Theogonie an bis auf die Schlacht bey Mantinea oder den Tod des Epaminondas (Diod. S. 15, 89.) Er hat überdieß eine Geschichte Philipps von Macedonien und seines Sohns, Alexanders, den er selbst auf den Feldzügen begleitet hat, geschrieben (Voss. 1, 10. Menag. ad Diog. L. 3; 2.). Noch vor den Zeiten Alexanders lebte Dinon, Verfasser einer persischen Geschichte, welcher Cornelius Nepos einen großen Werth beylegt. Auf die Geschichtschreiber, welche zum Theile schon mehr Sorgfalt auf die Kunst des Vortrags als auf die Richtigkeit der Erzählung wandten, folgte seit Alexanders Zeiten eine Reihe von Begleitern und Geschichtschreibern seiner Thaten, von denen ein großer Theil mehr ihm zu gefallen, als die Nachwelt wahrhaft zu belehren, schrieb. Schmeicheley gegen die Großen, Furcht die Wahrheit zu sagen, ängstliches Bestreben auffallend zu schreiben, Liebe zum Unerhörten und Wundervollen, Herrschaft der Einbildungskraft, Unwissenheit in der Geographie, Taktik und andern Wissenschaften beförderten den Verfall der Geschichtschreibung; kein männlicher Stil und keine großen Gedanken, sondern rednerische, storische und künstliche Darstellungen schmückten itzt den historischen Vortrag*).

Callisthenes war unter den Begleitern Alexanders als Geschichtschreiber am berühmtesten. Er hat nicht nur eine Geschichte Alexanders des Großen, sondern auch eine griechische Geschichte (Hellenica) von dem Frieden des Antalcibas (Ol. 98, 2.) bis auf den Anfang des heiligen Kriegs (Ol. 106, 2.) in 10 Büchern gefertigt, aus welchen Diodor von Sicilien geschöpft hat (Heyne l. l. p. 110.). Auch werden unter seinem Namen noch Persica, Macedonica, Thracica, Troicum bellum angeführt, aber die Macedonica gehören so wie

---

*) s. Examen des Historiens d' Alexandre le Grand, par le Bar. de S. Croix, Par. 1775. 4. Introd. S. 3. ff. und C. 1. S. 9. ff.

die Galatica einen andern Callisthenes aus Sybaris zu. Der erstere Callisthenes schrieb die Geschichte fast rednerisch und schwülstig, und trug dadurch zum Verderben des historischen Geschmacks nicht wenig bey (Sevin Mém. de l' Acad. d. Inscr. T. VIII. p. 126 — 142. Sainte-Croix p. 12. ff.). Unter die Historiker, welche viele Fabeln von Alexander verbreitet, gehörten Onesicritus oder Onesicratus von Astypaläa, Daimachus oder Deimachus von Plataa, Urheber vieler Erdichtungen von Indien, Megasthenes, dessen Nachrichten von Indien eben so verdächtig waren, Nearchus, der mit dem Onesicritus auf Alexanders Befehl Indien besucht hatte, und Clitarchus, dessen Glaubwürdigkeit eben so verdächtig als sein Stil ungleich und unangenehm war, dem aber Diodor doch gefolgt ist (Heyne l. l. p. 113.). Der Werth vieler andern Geschichtschreiber Alexanders ist von den Alten nicht bestimmt worden, und wir kennen nur ihre Namen (Fabric. B. Gr. II. 207. ff. Tom. III. ed. Harl.)

Ptolemäus (der nachherige König von Aegypten) und Aristobulus (S. des Aristobulus) waren die beyden glaubwürdigsten und besten Schriftsteller von Alexanders Zügen, beyde Augenzeugen und Feldherren in der Macedon. Armee. Beyde machten erst nach des Königs Tode ihre Geschichtbücher bekannt, wo sie nichts zu fürchten hatten. Diodotus von Erythräa und Eumenes von Cardia lieferten genaue Journale von Alexanders Zügen, Diognetus und Beton Reisetagebücher (Sainte- Croix l. l. p. 20.). In diesen Zeiten lebten oder bildeten sich noch mehrere griech. Historiker, welche in ihren größern Werken auch Alexanders Thaten behandelten. Unter ihnen waren berühmt Marsyas von Pella, der ein Buch von Alexanders Erziehung, 12 Bücher der Athen. Geschichte und 10 Bücher der Macedonischen von Caranus an bis auf den Einmarsch Alexanders in Syrien hinterließ (Wess. ad Diod. S. 20, 50.). Duris von Samos, der bis in die Zeiten des zweyten Ptolemäus blühte und eine griech. Geschichte von dem Tode des Kön. von Macedonien an (Olymp. 102, 3.) schrieb, von welcher die Macedonische Geschichte desselben, welche die Alten anführen, vielleicht nur ein Theil war (Heyne l. l. p. 112.), ingleichen eine Geschichte des Agathokles. Die Alten rühmen ihn als einen genauen Schriftsteller, welcher die Thatsachen sorgfältig aufzeichnete, tadeln aber seinen vernachlässigten Stil, der an den meisten folgenden Schriftstellern bemerkt wird (Dionys. Hal. de Compos. verb. T. V. p. 30. edit. Reisk.)

Unter den Geschichtschreibern, welche die Begebenheiten der Nachfolger Alexanders erzählt haben, war Hieronymus von Cardia (der nicht mit Hieronymus aus Aegypten, oder mit einem andern gleichnamigten Geschichtschreiber, aus Rhodus gebürtig, verwechselt werden darf.) Er hatte nicht nur von Alexanders Thaten geschrieben, sondern auch eine Geschichte der Feldherren und Nachfolger desselben (Επιγονοι Dion. Hal. Arch. Rom. 1, 6. von den διαδοχοις wohl nicht verschieden), welche Diodor benutzte. Auch sein Stil wird von dem scharfem Richter seiner Vorgänger, dem Dionysius (T. V. p. 30.) der Nachlässigkeit beschuldigt. Demochares von Athen, der Redner, des Demosthenes Schwestersohn, verfertigte eine Geschichte seines Zeitalters mehr im rednerischen, als im historischen Stil (Cic. Brut. 83.). Um eben diese Zeit blühten einige Sicilianische Geschichtschreiber, Callias von Syracus, der die Geschichte des Agathokles in 23 Büchern erzählte, und den Tyrannen schmeichelte, Antander der Bruder des Agathokles, Philinus von Agrigent, der die Begebenheiten des Sicilianischen oder erſten Puniſchen Kriegs beſchrieb (Heyne l. l. p. 117.). Aber der vorzüglichſte Sicil. Geſchichtſchreiber war, bey allen den verſchiedenen Urtheilen, die man von ihm gefällt hat, Timäus von Taormina, der zu den Zeiten des zweyten Ptolemäus lebte. Sein großes hiſtor. Werk beſtand aus mehrern Theilen, welche die griech. Geſchichte, die Sicilianiſche, den Krieg des Pyrrhus und die Lebensgeſchichte des Agathokles abgeſondert, umfaßten. (ſ. Heyne l. l. p. 117. ſ. Voſſius p. 81. ſſ.)

Die genauen Urtheile der Alten von dieſem Geſchichtſchreiber beweiſen, daß ſeine Schriften in großem Anſehen müſſen geſtanden haben und fleißig geleſen worden ſind. Der vorzüglichſte Schriftſteller, der über ihn am umſtändlichſten geurtheilt hat, iſt Polybius (Excerpt. lib. XII. T. III. p. 386. ſſ. ed. Schweighaeuſ.). Er bemerkt erſtlich, daß er in der Chronologie und Angabe der Zeitbeſtimmungen ſehr genau geweſen ſey, denn er habe die Folge der Spartaniſchen Ephoren und Könige, der Archonten zu Athen, der Prieſter der Juno zu Argos, der Sieger in den Olympiſchen Spielen ſorgfältig angemerkt (p. 404.), aus welcher Stelle Dodwell, wie es ſcheint, mit Unrecht ſchließt, daß Timäus überhaupt der erſte geweſen, welcher die Olympiſchen Jahre mit den Jahren der Archonten angemerkt habe (Morus Exam. loc. quor. Xenoph. Hiſt. Gr. p. XVI. ſ. Schneider praef. ad Hell.). Zweitens erinnert er, daß er mit großem Fleiße die Denkmäler und Urkunden in den Archiven aufgeſucht und gebraucht habe (p. 403. ſs.) um ſeine Geſchichte recht vollſtändig zu machen. Und doch beſchuldigt er ihn vieler vorſätzlichen Abweichungen von der Wahrheit aus Partheylichkeit (p. 398. ſs.). Dahin gehört auch ſeine von den meiſten Alten getadelte Neigung gewiſſe Perſonen die er in der Geſchichte aufſtellte, und frühere Hiſtoriker anzugreifen, weswegen er Epitimaeus (der Tadler genannt wurde (Diod. S. 5, 1. cum Wesseling. p. 330.). Endlich spricht er ihm auch (S. 386. ff.) die Beurtheilungskraft ab, indem er Fabeln ohne Prüfung, Sagen und hergebrachte Meinungen (besonders von Afrika) angenommen und verbreitet habe. Den Vortrag des Timäus fanden alte Kritiker nicht durchgängig gut. Gleich manchem neuem Geschichtschreiber suchte er immer neue Wendungen und Bilder darzustellen, und verfiel dabey in das Unnatürliche und Kindische (Longin. de Subl. c. 4. und daselbst Ruhnken S. 138. Dion. Hal. Judic. de Dion. p. 646. T. V.). Von dem Callias aus Syracus, der kurz vor ihm die Sicilianische Geschichte geschrieben hatte, und ein Schmeichler des Agathokles war, entfernte er sich ganz in der Beurtheilung dieses Tyrannen.

Izt traten auch in Griechenland mehrere Schriftsteller auf, welche entweder die Alterthümer, Verfassungen und Sitten der griechischen Staaten ausführlicher als ihre Vorgänger beschrieben, vorzüglich Schüler des Aristoteles, wie Heraclides, welcher von den Staatsverfassungen schrieb, und Dicäarchus von Messana, der die Verfassung von Sparta, ingleichen die Sitten und Völker Griechenlands in einem Werke von drey Büchern περι τȣ της Ελλαδος βιȣ, geschildert hat. Clearchus von Soli, welcher ebenfalls ein Werk περι βιων verfertigt; (Jonsius de scriptt. Hist. philos. p. 99—114. ed. Dorn.), oder das Leben einzelner Staatsmänner, Dichter und Philosophen des Alterthums schrieben (wie Demetrius von Phalerus, Xanthus, Lycus) oder die alte Mythologie und Philosophie zu erklären versuchten (wie der schon erwähnte Evhemerus und Hecatäus von Abdera, der von der Philosophie der Aegypter schrieb), oder auch für die Chronologie arbeiteten (Demetrii Phalerei ἀναγραφη των ἀρχοντων). So reichhaltig der Zuwachs war, den die Geschichte in dieser Periode erhielt, so wenig gewann die Aufklärung der ältesten Sagengeschichte, (vielmehr wurde diese noch verwirrter), und so sehr fieng der gute historische Geschmack und die Wahrheitsliebe der Schriftsteller an sich zu vermindern.

Das Zeitalter der in Aegypten blühenden Litteratur wird auch eine für die griechische Geschichtschreibung wichtige Epoche *). Der allgemeine Character desselben drückt sich auch in den Werken der meisten Historiker dieser Zeit aus. Alles gieng auf Vielwissenheit und pralerische Auskramung neuer, unbekannter, seltsamer Nachrichten und Erzählungen. Daher traten mehrere Schriftsteller auf, welche wunderbare Geschichten sammelten **). Polemon mit dem Beynamen Periegeta (um die 158. Olymp.) schrieb außer andern histor. Werken (Vofs. p. 130. f.) auch de Mirabilibus. Früher hatte schon Callimachus nicht nur die wunderbaren und ungewöhnlichen Gegenstände aus dem Peloponnes beschrieben, sondern auch eine größere Sammlung von Wunderdingen der ganzen Erde gemacht. Sein Freund Philostephanus aus Cyrene beschrieb insbesondere die wunderbaren Flüsse. Wir besizzen noch unter dem Namen des Antigonus von Carystus, der um die Zeiten des zweyten Ptolemäus gelebt haben soll, eine solche Sammlung (herausg. von Herrn Hofr. Beckmann, Leipzig, 1791. 4.), und die unter dem Namen des Aristoteles vorhandene (de mirabilibus auscultationibus) ist wahrscheinlich das Werk noch späterer Zeiten. Obgleich in diesen Sammlungen nicht die genaueste

---

*) Heyne de genio faeculi Ptolemaerum, Opufc. Acad. I. p. 105. ff.

**) Ionfius de fcriptt. hift. phil. p. 209. fs.

Prüfung, Auswahl oder Zusammenstellung der Nachrichten Statt fand, so erhalten sie doch manche nützliche Beyträge zur griechischen Länder- und Völkergeschichte, von denen die Nachwelt mehr kritischen Gebrauch gemacht hat, als die damalige Zeit.

Die Begierde durch ausgebreitete Gelehrsamkeit zu glänzen, veranlaßte auch die Alexandrinischen Gelehrten, oder die Schriftsteller ihres Zeitalters, die alten Sagen und ihre Erklärungen aus den ältern Dichtern und Historikern zu sammlen und in ganze Werke zu bringen. Wenn dadurch mancher Mythus des Alterthums, manche Vorstellung der ältesten Zeit, erhalten wurde (wiewohl auch dieser Nutzen jener Sammlungen verschwunden ist, da sie selbst meistens verlohren gegangen sind), so ist doch nicht zu läugnen, daß die von kritischer Einsicht und festen Grundsätzen nicht geleitete Sammlungsmethode aus Schriftstellern, die an Zeit und Character so verschieden von einander waren, ein neuer Grund der Verfälschung der alten Sagenkunde und folglich der ältern griech. Historie bis auf das Persische Zeitalter werden mußte. Manche Schriftsteller dieser Zeit verwebten diese gesammleten Nachrichten in ihre Gedichte (wie Lycophron in seine Cassandra, Apollonius in die Argonautica), andere trugen sie in eignen Gedichten, noch andere in prosaischen Werken vor. Callimachus von Cyrene schrieb Αἴτια in welchen die Gründe alter Sagen und Gebräuche angegeben und manche Fragen aufgelöset waren (Wower. de Polymath. X, 22. f. Ernest. Call. T. I. p. 417. f.) Πίνακες (Tafeln) oder Uebersichten von Gesetzen, von gelehrten Männern besonders Rednern; von den Flüssen in der Welt, den Flüssen in Europa und Asien, insbesondere; von den Gebräuchen und Gesetzen der Barbaren; von dem Ursprung und Bevölkerung der Inseln und Städte (κτίσεις), insbesondere von einzelnen Ländern (wie Argos, Arcadien). Rhianus von Bene auf Creta, sein Zeitgenosse, schrieb in Versen eine Sammlung von Mythen von Elis, Thessalien, Achaien, Messenien, und vorzüglich eine Heracleis in 4 Büchern (Vols. l. l. p. 111.).

Einer der berühmtesten Dichter dieses Zeitalters, welcher die alte Geschichte bearbeitete, war Euphorion von Chalcis in Euböa, Bibliothekar bey dem König von Syrien, Antiochus dem Großen, geboren in der 126. Olympiade. Ausser einem Gedichte, das den Namen des Hesiodus führte, werden ihm zugeschrieben, Chiliades, Mopsopia oder vermischte Erzählungen (άτακτα). Ob diese beyden Werke, welche die alte Mythologie angiengen, verschieden gewesen sind oder nicht, darüber ist man nicht einig *). Vielleicht war der Name Chiliades dem ganzen Werke eigenthümlich, dessen jedes Buch 1000. Vers. oder Erzählungen in sich faßte, oder das einen Zeitraum von 1000. Jahren begrif. Einzelne Theile hatten ihre besondere Aufschrift, und der, welcher die vermischten Attischen Mythen enthielt, hieß Mopsopia, weil das Land selbst von einem gewissen Mopsus diesen Namen ehemals geführt hatte (gleichsam Μοψιστια). Das 5. Buch der Chiliaden enthielt die alten Orakelsprüche. Das Werk war, wie die meisten dichterischen Arbeiten der Alexandriner, sehr dunkel, aber reichhaltig an seltenen Nachrichten, die aus vielen ältern Schriftstellern geschöpft waren. Es gefiel auch den Römern, und ausserdem, daß Cornelius Gallus das Gedicht übersetzte oder nachahmte, haben auch andere römische Schriftsteller Erzählungen daraus angeführt und benutzt.

*) Toup. Emendd. in Suid. p. 604. C. T. II. Ed. Ox. Heyne Exc. II. ad. Virg. Bucol. p. 170. s. T. I.

Weit größer war die Zahl derjenigen Schriftsteller des Alexandrinischen Zeitalters, welche in ungebundener Rede die ältere griechische Geschichte behandelten und zu erklären oder zu verfälschen bemüht waren. Man kann sie unter folgende Classen bringen: 1. Schriftsteller, welche die alten Mythen überhaupt systematisch (mit oder ohne Deutung) sammelten. Der berühmteste ist Apollodorus von Athen (Sohn oder Schüler des Asclepiades) um die 160. Olymp. oder 140 vor Chr. Geb. Er ordnete die Mythen, welche bey den Dichtern besonders im cyclo epico vorkamen, in ein System zusammen nach den Gegenständen und nach der Zeitfolge, mit Benutzung der frühern Mythographen *). Sein Werk ist nicht ganz auf unsere Zeit gekommen, und enthält noch die vernünftigste Darstellung dichterischer Mythologie. Von andern wichtigen Schriften desselben haben sich nur Bruchstücke erhalten, wie von seinen Chronicis, die in der Zeitrechnung so wichtig waren, der Schrift von den Göttern, und von den Etymologien. Die Fragmente sind der neuesten Ausgabe beygefügt.

2. Größer war die Zahl derjenigen Schriftsteller, welche einzelne Theile der alten Sagenlehre abhandelten. Dahin gehören erstlich diejenigen, welche einzelne Mythen aus dem damals schon eingerichteten System derselben (cyclus mythicus und epicus) ausführlich und mit mannigfaltiger Deutung erzählten. So verfertigte der Alexandrinische Lysimachus Thebaica (Erläuterung der Mythen vom Cadmus und Oedipus) von welchen das dreyzehnte Buch angeführt wird, und Νοϛων (Mythen von der Rückkehr der Griechen aus dem Trojan. Krieg) die wenigstens aus drey Büchern bestanden. Berühmt war auch

*) Heyne ad Apollod. III. 936. II. 1035. II. Von des Aristodemus μυθικη συναγωγη s. Vols. p. 138.

des Demetrius Scepsius Τρωικός διάκοσμός oder Commentar über die Stelle des zweyten Buchs der Iliade, wo die kriegführenden Völker angeführt sind. Zweytens handelten andere diejenigen Mythen ab, welche zum Stoff der Trauerspiele dienten (τραγωδύμενα). Asclepiades von Tragilus in Thracien schrieb, aber in Versen, Τραγωδύμενα ein Werk von sechs Büchern, das öfters von den alten Grammatikern angeführt wird. Eben so schrieb Ister άτακτα κωμωδύμενα. Drittens erläuterten Alexandrinische Grammatiker die Mythen in den einzelnen Dichtern in eignen Werken oder in den Commentarien über diese Poeten. Viertens sammelten mehrere die Sagen von einzelnen Ländern, Districten oder Städten Griechenlands. Philochorus, Sohn des Cygnus ein Athenienser, schrieb ein großes Werk über die Geschichte von Attica von den ältesten Zeiten bis auf die Regierung des Königs von Syrien, Antiochus Deus, in 17 Büchern, wovon vielleicht seine besonders angeführte Schrift von den Archonten, nur ein Theil war. Noch mehrere vor ihm und nach ihm behandelten denselben Gegenstand (s. Heyne ad Apollod. Not. P. II. p. 813. ff.).

Neanthes von Cyzicum schrieb Hellenica, wie es scheint, eine Sammlung von alten hellenischen Mythen, Asclepiades aus Bithynien Bithyniaca *). Einer der berühmtesten Schriftsteller dieser Art war Alexander Cornelius Polyhistor (um die 170. Olymp.). Ihm werden Geschichtsbücher von Phrygien, Bithynien, Carien, Lycien, Syrien, Cyprus, Creta und andern Ländern zugeschrieben, und seine Nachrichten öfters von den folgenden Schriftstellern, die ihn als einen sehr gelehrten Grammatiker schätzten, angeführt. Wie unzuver-

*) Ueber die Schriftsteller von Böotien vergl. Heyne ad Apollod. p. 550. von Aegina, Ebend. p. 773. von Cyprus p. 128.

lässig er in der Erzählung der Begebenheiten alter Völker und der Erklärung ihrer Mythen war, können die Bruchstücke aus seiner Geschichte der Juden einigermaßen lehren. 5. Andere schrieben insbesondere vom Ursprung einzelner Völker oder Städte (Κτισις), sowohl in Versen als in Prosa. Berühmt waren des Apollonius Rhodius Κτισις. 6. Noch andere schrieben die Geschichte einzelner Städte und sammelten folglich auch die alten Sagen davon, wie die Schriftsteller die von Heraclea in Pontus handelten, Nymphis (dessen Werk aus 13 Büchern bestand, und Memnon (16 Bücher de Heraclea Pontica) vergl. Heyne über Apollod. III. p. 931. Ein Antiochus (vielleicht der von Ascalon gebürtige) wird als Sammler verschiedener solcher Sagen, die einzelne Städte angiengen, bey den Alten genannt. Diese Schriftsteller scheinen mehr ihre Belesenheit oder Deutungsgabe zu zeigen, als die ältere Geschichte aufzuklären. Vielleicht sind von manchen Schriftstellern dieser Art Mythen im Geschmack des Alterthums gedichtet, wenigstens aus verschiedenen willkührlich zusammengesetzt werden.

Wenn man noch erwägt, daß sowohl die Alexandrinischen Sprachgelehrten bey der Erklärung der alten Dichter, besonders des Homers, die darin vorkommenden Mythen willkührlich und ohne feste Grundsätze deuteten und zu vereinigen suchten, als auch die Stoischen Philosophen alle Sagen ohne Unterscheidung der dichterischen Einkleidung und der alten Vorstellungsart auf die Elemente und Naturerscheinungen, nicht selten der Abstammung eines Worts wegen, deuteten: so kann man leicht urtheilen, wie sehr in diesem Zeitalter die alte Mythologie verstellt worden ist. Die allegorische Erklärungsart wurde herrschend. Am nützlichsten machten sich in diesem Zeitraum 1. die Schriftsteller, welche periegeses, geographica und ähnliche Werke verfertigten, wiewohl die Zuverläßigkeit der einzelnen Verfasser sehr verschieden war; und der allgemeine Hang zum Wunderbaren und Ungewöhnlichen, auch die Nachrichten der aufrichtigsten Zeugen verdächtig machte. Die Entdeckungsreisen, welche Alexander, Seleucus und die Ptolemäer veranstaltet hatten, bereicherten die Länder- und Menschenkunde, und folglich auch die Geschichte. Aus des Agatharchides von Cnidos (um 150. vor Chr. Geb.) Werke von den Völkern und Ländern des rothen Meers sind uns mehrere Bruchstücke erhalten worden, aber seine Beschreibung von Asien und von Europa, deren jede aus mehrern Büchern bestand, und die Phrygiaca, sind verloren gegangen, ob sie gleich im Alterthum fleißig gelesen und gebraucht wurden (s. Voss. de Hist. Gr. p. 128.) Verschieden von ihm scheint Agatharchides aus Samos gewesen zu seyn, von dem die Alten auch einige Geschichtwerke anführen.

Vor dem Agatharchides hatte schon Philostephanus von Cyrene ein sehr gelesenes Werk von den Inseln verfertigt. Timosthenes, der zu den Zeiten des zweyten Ptolemäus lebte, schrieb ein Werk von den vornehmsten Häfen. Asclepiades aus Bithynien lieferte ausser andern Werken, eine παρηγησις των Ιθυων. Polemon, der um dieselbe Zeit lebte, erwarb sich durch sein geographisches Werk den Beynamen περιηγητης. Er hatte aber auch grössere und kleinere historische Werke bekannt gemacht, unter welchen seine Ἑλληνικαὶ ἱστορίαι vorzüglich berühmt waren; aus mehrern Büchern bestanden, und von den frühesten Zeiten anfiengen (Vossius p. 120. f.). Mnaseas von Paträ (dessen Europiaca so berühmt waren) hatte auch einen περιπλυς oder περιηγησις verfertigt. Ein Metrodorus wird gleichfalls als Verfasser einer περιηγησις angeführt. Artemidorus aus Ephesus hatte einen περιπλας oder ein grösseres geographisches Werk in 11 Büchern abgefaßt, welches die folgenden Schriftsteller mehrmals anführen. Timagenes (vielleicht der aus Miletus gebürtige, welcher in den Zeiten des Pompejus blühte) wird als Verfasser eines periplus in fünf Büchern angegeben. Posidonius von Apamea machte sich vornemlich um die mathematische Erdbeschreibung verdient. Von allen diesen Periegesen hat sich nur das Werk des Dionysius aus Alexandrien zu den Zeiten Augusts erhalten, die περιηγησις της οικυμενης in heroischen Versen. Denn in welches Zeitalter der noch vorhandene und dem Scylax von Caryanda zugeschriebene periplus gehört, ist sehr zweifelhaft.

Einer der ersten griechischen Geographen dieses Zeitalters war unstreitig Eratosthenes zu Cyrene um Olymp. 126. geboren, zu Alexandrien in der 146. Olymp. gestorben. Er hatte in Athen nicht nur Kenntnisse der Philosophie, sondern auch von andern Wissenschaften sich erworben, und besaß einen sehr großen Umfang von Kenntnissen, besonders des Alterthums, der Geschicht- und Länderkunde. Aus den vorzüglichsten frühern Schriftstellern, welche einzelne Länder oder ihre Reisen beschrieben hatten (besonders denen, die unter Alexander, Seleucus und den erstern Ptolemäern ihre Reisen angestellt hatten), aus fremden und eignen Beobachtungen über die Beschaffenheit der Länder, und aus seinen Messungen, schöpfte er die Materialien seines großen geographischen Werks (γεωγραφυμενα) in drey Büchern, dem er auch eine neue verbesserte Charte beyfügte. Im ersten Buche hatte er die Geschichte der Geographie kürzlich vorgetragen, und die vornehmsten von ihm gebrauchten Schriftsteller angeführt und beurtheilt; dann von der Gestalt der Erde und ihre

verschiednen Veränderungen gehandelt. Das zweyte
Buch beschäftigte sich ganz mit der Gestalt und Größe der
Erde, besonders der bewohnbaren Erde, der Länge und
Breite u. s. f. Hier berichtigte er viele Irrthümer seiner
Vorgänger, und machte seine eigne zwischen Alexandrien
und Syene angestellte Gradmessung bekannt. Im dritten Buche lieferte er eine neue Charte, und trug sodann
die politische Erdbeschreibung nach den Ländern vor. Die
Charte wurde von Hipparchus getadelt. Die meisten
Bruchstücke aus diesem Werke hat uns Strabo aufbehalten, der übrigens bemüht ist, den Ruhm des Eratosthenes zu schmälern und seine Verdienste herabzusetzen, weil
er kein ächter Stoiker war *)

Nicht weniger nützlich wurden die Bemühungen
mehrerer Historiker dieses Zeitalters, die Zeitrechnung der
ältern griechischen Geschichte aufzuklären. Sie setzten
gewisse Epoken fest, und bestimmten die Zahl der Jahre
die dazwischen verlaufen waren. Daß diese Bestimmungen ganz genau und zuverlässig sind, wird niemand er
warten, der da weiß, daß die älteste Sagengeschichte jedes Volks ohne Chronologie ist. Bloß ungefähre Angaben erhält die Sage. Nach dem Demetrius Phalereus (dessen ἀναγραφὴ ἀρχόντων) angeführt ist) aber
noch vor dem Eratosthenes und Apollodorus, deren
chronologische Bestimmungen in der Folge am gewöhnlichsten wurden, hatte Sosibius der Lacedämonier, ein
Grammatiker zu Alexandrien unter dem zweyten Ptolemäus eine χρόνων ἀναγραφὴν verfertigt, und darin angege-

*) Laur. Ancher Diatribe in fragmenta Geographicorum
Eratosthenis, Gött. 1770. Eratosthenis Geographicorum
fragmenta, edidit Günth. Chr. Friedr. Seidel, Gött. 1789. 8.
Mannert Geogr. der Griechen und Römer I. S. 91. ff. Geographie des Grecs analysée, ou les Systêmes d' Eratosthenes
etc. par M. Gossellin. Par. 1790. 4.

ben, daß von Inachus bis auf die erste Olympiade 395. Jahre verflossen wären (Voss. p. 100.). Vorzüglich berühmt wurde als Chronograph Castor aus Marseille oder Rhodus, ein Zeitgenosse des Apollodorus, kurz vor der Herrschaft des Sulla in Rom. Unter seinen Werken war das vornehmste überschrieben: von chronologischen Irrthümern (χρονικα αγνοηματα), in welchem er fremde Fehler in der Zeitrechnung berichtigt hatte. Er hatte ferner zwey Bücher von den Völkern die die Herrschaft zur See gehabt, geschrieben (αναγραφη των θαλαττοκρατησαντων) aus welchen nur einzelne Epochen durch die spätern Chronographen aufbehalten worden sind. Indem die Begebenheiten der Völker die auf dem Aegäischen Meer herrschten unter gewisse Epochen gebracht wurden, erhielt die ganze alte Zeitrechnung mehreres Licht. Von der Chronologie des Athen. oder des Sicyon. Staats scheint er nicht besonders geschrieben zu haben *).

Eine dritte Classe von Schriftstellern, die gute Materialien für die Geschichte sammelten, waren die welche Lebensbeschreibungen mehrerer griechischer Gelehrten von einer gewissen Classe (περι βιων, βιες) oder auch einzelner Gelehrter schrieben. So werden des Aristoxenus (des Schülers von Aristoteles), des Antigonus Carystus (zu den Zeiten des zweiten Ptolemäus) des Dicäarchus von Messene (der außer dem Werke de vitis auch noch ein Buch de Musica schrieb, in welchem er zugleich von alten Tonkünstlern und Dichtern handelte), des Heraclides aus Pontus, des Clearchus von Soli (welcher jedoch in seinem Werke mehr auf die Lebensart und Sitten der Völ-

---

*) Voss. p. 158. Ionsius de scriptt. hist. phil. 2, 15. 1. C. G. Heyne Comm. I. super Castoris epochis populorum θαλαττοκρατησαντων, in den Nov. Comm. Soc. Gott. T. I. Cl. phil. p. 66. ff.

ker als einzelner Personen Rücksicht genommen zu haben scheint, Ionf. de scriptt. hift. phil. p. 113.) des Strato von Lampsacus (wenn nicht sein Werk περι βιων mehr moralischen Inhalts gewesen ist, Ionf. p. 145), des Charon (der nicht mit den ältern Lampsacenischen Historiker verwechselt werden darf: er hat vier Bücher vom Leben berühmter Männer, und eben so viele vom Leben berühmter Weiber geschrieben), des Chrysippus (eines berühmten Stoikers), des nicht weniger merkwürdigen Peripatetikers, Hermippus von Smyrna (der noch insbesondere von den sieben Weisen, von Pythagoras, Gorgias, Isocrates, von des letztern Schülern, von Gesetzgebern, von gelehrten Sclaven, geschrieben hat), des Satyrus, auch eines Peripatetikers (dessen grösseres Werk de vitis Heraclides Lembus epitomirt hat) des Seleucus, eines Alexandrinischen Grammatikers, Bücher περι βιων werden von mehrern (Hieronym. praef. cat. scriptt. ecclef. Athen. Diog. Laert.) angeführt. Unter den verlohrnen Werken dieser Art nahmen des Callimachus Verzeichnisse der in irgend einer Wissenschaft ausgezeichneten Gelehrten und ihrer Werke, (Πινακες των εν παιδεια διαλαμψαντων) in 120. Büchern einen vorzüglichen Platz ein. Er hatte darin die Namen aller berühmten Schriftsteller angezeigt, ihr Leben kürzlich erzählt und ihre Schriften genannt, ihre wahren Titel, ihren Anfang, die Zahl der Zeilen, den Hauptinhalt u. s. f. angemerkt. Als ein besonderes Werk desselben wird sein Verzeichniß der Dichter und ihrer Schauspiele erwähnt, in welchem nicht nur die Titel derselben und ihr Inhalt angegeben, sondern auch über ihre Aechtheit entschieden war. Aber das Verzeichniß der Redner soll mit zu dem grössern Werke gehört haben (Ionsius p. 158. ff.). Ein weniger bekannter Antilochus lieferte ein Verzeichniß der Gelehrten von Pythagoras an bis auf den Tod des Epicurus (Voss. p. 323. Ionf. p. 152.). Andere schrieben grössere Werke von berühmten Männern (περὶ ἐνδόξων ἀνδρῶν), wie Neanthes von Cyzicum (dessen Ἑλληνικα auch bekannt sind) Jdomeneus von Lampsacus, Schüler des Epicurus, und Amphicrates, ein atheniensischer Sophist, der am Hofe des Tigranes II. Königs von Armenien lebte (Ruhnken. ad Longin. sect. 3. p. 136. Toup.)

Noch grösser war die Zahl der Schriften, welche einzelne Classen oder Gattungen von Gelehrten betrafen. Timagenes von Miletus hatte in seinem Werke von Heraklea in Pontus in 5 Büchern, auch die aus dieser Stadt gebürtigen Schriftsteller aufgeführt. Nicander hatte insbesondere von den aus Kolophon gebürtigen Dichtern gehandelt. Demetrius aus Phalerus schrieb von den Dichtern überhaupt. Demetrius von Byzanz, welcher später lebte, hatte ein ähnliches Werk verfertigt (Voss. p. 353. 467.). Eben so schrieben Metrodorus der Epicureer, und Hieronymus aus Rhodus, der Peripatetiker, Werke von den Dichtern. Von den jambischen Dichtern (ἰαμβοποιοι) hatte Lysanias von Cyrene, von den mellschen oder lyrischen (μελοποιοι) Euphorion aus Chalcis und der berühmte Alexandrinische Grammatiker, Didymus, gehandelt. Asclepiades Myrleanus hatte in seinem Werke von der Grammatik auch die vornehmsten Grammatiker genannt. Viel mehrere haben von den philosophischen Schulen überhaupt oder von einzelnen insbesondere geschrieben. Vom Eratosthenes z. B. wird ein Werk angeführt περὶ τῶν κατὰ φιλοσοφιαν αἱρεσεων; Sotion schrieb ein Werk in mehrern Büchern von der Folge der philosophischen Schulen, aus welchem Heraclides Lembus einen Auszug machte. Aehnliche Schriften hatten Panätius, Clitomachus,

Apollodorus aus Athen (Apollodorus Ephillus, ein Stoïker,- hatte insbesondere die Lehrsätze der Philosophen gesammlet); Alexander Polyhistor, Philodemus, Jason, geschrieben, und Phanias hatte insbesondere von den Sokratikern, Sphärus von den Eretriakern, Apollonius von den Stoikern gehandelt. Chamäleon, Lynceus, Sosibius, Philochorus lieferten Biographien einzelner Gelehrten. Wie viel hat die Nachwelt mit ihren Werken verloren! Der Verlust ist durch die spätern Sammler, denen wir die Kenntniß dieser Namen und Werke danken, nicht ersetzt worden.

Endlich fehlte es diesem Zeitraume auch nicht ganz an Geschichtschreibern, welche die Begebenheiten ihrer, oder auch der nächst vorhergehenden Zeit, pragmatisch (obgleich nicht im Geiste der frühern Historiker) beschrieben; allein nicht einmal die Werke eines Königs von Aegypten haben auf die Nachwelt gebracht werden können *) Auſser dem Marsyas von Pella, Timäus aus Sicilien und Duris von Samos, und benen, welche die Geschichte einzelner Nationen beschrieben, verfertigte Nymphis aus Heraclea in Pontus 24 Bücher von Alexander dem Großen, dessen Nachfolgern und ihren Abkömmlingen, ingleichen 13 Bücher von Heraclea, und trug die Geschichte bis auf den dritten Ptolemäus vor. Um dieselbe Zeit schrieb ein Zeno die besondere Geschichte von dem Feldzug des Pyrrhus nach Italien und Sicilien) ingleichen des Kriegs zwischen den Römern und Carthagern). Demetrius von Byzanz schrieb 13 Bücher von dem Einfall der Gallier, auch eine Geschichte der Kriege zwischen Antiochus und Ptolemäus. Verschiedene Feldherrn und Staatsmänner erzählten ihre eignen Begebenheiten

*) Heyne Opusc. Acad. I. 105.

in grössern Werken. So hatte Aratus von Sicyon Commentarien von den Achäern und von seinen eignen Thaten verfertigt *), und der König von Aegypten, Ptolemäus Evergetes II. ein historisches Werk in 24 Büchern geschrieben. Ein beträchtliches historisches Werk war des Phylarchus Geschichte der Begebenheiten von dem Feldzuge des Pyrrhus in den Peloponnes an bis auf den Tod Ptolemäus Evergetes I. und des Königs Cleomenes von Sparta (Olymp. 140.) in 28. Büchern. Er hatte auch Digressionen aus dem Alterthum und der Naturgeschichte eingemischt. Seine Glaubwürdigkeit hat Polybius, der partheyische Freund der Achäer, die Phylarchus nicht geschont hatte **), verdächtig gemacht, und seinen Stil beschuldigt Dionysius von Halicarnaß der Nachlässigkeit. Den Sicilianischen oder ersten punischen Krieg beschrieb Philinus von Agrigent, sehr partheyisch für die Carthager, und Sosilus aus Lacedämon, sehr unzuverlässig nach unsichern Gerüchten. Ptolemäus des Agesarchus Sohn, aus Megalopolis, schrieb die Geschichte des zweyten Königs von Aegypten. Auch Heraclides Lembus hatte ein großes historisches Werk hinterlassen, dessen 38stes Buch angeführt wird. Strato der Historiker, schrieb die Geschichte der Kriege der Römer mit Philipp und Perseus, den Königen von Macedonien.

Zu den Zeiten des Pompejus lebte Theophanes aus Mitylene auf der Insel Lesbos, der die Geschichte der Asiatischen Feldzüge des römischen Feldherrn oder des Mithradatischen Kriegs beschrieb, und ein Günstling des Pompejus war. Griechenland hatte nun schon seine Selbstständigkeit und sein Ansehen verloren; es erhielt auch keine eigenthümlichen Geschichtschreiber mehr. Von allen

---

*) Polyb. II. 43. Plutarch. T. IV. 560. V. 411. ed. Reisk.
**) Polyb. 2, 56.

Werken, welche einen Theil der Zeitgeschichte dieser Periode umfaßten, und pragmatisch geschrieben waren, hat sich nur ein kleines Stück der 40 Bücher des Polybius von Megalopolis erhalten *). Er war in der 143 Olymp. (205. v. Chr.) geboren worden, und seine Reisen (nach Aegypten, Gallien und Spanien), sein langer Aufenthalt in Rom, die Hülfsmittel, welche ihm theils seine Bekanntschaft mit den Sprachen, und mit den Schriften anderer Historiker, theils die Freundschaft vornehmer Römer, besonders des jüngern Scipio Africanus gewährten, setzten ihn in den Stand, eine eben so vollständige als zuverlässige Geschichte der Weltbegebenheiten in einem Zeitraum von 53 Jahren (von 1. J. der 140. Olymp. oder dem Anfang des zweyten Punischen Kriegs, wo Timäus aufhörte, bis auf den Umsturz des Macedonischen Reichs Ol. 153, 1.) nebst einer Einleitung dazu zu schreiben (Polyb. 3, 1. ff.). Die Richtigkeit und genaue Wahrheit der Erzählung gieng ihm über alles, und er äußert dieß mehrmals nicht ohne Tadel anderer Historiker, welche die Wahrheit der Schönheit der Erzählung aufopferten (Ausz. des 12. B. K. 7. p. 396. T. III. Schw. gegen Timäus, 16, 20. p. 606. gegen Zeno von Rhodus).

Polybius hatte theils durch eignes Nachdenken, theils durch Beurtheilung anderer Historiker und ihrer Fehler (m. s. 1, 15. über die Irrthümer des Philinus, 16, 14. Th. III. S. 594. ff. über die beyden Rhodischen gleichzeitigen Geschichtschreiber, Antisthenes und Zeno) sich über die Pflichten des Geschichtschreibers hinlänglich belehrt. Der Geschichtschreiber (sagt er 2, 56. S. 349. s.) soll nicht

*) Die ersten 5 Bücher, ein großes Stück des sechsten, epitomae der folgenden 12 Bücher, Bruchstücke aus mehrern. Schweighaeus. praef. ad T. I.

auf wunderbare Erzählungen ausgehen, nicht das bloß
Wahrscheinliche oder Mögliche darstellen, nicht gleich dem
dramatischen Dichter schildern, sondern die Begebenheiten vortragen, wie sie sich ereignet haben, wenn sie dann
auch weniger wunderbar erschienen. So wenig er nun
auch die Schönheiten des Vortrags vernachlässigt wissen
wollte, so stark erklärte er sich gegen die, welche ihnen
die wesentlichern Theile der Geschichtschreibung nachsetzten
(16, 20. S. 606. Th. III.). Ihm war es vornemlich
darum zu thun, wahre Thatsachen zur Belehrung vorzutragen (ohne bey unfruchtbaren Untersuchungen über alte
Genealogien, und Mythen zu verweilen) und dieß nennt
er die politische Geschichtsmethode (9, 1. S. 92. Th. III.)
oder pragmatische Geschichtserzählung (1, 2. zu Ende,
35.) Er fordert daher von dem Geschichtschreiber, daß
er selbst Kenntniß der Sachen und Erfahrung haben müsse,
um richtig zu urtheilen (12, 27. S. 437. Th. III. und 12,
17. f. S. 416. ff.) er empfiehlt die größte Genauigkeit in
Beschreibung der Länder und ihrer Merkwürdigkeiten, und
giebt selbst davon ein Beyspiel theils in andern Stellen,
theils in dem Buche, das er vorzüglich der Geographie
gewidmet hatte und wovon noch einige Reste erhalten worden sind (Th. IV. S. 620. ff.). Er verlangt daß der
Geschichtschreiber die natürlichen Merkwürdigkeiten oder
Veränderungen in den Ländern nicht übergehen soll (3,
57. 4, 40.). Bey den Begebenheiten aber will er nicht
bloß die Thatsachen selbst, sondern auch das, was sie veranlaßte, was mit ihnen verbunden war, und darauf folgte,
betrachtet wissen (3, 31), und unterscheidet genau die
wahren und vorgegebenen Gründe, die nächsten und die
entferntern Veranlassungen (3, 6. ff.). Auch giebt er
nicht selten lehrreiche Ueberblicke der gleichzeitigen und
verketteten Begebenheiten (4, 28. 37. 5, 105. ꝛc.)

Je mehr Polybius andere Schriftsteller (den Timäus 12, 8.) ihrer Partheylichkeit wegen tadelt, desto mehr war von ihm die strengste Unpartheylichkeit zu erwarten. Er kennt ihre Pflicht, und bestimmt sie genau (1, 14. 8, 10. Th. III. S. 26.), und wenn der neuere Leser, der mehrere Nachrichten gegen einander abwägt, seinem Urtheil nicht immer beystimmen kann, und den Megalopolitaner für seine Achäer zu sehr eingenommen findet, so wird er doch zugeben, daß schon derjenige Geschichtschreiber unpartheyisch genannt werden muß, der seinen Einsichten und Prüfungen, ohne Nebenabsicht, folgt, und gegen keine Person oder Nation aus uneblen Gründen, oder gegen seine Ueberzeugung, ungerecht ist. Liebenswürdig aber erscheint der Historiker, der es oft einschärft, daß man nicht nur schlechte Handlungen tadeln, sondern auch gute rühmen müsse (2, 61. 12, 15.). Er wollte übrigens eine allgemeine und zusammenhängende Erzählung aller Weltbegebenheiten in dem angeführten Zeitraum von 53. Jahren (nebst einer Einleitung von der 129. Olymp. an, im 1. 2. Buch und einer kurzen Uebersicht der Begebenheiten bis zum Untergang des Achäischen Bundes, Ol. 158, g. in den letzten Büchern) liefern, wie sie vor ihm kein Historiker, den Ephorus etwa ausgenommen, geschrieben hatte, und wie sie ihm vorzüglich nützlich schien (prooem. p. 6. 8. 3, 32. 5, 31. 8, 4.). Er beobachtete aber doch die nöthige Auswahl der Thatsachen (2, 37.), und wuste auch die Schilderungen am rechten Orte aufzustellen (15, 35.). Seine ausführliche Darstellung der Begebenheiten, besonders Griechenlands suchte er dadurch noch lehrreicher zu machen, daß er theils einzelne politische, militärische und moralische Bemerkungen, theils größere Digressionen dieser Art einschaltete. Und so wie er dieß ungleich häufiger und mit mehrerm Aufwand von

Worten that, als bey irgend einem Vorgänger geschah: so wird diese Pragmatisirung der Geschichte bisweilen ermüdend, und es fehlt nicht an sehr alltäglichen Gemeinplätzen. Dieß wurde aber in diesem Zeitalter die Gewohnheit der pragmatischen Historiker, bey gemeinen Bemerkungen zu verweilen, und weniger in die Darstellung selbst das Belehrende zu bringen, als es neben ihr aufzustellen. Obgleich der Stil des Polybius nicht rein und schön ist, wie der des Xenophon, und er besonders die numeröse Zusammensetzung der Worte etwas vernachlässigt hat, so scheint doch das Urtheil des Dionysius von Halic. (Th. V. S. 30.) zu hart, welcher ihn mit Schriftstellern zusammenstellt, deren Werke man des vernachlässigten Stils wegen nicht bis zu Ende durchlesen könne. Billiger beurtheilen ihn andere (Voss. p. 124.). Auffer seinem großen Werke hat er auch drey Bücher von Philopömen geschrieben.

Endlich traten auch am Ende dieses Alexandrinischen Zeitalters zwey griechische Universalhistoriker auf, welche vorzüglich die griechische Geschichte von den ältesten Zeiten an in ihren Werken mit behandelten, beyde in den Zeiten Augusts. Nicolaus von Damascus schrieb ein großes historisches Werk, das nach einigen Angaben aus 80, nach andern aus mehr als 100, und wohl gar aus 144. Büchern bestand (s. Voss. p. 176. f.), das aber wahrscheinlich für die morgenländische Geschichte noch wichtiger war, als für die griechische. Auch haben sich davon nur sehr wenige Bruchstücke erhalten. Etwas besser ist das Schicksal der allgemeinen historischen Bibliothek gewesen, welche Diodor aus Agyrium in Sicilien gebürtig, nach einigen Reisen und mit breyßigjährigem Fleiße, in vierzig Büchern abfaßte, und welche alle Begebenheiten enthielt, welche aus den Mythen, ihren Erklärungen, und einer großen Zahl Geschichtschreiber, von den ältesten Zeiten an bis auf das 1 Jahr der 180. Olympiaden gesammelt werden konnten. Sein Werk ist also aus sehr verschiedenartigen Materialien und Quellen entstanden *), welche letztere er nur gelegentlich anführt, ohne sie überhaupt oder auch bey einzelnen Theilen zu nennen, wie es zur bessern Prüfung und Beurtheilung der Nachrichten wohl nöthig gewesen wäre. Denn dazu reicht die allgemeine Schilderung, welche er giebt (B. I. K. 3.), nicht hin. Cadnus, Hecatäus, Hellanicus, Dionysius von Miletus, Herodotus, Ctesias, Anaximenes von Lampsacus, Ephorus, Callisthenes, Theopompus, Timäus, Evhemerus, Agatharchides, Apollodorus sind die vornehmsten, welche er gebraucht hat. An die Spitze der eigentlichen historischen Nachrichten stellt er gleich andern frühern Universalhistorikern die Mythen, doch hat er statt der cosmogonischen Sagen einige Lehren alter griech. Physiologen aufgenommen, ohne bey ihnen sich lange aufzuhalten.

Die drey ersten Bücher des Diodor sind der Geschichte der barbarischen Völker gewidmet, vermuthlich auch nach dem Beyspiel früherer griechischer Universalhistoriker. Die Geschichte von Aegypten, mit welcher er anfängt, scheint er größtentheils aus griech. Schriftstellern genommen zu haben **). Die Assyrische Geschichte (B.

*) s. Heyne Commentatt. tres de Diodori fide et auctoritate, Commentatt. Soc. Gott. Cl. phil. T. V. p. 89. ff. VII. 75. ff. vergl. Caylus Betracht. über die alten Geschichtschr. und insbesondere den Diodor, Abhh. zur Gesch. und Kunst II. 263. ff. Eyring Gedanken von der Stelle, welche Diodor unter den Geschichtschr. verdient, und Ebenders. von dem Plane des Diodors, in Gatterers allgem. histor. Bibl. IV. I. ff. V. 29. ff des *Stephani* und anderer Vorreden, vor dem I. Th. des Wesseling. Diod. Sic.

**) Heyne l. l. T. V. p. 100. ff.

II.) hatte er meistens aus Ktesias genommen, doch mit Zuziehung anderer Historiker *). Die übrigen Erzählungen von Indien, Scythien, den Hyperborern, Arabien und Taprobane, sind aus sehr seichten Quellen geflossen. Von Aethiopien und Africa überhaupt (im 3. B.) hatten die Reisebeschreibungen des Agatharchides und Artemidorus ihm wahrscheinlich die vorgetragenen Nachrichten geliefert. Manche Mythen sind vielleicht aus dem Dionysius von Miletus entlehnt, dem er auch vornemlich in den griechischen Mythen (B. 4.) folgt. Das 5. Buch erhielt von ihm die besondere Aufschrift Νησιωτικη, weil er darin die Mythen von dem Ursprung und der Bevölkerung der verschiedenen Inseln sammlet. Und diese Bücher haben sich erhalten. Im 6. hatte er, wie man aus den Fragmenten sieht, die übrigen griech. Mythen aus den Zeiten vor dem Trojan. Krieg aufgestellt. Ihnen folgten vom 7—10. Buch die Mythen von der Zerstörung Trojas an, und die griech. Geschichte bis auf Olymp. 75, 1. oder den Einfall des Xerxes in Griechenland. Diese Bücher, die einen Zeitraum von 705 Jahren in sich faßten, sind verloren gegangen. Er hatte dabey auch die Geschichte der morgenländischen großen Reiche und Italiens vorgetragen. Nur einige Excerpte sind uns aufbehalten. In der folgenden griech. Geschichte hat er sich vornemlich an den Ephorus gehalten, den er auch bisweilen erwähnt **). In der Geschichte des Kriegs der Perser und Griechen hat Diodor den Herodotus gebraucht, so wie in der persischen ältern den Ctesias, und vielleicht auch des Dionysius Milesius Geschichte der Begebenheiten nach dem Darius. Von dem Thucydides entfernt er sich oft, und

*) Eb. T. VII. p. 79. ff.
**) Heyne l. l. p. 107,

scheint dem Ephorus den Vorzug gegeben zu haben. Auch den Xenophon hat er gebraucht, aber weit häufiger den Theopompus, vornemlich in Philipps Geschichte, ohne doch andere Schriftsteller ganz zu übergehen. Eben so ist er in der Geschichte Alexanders vorzüglich dem Clitarchus gefolgt, ob er gleich bessere Schriftsteller, den Hieronymus von Cardia z. B., kannte und selbst anführt. Bey der spätern griech. und macedonischen Geschichte hat er den Menodotus von Perinth und den Polybius gebraucht, so wie er in der Chronologie sich an den Apollodor hält. Vom 18. Buche fängt eine neue Periode der Geschichte des D. an, da er in 23 Büchern die Begebenheiten von 264 Jahren, vom Tode Alexanders bis J. 60 vor Chr. G. zusammenfaßt. Nur die erstern drey Bücher haben sich erhalten, in denen man die Geschichte von 22 Jahren (bis 302. vor Chr.) lieset. Die übrigen sind bis auf einige Bruchstücke verloren gegangen. In der Sicilianischen Geschichte hat er zwar mehrere Schriftsteller angeführt, aber vorzüglich den Timäus gebraucht, in der römischen Geschichte römische Historiker, die er auch selbst nennt. Die Absicht des Diodorus war, aus einer Menge von ihm gelesener so wohl allgemeiner Schriftsteller, als besonderer Geschichtschreiber einzelner Städte, Völker, und Kriege, eine allgemeine Geschichte zum Nutzen und zur Bequemlichkeit der Leser zu verfertigen. Sie ist für uns nur zu oft die einzige Quelle in manchen Perioden der griech. Geschichte, und bey aller Mangelhaftigkeit dieser Bibliothek ist doch der Verlust, wegen ihres Umfangs und der Mannigfaltigkeit der Nachrichten zu beklagen. Der Gebrauch so verschiedener Schriftsteller muß nothwendig auf die Zuverläßigkeit der Erzählungen sowohl als auf den Vortrag und Stil (denn D. behielt oft die Worte seiner Vorgänger bey) Einfluß gehabt haben. Die Wahl der Führer unter mehrern Schriftstellern ist nicht immer glücklich ausgefallen; scharf genug scheint seine Prüfung der Nachrichten nicht gewesen zu seyn. In der Auswahl der Materialien nahm er vorzüglich auf das Rücksicht, was er den Lesern für nützlich hielt, und in dieser Beziehung konnte ihm auch manches Fabelhafte oder Halbwahre der Erzählung werth scheinen. Ueber die Zeitrechnung scheint er eben so wenig genaue eigene Untersuchungen angestellt zu haben. Nie wird man also einen Theil seines Werks mit Sicherheit brauchen können, wenn man nicht auf die erste Quelle der historischen oder chronologischen Angabe oder auch des gefällten Urtheils zurückgehen kann, und der Werth aller einzelnen Nachrichten in dem D. Werke hängt lediglich von dem ersten Urheber ab, dem sie D. nach= schrieb. Oft nahm er sie nicht einmal aus den ersten Quellen.

Die Uebersicht der griechischen Geschichtschreiber dieser Periode kann nicht geendigt werden, ohne daß zwey Männer erwähnt würden, welche am Ende des Zeitraums für die historische Kritik nicht wenig leisteten. Der erste ist Dionysius von Halicarnaß (bl. in der 187. Olymp. zu Augusts Zeiten), welcher nicht nur in der Einleitung zur Römischen Geschichte (Kap. 6. B. 1.) die vornehmste Pflicht des Historikers bestimmt und ein Beyspiel von Ver= gleichung und Prüfung alter Mythen gegeben, auch an= dere sehr wahre Bemerkungen für den künftigen Geschicht= schreiber in seine Erzählung der römischen Begebenheiten eingewebt hat: sondern vorzüglich auch in seinen kritischen Schriften und Vergleichungen alter Geschichtschreiber (de compos. verb. T. V. p. 30. s. Reisk, Scriptt. vett. censura, c. 3. Epist. ad Pompeium de Plato= ne et praecipuis Historicis c. 3., Epist. II. ad Am= naeum de iis quae Thucydidi propria sunt, Iudi=

cium de Thucydide historico) theils überhaupt dem Historiker eine nützliche Anweisung zur Sammlung und Verarbeitung seines Stoffs gegeben, theils die vorzüglichsten frühern Geschichtschreiber, insbesondere in Rücksicht ihres Vortrags und Stils, beurtheilt hat. Sein Urtheil scheint bisweilen zu streng zu seyn. Der zweyte ist sein Zeitgenoß, Strabo aus Amasa, einer Stadt in Pontus gebürtig, der in seinen Büchern der Geographie die Nachrichten vieler Geschichtschreiber theils selbst, theils nach seinem vorzüglichsten Vorgänger, dem Eratosthenes, scharfsinnig prüft, vergleicht und bestreitet, und die Nachwelt in den Stand gesetzt hat, sowohl den Ursprung und die Verbreitung mancher Mythen, als auch den Werth und die Namen einzelner Historiker des Alterthums vollkommner zu beurtheilen. Strabo erweiterte auch vorzüglich die historische Geographie *).

Wenn man die Reihe der vielen bisher angeführten Schriftsteller (und mehrere unwichtigere sind gar nicht einmal genannt worden) noch einmal übersieht **), so wird man leicht den beträchtlichen Verlust bemerken, den die griechische Geschichte durch den Untergang so mancher älterer Sammlungen von Mythen, Geschichten einzelner Völker und Universalgeschichten Griechenlands erlitten †), und welchen auch die fleißigsten Compilatoren der spätern Zeit nicht ersetzen können, theils weil sie zu oft die Nachrichten aus verschiedenen Quellen durch einander mischen, ohne jedesmal den zu nennen, aus welchem sie schöpften,

---

*) S. Mannert Geogr. I. 98. ff. und Hennicke Comm. de auctoribus, quos Strabo secutus est. Gött. 1790.

**) Vergl. Bougainville Mém. de l' Acad. d. Inscr. T. 29. p. 63. ff.

†) S. Grobbeck über die Vergleichung der griech. Litteratur mit der neuern S. 16.

welches überhaupt nicht die Gewohnheit des Alterthums war, theils weil sie selbst die ältern Begebenheiten Griechenlands nach dem Gesichtspunkte eines spätern Zeitalters betrachteten, und also wahrscheinlich sich und ihre Leser von dem Gesichtspunkte abzogen, den der alte Schriftsteller vielleicht aufgestellt hatte. Wenn man nun aber noch erwägt, welche Veränderungen die alten Sagen bis auf die Zeit ihrer Sammlung, Zusammenstellung und Erklärung erlitten haben, so wird man zugeben müssen, daß bis auf die Zeiten der Olympiaden, in Rücksicht Griechenlands überhaupt, und in Ansehung einzelner Völker desselben oft noch später herab, keine ganz zuverlässige und zusammenhängende Geschichte und Zeitrechnung (die überhaupt in den Mythen nicht Statt findet) der Griechen gedenkbar ist. Nichts desto weniger bleibt dieß mythische Zeitalter der Griechen unserer genauern Kenntniß werth. Denn außerdem, daß das historische sich genau an dasselbe anschließt, und daß die Kenntniß der Mythen zum Verstand der Meisterstücke der griechischen Poesie u. Kunst unentbehrlich ist, so erhält man dadurch sowohl einige Data zur Uebersicht des Ganges der ältesten griech. Cultur, als auch einige wahre Hauptfacta, die man selbst in eine gewisse Zeitfolge bringen kann. Nur muß man jene von dem mythischen Gewand entkleiden und mit ihnen nicht die Philosopheme, die in mythischer Sprache vorgetragen sind, verwechseln, und die angenommenen Epochen derselben nicht für umstößlich gewiß ausgeben. Varro unterschied schon die dunkle, und die mythische Zeit der Griechen, welche letztere er bis auf die Olympiaden gehen ließ *)

*) De Bougainville Vues générales sur les antiquités Grécques du premie âge, Mém. de l' Acad. d. Inscr. T. 29. p. 27. ff.

In Griechenland waren zu verschiedenen Zeiten zwey oder drey Hauptstämme, aber von gemeinschaftlicher Abkunft, eingewandert *), in den frühesten Zeitalter ein Stamm, der über Kleinasien, wo ein Theil blieb, und den Hellespont, nach Thracien, Macedonien und Griechenland kam (Thracisch-phrygischer Stamm) und überall neue Völker stiftete, von denen einige in der Folge nach Asien zurückgewandert sind, auch sich zum Theil am Hellespont niedergelassen haben. Mehrere Jahrhunderte nachher gieng ein anderer Hauptstamm aus denselben Wohnsitzen diesseits und jenseits des schwarzen Meeres, und also mit dem ersten verwandt, obgleich der Cultur und Sprache nach nun schon verschieden, und kam nach Thessalien, Macedonien und Griechenland (Pelasgischer Stamm), wo er bald die bisherigen Bewohner verdrängte, bald öde und menschenleere Gegenden in Besiz nahm, bald mit schon vorhandenen Stämmen sich verband. Gleich den Wilden streiften viele Pelasgische Horden lange umher und führten ein ganz rohes und thierisches Leben **), andere wurden früher ansässig, und stifteten unter sich oder mit den schon vorhandenen Einwohnern neue Völkerbündnisse. Die Fortschritte ihrer Bildung waren sehr verschieden. Nachher trat ein neuer Hauptstamm auf, Hellenen, vielleicht aus einer großen Verbindung von Thraciern und Pelasgern entsprungen. Deucalion scheint der Urheber dieser Verbindung zu seyn; er nahm mit seinen vereinigten Stämmen eine durch Ueberschwemmung ver-

*) Nach Heyne Epimetrum diss. I. de Castoris epochis, Nov. Comm. Soc. Gött. I. Cl. phil. p. 89. und de Graecorum origine e septentrionali plaga repetenda suspiciones; Commentatt. antiquior. Soc. Gött. T. VIII. p. 20. ff.

**) Heyne VIta antiquiss. hominum Graeciae ex serorum populorum comparatione illustr., Opusc. Acadd. III. 1. ff.

wüstete Landschaft Thessaliens, Phthiotis *) ein, wurde, so wie sein Vater Prometheus für den Urheber einer menschlichern Lebensart und der ersten Gesetze gehalten, und vielleicht deswegen für den Stifter einer ganz neuen Nation ausgegeben.

Die einzelnen Familien und Stämme hatten ihre besondern Geschlechtssagen, so wie die einzelnen Gegenden ihre einheimischen Mythen, welche späterhin mit einander verbunden und in ein Ganzes gebracht wurde. Zu ihnen wanderten in der Folge Kolonien aus Ländern ein, die schon mehrere Kultur hatten, aus Aegypten, Phönicien, und Indien. Auch diese Fremdlinge brachten ihre einheimischen Geschlechtssagen mit, und veranlaßten selbst neue. Bald gaben die ausgezeichneten Thaten und Begebenheiten ganzer Stämme und einzelner griechischer Heroen in dem Heldenalter der griech. Völker hinlänglichen Stoff zu neuen Erzählungen, deren Stil die Kindheit ihres Alters verrieth. Unterdessen hatte man angefangen über natürliche Erscheinungen jeder Art nachzudenken, und die Vorstellungen und Urtheile der ältesten Welt darüber, die von den spätern beträchtlich verschieden seyn müssen, wurden gleichfalls in Sagen eingekleidet. Auch nahm man die aus dem Auslande eingeführten Philosopheme an, und verband sie mit einheimischen. Die Sprache derselben drückte rohe Vorstellungen ganz sinnlich aus. Auch über die höhern Wesen und ihre Kräfte und Würkungen, deren Daseyn ein Stamm entweder selbst vermuthet, deren Verehrung mit sehr einfachen Gebräuchen er sich selbst erfunden hatte, oder deren Existenz, Namen, und Verehrungsgebräuche ihn Ausländer gelehrt hatten, fuhr man fort zu philosophiren, und erhielt

---

*) Die ganz verschiedenen Völkersagen von des Deucalions Wanderungen prüft Heyne in den Suspic. p. 22. ff.

sowohl die Vorstellungen und Meinungen, die man davon angenommen hatte, als auch die Nachrichten von der Einführung und Einrichtung religiöser Gebräuche durch Mythen. Jeder Stamm, jedes Land hatte seine eigenthümlichen religiösen, so wie seine historischen und physischen Mythen, aber diese eben genannten Gattungen von Sagen waren nicht so von einander getrennt, wie wir sie itzt classificirt haben. Insbesondere wurden Sagen von Gegenständen der Natur oft Göttersagen. Es entstanden verschiedene Systeme von religiösen Sagen die an einander gereihet wurden, wie z. B. das welches vom Uranus anfieng (Hellenische), und das welches von Zevs anhub (Jonische), aus denen man in der Folge ein einziges Religionssystem zu machen versucht hat. Durch ältere und spätere Dichter und deren mannigfaltige Behandlung des Vorraths alter Sagen, besonders die epischen und dramatischen, durch Künstler, welche sie in Werken der Kunst auszudrücken versuchten, durch Redner und Sophisten welche sie in ihren Uebungsreden behandelten, durch Philosophen und Grammatiker, welche sie deuteten, sind die Sagen der griechischen Vorzeit so verändert worden, daß es schwer ist, ihre ursprüngliche Gestalt und ihren Sinn zu finden *).

Um, so weit es möglich ist, die griechische Sagengeschichte aufzuklären und entweder einige Hauptbegebenheiten der Stämme oder den Gang ihrer individuellen Cultur, ihrer Philosopheme und Religionsbegriffe daraus zu erlernen, muß man 1. die Sagen auf den Stamm oder das Land, dem sie eigenthümlich waren, auf den ersten Dichter oder Historiker, der sie der Nachwelt überlieferte,

---

*) Heyne Temporum mythicorum memoria a corruptelis nonnullis vindicata, in Commentatt. antiqu. Soc. Gott. VIII. I. C.

die ursprüngliche Beschaffenheit derselben, zurückzuführen versuchen, und alle spätere Zusätze, Ausschmückungen und Deutungen davon absondern. So schwer dieß auch wegen des Mangels der ältern Schriftsteller, bey mehrern Mythen vielleicht ganz unmöglich, ist, so wird doch das Geschäft in mehrern Fällen glücklich von Statten gehen, wenn man nicht nur die größern vorhandenen histor. Werke, mit beständiger Rücksicht auf die an jedem Orte von dem Verfasser wahrscheinlich gebrauchten ältern Quellen, sondern auch die Bruchstücke der verlornen frühern Werke benutzt. Sammlungen von den Fragmenten der ältern griech. Schiftsteller, wie wir freylich nur noch von wenigen haben, können diese Arbeit erleichtern. Dem geübten Forscher wird es auch oft leicht seyn, in einem Mythus selbst die dichterische Ausschmückung oder die beygefügte Deutung zu erkennen. 2. Wird Kenntniß der Denkungsart und Sitten der Völker überhaupt in ihrem kindlichen Alter, die man auch durch Betrachtung der noch itzt in diesen Zustand sich befindenden Stämme erhalten kann, Kenntniß der mythischen Sprache, die ganz bildlich ist, alles personificirt und nach jedesmaligen sinnlichen Vorstellungen ausdrückt, arm und unfähig ist, abstracte Begriffe gehörig zu bezeichnen, Kenntniß der Veränderungen welche jede Sage schon in frühern Zeiten durch die Art ihrer Fortpflanzung erleiden kann, erfordert. 3. Muß man sich hüten, neue Begriffe und Vorstellungen den alten Sagen unterzuschieben, einen nach unserm Urtheil vernünftigen Sinn da suchen einzutragen, wo nur ein nach kindischer Vorstellungsweise erträglicher Sinn zu suchen ist, oder gar Weisheit da aufspüren, wo kaum die ersten Elemente menschlicher Abstraction bemerkbar sind, mit Zeitrechnung verknüpfte Völkergeschichte da finden, wo nur einige zusammenhängende und auf einander folgende

Familien: und Stammsagen zu erwarten sind. Alle neuere Werke, wo ohne Unterschied der Stämme und Zeiten, die ältesten Sagen als Geschichte einer ganzen Nation behandelt, willkührlich erklärt, und im Geiste eines neuern Zeitalters gefaßt werden, verwirren die ältere griechische Historie. Auch da, wo die zuverlässigere Historie der Griechen (denn nie hat es ein solches System der Völker in Griechenland gegeben, daß man von Einer Nation sprechen dürfte) anhebt, müssen immer noch die Verschiedenheit der Quellen, der verschiedene Gang der Cultur unter den Griechen, die besondern spätern Systeme über die Zeitrechnung, von dem genauen Geschichtschreiber in Betrachtung gezogen werden, und wo dieß nicht geschehen ist, erhält man nur einseitige Vorstellungen, sie mögen auch noch so pragmatisch scheinen.

Auch nach dem Alexandrinischen Zeitalter (nach Christi Geburt) fehlte es nicht an Sammlern für die frühere und spätere griechische Geschichte, deren Werke für uns nur dann mehr brauchbar sind, wenn sie uns die ältern Quellen angeben, aus welchen die Nachrichten geschöpft sind. Pamphila aus Epidaurus, Tochter des Soterides (Suid. Eudocia p. 360.) schrieb vermischte Geschichte und Auszüge aus ältern historischen Werken, die öfters angeführt worden sind, sich aber nicht erhalten haben (Voss. p. 292.). Aus einer andern Sammlung des etwas später (im Anfang des 2. Jahrh.) lebenden Ptolemäus Chennus, Hephästions Sohns (7 Bücher merkwürdiger und wunderbarer Geschichte) hat uns Photius (Bibl. cod. 190. Gale Scriptt. hist. poet. p. 303. ff.) mehr aufbehalten. Auch Apollonius Dyscolus, den seine grammatische Schriften mehr auszeichneten (um 138.), hat wunderbare Geschichten gesammlet. Phlegon von Tralles, Freygelaßner Hadrians, hatte (außer einem Buche de mirabilibus) auch ein größeres chronologisch-historisches Werk ausgearbeitet, von welchem nur Bruchstücke erhalten sind, ein Verzeichniß der 279. Olympiaden (bis 140. nach Chr.) und der Merkwürdigkeiten von jeder in 16 Büchern. Eben so ist des Cephalåon (den Hadrian nach Sicilien verwiesen hatte) historisches Handbuch von Ninus an bis auf Alexander den Großen (Musae in 9 Büchern) verloren gegangen*). In dieselben Zeiten setzt Vossius den Jason von Argos, welcher in 4 Büchern die Alterthümer Griechenlands vom persischen Zeitalter bis auf Alexander behandelt hatte. Ein Grammatiker Telephus hatte vornemlich die Gesetze, Verfassung und Gerichtshöfe Athens ausführlich beschrieben. Nur ein pragmatischer Geschichtschreiber eines merkwürdigen Theils der spätern griech. Geschichte zeichnete dieß Zeitalter aus, Arrianus von Nicomedien, welcher mit glücklicher Nachahmung der Xenophontischen Geschichte des Feldzugs vom jüngern Cyrus, 7. Bücher von dem Zuge Alexanders nach Persien aus den besten Quellen verfertiget hat, das einzige zuverlässige Geschichtbuch für jene Periode. Nicht so viel Glauben haben die in den Indicis (oder dem 8. Buche) vorkommenden Nachrichten finden können.

Zwey Schriftsteller des zweyten Jahrhunderts nach Christi Geb. haben uns die wichtigsten Werke für die griechische Völkergeschichte hinterlassen, Pausanias von Cäsarea in Cappadocien (wie man gewöhnlich annimmt) und Plutarchus aus Chäronea, in Böotien, oder der Verfasser mehrerer historischer Schriften, die unter seinem Namen bekannt geworden sind. Obgleich Pausanias in den zehn Büchern seiner Reisebeschreibung von Grie-

---

*) Sopater hatte einen Auszug daraus gemacht. Heyne ad Virg. T. I. p. 271.

chenland (von denen er manche Provinzen ganz übergeht) vornemlich auf die merkwürdigen Gebäude und die Werke der Bildnerey die an jedem Orte sehenswürdig waren, Rücksicht nimmt, und sie beschreibt, so hat er doch auch die Alterthümer überhaupt und die Begebenheiten der Länder mit behandelt, ist bis auf den Ursprung einiger Städte und Reiche zurückgegangen, und hat zum Theil ihre Hauptveränderungen erzählt, wozu er eine Menge früherer Landesschriftsteller, nicht ohne Prüfung benutzt hat *). Von Athen führt er wenigstens die Veränderungen der Regierungsform an (1, 3.) ohne bey den alten Königen zu verweilen, deren er nur gelegentlich gedenkt (1, 5.). Dagegen hat er die spätern Begebenheiten unter Alexanders Nachfolgern bis auf den Pyrrhus und den Einbruch der Gallier in Griechenland ausführlicher vorgetragen. Im 2. Buche hat er aus des Eumelus Gedicht die Sagen vom alten Korinth, ingleichen aus andern alten Schriftstellern die Mythen von Phlius, Argivische Sagen, Nachrichten von der Rückkehr der Herakliden und deren Folgen, auch Begebenheiten aus dem Zeitalter des Achäischen Bundes erzählt. Ausführlicher hat Pausanias die Geschichte Lakoniens (im 3 B.) behandelt, und uns Verzeichnisse der Regenten aus beyden Königsfamilien geliefert, welche er doch wegen der widersprechenden chronologischen Angaben in eine gleichzeitige Zusammenstellung zu bringen suchte. Möchte er nur die verschiednen Nachrichten, aus welchen er, seiner Erklärung nach, geschöpft hat, genauer angezeigt haben. Bey Messenien (B. 4.) führt er (K. 2, 6.) sorgfältiger die gelesenen dichterischen und prosaischen Schriften genannt, so wie er auch die Kriege der Messenier umständlicher beschrieben hat, als wichtigere Vor-

---

*) Fabric. Bibl. Gr. T. IV. p. 472.

fälle des alten Griechenlands. Die Beschreibung von Elis (5. 6. B.) gab ihm Gelegenheit, viele alte Sagen welche die olympischen Spiele, die Sieger und deren Belohnungen angehen, aufzubewahren, die wenigstens zur Erläuterung der Sitten und Gebräuche des ältesten Griechenlands dienen können. In dem 7. B. (von Achaia) hat er sich über die ältere Geschichte von Sicyon, die Auswanderung griech. Kolonien nach Kleinasien und über die spätern Begebenheiten der Achäer und ihrer Conföderation ausgebreitet, bis auf die röm. Unterjochung Griechenlands. Das 8. B. giebt zuerst die alten arkadischen Sagen, zu welchen gelegentlich noch Nachrichten von den Erbauern alter Städte Arkadiens kommen. Auch wird eine kurze Uebersicht der berühmtesten griechischen Feldherrn (K. 52.) gegeben. Böotien war in frühern Zeiten der Schauplatz von Begebenheiten gewesen, die den griech. Dichtern reichlichen Stoff gaben. Pausanias hat sie (im 9 B.) nicht übergangen. Von Phocis aber (B. 10.) mußte erst die spätere Zeit wichtige Vorfälle aufzuweisen, und nur Delphi war schon durch frühere Sagen merkwürdig. Von mehrern einzelnen Begebenheiten Griechenlands hat Pausanias entweder die einzigen oder die ausführlichsten Nachrichten aus den grössern Werken, die er brauchte, überliefert. Er scheint übrigens mehrere Fähigkeit besessen zu haben, alte Denkmäler, die er sah, zu beschreiben, als Erzählungen, die er las, zu prüfen und zu erklären; er ist abergläubig; und sein Vortrag ist nachlässig *).

Unter den Werken, welche dem Plutarch von Chäronea beygelegt werden, nehmen die verglichenen Lebens-

*) S. Kühns Vorrede zur Ausg. des Pauf. 1696. und Goldhagens Vorrede zum I. Th. der d. Ueb. (1766. II. 8.).

beschreibungen von Griechen und Römern, einen vorzüglichen Platz ein. Ihr Verfasser mag der berühmte Plutarch seyn *), oder ein anderer der seinen Namen misbrauchte, sie mögen sämmtlich oder nur zum Theil von ihm herrühren **); sie verdienen größtentheils (denn der Werth der einzelnen Stücke ist sehr verschieden) als Werke eines in Dichtern und Historikern eben so belesenen als in der griechischen Mythologie erfahrnen Mannes, der seine Vorgänger und ihre Kunst zu beurtheilen wußte (s. Th. III. S. 377. ff.), der viele Kenntnisse der populären Philosophie besaß und benutzte, durch welche endlich uns viele sonst wenig bekannte Nachrichten und Bruchstücke zur ältern gr. Historie erhalten worden sind, auch als die besten Biographien, die wir aus dem Alterthum haben, geschätzt zu werden. Den Unterschied einer Geschichte und einer Biographie kannte der W. sehr wohl, und bemerket ihn in der Einleitung zu Alexanders Leben (Th. IV. S. 1.); nicht die großen Begebenheiten wollte er ausführlich erzählen, sondern die Handlungen und Aeusserungen (so geringfügig sie auch bisweilen scheinen möchten) ausheben, in welchen er Ausdruck des Characters und Züge der Gesinnungen des Mannes entdeckte. Er hat sich nicht bloß an einen Vorgänger gehalten, sondern mehrere Quellen, Dichter und griechische sowohl als römische

*) Einige Lebensbeschreibungen (die des Theseus, Demosthenes, Dion) sind einem gewissen Sosius Senecio zugeeignet, der zu Trajans Zeiten lebte, und dem Plutarch auch andere Werke dedicirt hat. Leopold. ad vit. Thes. p. 2. Das Leben des Aratus ist an einen Polycrates geschrieben.
**) Es sind eigentlich 44 oder 45. vitae parallelae. Dazu kommen die Leben des Artarerxes, Aratus, Galba, Otho, und Homer. Ueber die letztern hat man längst abgesprochen. Das Leben des Aratus möchte ich nicht in gleichen Rang mit diesen setzen. Sie sind nicht auf einmal und auch nicht in der Ordnung, wie sie itzt stehen, bekannt gemacht worden.

(die nemlich) griechisch geschrieben hatten) Historiker gebraucht. Nur sind sie weder überhaupt in dem Eingange einer Biographie, oder bey den einzelnen Nachrichten, sondern gemeiniglich nur bey Erklärung alter Gebräuche oder Erwähnung abweichender Erzählungen, genannt. In den Anecdoten, welche Plutarch von seinen Helden aufführt, findet man eben so wenig eine strenge Auswahl, als in dem Gebrauch der ältern Mythen vorsichtige Kritik. Die Anordnung der Materialien und Vertheilung der Anecdoten an ihre schicklichen Orte zeugt von der Einsicht des Biographen, so wie die eingestreueten Bemerkungen von seinem Verstande und gesunden Urtheil. Auch die Vergleichungen, die am Schlusse zweyer Biographien stehen, sind reichhaltig an feinen Bemerkungen, die dem Kenner der alten Geschichte und dem pragmatischen Geschichtschreiber nutzbar sind. Auch die sogenannten moralischen Werke, die demselben Schriftsteller beygelegt werden, enthalten (selbst die eigentlich philosophischen nicht ausgenommen) einen guten Vorrath historischer Erläuterungen, der aber nicht ohne neue Prüfung verarbeitet werden darf. So findet man unter ihnen zwey Aufsätze, welche die lacedämonischen Einrichtungen und Aussprüche von Lacedämoniern aufstellen (Επιτηδευματα und Αποφθεγματα Λακωνικα), welche mit so unglaublicher Nachlässigkeit verfertigt, so ganz nur aus andern Schriftstellern, oft wörtlich, abgeschrieben sind, bald mit den Nachrichten in andern Plutarchischen Werken übereinkommen, bald mit ihnen streiten, daß man sie unmöglich für etwas anders als für eine spätere Compilation halten darf. (Gierig praef. ad edit. horum libellorum, 1779.) Es läßt sich auch nur so weit von ihnen in der Geschichte Gebrauch machen, als man die Quellen kennt, oder sie mit andern schon bekannten Schriftstellern übereinstimmen.

LXXIII

Daſſelbe gilt von einer andern, unter Plutarchs Namen bekannter Schrift, περὶ παραλλήλων Ἑλληνικῶν καὶ Ῥωμαϊκῶν (T. VII. p. 215. Reiſk. Ausg.). Der Verfaſſer hatte wohl nicht die Abſicht die römiſche Geſchichte herabzuwürdigen oder ihre Schriftſteller in den Verdacht zu bringen, als hätten ſie römiſche Begebenheiten aus griechiſchen Erzählungen gebildet, ſondern er wollte vielmehr die griech. Geſchichtſchreiber und ſeltſame Erzählungen derſelben dadurch retten, daß er ähnliche aus der römiſchen Hiſtorie, die man gewöhnlich nicht bezweifelte, aufſtellte. Er iſt nur Sammler ohne hiſtoriſche Kritik und geläuterten Geſchmack, der wohl nicht abſichtlich verſtellt und verfälſcht, aber doch manches nachläſſig oder aus ſchlechten Quellen excerpirt, und aus Untreue oder mit der den Compilatoren ſo gewöhnlichen Sorgloſigkeit verwechſelt haben mag.*) Das Verzeichniß der Schriften, die er gebraucht hat, iſt ſehr anſehnlich, und von dieſer Seite betrachtet, hat ſein Buch einigen Werth. Auch die ganze Manier verräth den ſpätern Compilator, der vielleicht auch Verfaſſer der Schrift von den Flüſſen iſt.

*) Sallier thut ihm Unrecht, oder zu viel Ehre, wenn er ihn einer abſichtlichen Untreue beſchuldigt, Mém. de l' Ac. d. Inſcr. VI. 52. ff.

**) Dieſe ſind Ariſtides von Miletus (Sicil. Italien. Perſiſche Geſchichte), Agatharchides von Samos (perſiſche Geſchichte, nach Sallier p. 66. ſſ ganz erdichtet) Chryſermus (peloponneſ. Geſchichte), Calliſthenes (vermuthlich der Sybarit; ſchr. Verwandlungen; aber die Thracica und Macedonica ſcheinen von Olynthiſchen Call. zu ſeyn; vergl. Grellmann de cauſſ. et auct. narrat. de mut. form. Gött. 1786. p. 75. ſſ.), Triſimachus (κτίσις; ein unbekannter Name), Critolaus (epirotiſche Geſch. phaenomena) Alexandros (ital. Geſch.), Theotimus (ital. Geſch.), Eratoſthenes, Clitonymus (ital. Geſch. auch von Sybaris) Aretades von Cnidos (macedon. Geſch. von Inſeln), Cteſipbon (Böotiſche Geſch.), Nicias von Malaka, Theophilus (ital. Geſch., auch von Sallier S. 66. bezweifelt) (Pythocles (ital. Geſch.), Meryllus (Böotiſche Ge-

LXXIV.

Die Apophthegmata von Königen und Feldherren, welche so manche Anecdote aus der griech. Geschichte aufstellen, für eine ächte Arbeit des Plutarch zu halten, könnte uns vielleicht die Zuschrift an den Kaiser Trajan verleiten (T. VI. p. 657. ff.), wenn diese nicht so gut, wie der Aufsatz selbst, deutliche Spuren der Unächtheit zeigte (m. s. Xylander S. 658.). Die Schriften von der Tugend und tugendhaften Handlungen der Weiber scheinen einen und denselben Verfasser mit der Schrift von der Isis und dem Osiris zu haben, wenn, wie es scheint, die Zuschrift an die Clea ächt ist (s. Markland. ad Pl. de Is. p. 2. s.); die Quaestiones Graecae sind eine Sammlung von Auszügen seltner Nachrichten aus mehrern Schriftstellern durch einen Grammatiker gemacht, zur tiefern Einsicht in einige Theile des griech. Alterthums nützlich. Die zwey Aufsätze über Alexanders Tugend und Verdienste sind Werke eines Sophisten, der den Gemeinplatz, ob Alexanders Thaten dem Glück oder dem Verstande zuzuschreiben wären, in mehrern Schulreden ventilirte. Die erste, in welcher die Ansprüche des Glücks

sch.), Clitophon (Gallische Gesch.), Demaratus (Arcadica; Heyn. ad Apollod. III. p. 980. wodurch wegfällt was Sallier p. 69. s. angiebt), Dercyllus (κτίσις) Socrates (Thracica), Dositheus (Sicula), Dorotheus (Italica), Theodorus (Metamorphoses), Juba (Libyca), Hegesianax (afrikan. Gesch.), Aristocles (Italica), Menyllus (ital. Gesch., wenn es nicht Meryllus seyn soll), Sostratus (Etrusk. Geschichte) Chrysippus (Italica), Aristoteles (παράδοξα), Agesilaus (Italica), Dositheus (Lydiaca, Pelopidae, vielleicht ein Theil der Lyd., Italica), Theophilus (Peloponnesiaca), Aristobulus (Italica), Aristodemus (collectio mythorum), Zopyrus von Byzanz (Sall. p. 65.), Pyrander (Peloponnesiaca), Agatho von Samos, Alexander Polyhistor, Pythocles von Samos (Georgica). Kaum läßt es sich denken, daß der gröste Theil dieser Namen erdichtet wäre. Auch Dichter werden angeführt, wie Euripides und Parthenius.

auf Alexander ausgeführt wurden, ist verloren gegangen. (s. Reiske Th. VII. S. 316.) Der Aufsatz, über den Ruhm der Athenienser, ist vielleicht nur ein abgerissenes Stück aus einem grössern Werke, daher man im Anfange sowohl als am Ende den Zusammenhang vermißt. Daß die Lebensbeschreibungen der zehn griechischen Redner, und die fünf Bücher von den physischen und physiologischen Lehrsätzen der griech. Weisen unächt sind, ist längst ausgemacht, und eben so wenig möchte sich die Aechtheit der Schrift de malignitate Herodoti erweisen lassen *). In den übrigen moralischen Aufsätzen, die von Plutarch sind oder ihm beygelegt werden, findet man gleichfalls mehrere Bruchstücke der griech. Geschichte. Die Zahl der Sammler, welche aus verschiedenen Schriftstellern einzelne Vorfälle aushuben und entweder unter dem Titel vermischter Geschichte zusammenstellten, oder nach Materien ordneten, wuchs in eben dem Verhältnisse, als die Zahl der eigentlichen Geschichtschreiber abnahm. So wenig auch dabey die pragmatische Kenntniß oder Darstellung der griech. Historie gewann, so dürfen doch diese Sammlungen, durch welche uns so manches Faktum aufbehalten worden ist, bisweilen mit dem Namen der Quelle, aus welcher es genommen war, ungebraucht bleiben, nur wird es nöthig seyn, das, was die Sammler unterließen, nachzuholen, und Prüfung und Sichtung der Nachrichten selbst anzustellen. Ich darf nur an die vorhandenen Sammlungen des Claudius Aelianus (Variae Historiae) Flavius Philostratus (Heroica und Vitae Sophistarum), Diogenes von Laerte (Vitae philosophorum) Polyänus (Strategemata) erinnern. Denn manche sind der Nachwelt nicht aufbehalten worden. Eine

*) Geinoz Mém. de l'Acad. d. Inscr. XIX, 115. T. XXI. 120. ff.

kritisch) und pragmatisch geschriebene Geschichte des alten Griechenlands war von diesen Zeiten um so viel weniger zu erwarten, in welchen selbst die Tagesbegebenheiten so unrichtig und zweckwidrig von einem ganzen Heer von Schriftstellern vorgetragen wurden *). Und es scheint nicht, daß die Belehrung und der Spott des Lucians (in der Abh. wie man Geschichte schreiben soll, und in den 2 Büchern wahrer Geschichte), oder die feinere Kritik des Longinus (in dem verlohrnen Werke οἱ Φιλολογοι und in dem vorhandenen de sublimitate) den Geschmack des Zeitalters verbessern und der Geschichtschreibung selbst nützlich werden konnte.

Aus der spätern Zeit durfte man noch weniger Geschichtbücher erwarten, die entweder die ganze ältere griech. Historie umfaßten oder einzelne Theile daraus besonders abgehandelt hätten. Allgemeine chronologische Abrisse der Geschichte wurden gegeben. Denn nachdem Sextus Julius Africanus (unter den Christen zuerst) den Versuch einer chronologischen Darstellung der Weltbegebenheiten gemacht hatte (in fünf Büchern), so lieferte (im 4 Jahrh.) Eusebius von Cäsarea seine Chronica in 2 Büchern, wozu theils das Werk des Julius, theils einige andere Geschichtschreiber benutzt worden waren, und die wir nicht mehr in ihrer ursprünglichen Gestalt besitzen **). Diodorus von Tarsus (in 4 Jahrh.) machte ein eignes Chronicon bekannt, in welchem er die Fehler des Eusebius verbesserte (Suid. [Voss. de hist. gr. l. 3. p. 486.). Die griechischen Sophisten hatten schon seit den Zeiten, da sie wieder aufblühten, Gegenstände der alten griech.

---

*) S. Meiners Beytrag zur Gesch. der Denkart der ersten Jahrh. nach Chr. Geb. S. 26. f.

**) S. L. T. Spittleri Historia critica Chronici Eusebiani in den Commentatt. Soc. Gott. Vol. VIII. p. 39. ff.

Mythologie in ihren Declamationen behandelt, aber mehr um ihren Wiß zu üben, als um sie aufzuklären. Selbst der beste unter ihnen (Dio Chryſoſtomus) war von dieſem Fehler nicht frey. Ihre Reden enthalten doch manche Nachrichten, die aus ältern Geſchichtſchreibern gefloſſen ſind, oder Anſpielungen auf die alte griech. Geſchichte, welche benutzt werden können. Mehrere Bruchſtücke und Beyträge findet man in andern Werken der ſpätern Zeit, wie in des *Stephanus* von Byzanz geographiſchen Wörterbuch, das wir aber nicht mehr ganz beſitzen, und des Johann von Stobä Anthologie, der auch aus Hiſtorikern Excerpte machte.

Andere Grammatiker oder Litteratoren des fünften und der folgenden Jahrh. haben uns nützliche Bruchſtücke der alten griech. Sagenlehre und Litteratur aufbehalten. Einer der vornehmſten unter ihnen war Proclus aus Lycien, aus deſſen Chreſtomathie (χρηϛομαϑια γραμματικη in 2. Büchern) welche vorzüglich für die Geſchichte der poetiſchen Litteratur ſehr wichtig war, ſich wenig erhalten hat *). Die Auszüge ſind von Andr. Schott und Fr. Sylburg bekannt gemacht worden **), und neuerlich haben noch Handſchriften ausländiſcher Bibliotheken einige Bruchſtücke geliefert (Bibl. der alten Litt. und Kunſt Th. I. Ineɔ.). In dieſem Zeitalter hat auch vielleicht der Grammatiker gelebt, deſſen Nachrichten von Weibern, die ſich durch militäriſche Klugheit und Tapferkeit hervorgethan haben, erſt neuerlich bekannt geworden ſind (Bibl.

---

*) Daſſelbe Schickſal haben des Helladius aus Aegypten, der zu Anfang des 4 Jahrh. lebte, Chrestomathiae in 4 Büchern gehabt. Die Auszüge davon hat Meurſius erläutert, bey f. Libr. II. de regno Lacon. (Vltraj. 1687. 4.) wo auch die übrigen Schriften des Mannes angeführt werden.

**) Ueber die Ausgaben ſ. Hr. Hofr. Heyne in der Bibl. der a. L. und K. Ined. T. I. p. 13. f.

der alten Litt. und Künst VI. Ined. 9. ff. wiewohl Holstein sie dem Phlegon Trallianus beylegt) und welcher zwar nicht aus den ersten Quellen, die er nennt, geschöpft zu haben scheint, aber doch einige schätzbare Fragmente aufbehalten hat. In dem 6. Jahrh. blühte auch der berühmte Grammatiker Johann von Philadelphia in Indien, dessen Werke von den spätern Grammatikern sehr gebraucht worden sind (Bruchstücke der Schr. de mensibus Bibl. der alten Litt. und K. VIII. Ined. p. 21. ff.). Auch epische Dichter dieser Zeit haben die verlohrnen Schriftsteller der alten Mythologie benutzt und ihre Nachrichten der Nachwelt erhalten, wie Coluthus aus Lycopolis in dem Gedicht von der Entführung der Helena, *Tryphiodorus* aus Aegypten in dem Gedicht von Troja's Eroberung und Quintus Calaber Smyrnäus (Paralipomena Homeri). Diese Dichter haben einen Vorrath alter Sagen benutzen können, die sie in Schriftstellern fanden, welche wir nicht mehr besitzen (M. s. von ihnen M. Scheffler von den epischen Dichtern der Griechen ausser dem Homer, Human. Mag. 1787. 4. Quart. S. 305. ff. und Hr. Prof. Tychsen Commentatio de Q. Smyrnaei Paralipomenis Homeri, p. 23. und 35. f.)

Auch einige Universalhistoriker dieses Zeitalters haben die ältere griech. Historie in ihren allgemeinen Werken vorgetragen. Des Hesychius Milesius chronologische Geschichte vom Assyrischen Bel an bis auf den Tod des Kaisers Anastasius ist bis auf ein kleines Bruchstück verlohren gegangen (Voss de Hist. gr. p. 268.). Einige Werke der etwas später lebenden Byzantiner, in denen zum Theil Fragmente älterer Historiker oder Chronologen aufbewahrt sind, haben sich erhalten. In dieser Rücksicht ist die Chronographie des Georgius Syncellus schätzbar, die von Anfang der Geschichte bis auf Diocletian geht. Sehr geringen Werth hat die historia chronica des Johann von Antiochien, genannt Melala und die neuerlich erst bekannt gemachte griech. Universalhistorie giebt nur einen trocknen Auszug der kirchl. Geschichte*). Spätere Schriftsteller, wie George Cedrenus und Zonaras haben meistens nur die noch vorhandenen griechischen Geschichtschreiber epitomirt. Weit nützlicher für die Nachwelt wurden die, welche Auszüge aus ältern historischen Werken machten, oder Chrestomathien aus ihnen verfertigten, oder gelegentlich wichtige Bruchstücke mittheilten.

Zu den erstern Schriften gehört des Patriarchen Photius Bibliothek in 280 Abtheilungen. Ausser den Excerpten aus noch vorhandenen Büchern, oder aus Werken der Kirchengeschichte und andern, verdanken wir ihm auch Anzeigen und Auszüge aus mehrern griech. Geschichtbüchern, die verloren gegangen sind, z. B. des Cephaláon histor. Handbuch, Hesychius allgemeine Geschichte, den Schriften des Ctesias, des Dexippus (Geschichte der Zeiten nach Alexander und andere Geschichtbücher) des Phlegon Trallianus, des Amyntianus (Leben Alexanders, und verglichene Biographien), des Antonius Diogenes (incredibiles narrationes de Thule), der Pamphila aus Aegypten, des Theopompus, des Conon, Alexander Polyhistor, Ptolemäus Hephästion, Sotion, Agatharchides von Cnidos, des Memnon (Nachrichten von Heraclea in Pontus, für die Historie der Zeiten nach Alexander sehr wichtig), Helladius (C. Fabr. Bibl. Gr. Vol. IX. p. 368. ff. Vergl. Leichii Diatr. in Photii Bibl. Lipſ. 1748. 4.) Eine Chre-

---

*) Anonymi Scriptoris Historia Sacra ab O. C. ad Valentinianum et Valentem Impp. e veteri cod. Gr. descripta. Ioannes Bapt. Bianconi latine vertit etc. Bononiae 1779.

stomathie aus griechischen Historikern ließ (im 10. Jahrhunderte) der Kaiser Constantinus Porphyrogennetus machen. Sie bestand aus 53 Kapiteln, und ob sich gleich davon nur das 27ste (de legationibus) und das 50. (de virtute et vitio) erhalten haben, so sind uns doch selbst durch diesen kleinen Rest Bruchstücke der vorzüglichsten Historiker, des Polybius, Diodorus, Nicolaus von Damascus und anderer aufbewahrt worden. S. Fabric. B. Gr. VI. p. 490. ff. Excerpte von dieser Art mußten den Untergang vieler grössern Werke befördern, die man sich nicht mehr die Mühe gab, abzuschreiben.

Das Wörterbuch des Suidas hat nicht minder wichtige Bruchstücke alter Historiker aufbewahrt. So wenig auch der Verfasser dieses Werks (dessen Lebensumstände sich noch weniger als sein Zeitalter bestimmen lassen) aus den ersten Quellen geschöpft hat, so ist er doch schon dadurch der griech. Geschichte nützlich geworden, daß er die spätern Excerpte, welche gleichfalls verloren gegangen sind, so häufig gebraucht hat. Aus den Excerpten z. B. die Constantinus Porphyrogenetus machen ließ, hat er viel in sein Lexicon aufgenommen. Nur die Nachlässigkeit, mit welcher dieser Sammler alles zusammengestellt hat, die Weglassung oder Verwechselung der Namen von Schriftstellern, deren Bruchstücke er mittheilt, die Verbindung von Stücken, die nicht zusammen gehören, und andere Fehler, (s. Fabric. B. Gr. IX. 629. ff.) welche ausser den Herausgebern auch andere Kritiker (z. B. Joh. Toup) zu verbessern bemüht gewesen sind, vermindern die Brauchbarkeit dieses Vorraths von Beyträgen zur griech. Geschichte *). Eine ähnliche Compilation ist der Eudocia Macrembolitissa (zu Ende des XI. Jahrhund.

*) Verzeichnisse der bey S. angeführten Schriftsteller giebt Fabric. B. Gr. IX. 651. ff.

Kaiserin zu Constantinopel) Violarium (Ἰωνιά) oder historisch-mythologisches Wörterbuch *), meistens aus denselben Quellen geschöpft, welche Suidas brauchte. Daher auch aus dem hieher gehörigen Theile (Mythen und Anzeige der Historiker) weniger Neues für die ältere griech. Historie zu erwarten ist. Eine andere Sammlung von Auszügen aus alten Schriftstellern, des Macarius Chrysocephalus (im 14. Jahrh.) 'Ροδωνιά (Villoison. Anecd. Graeca T. II. p. 4—79.) gewährt keine Ausbeute für die griech. Geschichte. Dasselbe gilt von den meisten Wörterbüchern, welche später lebende Grammatiker verfertigt haben (Fabr. Bibl. Gr. X. S. 51. ff.).

Am nützlichsten wurden unter den spätern Grammatikern die beyden Brüder, Johann und Isaak Tzetzes (zu Constantinopel im 12. Jahrhunderte) durch Aufbewahrung wichtiger Bruchstücke und Nachrichten zur ältern griech. Geschichte, vorzüglich der erstere. Ausser den Commentarien über einige griech. Dichter (vornemlich den Lycophron) in welchen Mythen aus ältern und verlornen Quellen mitgetheilt werden, haben wir von Johann Tzetzes Gedichte, welche die Trojanischen Zeiten angehen, und deren Stoff nicht sowohl aus ältern cyclischen Dichtern, als aus spätern Werken genommen ist (Carmina Prohomerica, Homerica et Posthomerica, edidit e cod. Aug. Schirach, Halle 1770. 8. unvollständig, vergl. Tychsen in den Ineditis der Bibl. der alten Litt. und Kunst IV. 3. ff.) Es ist in drey Theile getheilt, deren erster den Ursprung und Gang des Trojanischen Kriegs bis auf die Zeiten, wo Homers Iliade anhebt, der zweyte

---

*) Herausgegeben von Herrn von Villoison Vened. 1781. im 1. Th. der Anecd. Graecorum.

den Inhalt der 24 Rhapsodien des Homer, der dritte aber die Begebenheiten vom Tode Hektors bis zur Zerstörung von Troja und Rückkehr der Griechen enthält. Verschieden von diesem Gedicht ist ein grösseres in politischen Versen, das Erklärungen der Homerischen Mythen liefert, die gröstentheils im Geschmack der spätern Allegoristen und daher elend sind (Allegoriae Homericae). Ein kleines Gedicht, Allegoriae Mythologicae, physicae et morales, das ein Bruchstück dieses grössern Werks seyn kann, ist durch den Druck bekannt gemacht. (ed. Fr. Morell. Par. 1616.) Die Ἐξήγησις oder metaphrasis Homerica aber, die man in mehrern Handschriften findet, ist eine prosaische Umschreibung der Iliade, wie auch andere und frühere Grammatiker verfertigt haben.

Tzetzes legte vorzüglich seinem Werke, das sehr vermischte Materien, vorzüglich aber alte Mythen enthielt und in der damals gewöhnlichen Versart (versus politici) abgefaßt war, einen hohen Werth bey. Wir kennen es unter dem Namen Chiliades, der nicht vom Verfasser herrührt. Es werden Schriftsteller genug angeführt, aus denen T. geschöpft haben will (s. Fabric. X. 255. ff.), aber auch hier scheint er nicht zu den ersten Quellen zurückgegangen zu seyn. Mehrere wichtige Bruchstücke zur Erläuterung der Homerischen Mythologie hat der Commentar seines Zeitgenossen, des Eustathius, über den Homer für den aufbehalten, der sie unter der Menge grammatischer Grillen und Absurditäten herauszufinden weiß. Selbst ein Grieche, der in den Zeiten lebte, wo die griech. Litteratur in Italien wieder aufzublühen anfieng, George Gemistus Pletho, machte noch einen Versuch in der ältern griech. Historie und schrieb zwey Bücher von den Begebenheiten der Griechen nach der Schlacht bey Mantinea bis auf Philipps Tod. Er hatte aber keine andere Quelle, als die, welche wir noch besitzen, indem er die Nachrichten aus dem Plutarch und aus dem 15. und 16. B. des Diodors von Sicilien, oft mit den Worten dieser Schriftsteller, abschrieb; und nur der leichte und gefällige Vortrag gereicht seiner Arbeit zu einiger Empfehlung *). Sonst haben die griechischen Sprachgelehrten, die in Italien ihre Litteratur nicht nur durch mündlichen Unterricht sondern auch durch Schriften verbreiteten, zur Aufklärung der ältern griech. Sagen und spätern Geschichte nichts beygetragen.

Auch von den lateinischen Geschichtschreibern, die, wenn sie auch nicht grössere Werke der Geschichte griechischer Völker, doch Beyträge zu einzelnen Theilen oder Perioden entweder durch Auszüge aus griech. Quellen oder durch Uebersetzung derselben lieferten, ist der Nachwelt nur wenig geblieben. Des Evhemerus Buch (Historia Sacra) in welchem er die Mythologie auf würkliche Geschichte zu reduciren versuchte, hatte Ennius übersetzt. Vornemlich ist der Verlust von des M. Terentius Varro Antiquitatibus rerum humanarum et diuinarum zu beklagen, in welchem nicht nur römische Mythen sondern auch griechische vorgetragen und erklärt waren. Augustinus hat in den Büchern von der Stadt Gottes (Kirche) nur wenig davon aufbehalten (s. Villoison in des Bar. de St. Croix Memoires pour servir a l' hist. des My-

---

*) M. s. Herrn M. Reichard in der Vorr. zu seiner Ausgabe dieser Schr. des Gemistus Pletho Lipf. 1770. 8. auf der ersten und folg. S.

stores, Abh. de triplici vett. theologia et mysteriis.) Kein besseres Schicksal haben die Gedichte des Varro Atacinus gehabt, so wohl die aus dem Griech. übersetzte als andere, in welchen so viel, aus den griech. Dichtern entlehntes, was die alte Mythologie angieng, enthalten war (m. s. Ruhnken Ep. Crit. II. p. 199. ff. und Wernsdorf. Poët. lat. min. T. V. P. III. p. 1385. ff.). Die Zeitgenossen schätzten seine Gedichte vorzüglich.

Mehrere lat. Geschichtschreiber hatten in ihren größern Werken der röm. Historie auch einzelne, und vorzüglich die spätern Perioden der. griech. Völkergeschichte mit abgehandelt. So müssen in den letzten Büchern der Originum des ältern Cato (s. Corn. Nep. fragm.) die Kriege zwischen den Römern und Griechen erzählt worden seyn. L. Cornelius Sulla hatte seine eignen Thaten beschrieben und in diesen Aufsätzen gewiß auch den Krieg in Griechenland und die Eroberung Athens behandelt. Auch die zahlreichen Annales, die seit dem 6. Jahrhunderte n. R. Erb. geschrieben wurden, gehören hieher. T. Pomponius Atticus hatte in seinen Annalen ausländische Begebenheiten angeführt. Vorzüglich wichtig waren die Chronica des Cornelius Nepos in drey Büchern, und die Historiae des C. Sallustius Crispus in 6 Büchern, welche die letztere Periode der Gesch. der römischen Republik, und folglich auch die dahin gehörigen griech. Begebenheiten umfaßten. C. Asinius Pollio hatte in den 17 Büchern seiner Historiarum gleichfalls griech. Geschichte vorgetragen. Die griech. Historie zog überhaupt die Aufmerksamkeit der Römer mehr auf sich, als sie mit ihrer Litteratur bekannter geworden waren. Allein die meisten Werke sind bis auf sehr unbedeutende Bruchstücke verloren gegangen, und es haben sich nur wenige Werke der Historiker, die auch für Griechenlands Geschichte wichtig sind, und Litteratoren, in deren Schriften man einzelne Beyträge dazu findet, erhalten.

Unter dem Namen des Cornelius Nepos besitzen wir noch Lebensbeschreibungen von Feldherren, meistens griechischen und vornemlich athenienfischen, aus dem blühendsten Zeitalter des athen. Staates, wozu er die Geschichtbücher des Dinon, Thucydides, Theopompus, Timäus gebraucht hat. Wenn auch die Nachrichten, die man hier erhält, ausführlicher wären, so würde die kritische Geschichte der Griechen schon deswegen durch die Arbeit des Cornelius nicht viel gewonnen haben, weil er seine Quellen und die daraus geschöpften Nachrichten mit so geringer Vorsicht brauchte, worüber schon Plinius (Hist. N. lib. 5, c. 1.) klagt, und er so manche Beweise von Unkund oder Nachlässigkeit, Partheylichkeit und Mangel der Fähigkeit richtig und nach dem Geiste eines jeden Zeitalters zu urtheilen giebt. Allein er hat sich überdieß meistens so sehr der Kürze befleißigt, das man das Allermeiste umständlicher in den Plutarch. Biographien, so wie in Diodorus, lieset. In der römischen Geschichte des Livius von Padua hingegen ist die Erzählung der griechischen Begebenheiten seit den Zeiten, wo die Römer mit ihnen zu thun haben, ausführlicher; nur besitzen wir noch einen Theil der Geschichte des Polybius selbst, aus welchem auch Livius schöpfte, und ein beträchtlicher Theil der liv. Geschichte ist nur durch die Inhaltsanzeigen bekannt geworden. Auch griech. Schriftsteller der römischen Historie können für die spätere Gesch. der Griechen gebraucht werden, wie einige Bücher des Appianus von Alexandrien. Allein von seinem Buche von den Macedonischen Kriegen, in welchem vielleicht das wichtigste zu finden war, hat sich sehr wenig erhalten.

Zu den Zeiten Augusts schrieb Trogus Pompejus seine allgemeine Geschichte, wozu er die vorzüglichsten griechischen Geschichtschreiber benutzte, in 44 Büchern, mit Auswahl ihrer Nachrichten und besserer Anordnung der Sachen. Allein sein Werk ist durch den Auszug, den (im 2. Jahrh. nach Chr. Geb.) Justinus, jedoch mit Beybehaltung der Ausdrücke des Trogus *), machte, verdrängt worden. Der Theil, welcher die griech. Historie angeht **), verdient, wenigstens in so fern er eine gute Uebersicht der Begebenheiten gewährt, geschätzt zu werden, obgleich die Zuverläßigkeit der Angaben, die von den noch vorhandenen griech. Geschichtbüchern abweichen, theils weil keine Quellen genannt sind, theils weil der Epitomator bisweilen nachläßig gewesen seyn kann, sehr zweifelhaft wird. Ich übergehe die kurzen Auszüge, vornemlich der römischen Geschichte (wie des Florus, des Paullus Orosius Hist. aduersus Paganos) und die Sammlungen zur Geschichte (wie des Valerius Maximus dicta factaque memorabilia, des Frontinus Strategemata), in denen nur selten eine Nachricht zu lesen ist, die man nicht aus den gröfsern Werken zuverläßiger erhielte. Nur Hieronymus

---

*) m. f. Gronov. Obss. 4, 10. p. 154. Rhunken. ad Vell. Pat. p. 401.

**) Das 2 — 9 Buch die ältere Gesch. vorzüglich von Athen und Sparta bis auf den Tod Philipps von Macedonien, im 11 und 12. Alexanders Geschichte, im 13 und einigen folg. die Historie seiner Nachfolger, wovon die griechische dieser Zeit nur einen kleinen Theil ausmacht, im 24 wieder griechische bis auf den Einfall der Gallier, im 26. 28. 29. 31. 32. 33. 34. die spätern Begebenheiten der griech. Staaten und des Macedonischen Königreichs.

hat unter den folgenden Chronographen sich durch die Uebersetzung des Eusebianischen Chronikons auch um die griechische Geschichte verdient gemacht.

Aus diesem Vorrathe von Bruchstücken der Urkunden griechischer Geschichte, wozu noch die in den dornigten Gefilden der Scholiasten sparsam hingestreueten, mühsam aufzusuchenden und eben daher vernachläßigten Ueberbleibsel alter Geschichtschreiber gehören, hat man in verschiednen Manieren die neuern Lehrbücher der griech. Geschichte zusammengesetzt. Ich übergehe die bloßen Compilationen, in welchen man nur Auszüge aus grössern Werken, ohne oder mit seltner Nachsicht der Quellen gemacht hat *). Die griech. Geschichtschreibung hat bisher drey Perioden durchlebt, und in keiner ist etwas Ganzes und Vorzügliches geliefert worden. Die erste war die Periode der bloßen Sammlung von Materialien, immer noch die brauchbarste, wenn nur die Sammlung sich viel weiter als über die großen und ganzen Werke, wenn sie auch über die zahlreichen Bruchstücke sich erstreckt hätte, wenn ihre Urheber in der ältern Geschichte die verschiedenen genealog. und mytholog. Angaben besser nach den Quellen geordnet, und zu einer lichtvollern Uebersicht vorgearbeitet hätten. Dann würde man doch ihre Arbeit itzt zur sichern Grundlage einer bessern Bearbeitung der gr. Geschichte machen können. Hieher gehören Wolfg. Lazii Commentarii rerum Graecarum, Er. Vindingii Hellen. und vornemlich Reinerii Reineccii a Stein.

*) Ein fast ganz vollständiges Verzeichniß giebt Meuselii Bibl. Hist. Vol. III. P. II. p. 187—204. Es ist nicht hier die Absicht, es zu ergänzen, oder alle einzelne Schriften zu beurtheilen.

heim Hiftoria Iulia, im 2. und 3. Theil, auch Vbbonis Emmii Vetus Graecia. Die neuern Sammlungen sind nicht einmal so rein von fremden Ideen, und folgen den alten Schriftstellern nicht so genau.

Die zweyte Periode ist die der Deutung und willkührlichen Erklärung der ältesten Mythen und der eben so willkührlichen Vereinigung der Erzählungen der Geschichtschreiber in den spätern Zeiten. Leider ist diese Periode nur zu fruchtbar gewesen und hat sich zu lange erhalten. Rollin, die englischen Verfasser der Welthistorien, Cousin-Despreaux, Denina, gehören ausser mehrern weniger bedeutenden Verfassern griech. Geschichtbücher, hieher. Nach was für verschiedenen Prinzipien man alle Mythen, gleich als wären sie von einem Verfasser eines Systems abgefaßt, seit frühern Zeiten bis auf Court de Gebelin und Dupuis mehr oder weniger scharfsinnig zu erklären versucht hat, ist vom Herrn O. C. R. Gedike in einer schon angeführten Abh. (in der Berl. Monatsschr. April 1791.) gezeigt worden. Die Werke, welche zu dieser Classe gehören, sind unter allen die unfruchtbarsten für die griech. Geschichte und die beleidigendsten für den guten Geschmack.

Die dritte Periode hebet in den neuern Zeiten an, wo man die Erzählung der griech. Geschichte mit philosophischen und politischen Betrachtungen verband, weniger bekümmert um die in den Quellen gegründete Wahrheit der Thatsachen und mit dem Geiste des Alterthums überhaupt oder mit dem Geiste jedes Zeitalters übereinstimmende Richtigkeit der Beurtheilung, als um den Schimmer der auf vorgefaßte Meinung gebaueten Raisonnemens und die wahre oder scheinbare Schönheit der Darstellung. Temple Stanyan machte den Anfang, aber seine Geschichte von Griechenland bis auf Philipps Tod (welche nicht deutsch überseßt worden ist) zeichnet sich durch sorgfältigern Gebrauch der Quellen aus, als die seiner meisten Nachahmer. Unter ihnen hat sich unstreitig dem Kenner der Geschichte durch seine feinen Bemerkungen am meisten **Johann Gillies** empfohlen, dessen Geschichte von Griechenland (im Original nun vermehrter gedruckt) durch den Fleiß des berühmten deutschen Ueberseßers auch an Richtigkeit und Zuverlässigkeit gewonnen hat: aber an Ausführlichkeit und Genauigkeit übertrifft ihn sein Landsmann weit, **Wilh. Mitford** (von dessen Geschichte Griechenlands bis ißt erst zwey Quartbände nebst Zusäßen zum ersten Bande erschienen sind, denen wenigstens eben so sehr als dem Werke von Gillies ein Basler Nachdruck zu wünschen wäre). Der Verfasser der neuen Welt- und Menschengeschichte hat die griech. Historie in einen schönen Roman zu verwandeln gewußt. Die Beobachtungen des Mably über einzelne Perioden der griech. Historie erfordern eine Prüfung nach den Quellen. Herr von Pauw hat Athenienser und Spartaner nach seinen Vorstellungen geschildert; Herr Abt **Barthelemy** (Voyage du jeune Anacharsis) der treuern und ausgeführtern Zeichnung des blühenden Griechenlands sehr verschönernde Farben aufgetragen. Nur einzelne Beyträge zur Berichtigung der ältesten griechischen Stammgeschichte oder gewisser Perioden verdankt man deutschen Gelehrten. Unvollendet ist noch die Einleitung in die klassischen Schriftsteller der Griechen und Römer, deren zwenter Theil (Altenburg 1791.) nur den ältesten Zeitraum bis auf Troja's Zerstörung ausführlich abhandelt. Der künftige deutsche Geschichtschreiber der Griechen würde fürs erste sich nach genauern

Sammlungen der Bruchstücke älterer Geschichtschreiber umsehen müssen, um aus ihnen sich einen zuverläßigern Stoff für die ältere Historie vorzubereiten; ihm würde ferner eine geläuterte Einsicht in die Mythen, ihre mannigfaltigen Quellen und Ausbildungen nicht abgehen dürfen, und diese zu erhalten, ist nun nicht mehr schwer; er würde unabhängig von den neuern Schriftstellern nicht nur die grössern Geschichtschreiber der Griechen selbst mehrmals lesen und den Werth und Rang ihrer Nachrichten nach ihren Quellen bestimmen und anordnen müssen; sondern auch ihre Redner und andern Schriftsteller zu Rathe ziehen. Ihn müßte erst die anhaltende Lectüre der alten griechischen Dichter und Redner ganz in den Geist des Alterthums versetzen, um nicht nach dem Maaßstabe neuerer Politik zu urtheilen: er müßte gewissenhaft genug seyn um weder der Vorliebe für eine griechische Nation oder ihre Schriftsteller, noch einer schönen Wendung, die er dem Laufe grosser Begebenheiten in der Erzählung geben könnte, die Wahrheit aufzuopfern; ihn müßte griechischer Geist und Sinn beleben, um eine vollkommne griechische Geschichte zu schreiben.

Geschichte der Griechen.

Erster Abschnitt.
Aeltester Zustand Griechenlands.

Die ältesten Nachrichten von jedem Lande sind fabelhaft und ungewiß. Bey einem unaufgeklärten Volke findet jeder Betrug leicht Eingang; denn Unwissenheit ist die Mutter der Leichtgläubigkeit. Man kann daher auf nichts von dem, was die Griechen uns von ihrem frühesten Zustand überliefert haben, sich verlassen. *) Dichter waren die ersten, welche die Handlungen ihrer Landsleute zu erzählen anfiengen; es gehört zu ihrer Kunst, die Einbildungskraft, selbst auf Kosten der Wahrscheinlichkeit, zu vergnügen. Daher kömmts, daß wir in den ältesten Nachrichten von Griechenland fast nichts als listige Unternehmungen der Götter und Halbgötter, Abentheuer der Heroen und Riesen, Verheerungen der Ungeheuer und Drachen, kurz alle Macht der Zauberey und Beschwörung finden. Der Mensch scheint kaum an dem Gemälde einigen Theil zu haben; der Leser wandert unaufhörlich in den anmuthigsten Scenen herum, welche die Einbildungskraft ihm nur darstellen kann, und sieht fast nie Handlungen eines Geschöpfs, das ihm gleichet.

Es würde daher vergebens, und unserm gegenwärtigen Zwecke entgegen seyn, Nachrichten als Geschichte

*) Dieß ist nur mit der Einschränkung gegründet, daß die ältesten Sagen (Mythen) in sinnliche Sprache eingekleidet und nachher dichterisch behandelt worden sind, und folglich ihr historischer Grundstoff, wenn er historisch ist, sich schwer von der Einkleidung absondern läßt. s. die vorstehende Abh.

aufzustellen, die nie als Wahrheit überliefert worden. Einige Schriftsteller haben freylich das mühsame Geschäffte übernommen, Wahrheit von Fabel zu scheiden, und uns eine ununterbrochne Erzählung von der ersten Dämmerung der Tradition bis auf die Entwickelung der ungezweifelten Geschichte zu liefern; sie haben alle Mythologie nach ihren eignen Vorstellungen modelt, jeder Fabel das Ansehen der Wahrscheinlichkeit gegeben; statt eines goldnen Vließes holt Jason einen großen Schatz; statt eine Chimäre zu vertilgen, ebnet Bellerophon einen Berg; statt einer Hydra überwindet Herkules einen Räuber.

So zwingt man die phantastereichen Gemälde der starken Einbildungskraft einen strengen Ernst anzunehmen, und hintergeht also den Leser noch mehr, indem man ihm das im Gewande der Wahrheit vorlegt, was ihn bloß vergnügen und anlocken sollte.

Das fabelhafte Zeitalter Griechenlandes muß daher aus der Geschichte verwiesen werden. Es ist jetzt zu spät, diejenigen Stücke, die wirklich Grund in der Natur haben mögen, von denen zu sondern, die ihre Existenz bloß der Einbildungskraft verdanken. Es sind keine Spuren mehr da, in dieser verwachsenen Wildniß unsre Schritte zu leiten, der Morgenthau ist verdünstet, und im hellen Glanze des Mittags die Jagd fortsetzen wollen, wäre vergebliche Arbeit.

Genug sey es uns also, zu bemerken, daß Griechenland, gleich den meisten andern Ländern, von deren Ursprung einige Nachrichten auf uns gekommen sind, anfänglich in eine Menge kleiner Staaten zertheilt war, deren jeder von seinem eignen Oberherrn beherrscht wurde. *) Das alte Griechenland, welches jetzt den südlichen Theil der Europäischen Türkey ausmacht, hatte gegen Osten das Aegeische Meer, jetzt Archipelagus genannt; gegen Süden das Kretische oder Kandische; gegen We-

---

*) Jede beträchtliche Zahl von Hütten oder Häusern auf einer Anhöhe (man nennt es Stadt) hat ihren Vorsteher, Stammhaupt (man nennt ihn König.)

Aeltester Zustand Griechenlands.   3

sten das Jonische Meer; und gegen Norden Illyrien und Thracien, zur Gränze. So klein von Umfang, so verächtlich in Betracht seines Gebiets, war das Land, welches alle Künste des Krieges und Friedens ins Daseyn rief; welches die größten Feldherren, Philosophen, Dichter, Maler, Baumeister und Bildhauer hervorbrachte, worauf die Welt je stolz war; welches die mächtigsten Monarchen überwand, die zahlreichsten Heere, die je ins Feld gebracht worden, zerstreute, und endlich der Lehrer des menschlichen Geschlechts wurde.

Die heil. Schrift*) sagt uns, daß Javan, Japhets Sohn, der Stammvater aller der Nationen gewesen,

*) Nach der Meinung der Ausleger von 1. Mos. 10, 4. Unter Söhnen können sehr füglich Stämme verstanden werden. Griechen reden von einem Hellen, Deutalions Sohn, von dem der Name Hellenen seinen Stämme in Thessalien, und bey ihrer Verbreitung mehreren Nationen Griechenlands zu Theil geworden, und von einem Jon, Deucalions Urenkel, Stammvater der Jonier. Die älteste Bevölkerung und Civilisirung Griechenlands hat folgende Epochen: 1. Pelasger, Fremdlinge vielleicht aus Asien. Sie stiften erst im (nachherigen) Peloponnes die Staaten Argos und Sicyon; denn Argos soll älter seyn; dann bevölkern sie Arcadien, Thessalien, die Inseln, selbst Italien. Ihre Ueberbleibsel kommen unter dem Namen Jonier vor. Neben ihnen giebt es Urvölker im mittlern Griechenland und in Thessalien. 2. Ankunft des Cekrops und der ägyptischen Colonie 1564. vor Chr. 17 Könige in Attica regieren 437 J. Unter ihnen war Theseus zweyter Stifter des Staats. 3. Ankunft des Deukalion vom Caucasus etwas später. Er vertreibt die Pelasger aus Thessalien. Sein S. Hellen Stiffter der Hellenen. Von dessen Söhnen und Enkeln kommen die Hauptstämme der Aeolier, Dorer, Achäer her) 4. Einwanderung des Kadmus und der phönicischen Colonie 1550. vor Chr. 5. Ankunft des Danaus und einer neuen Aegyptischen Colonie, in Argos, 15 J. nach Kadmus, Danaiden in Argos. 6. Einwanderung des Pelops aus Phrygien in die von ihm genannte Insel (Halbinsel) Peloponnes 1328. v. C. Peloviden. Zu Griechenland werden gerechnet: 1. Peloponnes (Morea) wo Argos, Sicyon, Messenien, Aeco Arkadien u. s. f. 2. Das eigentliche (mittlere) Griechenland Hellas, wo Attica Böotien ꝛc. 3. Thessalien. Epirus und Macedonien werden eigentlich nicht

die unter dem allgemeinen Namen Griechen begriffen waren. Unter seinen vier Söhnen soll von dem Elisa, oder Hellas, der Name Hellenen (Ελληνες) herkommen, ein allgemeiner Name, unter welchem die Griechen bekannt waren. Tharsis, der zweyte Sohn, soll sich in Achaia; Chittim in Macedonien, und Dodanim, der vierte Sohn, in Thessalien und Epirus, niedergelassen haben. Wie sie das Land unter sich getheilt, was für Revolutionen sie erfahren, oder was für Kriege sie geführt, ist ganz und gar nicht bekannt, und gewiß würde die Geschichte kleiner Barbarischer Staaten, wenn sie bekannt wäre, schwerlich die Mühe der Untersuchung belohnen. In jenen frühen Zeiten waren Königreiche etwas sehr Unbeträchtliches: eine einzelne Stadt, mit einem Gebiet von wenigen Stunden umher, ward oft mit diesem prächtigen Namen beehrt; es würde daher die Geschichte verwirren, wenn sie sich in die häuslichen Privatumstände jedes kleinen Staats einlassen wollte, das wäre eher die Sache des Oekonomisten, als des Politikers. Genug wirds seyn, wenn wir bemerken, daß Sicyon das älteste Königreich in Griechenland gewesen seyn soll. Den Anfang dieser kleinen Herrschaft setzen die Geschichtschreiber ins Jahr der Welt tausend neun hundert und funfzehn, vor Christi Geburt zwey tausend neun und achtzig, und vor der ersten Olympiade tausend dreyhundert und dreyzehn. Ihr erster König war Aegialeus. Sie soll tausend Jahre gedauert haben.

Das Königreich Argos im Peloponnes nahm tausend und achtzig Jahr vor der ersten Olympiade, um die Zeit Abrahams, seinen Anfang. Der erste König desselben war Inachus.

J.d.W. 2148.

Ihm folgte das Königreich Mycenä. Perseus, des letzten Königs von Argos Akrisius Enkel, welcher diesen seinen Großvater unvorsätzlich ermordete, verlegte

dazu gerechnet. F. A. Stroth Erdbeschreibung vom Griech. im deutschen Danville L 593. ff.

Aeltester Zustand Griechenlands.

den Sitz des Reichs von Argos hieher. *) Die Könige, welche nach dem Perseus zu Mycenä regierten, waren Elektryon, Sthenelus und Eurystheus. Der letztere wurde von den Herakliden, oder Nachkommen des Herkules vertrieben, die sich den Peloponnes unterwarfen.

Das Königreich Athen erhielt von dem Cekrops, einem Aegypter, eine regelmäßige Verfassung. Dieser Fürst, der aus Aegypten weggegangen, und mehrere Jahre an andern Orten herumgereiset war, kam aus Phönicien**) nach Griechenland, und lebte in Attica, wo der König des Landes Actäus, ihn gut aufnahm, und ihm seine Tochter zur Frau gab. Nach seinem Tode folgte er ihm auf den Thron. Er lehrte das Volk, das aus Wilden bestand ***), sich fester Wohnungen bedienen, schränkte ihre ungebundenen Lüste ein, nöthigte jeden Eine Frau zu heirathen, gab ihnen Vorschriften über ihre Lebensart und die Ausübung religiöser und bürgerlicher Pflichten. Er theilte das ganze Land in zwölf Distrikte, und ordnete auch einen Gerichtshof zur Entscheidung der Streitigkeiten an, welcher Areopagus genannt wurde. Amphiktyon, der dritte König von Athen, †) brachte ein Verbündniß zwischen den zwölf Staaten von Griechenland zu Stande, welches sich jährlich zweymal zu Thermopylä versammlete, um da gemeinschaftliche Opfer zu bringen, und sich über die allgemeinen Angelegenheiten des Bundes zu berathschlagen. Theseus, einer von den folgenden Königen dieses Staats, vereinigte die zwölf Dörfer (Bur-

J.d.W. 2448.

Tiryns, oder Mycenä. Auch ist nicht Eurystheus, sondern die Pelopiden, die ihm folgten, sind von den Heracliden vertrieben worden.

*) Vielmehr entstanden zwey Königreiche, Argos und
**) Der Verf. sucht verschiedne Sagen, die den Cekrops zum Aegypter und zum Phönicier machen, zu verbinden.
***) Und doch sollen sie einen König gehabt haben?
†) Nach andern war es vielmehr Amphiktyon, S. des Deucalion, König zu Pylä und Thessalien, der diese Conföderation Griechischer Staaten stiftete; oder sie hat den Namen von den Bergbewohnenden (ἀμφικτίονες) Völkern.

gen) des Cekrops in eine einzige Stadt. Kodrus, der sich für sein Volk aufopferte, war der letzte dieses Stammes. *) Als nämlich die Herakliden ins Land gefallen, und bis vor die Thore von Athen vorgedrungen waren, erklärte das Orakel, daß diejenigen siegen würden, deren König in diesem Gefecht ums Leben käme. Um sich also diese Antwort zuerst zu Nutze zu machen, verkleidete sich Kodrus in einen Landmann, fieng mit einem der feindlichen Soldaten Händel an, und ward von ihm erschlagen. Die Athenienser schickten hierauf einen Herold ab, und baten, daß man ihnen den Leichnam ihres Königs ausliefern mögte; dieß benahm den Feinden so sehr allen Muth, daß sie, ohne weiter etwas zu versuchen, abzogen. Nach dem Kodrus warde der Königstitel bey den Atheniensern abgeschafft. Sein Sohn Medon wurde zum Oberhaupt des Staats gemacht, unter dem Titel Archon, welches, dem Worte nach, so viel als Regent bedeutet. Die Ersten, welche diesen Titel führten, behielten ihre Würde lebenslang; als aber endlich die Athenienser einer Regierung überdrüssig wurden, die ihre Liebe zur Freyheit einschränkte, **) so setzten sie die Dauer der Archontenregierung auf zehen Jahre herab, und machten es zuletzt zu einer jährlich ertheilten Würde. ***)

J.d.W. 2549. Das Königreich Theben hat von dem Kadmus seinen Ursprung. Dieser Held hatte einen Aegyptischen Vater gehabt, und kannte die Religion und Geschichte jenes Landes so gut, daß verschiedne Schriftsteller ihn für einen Aegypter ausgeben: und da er in Phönicien gebohren und erzogen war, so verstand er auch die Sprache und Kenntnisse dieses Landes. †) Er seegel-

*) Der letzte der 17 Könige: denn er war von einem andern Stamme.
**) Oder vielmehr, als die aristocratische Parthey mächtiger wurde, stud selbst mehrern Antheil an der Regierung zu haben wünschte.
***) Jährlich wurden 9 Archonten gewählt.
†) Wieder Vermischung verschiedner Sagen. Die Alten machen ihn zum Phönicier. Der Name Cadmus be-

te von der Phönicischen Küste ab; bey seiner Ankunft in Böotien, gründet er, oder erneuerte er die Stadt, die von einer gleichnamigten Stadt in Aegypten, Theben genannt wurde, und die Burg, die von ihm Cadmea hieß. Hier schlug er den Sitz seiner Macht und Herrschaft auf. Ihm werden die sechzehn Buchstaben des Griechischen Alphabets zugeschrieben. Die Folge, Namen und Zeichen dieser Buchstaben haben eine große Aehnlichkeit mit den alten Phönicischen oder Hebräischen Buchstaben; er hat jene also nicht erfunden, sondern sie nur nach seiner vaterländischen Sprache gebildet, so wie wahrscheinlich die Phönicier vorher die ihrigen nach der Aegyptischen Sprache gebildet haben. Die Begebenheiten seiner unglücklichen Nachkommen, des Laius, der Jokasta, des Oedipus, Eteokles und Polynices, zeichnen sich in den poetischen Fiktionen dieser Periode vorzüglich aus.

Das Königreich Sparta, oder Lacedämon soll von dem Lelex gestiftet worden seyn. Helena, die zehnte in der Nachfolge dieses Monarchen, ist gleich berühmt wegen ihrer Schönheit und Treulosigkeit. Sie hatte noch nicht über drey Jahr mit ihrem Gemahl, dem Menelaus, gelebt, als sie von dem Paris, des Trojanischen Königs Priamus Sohn, entführt wurde. Dies scheint die erste Gelegenheit gewesen zu seyn, wo die Griechen sich verbanden und gemeine Sache machten. Nach zehnjähriger Belagerung eroberten sie Troja, ungefähr um die Zeit, da Jephtha Richter in Israel war. *)

deutet einem Morgenländer. Böotien hat diesen Namen später von den Böotiern, einem Thessalischen Volke erhalten; Theben ist nicht vom Cadmus, sondern erst kurz nach ihm, unterhalb des von ihm angelegten Fleckens, Cadmea, erbauet worden.

*) Der Trojanische Krieg ist die wichtigste Epoche der ältern Griech. Geschichte. Man setzt sein Ende ungefähr ins J. d. W. 3010. oder 1270. (1209) v. Chr. Geb. Agamemnon war das Haupt der verbundenen Griech. Armee. Schon vorher (ungefähr 63. J. früher, oder um 1350. vor C.)

8 **Erster Abschnitt.**

J.d.W. 2820. **Korinth** fieng später an, als die übrigen vorerwähnten Städte, zu einem Staat gebildet, oder von Königen regieret zu werden. Anfänglich war es Argos und Mycenä unterworfen, aber **Sisyphus**, des **Aeolus** Sohn, machte sich zum Herrn desselben, und als

J.d.W. 2628. seine Nachkommen des Throns entsetzt waren, bemächtigte sich **Bacchis** der höchsten Gewalt. Hiernächst wurde die Regierung aristokratisch, indem man jährlich eine Obrigkeit unter dem Namen **Prytanis** erwählte.

J.d.W. 3399. Endlich usurpirte **Cypselus**, nachdem er das Volk gewonnen hatte, die Oberherrschaft. Er hinterließ sie seinem Sohn **Periander**, der, wegen seiner Liebe zu den Wissenschaften und seiner Aufmunterung der Gelehrten, unter die **sieben Weisen** Griechenlandes gezählt wurde. *)

J.d.W. 2170. Der erste König von **Macedonien** war **Karanus**, ein Nachkomme des **Herkules**. Dies Reich bestand von ihm an bis auf die Niederlage des **Perseus** durch die Römer sechs hundert sechs und zwanzig Jahre. **)

hatten sich Griechen aus Thessalien und andern Gegenden zu einem gemeinschaftlichen Unternehmen, dem Argonautenzug, oder der Schiffarth nach Colchis (Mingrelien) verbunden, um von da das goldene Widderfell (Vließ) zu holen. Jason war Anführer. Achtzig Jahre nach dem Trojanischen Kriege erfolgte die Rückkehr der Herakliden und Dorer in den Peloponnes, wo sie neue heraklidische Reiche stiften. Diese Einwanderung veranlaßte so gewaltsame Revolutionen, daß drey Griechische Colonien nach einander auswandern, und auf die Küste von Kleinasien ziehen musten, Jonier, Aeolier, Dorer.

*) Die Folge der Geschichte Korinths ist diese: Sisyphus (1400 v. Chr.) — Sisyphiden regieren bis nach dem Einfall der Herakliden. 2. Herakliden (148 J. lang, seit ungefähr 1000. v. C.); der erste Aletes. 3. Bacchiaden 178. J. von Bacchis. 4. Aristocrat. Regierung von 200. Personen aus der Familie der Bacchiaden 90 J. unter Prytanen. 5. Cypseliden bis 584. v. C. Cypselus Tyrann 657. v. C.

) Der wahre Stifter eines Macedon. Königreichs war **Perdiccas I. aus Argos (um 730. v. C.) Uebrigens gab

Dies ist das Gemälde, welches uns Griechenland in seiner ersten Kindheit darstellt. Eine Verbindung kleiner Staaten, jeder durch seinen besondern Oberherrn regiert, alle aber vereinigt, sobald es auf gemeinschaftliche Sicherheit und allgemeinen Vortheil ankam. Indessen wurden ihre innern Streitigkeiten immer mit großer Feindseligkeit geführt; und wie es in allen kleinen Staaten unter der Herrschaft eines einzigen Befehlshabers zu gehen pflegt, die Eifersucht der Regenten war ein beständiger Anlaß zur Uneinigkeit. Aus dieser unseligen Lage fiengen diese Staaten nach und nach an sich empor zu heben: ein neuer Geist belebte das Volk, und der Zwistigkeiten seiner Herrscher müde, sehnte es sich nach Freyheit. Dieser Geist der Freyheit breitete sich durch ganz Griechenland aus, und eine allgemeine Veränderung der Staatsverfassung wurde in jedem Theile des Landes, Macedonien ausgenommen, dadurch bewirkt. So mußte die Monarchie der republikanischen Regierungsform weichen, die indeß so viel verschiedne Formen annahm, als verschiedne Städte waren, dem verschiednen Geist und Charakter jedes Volks gemäß.*)

Alle diese Städte, so sehr sie dem Anschein nach durch Gesetze und Interesse verschieden seyn mogten, waren durch ihre gemeinschaftliche Sprache, eine einzige Religion, und einen Nationalstolz, der sie alle andre Nationen als Barbaren und Feige ansehen hieß, verbunden. Selbst Aegypten, aus dem sie viele ihrer Künste und Einrichtungen entlehnt hatten, sahen sie in einem sehr kleinen Lichte, und mehr wie einen halb barbarischen Vorgänger, als wie einen erleuchteten Nebenbuhler.

Ein beträchtlich kleine besondre Staaten in Ober- und Nieder-

*) — — glaubte man, daß die königliche Regierung in — — — umgeändert worden sey. Vielleicht — — — Aristokratie, die, wenn sie drückender wurde, — — — zu Empörungen, und zur Rettung der Freyheit — — — Nach vielen neuen Stürmen wurde erst die — — — gegründet.

Um diese Verbindung unter den Staaten Griechenlands noch stärker zu machen, wurden in verschiednen Theilen des Landes Spiele angeordnet, mit ehrenvollen Belohnungen der Auszeichnung in irgend einer Vollkommenheit. Diese Spiele hatten sehr ernsthafte und nützliche Zwecke zur Absicht: sie gaben den verschiednen Staaten Gelegenheit zu Zusammenkünften; sie beseelten sie mit größerem Eifer für ihre gemeinschaftliche Religion; sie übten die Jugend in den Künsten des Krieges, und vermehrten den lebhaften Muth, und die Thätigkeit, die damals für die Entscheidung einer Schlacht von äußerster Wichtigkeit waren. *)

Aber das Hauptband ihrer Vereinigung entsprang aus dem Rath der Amphiktyonen, welcher, wie bereits erwähnt worden, von dem Amphiktyon, dem König der Athenienser, **) angeordnet und bestimmt war, zweymal jährlich zu Thermopylä gehalten zu werden, um sich über das gemeinschaftliche Wohl derjenigen Staaten, aus deren Abgeordneten er bestand, zu berathschlagen. Der Staaten, welche Abgeordnete in

---

*) Vier feyerlich und zu gesetzter Zeit wieder anzustellende Wettkämpfe (Spiele) Olympische (seit 776. v. C.) Pythische (bey Delphi), Isthmische (auf der Erdenge von Korinth), Nemeische. Die erstern waren die wichtigsten. Alle Gattungen der körperlichen Uebungen, und selbst auch einige des Geistes, wurden vor der Versammlung des ganzen Griechenlands angestellt.

**) König von Pylä — ursprünglich war es ein Gerichtshof für die verbundenen Hellenischen Stämme, in Thessalien und den angränzenden Gegenden, und so wie diese Stämme sich durch ganz Griechenland verbreiteten, für andere Griech. Nationen; ihnen wurde nun die Beschützung des Tempels zu Delphi aufgetragen; nur kurze Zeit stellte er die Generalstaaten Griechenlandes vor. Die Namen der 12 Völker, die Deputirte schickten, werden verschieden angegeben. Vielleicht gab es ursprünglich mehrere solche Versammlungen der Αμφικτυονες. Der gewöhnlich so genannte Rath hielt jährlich 2 Zusammenkünfte. — Auch das Orakel zu Delphi diente zur Vereinigung Griechenlandes. Delphi wurde überhaupt als Mittelpunkt der Conföderation betrachtet.

diesen Rath sandten, waren zwölfe, die Thessalier, die Thebaner, die Dorer, die Jonier, die Perrhäber, die Magneter, die Lokrenser, die Oetaner, die Phthioter, die Maleenser, die Phocenser und die Doloper. Jede von den Städten, die das Recht hatte, dem Amphiktyonischen Rath beyzuwohnen, war verbunden, zwey Abgeordnete zu jeder Versammlung zu schicken. Der eine hatte den Titel Hieromnemon, und besorgte die Angelegenheiten der Religion; der andre hieß Pylagoras, und hatte die politischen Angelegenheiten des Bundes zu versehen. Jeder von diesen Abgeordneten aber, so verschieden auch ihre Amtsgeschäffte waren, hatte gleiche Macht, über Alles, was das allgemeine Interesse von Griechenland betraf, zu entscheiden. Allein, wiewohl die Anzahl der Deputirten ursprünglich so festgesetzt gewesen zu seyn scheint, daß sie mit der Anzahl der Stimmen, die jeder Stadt zukamen, übereinstimmte; so maßten sich doch, in der Folge, bey außerordentlichen Angelegenheiten, die vornehmsten Städte das Recht an, mehr als einen Pylagoras hinzuschicken, zur Unterstützung bey einem kritischen Vorfalle, oder zur Beförderung der Absichten einer besondern Faktion. Wenn die also bestimmten Abgeordneten ihren Auftrag auszurichten angekommen waren, so brachten sie erst dem Apollo, der Diana, der Latona und Minerva ein Opfer, und legten dann einen Eid ab, worinnen sie gelobten, daß sie nie eine Stadt der Amphiktyonen zerstören, nie den Lauf des Wassers, weder im Kriege noch in Frieden, hemmen, und sich allen Bemühungen, die Verehrung und das Ansehen der Götter, denen sie ihre Anbetung dargebracht, zu vermindern, widersetzen wollten. Verletzungen also gegen die Religion, alle Arten von Gottlosigkeit und Entweihung, alle Streitigkeiten zwischen Griechischen Staaten und Städten, kamen zur Untersuchung der Amphiktyonen, die das Recht hatten, den Endausspruch zu thun, Geldstrafen aufzulegen, selbst Truppen zu werben und diejenigen zu bekriegen, die sich gegen ihre unumschränkte Gewalt empören wollten.

Diese verschiednen Bewegungsgründe zur Bundgenossenschaft vereinigten die Griechen auf eine Zeitlang zu einem Staatskörper von großer Macht, und noch größerer Nacheiferung. Durch diese Verbindung war ein Land, nicht halb so groß als England, im Stande, den mächtigsten Monarchen auf dem Erdboden die Herrschaft über die Welt streitig zu machen. Durch diese Verbindung boten sie nicht nur den unzählbaren Heeren Persiens die Spitze, sondern schlugen, zerstreuten, vertilgten sie, und demüthigten sie so sehr, daß sie sich Friedensbedingungen vorschreiben lassen mußten, die so schimpflich für die Besiegten, als glorreich für die Sieger waren. Unter allen Griechischen Städten aber, zeichneten sich vorzüglich zwey durch ihre Verdienste, ihre Tapferkeit und Weisheit, vor allen übrigen aus: **Athen** und **Lacedämon**. Da diese Städte Muster der Tapferkeit und Gelehrsamkeit für die übrigen waren, und sie die Hauptlast jedes auswärtigen Krieges zu tragen hatten, so ist es billig, daß wir in ihre besondre Geschichte mit größerer Umständlichkeit hineingehen, und dem Leser von dem Geist, dem Charakter, den Sitten und der Regierungsform ihrer Bewohner einigen Begriff geben.

Zweyter Abschnitt.

Spartanische Regierungsform; Gesetze des Lykurgus.

Obgleich das Königreich **Lacedämon** nicht so ansehnlich war, als **Athen**, so fordert es doch, weil seine Verfassung älter war, zuerst unsre Aufmerksamkeit. Lacedämon wurde, wie schon oben bemerkt worden, anfänglich von Königen regieret, von denen dreyzehn von dem Geschlecht der **Pelopiden** nach ein-

Regierungsform; Gesetze des Lykurgus. 13

ander das Ruder führten.*) Da während dieses dunkeln Zeitraums weder bestimmte Gesetze waren, die höchste Gewalt einzuschränken, noch Begriffe von wahrer Regimentsverfassung unter dem Volk, so scheint es nicht, daß irgend beträchtliche Eingriffe weder von des Königs, noch von des Volks Seite, geschahen. Unter dem Geschlecht der Herakliden, welches ihnen in der Regierung folgte, gestattete das Volk, daß statt eines Königs, zween mit gleicher Macht regierten. Ein ganz besondrer Zufall scheint diese Aenderung veranlaßt zu haben. Aristodemus nämlich hinterließ bey seinem Tode zween Söhne, Eurysthenes und Prokles, Zwillinge, die sich so ähnlich sahen, daß es fast nicht möglich war, sie zu unterscheiden. Dieß war der Mutter ein Wink, die Krone allen beiden zu verschaffen; so daß sie, als die Spartaner einen König haben wollten, nicht entscheiden wollte, oder konnte, welcher von beiden der Erstgeborne sey, oder die gerechtesten Ansprüche habe. Diese Regierungsform dauerte mehrere Jahrhunderte hindurch fort, und wenn gleich die beiden Gehülfen auf dem Throne fast nie sich vertrugen, so blieb doch die Regierungsverfassung ungeändert. **)

Während dieser Reihe von Königen ward die Sklaverey in Sparta zuerst eingeführt. Eurysthenes und Prokles hatten dem Spartanischen Landmann gleiche Vortheile mit dem Bürger eingeräumt; aber Agis stieß wieder um, was seine Vorgänger zum Besten der Bewohner des Landes gethan hatten, und legte ihnen einen Tribut auf. Die Einwohner von Helos waren das einzige Volk, welches sich diese Auflage nicht gefallen lassen wollte, sondern einen Aufstand machte, seine

*) Dreyzehn Könige haben in Sparta bis auf den Einfall der Herakliden regiert, aber nur die 3 letztern waren vom Stamme des Pelops, Menelaus, Orestes, Tisamenus.

**) Die Einfall der Herakliden in den Peloponnes wird 1104 v. C. gesetzt. Sie stifteten mehrere Staaten, unter andern Sparta, der mächtigste. Die Doppelregierung dauerte von dem Jahre 1102. bis 220. v. Ch.

Rechte zu behaupten. Die Bürger siegten, unterwarfen sich die Heloten, und machten sie zu Kriegsgefangenen. Zu noch härterer Strafe wurden sie und ihre Nachkommen zu ewiger Sclaverey verdammt; und ihr Elend noch größer zu machen, gab man von der Zeit an allen andern Sklaven den allgemeinen Namen Heloten.

Man kann hieraus den Schluß machen, daß dieser kleine Staat auf eine stürmische und gewaltthätige Art beherrscht worden, und der Einschränkung strenger Gesetze und harter Zucht bedurft habe. Diese Strenge und harte Zucht ward ihm endlich vom Lykurgus aufgelegt, einem der ersten und außerordentlichsten Gesetzgeber, die je unter den Menschen erschienen. Nichts in der ganzen Profangeschichte ist vielleicht so merkwürdig, und doch nichts so zuverläßig bestätigt, als diese Gesetze und Staatsverfassung des Lykurgus. In der That, was kann erstaunenswürdiger seyn, als ein aufrührisches und wildes Volk sich Gesetzen unterwerfen sehen, die jedem sinnlichen Vergnügen, jeder Privatneigung Zaum anlegten; es, dem Wohl des Staats zu liebe, alle Freuden und Bequemlichkeiten des Privatlebens aufopfern, und den stillen, häuslichen Zustand sich härter und fürchterlicher machen sehen, als die beschwerlichsten Feldzüge und die mühseligsten Pflichten des Krieges. Und doch ward alles dieses durch die Beharrlichkeit und das Ansehen eines einzigen Gesetzgebers zu Stande gebracht, der ihnen durch sein eignes edles Beyspiel die ersten Lehren der Selbstverleugnung gab.

Lykurgus war der Sohn des Eunomus, eines der beiden Könige, die gemeinschaftlich Sparta regierten. Da des Lykurgus älterer Bruder Polydektes ohne Erben verstarb, so fiel das Recht der Nachfolge auf den Lykurgus, der also auch die Regierung übernahm. Allein ein unerwarteter Vorfall setzte sich seiner Erhebung entgegen; es fand sich nämlich, daß seine Schwägerinn schwanger sey, wodurch sein Recht zweifelhaft wurde. Ein weniger rechtschaffener Mann

Regierungsform; Gesetze des Lykurgus.

würde jedes Mittel gebraucht haben, sich auf dem Throne zu erhalten, und ein Antrag, den ihm die Königinn selbst that, schien seine Ansprüche zu sichern. Sie erbot sich, unter der Bedingung, daß er sie heirathen und zur Theilnehmerinn seiner Gewalt machen würde, die Frucht abzutreiben. Lykurgus unterdrückte weislich seinen Unwillen über einen so unnatürlichen Vorschlag, und besorgt, daß sie Mittel gebrauchen würde, ihren Entwurf zu vollziehen, versprach er ihr, so bald das Kind geboren sey, selbst schon dafür zu sorgen, daß es aus dem Wege geschafft würde. Sie ward demnach von einem Knaben entbunden, welchen Lykurgus sich herbringen ließ, als er eben mit Obrigkeitlichen Personen zu Abend speiste; ihnen stellte er das Kind als ihnen König vor, und gab ihm, seine und des Volks Freude zu bezeugen, den Namen Charilaus. So opferte Lykurg seine Ehrbegierde seiner Pflicht auf; noch mehr, er setzte, nicht als König, sondern als Vormund des Prinzen, die Regentschaft fort. Weil er sich indessen vor der Rache der Königinn fürchtete, und den Staat in großer Unordnung fand, so entschloß er sich auf Reisen zu gehen, um zugleich jener Gefahr auszuweichen, und sich Mittel zu verschaffen, den Mängeln des letztern abzuhelfen.

Entschlossen also, sich mit allen guten Einrichtungen anderer Nationen bekannt zu machen, und sich bey den erfahrensten Männern in der Regierungskunst, die er nur finden könnte, Raths zu erholen, besuchte er zuerst die Insel Kreta, deren harte und strenge Gesetze sehr bewundert wurden. *) In dieser Insel waren die Handwerke schon zu einiger Vollkommenheit gebracht. Man verarbeitete hier Kupfer und Eisen, und machte Waffenrüstungen, in welchen man unter einem verwirrten Getöne von Schellen bey den Opfern der Götter tanzte. Durch die Kretenser wurde die Kunst der Schiffahrt zuerst in Griechenland bekannt, und von ihnen entsprang auch die Musik. Minos der erste, oder der zweyte war ihr Urheber.

lehnten viele Gesetzgeber die Grundsätze ihrer Anordnungen.

Aus Kreta gieng **Lykurgus** nach Asien hinüber, wo er neue Belehrungen fand, und zuerst die Werke des Homer entdeckt haben soll. Von da begab er sich nach Aegypten, und einige wollen sogar, daß er auch mit den Gymnosophisten Indiens Bekanntschaft gemacht.*) Aber während daß er in fremden Ländern so beschäfftigt war, wurde seine Anwesenheit zu Hause höchst nöthig. Alle Partheyen wünschten einmüthig seine Rückkehr, und viele Botschaften wurden an ihn abgesandt, seine Ankunft zu beschleunigen. Die Könige selbst drangen deßhalb in ihn, und benachrichtigten ihn, das Volk sey so sehr in Unordnung gerathen, daß nichts als sein Ansehn im Stande wäre, der Ungebundenheit desselben Einhalt zu thun. In der That neigte sich Alles zum unvermeidlichen Untergange des Staats, und nichts wünschte man, als seine Gegenwart, um das mit schnellen Schritten herbeyeilende Verderben aufzuhalten.

Lykurgus, der sich endlich zur Rückkehr bereden ließ, fand das Volk seiner eignen Unbändigkeit müde, und bereitwillig, jede neue Einrichtung, die er machen würde, anzunehmen. **) Da das Verderben allgemein war, fand ers nothwendig, die ganze Regierungsform umzuändern; denn er sahe wohl ein, daß einige wenige besondere Gesetze nicht viel ausrichten würden. Er wußte, daß nichts zur Beförderung jeder guten Einrichtung so wirksam beytrage, als die Religion, und gieng daher erst nach **Delphi**, das Orakel des Apollo um Rath zu fragen. Hier fand er eine Aufnahme, die seinem höchsten Ehrgeiz schmeicheln konnte; denn die Prie-

---

*) Die Reisen nach Aegypten und nach Indien sind erdichtet, und werden von den frühern Schriftstellern nicht erwähnt.

**) Diese Gesetzgebung wird fast 300 J. nach Trojas Eroberung, oder um 880 v. Chr. angesetzt. In der Staatseinrichtung soll Monarchie, Aristokratie und Demokratie auf eine sehr weise Art vermischt worden seyn.

sterinn grüßte ihn, als einen Freund der Götter, ja als einen, der mehr Gott, als Mensch sey. Seine neuen Einrichtungen betreffend, sagte sie ihm, die Götter hätten sein Gebet erhört, und der Staat, welchen er zu stiften willens sey, würde der vortreflichste und dauerhafteste auf Erden seyn.

Dadurch aufgemuntert, theilte Lykurgus, nach seiner Rückkehr in Sparta, erst seinen vertrautesten Freunden seine Absichten mit, und brachte dann nach und nach die ersten obrigkeitlichen Personen auf seine Seite. Endlich, als Alles zu der großen Revolution reif war, ließ er dreyßig der Vornehmsten auf dem Marktplatze bewaffnet erscheinen. Charilaus, welcher damals König war, schien anfangs sich der Staatsveränderung widersetzen zu wollen; wurde aber bald durch die überlegne Macht in Furcht gesetzt, und nahm seine Zuflucht in den Tempel der Minerva; doch vermogten die Bitten seiner Unterthanen, da er überdem von nachgebender Gemüthsart war, ihn endlich, wieder herauszukommen und den Verträgen beyzutreten. Das Volk ließ sich bald eine neue Staatseinrichtung gefallen, die offenbar zu seinem Beßten abzielte, und unterwarf sich mit Freuden Gesetzen, die auf jede Klasse der Gesellschaft eine gleiche Last legten.

Um den Königen noch einen Schatten von Gewalt zu lassen, bestätigte er ihnen das Recht der Nachfolge, wie vorher, verminderte aber ihre Macht, indem er einen Senat anordnete; welcher das Gleichgewicht zwischen den Regenten und dem Volk erhalten sollte. Unterdessen behielten sie noch immer alle vorigen Zeichen der äußerlichen Würde und Ehre bey. Sie hatten einen auszeichnenden Platz in jeder öffentlichen Versammlung; gaben bey Berathschlagungen zuerst ihre Stimme, empfiengen Gesandte und Fremde, und hatten die Aufsicht über öffentliche Gebäude und Wege. Im Kriege besaßen sie große Gewalt; sie kommandirten alle Armeen des Staats, wobey ihnen ein General der Reuterey, nebst einer Anzahl von Richtern und Kriegsbeputirten zugeordnet war. Indessen hatten sie auch im Kriege nicht ganz freye Hände; denn sie erhielten vom Senat Befehle, an welche sie zwar größtentheils nicht strenge gebunden waren, aber sich doch zuweilen dadurch gezwungen sahen, den Feind anzugreifen, oder nach Hause zurückzukehren, wenns ihnen eben am ungelegensten war.

Die Staatsregierung war bisher immer noch schwankend gewesen, hatte sich bald zum Despotismus, bald zur Demokratie geneigt; aber der Senat, welchen Lykurgus anordnete, war ein Zaum für beides, und erhielt den Staat in ruhigem Gleichgewicht. Die Politik dieser Versammlung, die aus acht und zwanzig Mitgliedern bestand, war vornehmlich, daß sie es mit den Königen hielt, wenn das Volk sich zu viel Macht anmaßen wollte; und, auf der andern Seite, die Parthey des Volks ergriff, wenn die Könige ihre Gewalt zu weit auszudehnen suchten. Zu den ersten Senatoren wurden theils diejenigen erwählt, die dem Lykurg zu seinen Absichten behülflich gewesen waren, theils verschiedne von den Bürgern, die sich durch besondre Tugenden auszeichneten. Vor dem sechzigsten Jahr des Alters wurde keiner aufgenommen. Sie behielten ihre Würde lebenslang, außer wenn Einer ein grobes Verbrechen begieng. Dies verhütete nicht allein die Unbequemlichkeiten einer zu öftern Veränderung, sondern war auch eine dauernde Belohnung für die Alten, und ein edler Sporn für die Jugend. Dieser Senat machte den höchsten Gerichtshof aus; und wiewohl es erlaubt war, von ihm an das Volk zu appelliren, so giengen doch gewöhnlich seine Endurtheile ohne Widerruf durch, theils weil das Volk nicht anders, als wenn der Senat es verlangte, sich öffentlich versammlen durfte, theils weil die Senatoren wegen eines ungerechten Urtheils nicht zur Rechenschaft gezogen werden konnten. In der That war, einige Jahrhunderte hindurch, die Behutsamkeit und Rechtschaffenheit dieses Tribunals so groß, daß Niemand zu wünschen schien, sein Recht weiter zu suchen, und beyde Partheyen die Gerechtigkeit seines Ausspruchs anerkannten. Indessen wurde doch die große Macht, die der Senat solchergestalt in den Händen hatte, etwa ein Jahrhundert nachher durch einen höheren Gerichtshof gemäßiget, welcher das Gericht der **Ephoren***) hieß, und nur aus fünf Mitgliedern bestand, die jährlich gewählt wurden. Sie wurden von dem Volk gewählt, und hatten die Macht, sich selbst der Person ihrer Könige zu bemächtigen, und sie gefangen zu setzen, wenn sie die Pflicht ihres Standes aus den Augen setzten.

Auch das **Volk** hatte dem Namen nach Antheil an der Regierung. Es hatte seine Versammlungen, die nur aus Bürgern bestanden, und auch eine große Zusammenkunft aller freyen Leute im Staat. Allein dieses Recht, sich zu versammlen, war nichts weiter als bloßer Schein, indem es nur dem Senat allein erlaubt war, es zusammen zu berufen, und es ihm freystand, es nach Belieben wieder aus einander gehen zu lassen. Auch den Gegenstand der Berathschlagung mußte der Senat vortragen, unterdeß das Volk, ohne sich berathschlagen oder untersuchen zu dürfen, weiter nichts konnte, als mit lakonischer Entscheidung verwerfen oder bestätigen. Um es noch hülfloser zu lassen, war es von allen Staatsbedienungen ausgeschlossen, **) und wurde bloß als eine Maschiene betrachtet, die der weißere Theil des Staats regieren und gebrauchen müsse.

Ein so geringer Grad von Macht, der dem Volke gewährt war, hätte sehr leicht diese neuen Anordnungen in ihrer Kindheit zerstören können; allein, um diesen

---

*) Nach den ältesten Schriftstellern hat Lykurg selbst die Ephoren angeordnet; nach spätern sind sie erst 130 J. später eingeführt worden. Vermuthlich war damals die Macht dieser Staatsaufseher vergrößert worden.

**) In Sparta konnte jeder verdiente Bürger, ohne Unterschied der Geburt und des Standes, zur Würde eines Senators gelangen. Es fand folglich keine solche Ausschließung Statt.

Theil der Bürger mit der Veränderung auszusöhnen faßte Lykurgus den kühnen Entschluß, ihnen gleichen Antheil an denen Ländereyen zu geben, deren sie theils der zunehmende Reichthum Einiger, theils die Verschwendung Andrer beraubt hatte. Das Volk in Abhängigkeit und zugleich in Ueberfluß zu erhalten, scheint einer von den feinsten Meisterstreichen in der Gesetzgebung dieses Philosophen gewesen zu seyn. Der größte Theil des Volks war damals so arm, daß es ihm an jeder Art von Besitzungen mangelte, unterdeß eine kleine Anzahl einzelner Bürger alle Ländereyen und Reichthümer des Landes im Besitz hatte. Um also den Uebermuth, den Betrug und die Ueppigkeit der einen, sowohl als das Elend, den Gram und die meuterische Verzweiflung der andern, zu verbannen, so überredete er den größten Theil, und zwang die Uebrigen, alle ihre Ländereyen dem Staat zu übergeben, und eine neue Eintheilung derselben zu machen, damit unter Allen eine vollkommene Gleichheit herrsche. So wurden alle sinnliche Güter des Lebens unter die Herrscher und Beherrschten gleich vertheilt, und nur höheres Verdienst allein gab höhere Vorzüge.

Lykurgus machte dem gemäß aus allen Ländereyen von Lakonien dreyßig tausend, und aus denen von Sparta neun tausend Theile, und theilte dieselben unter die Einwohner jedes Distrikts gleich aus. Jeder Antheil reichte hin, eine Familie auf die frugale Art, die er einführen wollte, zu ernähren; und wiewohl den Königen zu Behauptung ihrer Würde ein größerer Antheil angewiesen ward, so hatte doch ihre Tafel mehr das Ansehen des Wohlstandes und Auskommens, als des Ueberflusses oder der Verschwendung. Man sagt, Lykurg habe einige Jahre nachher, als er von einer langen Reise zurückgekehrt, und die gleiche Vertheilung des Getreides in allen Theilen des Landes gesehen, lächelnd zu denen, die um ihn waren, gesagt: Gleicht nicht Lakonien einem Landgut, welches mehrere Brüder unter sich getheilt haben?

Doch die bloße Vertheilung der Ländereyen würde keinen beständigen Zweck erreicht haben, wenn das Geld sich dabey noch immer hätte anhäufen können. Um also jeden andern Unterschied, außer dem, welchen Verdienste machten, aufzuheben, entschloß er sich, allen Reichthum ohne Unterschied auf gleichen Fuß zu setzen. Er beraubte zwar diejenigen, welche Gold und Silber besaßen, nicht ihres Eigenthums; aber, was gleich viel war, er setzte seinen Werth herab, und erlaubte den Spartanern kein anderes Geld im Handel und Wandel zu gebrauchen, als eisernes. Diese Münze machte er noch überdem so schwer, und gab ihr einen so geringen Werth, daß ein Wagen mit zwey Ochsen bespannt nöthig war, eine Summe von zehen Minen, oder etwa hundert und zwanzig Thalern, *) fort zu bringen, und ein ganzes Haus, sie zu verwahren. Dieses eiserne Geld hatte in keinem der andern Griechischen Staaten Umlauf; und diese, weit entfernt, es zu schätzen, machten es vielmehr äußerst verächtlich und lächerlich. Wegen dieser Geringschätzung der Auswärtigen, fiengen die Spartaner bald selbst an, es so sehr zu verachten, daß endlich das Geld außer Gebrauch kam, und wenige sich mit mehrerem beschwerten, als sie gerade nöthig hatten, sich die nothwendigen Bedürfnisse zu verschaffen. So wurde nicht allein Reichthum, sondern auch sein unzertrennliches Gefolge, Habsucht, Betrug, Raub und Ueppigkeit, aus diesem einfachen Staate verbannt, und das Volk fand in der Unkunde des Reichthums den glücklichsten Ersatz für den Mangel derjenigen Verfeinerungen, die er gewährt.

Allein diese beiden Anordnungen wurden noch nicht für hinlänglich gehalten, dem Hange zu Ausschweifungen, welcher dem Menschen angeboren ist, vorzubauen. Es wurde daher noch eine dritte Einrichtung gemacht, vermöge welcher alle Mahlzeiten öffentlich gehalten werden mußten. Er befahl nehmlich, daß alle Mannspersonen ohne Unterschied in einem gemeinschaftlichen

*) Zehen Attische Minen betragen über 200 Thlr.

großen Saale speisen sollten; und damit ja keine Fremde seine Bürger durch ihr Beyspiel verderben mögten, ward ihnen durch ein ausdrückliches Gesetz untersagt, sich in der Stadt aufzuhalten. Durch dieses Mittel wurde die Frugalität nicht allein nothwendig, sondern auch der Gebrauch des Reichthums zu gleicher Zeit gänzlich verbannt. Jeder Bürger schickte monatlich seinen Beytrag zu dem gemeinschaftlichen Vorrath, nebst einer Kleinigkeit an Gelde zu andern nöthigen Ausgaben. Dieser Beytrag bestand aus einem Scheffel Mehl, acht Maaß Wein, fünf Pfund Käse, und drittehalb Pfund Feigen. Die Tafeln bestanden jede aus funfzehn Personen, und keiner wurde anders, als mit Bewilligung der ganzen Gesellschaft, zugelassen. Jedermann, ohne Ausnahme der Person, war verbunden, sich bey der gemeinschaftlichen Mahlzeit einzufinden; und lange Zeit nachher mußte der König Agis sich Verweise und Strafe gefallen lassen, weil er, bey seiner Rückkehr von einem glücklichen Feldzuge, zu Hause mit seiner Gemahlinn gespeist hatte. Selbst die Kinder hatten an diesen Mahlzeiten Theil, und wurden dahin gebracht, als in eine Schule der Mäßigkeit und Weisheit. Denn hier war keine ungezogene oder unsittliche Unterredung, keine nichtsbedeutende Zänkereyen, kein großpralerisches Geschwätz erlaubt. Jeder bemühte sich seine Gedanken mit äußerster Klarheit und Kürze auszudrücken; Witz wurde als Gewürz der Speise gestattet, und Verschwiegenheit gab der Unterhaltung Sicherheit. So bald ein junger Mensch ins Zimmer kam, pflegte der Aelteste in der Gesellschaft, auf die Thüre weisend, zu ihm zu sagen: **Nichts, was hier gesprochen wird, darf da hinaus.** Schwarze Suppe war ihr liebstes Gericht. Von was für Ingredienzen sie gemacht worden, ist nicht bekannt; des Fleisches bedienten sie sich nicht; vermuthlich hatte sie Aehnlichkeit mit den Linsensuppen, die noch jetzt auf dem festen Lande gewöhnlich sind. Der Tyrann Dionysius fand ihr Essen sehr unschmackhaft, aber der Koch sagte ihm sehr richtig, die Suppe sey frey-

Regierungsform; Gesetze des Lykurgus. 23

sich ein schlechtes Essen, wenn sie nicht durch Arbeit und Hunger gewürzt würde.

Ein so strenges Geboth, welches auf einmal allen Delikatessen und Verfeinerungen der Ueppigkeit ein Ende machte, war den Reichen sehr unwillkommen, und sie ergriffen jede Gelegenheit, den Gesetzgeber wegen seiner neuen Anordnungen zu mishandeln. Mehrmals kam es darüber zum Aufruhr; und in einem derselben schlug ein junger Mensch, Namens Alcander, dem Lykurg das Auge aus. Aber er hatte den größten Theil des Volks auf seiner Seite, welches, über diese Beleidigung aufgebracht, ihm den jungen Menschen in die Hände lieferte, um ihn mit gebührender Strenge zu bestrafen. Lykurgus, anstatt eine thierische Rachsucht zu äußern, gewann seinen Feind durch alle Künste der Leutseligkeit und Liebe, bis er endlich, aus einem der übermüthigsten und unruhigsten Köpfe in Sparta, ein Muster der Weisheit und Mäßigung, und ein sehr brauchbarer Gehülfe des Lykurgus zur Beförderung seiner neuen Einrichtungen, wurde.

So fuhr er fort, durch keinen Widerstand geschreckt, und unerschütterlich standhaft in seinem Entwurf, an einer gänzlichen Verbesserung der Sitten seiner Landsleute zu arbeiten. Da die Erziehung der Jugend einer von den wichtigsten Gegenständen der Bemühungen eines Gesetzgebers war, so trug er Sorge, frühzeitig solche Grundsätze einzuflößen, daß Kinder gewissermaßen schon mit einem Gefühl von Ordnung und Zucht auf die Welt kommen mußten. Sein großer Grundsatz war, Kinder seyen das Eigenthum des Staats, und gehörten mehr dem gemeinen Wesen, als ihren Aeltern an. Zu diesem Ende machte er gleich mit dem Augenblick der Empfängniß den Anfang, indem er den Müttern solche Diät und Leibesübungen vorschrieb, wodurch sie in den Stand gesetzt wurden, gesunde und starke Kinder zur Welt zu bringen. Da während dieser Periode alle Anordnungen einen Anstrich von der rohen Wildheit der

Zweyter Abschnitt. Spartanische

Zeiten*) hatten, so darf man sich nicht wundern, wenn Lykurgus befahl, daß alle die Kinder, welche nach einer öffentlichen Besichtigung, häßlich und schwächlich, und ungeschickt zu einem thätigen arbeitsamen Leben befunden würden, in einer Höhle an dem Berge Taygetus ausgesetzt werden und umkommen sollten. Dies sah man als eine öffentliche Strafe der Mutter an, und hielt es für den kürzesten Weg, den Staat einer künftigen Last zu entledigen.

Diejenigen, die ohne irgend einen Hauptfehler geboren waren, wurden dann als Kinder des Staats angenommen, und ihren Aeltern überlassen, sie mit Strenge und Härte aufzuziehen. Von ihrem zartesten Alter an, wurden sie gewöhnt, keinen Unterschied in ihren Speisen zu machen, sich im Finstern nicht zu fürchten, nicht verdrüßlich und mürrisch zu werden, wenn sie allein gelassen wurden; mit bloßen Füßen zu gehen, auf hartem Lager zu schlafen, Winter und Sommer dieselben Kleider zu tragen, und sich nie vor ihres Gleichen zu fürchten. Im siebenden Jahre wurden sie aus ihrer Aeltern Hause genommen, und in die Klassen zur öffentlichen Erziehung gethan. Diese war fast nichts anders, als eine Uebung in Ertragung aller Beschwerden, in Selbstverleugnung und Gehorsam. In diesen Klassen führte einer von den ältesten u. erfahrensten Knaben die Oberaufsicht, sie zu regieren und die Widerspänstigen zu züchtigen. Selbst ihre Spiele und Leibesbewegungen waren nach der strengsten Zucht eingerichtet und bestanden aus Arbeiten und Ermüdungen. Sie giengen barfuß, mit geschornen Köpfen, und mußten nackt mit einander fechten. Während der Zeit, daß sie zu Tische saßen, pflegten die Lehrer die Knaben zu unterrichten,

*) Dieß ist der Gesichtspunct aus dem Lykurgus ganze Gesetzgebung betrachtet werden muß. Wie viel haben nicht die Raisonnemens der Geschichtschreiber und Philosophen des Alterthums, und der neuern Politiker hinzugedichtet! Welchen unnöthigen Scharfsinn hat man nicht bey Erklärung des angeblichen Gesetzes, daß Lykurgs Gesetze nicht aufgeschrieben werden sollten, gezeigt? Das Beste über die

Regierungsform; Gesetze des Lykurgus. 25

indem sie ihnen über die Natur moralischer Handlungen, und über die verschiednen Verdienste der bekanntesten Männer ihrer Zeit Fragen vorlegten. Die Knaben waren verbunden, schnelle und fertige Antwort zu geben, und zugleich ihre Gründe anzuführen, alles so kurz gefaßt, als möglich; denn die Sprache eines Spartaners war so sparsam, als sein Geld groß und schwer. Alle prahlerische Gelehrsamkeit war aus diesem einfachen Staat verbannt; ihr einziges Studium war, gehorchen, ihr einziger Stolz, Beschwerlichkeiten ertragen. Jede Kunst wurde gebraucht, sie gegen künftige Gefahren abzuhärten. Zu diesem Ende wurden sie jährlich an dem Altar der Diana gegeißelt, und der Knabe, welcher diese schmerzhafte Behandlung am standhaftesten ertrug, gieng als Sieger davon. Dies geschah öffentlich, vor den Augen ihrer Aeltern, und in Gegenwart der ganzen Stadt; und oftmals gab einer unter dieser harten Züchtigung seinen Geist auf, ohne einen Seufzer auszustoßen. Selbst ihre eignen Väter, wenn sie sie mit Blut und Wunden bedeckt, und im Begriff sahen den Geist aufzugeben, ermahnten sie mit Standhaftigkeit und Entschlossenheit bis ans Ende auszuhalten. Plutarch, welcher versichert, daß er mehr als einmal Kinder unter dieser grausamen Behandlung sterben sehen, *) erzählt uns von einem, daß als er einen gestohlnen Fuchs unter seinem Kleide trug, er sich von ihm die Eingeweide zerfressen ließ, um den Diebstahl nicht zu entdecken.

Jede Einrichtung schien dahin abzuzwecken, Körper und Geist zum Kriege zu härten und zu schärfen. Um sie zu Kriegslisten und plötzlichen Ueberfällen abzurichten, erlaubte man den Knaben, einander zu bestehlen, wurden sie aber auf der That ertappt, so bestrafte man sie wegen ihres Mangels an Geschicklichkeit. Ei-

Spart. Verfassung findet man nun in 2 Abhh. des Hrn. Hofr. Heyne Commentatt. Soc. Gött. IX, I. fs.

*) Wenn Plutarch (Lyk. l. 203.) nicht einen alten Schriftsteller wörtlich abgeschrieben hat; so redet er unwahr. In seinen Zeiten war so etwas nicht mehr zu sehen.

Zweyter Abschnitt. Spartanische

ne solche Erlaubniß also war nicht viel mehr, als ein Verbot des Diebstahls, weil, wie jetzt, im Fall der Entdeckung die Strafe erfolgte. In der That wurde durch diese Anordnung die Nachläßigkeit des Besitzers mit Recht durch den Verlust seiner Besitzungen bestraft, eine Bemerkung, welche von nachfolgenden Gesetzgebern nicht genug in Erwägung gezogen worden. *)

Im zwölften Jahre wurden die Knaben in eine höhere Klasse versetzt. Hier wurden, um den Saamen des Lasters, welcher um diese Zeit zu keimen anfängt, gänzlich auszurotten, Zucht und Arbeit zugleich mit dem Alter vermehrt. Hier hatten sie ihren Lehrer aus den Männern, welcher Pádonomos **) hieß, und unter ihm die Irenen, junge Leute aus ihrem eignen Mittel erwählt, um eine beständigere, unmittelbarere Herrschaft über sie auszuüben. Jetzt hatten sie ihre Scharmützel zwischen kleineren Partheyen, und ihre ordentlichen Treffen zwischen größeren Haufen. In diesen fochten sie oft mit Händen, Füßen, Zähnen, und Nägeln, mit solcher Hartnäckigkeit, daß es etwas Gewöhnliches war, sie ihre Augen und oft ihr Leben verlieren zu sehen, ehe der Sieg entschieden wurde. So war die beständige Zucht während ihrer Minderjährigkeit beschaffen, welche bis ins dreyßigste Jahr dauerte, vor welchem es ihnen nicht erlaubt war, weder zu heirathen, noch Kriegsdienste zu thun, noch irgend eine Staatsbedienung zu verwalten.

Was die Mädchen anbetrifft, so war ihre Zucht eben so strenge, als der Knaben. Sie wurden zu un-

---

*) Ein falsches Raisonnement! Die Spartaner waren überhaupt ein räuberisches Volk. Der Gesetzgeber gab ihrer Neigung vielmehr nach, als daß er sie durch diese Einrichtung hätte einschränken wollen. Die Strafe der ertappten Diebe sollte nicht den Diebstahl hindern, sondern die privilegirten Diebe schlauer und aufmerksamer machen. Uebrigens bestohlen Kinder nicht nur einander, sondern auch andre; vorzüglich raubten sie die Feldfrüchte und Lebensmittel.

**) Vielmehr hieß die obrigkeitliche Person, die die Oberaufsicht über die Erziehung führte, so.

Regierungsform; Gesetze des Lykurgus. 27

unterbrochener Arbeit und Geschäfftigkeit gewöhnt, bis ins zwanzigste Jahr, vor welcher Zeit sie nicht heirathen durften. Sie hatten auch ihre besondern Leibesübungen. Sie liefen in die Wette, rangen, warfen nach dem Ziel, und verrichteten alles dieses nackend vor der ganzen Versammlung der Bürger. Dies ward auf keine Weise für unanständig gehalten, indem man voraussetzte, daß der öftere Anblick der nackten Person jede wollüstige Begierde eher unterdrücken als erregen würde. *) Eine so männliche Erziehung ermangelte nicht, ihr entsprechende Gesinnungen bey den Spartanischen Frauenzimmern hervorzubringen. Sie waren kühn, frugal und patriotisch, voll von Gefühl der Ehre und Begierde nach Kriegerischem Ruhm. Als einige ausländische Frauenzimmer einst zu der Gemahlinn des **Leonidas** sagten, die Spartanischen Weiber allein verstünden die Kunst, ihre Männer zu beherrschen, erwiederte sie dreist: die Spartanischen Weiber allein bringen Männer zur Welt. Eine Mutter gab ihrem Sohn als er ins Treffen gieng, seinen Schild mit der Ermahnung: **Komm mit ihm, oder auf ihm, zurück.** Das hieß, sie wollte ihn lieber todt auf seinem Schild, nach Sparta zurücktragen sehen, als hören, daß er ihn im Fliehen von sich geworfen. Eine andre, als sie hörte, daß ihr Sohn für sein Vaterland fechtend umgekommen, antwortete ohne alle Bewegung: **Dazu habe ich ihn geboren.** Nach der Schlacht bey **Leuktra** giengen die Aeltern derer, die im Treffen geblieben, in die Tempel und dankten den Göttern, daß ihre Söhne ihre Pflicht gethan, unterdeß die andern, deren Kinder diesen schrecklichen Tag überlebt hatten, untröstbar waren.

Indessen darf ich nicht verschweigen, daß das Frauenzimmer, welches von solcher Leidenschaft für den Kriegsruhm beseelt war, sich durch eheliche Treue eben nicht

---

*) Dies Raisonnement fällt weg, wenn nackt (γυμνος) nur mit einem einzigen Gewand bedeckt, heißt. Man muß denn die Anstalt aus der ältesten Roheit der halbwilden Spartaner erklären.

auszeichnete. In der That hatten sie gar kein Gesetz wider den Ehebruch, und eine Vertauschung der Ehemänner war nichts Ungewöhnliches. Dies geschah aber freylich immer mit gegenseitiger Einwilligung beider Partheyen, wodurch sie der unangenehmen Ceremonien einer Ehescheidung überhoben waren. Ein Grund, den man für die Gestattung dieser gegenseitigen Freyheit anführte, war nicht sowohl, ausgelassene Begierden zu befriedigen, als durch die Verbindung solcher Personen, die gegenseitige Neigung für einander hatten, eine bessere Gattung von Menschen für den Staat zu erhalten. Ueberhaupt scheint Lykurg bey vielen seiner Gesetze den Grundsatz gehabt zu haben, daß Privatlaster zum Beßten des gemeinen Wesens gereichen können; so auch in diesem Falle.

Außer diesen mit der Staatsverfassung verbundenen Grundsätzen, herrschten noch viele andre Maximen unter ihnen, welche nicht anders als Gesetze betrachtet wurden. So wars ihnen nicht erlaubt, irgend eine mechanische Kunst *) zu treiben. Die vornehmste Beschäfftigung der Spartaner bestand in Leibesübungen oder in der Jagd. Die Heloten, die einige hundert Jahre vorher ihre Freyheit verloren hatten, und zu ewiger Sklaverey verdammt waren, pflügten ihnen ihre Ländereyen, wofür sie weiter nichts, als ihren bloßen Unterhalt zum Lohn erhielten. Die Bürger, welche also ihr hinlängliches Auskommen und nichts zu thun hatten, brachten den größten Theil ihrer Zeit in ihren großen Sälen in Gesellschaft zu, wo sie zusammen kamen und sich unterredeten. Selten waren sie allein, gewöhnt, gleich Bienen, immer zusammen zu leben, immer auf ihre Oberhäupter und Anführer Acht zu haben. Liebe für ihr Vaterland und das allgemeine Wohl war ihre herrschende Leidenschaft, und alles Selbstinteresse verlor sich in dem allgemeinen Wunsche für die Wohlfahrt der Gesellschaft. Pedarktus, dem seine

*) Die nemlich bloß zum Luxus diente und überflüssig war.

Regierungsform; Gesetze des Lykurgus. 29

Hoffnung fehlschlug, unter die dreyhundert Männer, die einen gewissen Vorzug vor den übrigen Bürgern genossen, gewählt zu werden, bezeugte, anstatt sich über die Vereitelung seiner Ehrbegierde zu ärgern, große Freude, daß in Sparta noch dreyhundert bessere Männer wären, als er.

Unter andern Maximen dieses Gesetzgebers, war den Spartanern auch verboten, gegen den nemlichen Feind oft hinter einander Krieg zu führen. — Dieses Verbot hatte die Wirkung, daß sich keine bleibende und zu weit getriebne Feindseligkeit bey ihnen festsetzte, daß sie nicht in Gefahr kamen, diejenigen, welche sie bekriegten, in ihrer Kriegszucht zu unterrichten, und daß alle ihre Bündnisse auf diese Art erneuert wurden.

So oft sie den Feind in Unordnung und zum Weichen gebracht hatten, verfolgten sie ihn nie weiter, als nöthig war, sich des Sieges zu versichern. Sie hielten es für rühmlich genug, gesiegt zu haben, und schämten sich, einen nachgebenden oder fliehenden Feind zu tödten. Auch hatte dies nicht selten seine guten Folgen; denn der Feind, welcher wußte, daß Alles, was sich widersetzte, niedergehauen würde, ergriff oft die Flucht, als das sicherste Mittel, sein Leben zu retten. So schienen Tapferkeit und Edelmuth die herrschenden Triebfedern dieser neuen Verfassung zu seyn; Waffen waren ihre einzige Uebung und Beschäfftigung, und ihr Leben viel weniger strenge im Lager als in der Stadt. Die Spartaner waren das einzige Volk in der Welt, dem die Zeit des Krieges eine Zeit der Gemächlichkeit und Erquickung war, weil dann die Strenge ihrer Sitten etwas herabgespannt, und größere Freyheiten ihnen verstattet wurden. Ihr erstes und unverletzliches Kriegsgesetz war, nie ihrem Feinde den Rücken zu zu kehren, so sehr er ihnen auch an Macht überlegen seyn mogte, und ihre Waffen nicht eher als mit dem Leben fahren zu lassen. Als der Dichter Archilochus nach Sparta kam, zwang man ihn, die Stadt zu verlassen, weil er in einem seiner Gedichte behauptet hatte, daß es besser sey, seine

Waffen, als sein Leben zu verlieren. Entschlossen zu siegen oder zu sterben, giengen sie ruhig und mit aller Zuversicht eines glücklichen Ausgangs, dem Feinde entgegen, überzeugt, daß sie entweder einen glorreichen Sieg, oder, was ihnen gleich galt, einen edlen Tod finden würden. *)

Um also ihre Sicherheit von nichts anders, als ihrer Tapferkeit, zu erwarten, verbot ihr Gesetzgeber, die Stadt mit Mauern zu umgeben. Sein Grundsatz war, eine Mauer von Menschen sey besser, als eine Mauer von Steinen, und eine eingesperrte Tapferkeit sey nicht viel besser, als Feigheit. In der That bedurfte eine Stadt, in welcher sich dreyßig tausend geübte Krieger befanden, keiner Mauern zu ihrem Schutz; und wir haben kaum ein Beyspiel in der Geschichte, daß sie sich bis in ihre letzte Zuflucht zurück treiben lassen. **) Krieg und sein Ruhm waren ihr Geschäft und ihr Stolz; ihre Heloten, oder Sklaven, bauten ihre Felder, und verrichteten alle ihre knechtischen Arbeiten. Diese unglückseligen Menschen waren gewissermaßen an den Boden gebunden, es war nicht erlaubt, sie an Auswärtige zu verkaufen, oder sie in Freyheit zu setzen. Wenn etwa einmal ihre Vermehrung dem Staat lästig, oder ihren harten Herren verdächtig wurde, so hatten sie die Kryptia, ***) oder ein geheimes Gesetz, welches ihnen erlaubte, sie ums Leben zu bringen. Von dieser barbarischen Strenge indessen, spricht Plutarch den Lykurgus frey; aber gewiß ist, daß seine Anordnungen nicht hinreichten, das Volk von solcher Niederträchtigkeit und Grausamkeit zurück zu halten. Diesem geheimen Gesetz zufolge giengen verschiedne Haufen von jungen Leuten, mit

*) Und doch konnten die kriegerischen Spartaner oft nicht den Messeniern, den Persern, Atheniensern, Thebanern und andern widerstehn.

**) Der Verf. dachte nicht an die Feldzüge des Epaminondas, des Pyrrhus.

***) So heißt die geheime Sklavenjagd selbst, nicht ein Gesetz, das sich überhaupt dabey nicht denken läßt.

Regierungsform; Geſetze des Lykurgus.

Dolchen verſehen, bey Tage aus der Stadt, verſteckten ſich in Gebüſchen bis es dunkel wurde, fielen dann ihre Sklaven an, und ſtießen alles nieder, was ihnen in den Weg kam. Thucydides *) erzählt, daß zwey tauſend dieſer Sklaven auf einmal unſichtbar geworden, ohne daß man nachher je etwas von ihnen gehört. Man muß wirklich erſtaunen, daß ein Volk, wie die Spartaner, berühmt durch Gelindigkeit gegen die Beſiegten, Unterwürfigkeit gegen ihre Obern, Ehrfurcht gegen das Alter, und Freundſchaft gegen einander, ſo viehiſch grauſam gegen ihre Untergebnen ſeyn können; gegen Menſchen, die ſie in jeder Abſicht als ihres Gleichen, als ihre Landsleute, die nur durch ungerechte Uſurpation herabgewürdigt waren, hätten anſehen ſollen. Indeſſen iſt nichts gewiſſer, als ihre barbariſche Behandlung; ſie waren nicht allein zu ganz ſklaviſchen Arbeiten verdammt, ſondern wurden auch oft ohne Grund ums Leben gebracht. Sie wurden oft trunken gemacht, und ihren Kindern zum Gelächter dargeſtellt, um dieſe von einer ſo viehiſchen Art von Schwelgerey abzuſchrecken.

Dies iſt das Weſentliche der Anordnungen des Lykurgus, die durch ihre Abzweckung ſich die Hochachtung und Bewunderung aller benachbarten Nationen erwarben. Die Griechen ließen ſich immer gern durch Tugenden blenden, die mehr glänzend als nützlich waren, und erhoben die Geſetze des Lykurgus, die, aufs gelindeſte, mehr darauf giengen, die Menſchen kriegeriſch als glücklich zu machen, und Fühlloſigkeit an die Stelle des frohen Lebensgenuſſes zu ſetzen. Betrachtet man ſie mit politiſchem Auge, ſo war die Stadt Lacedämon weiter nichts als eine militäriſche Garniſon, die durch die Arbeiten einer zahlreichen Bauernſchaft,

---

*) Aber dies geſchah nicht bey einer ſolchen Jagd auf dem Felde, ſondern bey einer feyerlichen Einführung der Sklaven in die Tempel, wo man ſie zu Bürgern machen wollte. Buch 4. §o.

ihrer Sklaven, ernährt wurde. Die Gesetze also, nach welchen sie beherrscht wurden, sind nicht viel strenger, als viele von den militärischen Einrichtungen neuerer Fürsten; gleich harte Arbeiten, gleiche Zucht, gleiche Armuth und gleiche Subordination als viele Jahrhunderte hindurch in Sparta herrschte, findet man in vielen europäischen Städten, wo Besatzung liegt. Der einzige Unterschied zwischen einem Lacedämonischen Krieger und einem Garnisonsoldaten in Grevelingen, besteht meines Bedünkens darinn, daß Jener Erlaubniß hatte, im dreyßigsten Jahr zu heirathen, dieser aber verbunden ist, auf Lebenslang unverehlicht zu bleiben; daß dieser mitten in einem civilisirten Lande lebt, welches er, wie man sagt, beschützen soll; Jener mitten unter einer Menge civilisirter Staaten lebte, die er zu beleidigen nicht Lust hatte. Krieg ist das Gewerbe beider, und ein Feldzug ist oft eine Erholung von den strengeren Pflichten einer eingespetrten Garnison.

Nachdem Lykurgus auf diese Art seine kriegerische Verfassung zu Stande gebracht, und der Staat, welchen er eingerichtet hatte, gesund und stark genug zu seyn schien, um sich selbst erhalten zu können; so gieng seine nächste Sorge dahin, ihn so dauerhaft zu machen, als es ihm nur möglich war. Zu diesem Ende that er dem Volk zu wissen, daß noch etwas zur Vollendung seines Plans zu thun übrig sey, und daß er deßhalb das Orakel zu Delphi nothwendig um Rath fragen müsse. Unterdessen überredte er seine Mitbürger einen Eid abzulegen, daß sie seine Gesetze bis zu seiner Rückkehr aufs genaueste halten wollten. Als dies geschehen war, reiste er ab, mit dem festen Entschluß, Sparta nie wieder zu sehen. Als er zu Delphi angekommen war, fragte er das Orakel, ob die Gesetze, die er den Lacedämoniern gegeben, hinreichend wären, sie glücklich zu machen; und als er zur Antwort erhielt, daß nichts zu ihrer Vollkommenheit fehle, schickte er diese Antwort nach Sparta, und hungerte sich darauf zu Tode. Andre sagen, er sey in Kreta gestorben, und habe befohlen, daß man seinen Leichnam verbrennen, und die Asche ins Meer werfen solle. Der Tod dieses großen Gesetzgebers gab seinen Gesetzen eine Sanction und ein Ansehen, welches sein Leben ihnen nicht verschaffen konnte. Die Spartaner betrachteten sein Ende als die glorreichste aller seiner Handlungen, und als den edelsten Schluß seines verdienstvollen Lebens; sie baueten ihm einen Tempel, und erwiesen ihm nach dem Tode göttliche Ehre; sich selbst hielten sie durch alle Bande der Dankbarkeit und Religion zu der genauesten Beobachtung aller seiner Anordnungen verbunden; und die lange Fortdauer der Spartanischen Staatsverfassung zeugt von der Beharrlichkeit ihres Entschlusses.

Nachdem Lacedämon also eingerichtet war, schien es nur eine Gelegenheit zu wünschen, die Ueberlegenheit seiner Macht unter den benachbarten Staaten, seinen Nebenbuhlern, zu zeigen. Der Krieg mit den Messeniern lehrte die Lacedämonier bald die Vorzüge ihrer kriegerischen Verfassung kennen; da ich aber wichtigern Begebenheiten zueile, so will ich diesen Krieg nur so kurz, als möglich berühren. Die Messenier und Lacedämonier besaßen gemeinschaftlich einen Tempel der Diana, der an der Gränze beider Königreiche stand. Hier sollten die Messenier, wie man ihnen Schuld gab, einen Versuch auf die Keuschheit einiger Spartanischen Jungfrauen gemacht, und den Teleklus, einen der Spartanischen Könige, welcher sie in Schutz genommen, ums Leben gebracht haben. Die Messenier hingegen leugneten diese Beschuldigung, und behaupteten, diese vorgeblichen Jungfrauen seyen verkleidete junge Männer gewesen, die mit Dolchen unter den Kleidern vom Teleklus dahin gestellt gewesen wären, um sie zu überfallen. Zu dem gegenseitigen Unwillen, der hierdurch veranlasset wurde, kam bald noch eine andre Ursache der Feindseligkeit: Polychares, ein Messenier, welcher in den Olympischen Spielen den Preis gewonnen hatte, lieh dem Evaphnus, einem Lacedämonier, einige Kühe auf die Weide, und machte mit ihm aus, daß er sich mit

einem Theil der Nutzung bezahlt machen sollte. **Euäph**-
nus verkaufte die Kühe, und gab vor, sie seyen ihm
gestohlen. **Polychares** schickte seinen Sohn an ihn,
das Geld zu fodern; aber der Lacedämonier, um das
Verbrechen voll zu machen, tödtete den Jüngling, und
beredte seine Mitbürger, keine Genugthuung zu geben.
Polychares also wollte sich selbst Genugthuung verschaffen, und tödtete alle Lacedämonier, die ihm in den
Weg kamen. Beide Königreiche führten darüber ihre
Beschwerden und Gegenbeschwerden, bis endlich die
Sache zu einem allgemeinen Kriege kam, der viele
Jahre hindurch mit zweifelhaftem Glücke geführt wurde.
In dieser Lage schickten die Messenier nach **Delphi**,
das Orakel um Rath zu fragen, welches verlangte, daß
man eine Jungfrau aus der Familie des **Aepytus**
opfern sollte. Als man das Loos über alle Nachkommen dieses Fürsten warf, traf es die Tochter des **Ly-
ciskus**; da man sie aber für untergeschoben hielt, so
bot **Aristodemus** seine eigne Tochter an, die Jedermann für die seinige anerkannte. Ihr Liebhaber indessen bemühte sich, den Streich von ihr abzuwenden, indem er behauptete, daß sie von ihm schwanger sey;
hierüber aber ward der Vater so sehr entrüstet, daß er ihr
mit eigner Hand öffentlich den Bauch aufriß, um ihre
Unschuld zu retten. Der Enthusiasmus, worein dieses
Opfer die Messenier versetzte, gab ihnen auf eine Zeitlang die Oberhand; bis sie endlich gänzlich geschlagen
und in der Stadt **Ithome** belagert wurden, worauf
Aristodemus, da er Alles ohne Rettung verloren
sah, sich selbst auf dem Grabe seiner Tochter ums Leben brachte. Mit ihm fiel das Königreich Messenien,
nicht ohne den hartnäckigsten Widerstand und manche
Niederlage der Spartanischen Armee, welcher sie also
länger als zwanzig Jahre zu schaffen machten. Ein
merkwürdiges Verfahren der Lacedämonier während dieses Krieges dürfen wir nicht übergehen. Da sie ihre
Stadt von allen männlichen Einwohnern entblößt, und
sich durch einen Eid verbindlich gemacht hatten, nicht

Regierungsform; Geſetze des Lykurgus. 35

eher wieder zu kommen, als bis ſie ihre Abſichten erreicht hätten; ſo ſtellten ihre Weiber ihnen unterdeſſen vor, daß es bey ihrer langen Abweſenheit mit aller Nachkommenſchaft ein Ende haben würde. Dieſem Uebel abzuhelfen, ſchickten ſie funfzig ihrer am meiſten verſprechenden jungen Männer aus dem Lager nach Sparta ab, und erlaubten ihnen, ohne Unterſchied allen jungen Mädchen nach Belieben beyzuwohnen. Die Kinder dieſer Mädchen nannte man nachher **Partheniä** oder Jungfernſöhne; ſie wurden aber von den Spartanern nach ihrer Rückkehr ſo verächtlich behandelt, daß ſie ſich einige Jahre nachher mit den Heloten zu einer Empörung verbanden, aber bald bezwungen wurden. Sie wurden aus dem Staat verbannt, und begaben ſich unter ihrem Anführer **Phalantus** nach Italien, wo ſie ſich zu **Tarent** niederließen.

Nach einer ſtrengen Unterwerfung von neun und dreyßig Jahren, machten die Meſſenier noch einmal einen muthigen Verſuch, ihre Freyheit zu erkämpfen. **Ariſtomenes**, ein junger Mann von großem Muth und Fähigkeit, führte ſie an. Der Ausgang des erſten Treffens war zweifelhaft; und als den Lacedämoniern durch das Orakel gerathen wurde, ſich von den Athenienſern einen General auszubitten, ſo ſchickte dieſer politiſche Staat ihnen den **Tyrtäus**, einen Dichter und Kinderlehrer, deſſen vornehmſtes Geſchäfft war, Reden zu halten, und ſeine Verſe herzuſagen. Die Spartaner fanden wenig Geſchmack an ihrem neuen Anführer, aber ihre Ehrfurcht für das Orakel machte ſie ſeinen Befehlen gehorſam. Ihr Glück indeſſen beſſerte ſich mit ihrem Gehorſam nicht; ſie wurden vom **Ariſtomenes** geſchlagen, welcher zum Glück im Nachſetzen ſeinen Schild verlor, wodurch ihre gänzliche Niederlage verhindert wurde. Eine zweyte und dritte Niederlage erfolgte bald nachher; ſo daß die Lacedämonier allen Muth verloren, und ſchon willens waren, auf was für Bedingungen es ſeyn mögte, Frieden zu ſchließen. Allein **Tyrtäus** entflammte ſie ſo ſehr durch ſeine Reden

J.d.W. 3319

und Lieder zum Lobe des Heldenruhms, daß sie sich zu einem andern Treffen entschlossen, in welchem sie den Sieg erfochten; und bald nachher wurde Aristomenes, nebst funfzigen seiner Begleiter, in einem Scharmützel gefangen genommen.

Die Begebenheiten dieses Helden verdienen bemerkt zu werden. Nachdem er als Gefangener nach Sparta gebracht war, wurde er, nebst seinen funfzig Gefährten in eine tiefe Höhle geworfen, die man vorher zur Hinrichtung der Uebelthäter gebraucht hatte. Alle kamen durch den Fall ums Leben, Aristomenes ausgenommen, welcher auf dem Boden einen Fuchs gewahr wurde, der an einem der Leichname nagte, er ergriff ihn bey der Schnauze, hielt ihn aber am Schwanze so lange, bis das Thier gerade auf sein Loch zulief. Hier sah er sich genöthigt, weil der Ausgang zu enge war, abzulassen, verfolgte aber die Spur mit den Augen, entdeckte einen Schimmer von Licht, und arbeitete sich endlich glücklich durch. Nach dieser außerordentlichen Entwischung verfügte er sich unverzüglich zu seinen Truppen, und that mit ihnen bey Nacht einen glücklichen Angriff auf die Korinthischen Truppen. Demungeachtet ward er bald nachher durch einige Kretenser gefangen genommen; aber er machte seine Hüter trunken, erstach sie mit ihren eignen Dolchen, und kehrte zu seinem Heere zurück. Doch mit aller seiner Tapferkeit war er allein nicht im Stande, den Untergang seines Vaterlandes abzuwenden; wiewohl er schon dreymal die Hekatomphonia gewonnen hatte, ein Opfer, welches denen zu Ehren angestellt wurde, welche hundert Feinde mit eigner Hand im Treffen erlegten. Aber seine Truppen waren so sehr geschmolzen und durch ununterbrochne Dienste so sehr entkräftet, daß die Stadt Eira, die er vertheidigte, erobert wurde, und die Messenier sich genöthigt sahen, zu dem Anaxilas, einem Italienischen Fürsten, ihre Zuflucht zu nehmen. Was den Tyrtäus anbetrifft, so machten die Lacedämonier ihn zum Bürger ihrer Stadt, die höchste Ehre,

J.d.W.
3340.

welche sie zu geben im Stande waren. Durch die Verbindung des Messenischen Landes mit dem Spartanischen Gebiet, ward dieser Staat einer der mächtigsten in ganz Griechenland, und stand nur dem Athemensischen Staate nach, welchen er immer mit eifersüchtigen Augen ansah.

Dritter Abschnitt.

Regierungsform von Athen; Gesetze des Solon; Geschichte der Republik von Solons Zeit bis auf den Anfang des Persischen Krieges.

Wir kehren jetzt wieder zu Athen zurück. Nachdem Kodrus, der letzte König dieses Staats, sich für das Wohl seines Vaterlandes aufgeopfert hatte, wurde eine neue Obrigkeit, unter dem Titel Archon, ihm zu folgen, angestellt. Der Erste, welcher diese Würde bekleidete, war Medon, des letztern Königs Sohn. Er fand anfänglich einen Gegner an seinem Bruder Nileus, ward aber durch das Orakel vorgezogen, und demnächst in sein neues Amt eingesetzt. Die Archonten regierten Anfangs lebenslänglich; nach einiger Zeit ward ihr Amt auf zehn Jahr eingeschränkt, und endlich wurden jährlich neun Archonten gewählt. *) Dieser Zustand dauerte beynahe dreyhundert Jahre. Der Staat war während dieser Periode sehr unthätig, und arm an unterhaltendem Stoff für die Geschichte. Der Geist einer weit ausgebreiteten Herrschaft hatte sich noch nicht in Griechenland eingefunden, und die Bürger waren noch zu sehr mit ihren Privatintriguen beschäfftigt, als daß sie auf auswärtige Angelegenheiten hätten achten

---

*) Die Regierung der immerwährenden Archonten wird auf 316 Jahre, die der zehnjährigen auf 70 Jahre gesetzt. Jährige Archonten sollen im Jahre 681. v. Chr. G. eingeführet worden seyn. Draco's Gesetze werden zum J. 624. v. C. Solons Gesetzgebung zum J. 592. gerechnet.

sollen. Athen blieb also lange Zeit unfähig seine Macht zu erweitern, zufrieden mit seiner Sicherheit mitten unter dem streitenden Interesse hochstrebender Mächte und partheysüchtiger Bürger.

Der Wunsch, durch geschriebne Gesetze regiert zu werden, gab endlich zu einer neuen Veränderung in der Staatsverfassung Anlaß. Länger als ein Jahrhundert hindurch hatten sie die guten Wirkungen der Gesetze in der neuen Einrichtung des Spartanischen Staats gesehen; und, da sie ein erleuchteteres Volk waren, als jene, so erwarteten sie noch größere Vortheile von einer neuen Verfassung. Sie wählten also einen Gesetzgeber, und fielen auf den Drako, einen Mann von allgemein anerkannter Weisheit, unerschütterlicher Rechtschaffenheit, aber auch von einer Strenge und Härte, welche die menschliche Natur nicht zu ertragen vermogte. Es scheint nicht, daß irgend ein Griechischer Staat vor seiner Zeit geschriebne Gesetze gehabt habe. Demungeachtet scheute er sich nicht, die härtesten Gesetze abzufassen, welche den schwärzesten Verbrechen und den unerheblichsten Vergehungen gleiche Strafen auferlegten. Diese Gesetze straften alle Verbrechen mit dem Tode, und man sagte, daß sie nicht mit Dinte, sondern mit Blut geschrieben worden wären. Man fragte den Gesetzgeber, warum er die meisten Verbrechen mit dem Tode bestrafte? Er antwortete: **kleine Verbrechen verdienen den Tod,** und ich habe keine andere Strafe für die größern. Allein der ausschweifenden Strenge wegen konnten diese Gesetze nicht gehörig gehandhabt werden. Empfindungen der Menschlichkeit bey den Richtern, Mitleiden mit dem Beklagten, wenn sein Verbrechen seinen Leiden nicht gleich kam, Ungeneigtheit der Zeugen, eine zu grausame Genugthuung zu suchen, auch die Furcht vor der Erbitterung des Volks; alles dieses vereinigte sich, die Gesetze wieder ungültig zu machen, ehe sie noch recht vollzogen werden konnten. Also wirkten die neuen Gesetze ihrem eignen Zwecke entgegen, und ihre übertriebne

der Athenienser; Gesetze des Solon; ꝛc. 39

Strenge bahnte der gefährlichsten Straflosigkeit den Weg. *)

In diesem betrübten Zustande des Staats wandte man sich an den Solon, den weisesten und gerechtesten Mann in ganz Athen, und bat ihn um Rath und Beystand. Seine Gelehrsamkeit hatte ihm so grossen Ruhm erworben, daß man ihn für den ersten der sieben Weisen Griechenlandes hielt, und seine bekannte Menschlichkeit gewann ihm die Liebe und Ehrfurcht jeder Klasse von seinen Mitbürgern. Solon war aus Salamis gebürtig, einer Insel, welche unter Athenienstscher Bothmäßigkeit stand, sich aber empört und der Herrschaft der Megareuser unterworfen hatte. Die Athenienser hatten schon viel Blut und Geld verschwendet, um diese Insel wieder zu erobern, bis sie endlich müde des unglücklichen Versuchs, ein Gesetz machten, wodurch sie Todesstrafe darauf setzten, wenn Jemand zu einem neuen Unternehmen gegen die abgefallne Insel rathen würde. Solon unternahm es demungeachtet, sie zu einem neuen Versuch zu bereden. Er stellte sich wahnsinnig, lief mit gewaltsamen Bewegungen des Körpers durch alle Gassen, rief und schrie, und machte den Atheniensern die heftigsten Vorwürfe, daß sie so träge und weibisch wären, und alle Hoffnung das Verlorne wieder zu gewinnen, aufgäben. Kurz, er spielte seine Rolle so gut, brachte unter dem Schein des Wahnsinns so starke Gründe vor, daß das Volk sich entschloß, noch einmal eine Expedition gegen Salamis zu wagen. Solon bediente sich der Kriegslist, einen Haufen junger Krieger in Frauenskleidern auf die Insel zu bringen, welche denn den Feind überfielen und die Insel der Athenieusischen Bothmäßigkeit wieder unterwarfen.

Doch dies war nicht die einzige Gelegenheit, wo er vorzügliche Geschicklichkeit und Weisheit zeigte. Zu der

*) »Drako glich, sagt de Paw Recherch. sur les Grecs T. II. p. 15. sehr schön, den unwissenden Aerzten, die mit einem unverständlichen Gewäsche die Kur anfangen, und damit endigen, daß sie ihre Kranken durch häufige Aderlässe tödten.«

Zeit, da Griechenland die Künste der Beredsamkeit, Dichtkunst und Staatsverwaltung höher getrieben hatte, als man sie bisher unter den Menschen gesehen, hielt man den Solon für einen der ersten in jeder Art der Vollkommenheit. Die Weisen Griechenlandes, deren Ruhm noch immer lebt, erkannten seine Verdienste, und nahmen ihn in ihre Gesellschaft auf. Die Verbindung dieser weisen Männer war zu gleicher Zeit lehrreich, freundschaftlich und redlich. Ihrer waren sieben, namentlich, Thales von Milet, Solon aus Athen, Chilo aus Lacedämon, Pittakus aus Mitylene, Periander aus Korinth, Bias und Kleobulus, deren Geburtsörter nicht ausgemacht sind.*) Diese Weisen besuchten oft einander, und ihre Unterredungen betrafen gewöhnlich die beßte Methode einen Staat wohl einzurichten, oder die Mittel der Privatglückseligkeit. Eines Tages, als Solon den Thales zu Milet besuchte, äußerte er seine Verwunderung, daß Thales nie Lust gehabt zu heirathen, oder Kinder zu haben. Thales antwortete ihm nicht gleich; einige Tage nachher kam ein Fremder, welcher von ihm abgerichtet war, und von Athen zu kommen vorgab, in ihre Gesellschaft. Als Solon hörte, woher der Fremde komme, erkundigte er sich, was es in seiner Vaterstadt Neues gäbe. Der Fremde wußte weiter nichts, als daß ein junger Mensch gestorben, worüber die ganze Stadt äußerst betrübt sey, weil man ihn für den hoffnungsvollsten Jüngling in ganz Athen gehalten. „Ach! rief Solon, „wie sehr bedaure ich den armen Vater des Jünglings! „aber wie heißt er? — Ich hörte den Namen, erwie„derte der Fremde, aber ich habe ihn vergessen: so viel „weiß ich nur noch, daß alles Volk viel von seiner Weis-

---

*) Bias soll aus Priene, Kleobulus aus Lindus oder Carien gebürtig gewesen seyn. Der Verf. folgt vornemlich dem Verfasser des Gastmahls der sieben Weisen (angeblich Plutarch) Es ist bekannt, daß diese Männer durch ihre Sittensprüche und vornemlich durch die, welche sie in dem Tempel zu Delphi heiligten, den Namen der Weisen bey allen Griechen erhielten.

„heit und Gerechtigkeit sprach;" — Jede Antwort machte den wißbegierigen Vater unruhiger und bänger, und kaum hatte er Stärke genug, zu fragen, ob der Jüngling nicht Solons Sohn gewesen? — „Ganz recht, eben der", versetzte der Fremde — Bey diesem Worte äußerte Solon alle Zeichen der untröstbaresten Betrübniß. Dieß wars, was Thales gewollt hatte; er faßte ihn bey der Hand, und sagte lächelnd: „Tröste dich, Freund, Alles was du gehört hast, war „nur Erdichtung, mag aber zur Antwort auf deine Fra„ge dienen, warum ich nie Lust gehabt, mich zu ver„heirathen?"

Eines Tages warf man am Hofe des Periander zu Korinth, die Frage auf, welche Staatsverfassung ein Volk am glücklichsten mache? Die, sagte Bias, wo das Gesetz keinen über sich hat. — Die, sagte Thales, wo die Bürger weder zu reich, noch zu arm sind. — Die, sagte Anacharsis, der Scythe, wo Tugend geehrt, und Laster verabscheuet wird. — Die, sagte Pittakus, wo die Staatsbedienungen nur Tugendhaften, nie Lasterhaften gegeben werden. — Die, sagte Kleobulus, wo die Bürger sich mehr vor Tadel, als vor Strafe scheuen. — Die, sagte Chilo, wo die Gesetze mehr geachtet werden, als die Redner. — Aber Solons Meynung scheint mehr Gewicht zu haben, als alle übrigen: „wo eine Beleidigung, die dem „geringsten der Unterthanen wiederfährt, als ein Ver„brechen gegen die ganze Verfassung angesehen wird."

Bey einer gewissen Gelegenheit, als Solon sich mit dem Scythischen Philosophen Anacharsis, über seine vorhabenden Verbesserungen im Staat, unterredete, rief der Scythe aus: „Ach! alle eure Gesetze werden „nicht viel besser, als Spinnweben seyn: die schwachen „und kleinen Fliegen werden sich darinn fangen und „verwickeln; aber die großen und mächtigen werden „immer Kräfte genug haben, sich durchzureißen."

Solons Besuch bey dem König von Lydien, Krö- sus, und seine Unterredung mit ihm, ist noch berühmter. Dieser Monarch, welcher für den reichsten in ganz Kleinasien gehalten wurde, wollte mit seinem Reichthum vor dem Griechischen Philosophen groß thun. Nachdem er ihm unermeßliche Haufen von Gold, und eine Menge verschiedner andrer Kostbarkeiten gezeigt hatte, fragte er ihn, ob er nicht den Besitzer dieser Schätze für den glücklichsten aller Menschen hielte? — Nein, erwiederte Solon; ich kenne einen glücklichern Menschen, einen armen Bauer in Griechenland, der weder im Ueberfluß, noch im Mangel lebt, nur wenig Bedürfnisse hat, und sich diese durch seine Arbeit zu verschaffen weiß. Diese Antwort gefiel dem eitlen Monarchen gar nicht, welcher auf seine Frage eine Antwort zu erhalten hoffte, die seinem Stolz schmeicheln würde. Um ihm aber doch eine günstigere Antwort abzunöthigen, fragte er ihn, ob er ihn denn nicht wenigstens für glücklich hielte? Ach! rief Solon, „welcher Mensch kann „glücklich genannt werden vor seinem Ende?" — Der Erfolg rechtfertigte die Aufrichtigkeit und Weisheit der Antwort Solons. Das Königreich Lydien wurde vom Cyrus angegriffen, überwunden, und Krösus selbst gefangen genommen. Als man ihn, der barbarischen Gewohnheit jener Zeiten gemäß, zum Tode führte, erinnerte er sich zu spät der Grundsätze des Solon, und konnte sich nicht enthalten, als er auf dem Scheiterhaufen war, Solons Namen auszurufen. Da Cyrus ihn mit so vielem Affect diesen Namen mehrmals wiederholen hörte, verlangte er die Ursache zu wissen; und als ihm Krösus die merkwürdige Warnung des Philosophen erzählte, fieng er an, für sich selbst besorgt zu werden, verzieh dem Krösus, und machte ihn nachher zu seinem Vertrauten und Freunde. So hatte Solon das Verdienst, einem König das Leben zu retten, und einen andern zu bessern.

Dies war der Mann, mit dessen Hülfe die Athenienser die Strenge ihrer Verfassung zu verbessern, und ein gerechteres Gesetzbuch einzuführen wünschten. Athen war damals in so viele Partheyen getrennt, als es verschiedne Arten von Einwohnern in Attika gab. Diejenigen, die in den gebürgigen Gegenden lebten, wünschten eine vollkommne Gleichheit; diejenigen, die auf dem platten Lande wohnten, waren für die Herrschaft einiger Wenigen, und die Nachbarn der Seeküste, die folglich Handlung trieben, suchten beide Partheyen so im Gleichgewicht zu halten, daß keine ihre Absicht erreichen mögte. Aber außer diesen gab es noch eine vierte Parthey die bey weitem die zahlreichste war; sie bestand nämlich aus den Armen, die von den Reichen sehr hart gequält und gedrückt wurden, und unter einer Last von Schulden seufzten, die sie nicht im Stande waren, abzutragen. Diese unglückliche Parthey, die, so bald sie nur ihre Stärke kannte, immer die Oberhand behalten mußte, war jetzt entschlossen, das Joch ihrer Unterdrücker abzuwerfen, und sich einen Anführer zu erwählen, der durch eine neue Vertheilung der Ländereyen die Staatsverfassung verbessern sollte.

Da Solon es nie mit irgend einer von diesen Partheyen gehalten hatte, so sahen sie ihn alle für ihre Zuflucht an; den Reichen gefiel er, weil er reich, und den Armen, weil er ehrlich war. Wiewohl er nun anfänglich gar nicht geneigt war, ein so gefährliches Geschäffte zu übernehmen, so gestattete er doch endlich, daß man ihn zum Archon erwählte; zugleich ward er, mit einmüthiger Bewilligung Aller, zum höchsten Gesetzgeber gemacht. Dies war ein Posten, in welchem nichts seine Macht vergrößern konnte, und doch riethen viele von den Bürgern ihm, sich zum König zu machen; aber er hatte zu viel Weisheit, einen Namen nicht zu verlangen, der ihn vielen seiner Mitbürger würde verhaßt gemacht haben, da er ohnedem wirklich mehr als königliche Gewalt besaß. Tyranney, sagte er, gleicht einem schönen Garten; sehr anmuthig so lange man darinn ist, aber kein Weg wieder hinauszukommen.

Er verwarf also den Wunsch der königlichen Würde, entschloß sich eine Regierungsform einzuführen, die auf dem Grunde einer gerechten und vernünftigen Freyheit ruhen sollte. Ohne es zu wagen, sich mit der Heilung gewisser Krankheiten des Staatskörpers abzugeben, die er für unheilbar hielt, unternahm er keine andern Veränderungen, als solche, die selbst dem blödesten Kopfe als vernünftig und billig in die Augen fallen mußten. Kurz sein Zweck war, nicht den Atheniensern die beste aller möglichen Verfassungen zu geben, sondern die beste von allen, die sie anzunehmen fähig waren.*) Seinen ersten Versuch also machte er zum Besten der Armen, deren Schulden er, durch ein ausdrückliches Gesetz der Schuldenerlassung, auf einmal tilgte. Um hierdurch so wenig als möglich ungerecht gegen die Gläubiger zu werden, so setzte er den Werth des Geldes nach einem mäßigen Verhältniß höher an, wodurch er dem Schein nach ihren Reichthum vermehrte. **) Allein seine Maaßnehmungen bey dieser Gelegenheit hätten beynahe sehr gefährliche Folgen gehabt; denn einige seiner Freunde, denen er seinen Entwurf mitgetheilt hatte, nahmen große Summen Geldes auf, so lange es noch in geringem Werthe stund, um nach Erhöhung des Werths den Ueberschuß zu gewinnen. Solon selbst kam in Verdacht, daß er Theil an diesem Betruge habe; um aber allen Argwohn von sich abzuwenden, erließ er seinen Schuldnern fünf, oder, wie andre sagen, funfzig Talente, und gewann also das Vertrauen des Volks wieder.

Sein nächster Schritt war, alle Gesetze, welche Drako gegeben hatte, zu wiederrufen, die gegen den Mord ausgenommen. Dann schritte er zur Einrich-

---

*) Das ist wohl der Fall bey jedem Stifter eines Staats. Aber Solon gab seinem Staate unstreitig die beste mögliche Verfassung. s. Meiners Geschichte der Wiss im Griech. und Rom. II. 22. ff. und den hier wenigstens kältern Beurtheiler, de Paw Recherch. sur les Grecs II. 13. ff.

**) Der Verf. hat hier zwey Nachrichten zu vereinigen gesucht, von denen nur die erstere von der Schuldenerlassung (σεισαχθεια, Abwerfung der Last) glaubwürdig ist.

der Athenienser; Gesetze des Solon; ꝛc. 45

tung der Staatsbedienungen und obrigkeitlichen Aemter, die er alle in den Händen der Reichen ließ. Er vertheilte die reichen Bürger in drey Klassen, die er nach ihren Einkünften ordnete. Diejenigen, welche jährlich fünfhundert Maaß, sowohl an Getreide als an flüssigen Sachen erndteten, kamen in die erste Klasse, diejenigen, welche dreyhundert hatten, in die zweyte, und diejenigen, welche nur zweyhundert hatten, in die dritte. *) Alle übrigen Bürger, deren Einkünfte keine zweyhundert Maaß betrugen, wurden in einer vierten und letzten Klasse begriffen, und für untüchtig angesehen, irgend eine öffentliche Bedienung zu verwalten. Um aber diese Ausschließung wieder zu vergüten, gab er jedem Privatbürger das Recht, in der großen Versammlung des ganzen Staatskörpers seine Stimme zu geben. Dies könnte, beym ersten Anblick eine Bewilligung von geringer Erheblichkeit zu seyn scheinen, aber man fand bald, daß es sehr wichtige Vortheile einschloß. Denn nach den Athenienfischen Gesetzen war es erlaubt, von dem Ausspruch der Obrigkeiten an die allgemeine Versammlung des Volks zu appelliren, und so kamen mit der Zeit, alle Sachen von Wichtigkeit vor dieselbe.

Der Gewalt dieser Versammlung des Volks gewissermaßen entgegen zu wirken, gab er dem Gerichtshofe, Areopagus, ein größeres Gewicht, und ordnete auch einen andern Rath an, der aus vierhundert Personen bestand. Der Areopagus, welcher diesen Namen von dem Orte hatte, wo das Gericht gehalten wurde, war schon einige hundert Jahre vorher angeordnet, aber Solon stellte seine Macht wieder her, und vergrößerte sie. Diesem Gerichtshofe lag es ob, über die Beobachtung und Vollziehung der Gesetze zu wachen. Vor seiner Zeit wurden die redlichsten und gerechtesten Bürger

----

*) Die Namen der 4 Klassen waren: Πεντακοσιομεδιμνοι, Ιππεις, Ζευγιται, Θητες. Aus der vierten Klasse wurden auch die Richter in den Tribunalen, welche über Privatstreitigkeiten entschieden, gewählt. Die höchsten Würden waren nicht mit Einkünften versehen.

zu Richtern in diesem Tribunal gemacht. Solon war der erste, der es für zuträglicher hielt, daß keiner mit dieser wichtigen Stelle beehrt würde, der nicht vorher das Amt eines Archon verwaltet hatte. Nichts war ehrwürdiger als dieser Areopagus; der Ruhm seiner Gerechtigkeit und Redlichkeit breitete sich so sehr aus, daß die Römer zuweilen Rechtssachen, die zu verwickelt waren, als daß sie selbst gewagt hätten, sie auszumachen, ihm zur Entscheidung vorlegten. Wahrheit war das einzige, was hier in Betrachtung kam; und damit keine äußere Gegenstände der Gerechtigkeit nachtheilig werden mögten, ward das Gericht im Finstern gehalten, und den Sachwaltern war verboten, irgend ein Mittel zu gebrauchen, um die Leidenschaften der Richter rege zu machen. Ueber dieses Gericht setzte Solon den großen Rath der Vierhundert, welcher über die Appellationen von dem Areopagus sein Urtheil fällen, und jede Streitsache reiflich untersuchen mußte, ehe sie vor die allgemeine Versammlung des Volks kam. *)

Dies war die Verbesserung der allgemeinen Anordnungen zum Beßten des Staats; zahlreicher aber waren seine besondern Gesetze zur Handhabung der Gerechtigkeit. Fürs erste wurden diejenigen, die, in öffentlichen Streitigkeiten und Partheyen, es mit keiner von beiden hielten, sondern eine tadelhafte Neutralität beobachteten, für infam erklärt, zu ewiger Verbannung verdammt, und alle ihre Güter wurden eingezogen. Nichts konnte den Geist des Patriotismus mehr befördern, als dieses berühmte Gesetz. Ein Mensch, der also gezwungen ist, in allen öffentlichen Angelegenhei-

*) Man könnte aus des Verf. Worten schließen, der Rath der Vierhundert habe die Aufsicht über den Areopagus gehabt. Das war nicht der Fall. Der hohe Rath hatte vorzüglich die Verwaltung der Regierungsgeschäffte in jedem Departement, und nicht sowohl Streitsachen, als vielmehr politische Angelegenheiten waren es, die dem Volke nicht eher vorgelegt werden durften, als bis er sie untersucht hatte.

ten Parthey zu ergreifen, lernt durch Gewohnheit, diese Angelegenheiten zu seiner ersten Sorge zu machen, und sein Selbstinteresse ihnen immer unterzuordnen. Durch diese Art, die Gemüther des Volks zu gewöhnen, daß es den als einen Feind betrachtete, der sich beym öffentlichen Unglücke gleichgültig und unbekümmert bewies, verschaffte er dem Staat eine schnelle und allgemeine Zuflucht bey jeder gefährlichen Lage der Sachen.

Hiernächst erlaubte er jedem Privatmanne sich jedes Andern, der beleidigt oder beschimpft worden war, er sey wer er wolle, anzunehmen. Vermöge dieses Gesetzes wurde jedermann im Staat der Feind dessen, welcher Unrecht that, und unruhige Köpfe wurden also durch die Menge ihrer Gegner überwältigt.

Er schaffte die Gewohnheit ab, jungen Frauenzimmern, wenn sie verheirathet wurden, einen Brautschatz mitzugeben, wofern sie nicht einzige Töchter waren. Die Braut durfte ihrem Manne weiter nichts mitbringen, als drey vollständige Kleider, und einiges Hausgeräth von geringem Werth. Seine Absicht hiebey war, zu verhindern, daß der Ehestand nicht ein gewinnsüchtiges Gewerbe würde, denn er betrachtete ihn, als eine ehrenvolle Verbindung, die bestimmt sey, beyde Partheyen glücklich zu machen, und zum allgemeinen Wohl des Staats beyzutragen.

Vor seiner Zeit durfte kein Athenienser ein Testament machen, sondern die Güter des Verstorbenen fielen nothwendig und ohne weitere Umstände seinen Kindern zu. Solon erlaubte Jedem, der keine männliche Nachkommenschaft hatte, sein ganzes Vermögen zu vermachen, wem er wollte, und gab also Freundschaft vor Verwandschaft, und freyer Wahl vor Nothwendigkeit und Zwang den Vorzug. Durch diese Einrichtung ward das Band zwischen Aeltern und Kindern stärker und fester, es vergrößerte die rechtmässige Gewalt der ersten, und die nothwendige Abhängigkeit der letztern.

Dritter Abschnitt. Regierungsform

Er machte auch eine Anordnung, nach welcher die Belohnungen der Sieger in der Olympischen und Isthmischen Spielen vermindert wurden. Er hielt es für Ungerechtigkeit, daß ein Haufen Müßiggänger, die überhaupt genommen ohne Nutzen, oft aber gefährlich für den Staat waren, Belohnungen erhielten, die nur verdienstvollen Leuten zukämen. Er wünschte, daß diese Vortheile den Wittwen und Waisen derjenigen, die im Dienst des Vaterlandes ihr Leben aufgeopfert, zufließen, und der Aufwand, dadurch daß er nur zur Belohnung des Tapfern angewandt würde, dem Staat zur Ehre gereichen mögte.

Um Fleiß und Arbeitsamkeit aufzumuntern, mußte der **Areopagus** die Lebensart eines jeden Einwohners untersuchen, und Alle, die ein müßiges Leben führten, bestrafen. Geschäfftlose Leute sah man als einen Haufen gefährlicher und aufrührischer Köpfe an, die immer auf Neuerungen bedacht wären, und ihre Umstände durch Plünderung des Staats zu verbessern hofften. Um also allem Müßiggange den Muth zu benehmen; war ein Sohn nicht verpflichtet, seinen Vater im Alter oder Dürftigkeit zu erhalten, wenn der letztere ihn nicht ein Handwerk oder Gewerbe hatte lernen lassen. Alle unehelichen Kinder waren auch von dieser Pflicht frey, da sie ihren Aeltern wenig mehr zu danken hatten, als unauslöschliche Schande. *)

Es war nicht erlaubt, öffentlich Schmähworte gegen Jemanden auszustoßen. Die obrigkeitlichen Personen, die nicht vor dem dreyßigsten Jahre erwählt werden konnten, mußten vorzüglich sorgfältig in ihrem Betragen seyn; und für einen Archon war sogar Todesstrafe darauf gesetzt, wenn man ihn betrunken fand. Es ist merkwürdig, daß er kein Gesetz wider den Vatermord machte, weil er es für unmöglich hielt, daß

---

*) Merkwürdig sind auch Solons Anstalten für die Erziehung der Kinder männlichen Geschlechts, und für die Erhaltung und Würde des Bürgerrechts.

der Athenienser; Gesetze des Solon; ꝛc. 49

ein solches Verbrechen in einer bürgerlichen Gesellschaft ausgeübt werden könne.

Was das weibliche Geschlecht anbetrifft, so erlaubte er jedem Mann, einen Ehebrecher zu tödten, wenn er ihn auf der That ergriff. Er gestattete öffentliche Bordells, verbot aber den feilen Dirnen allen Umgang mit ehrbaren Frauenzimmern, und als ein Unterscheidungszeichen mußten sie geblümte Kleider tragen. Auch die Mannspersonen, die vielen Umgang mit ihnen pflogen, durften nicht öffentlich sprechen, und wer ein Frauenzimmer nothzüchtigte, mußte eine schwere Geldstrafe erlegen.

Dies waren die vornehmsten Anordnungen dieses berühmten Gesetzgebers, und wiewohl sie weder so auffallend, noch so gut autorisirt waren, als des Lykurgus Gesetze, so wirkten sie doch einige Jahrhunderte hindurch, und schienen durch Beobachtung mehr Stärke zu gewinnen. Da diese Gesetze die Grundlage der Römischen Rechtswissenschaft wurden, welche nachher von den meisten Europäischen Staaten unter dem Namen des bürgerlichen Gesetzes, angenommen worden ist, so kann man behaupten, daß manche von Solons Verordnungen noch gelten.

Nachdem er nun diese Gesetze zu Stande gebracht, gieng seine nächste Sorge dahin, sie so allgemein bekannt zu machen, daß keinem der Vorwand der Unwissenheit übrig bliebe. Zu diesem Ende wurden Abschriften derselben öffentlich in der Stadt zu Jedermanns Durchsicht angeschlagen, und eine Anzahl obrigkeitlicher Personen, Thesmotheten genannt, *) dazu bestimmt, sie sorgfältig durchzusehen, und sie alle Jahre einmal dem Volk vorzulesen. Hiernächst, um seinen Anordnungen Dauer zu geben, verpflichtete er das Volk durch einen feyerlichen Eid, sie gewissenhaft zu beobachten, wenigstens auf hundert Jahre. So bald er auf solche Art sein großes Werk vollendet hatte, verließ er die

*) So heißen die sechs letztern von den jährlich gewählten Archonten.

D

Stadt, um der Zudringlichkeit Einiger, und dem verfänglichen Muthwillen Andrer zu entgehen. Denn er war überzeugt, daß es schwer, wo nicht unmöglich sey, es Allen recht zu machen.

Solon reiste jetzt in Aegypten, Indien und verschiednen andern Ländern herum, und überließ Athen sich selbst, um sich an seine neuen Einrichtungen zu gewöhnen, und durch Erfahrung ihre Weisheit einsehen zu lernen. Aber es war nicht leicht für eine Stadt, die so lange durch bürgerliche Zwistigkeiten zerrüttet worden, selbst den allerweisesten Gesetzen unbedingten Gehorsam zu leisten; ihre vorigen Feindseligkeiten fiengen wieder an aufzuleben, so bald jene Authorität nicht mehr da war, welche allein sie im Zaum halten konnte. Die drey verschiednen Partheyen des Staats hatten drey Anführer an ihrer Spitze, welche die Erbitterung des Volks wider einander entflammten, und durch Umkehrung aller Ordnung ihre eigne Herrschsucht zu befriedigen hofften. Ein gewisser **Lykurgus** war an der Spitze der Bewohner des platten Landes, **Pisistratus** erklärte sich für die, welche in den gebürgigen Gegenden lebten, und **Megakles** war Anführer derer, die an der Seeküste wohnten.

Der mächtigste unter diesen dreyen war **Pisistratus**. Er war ein Mann von feiner Lebensart, von gefälligen und einschmeichelnden Betragen, und immer bereit den Armen aufzuhelfen und beyzuspringen, deren Sache zu führen er vorgab. Er war weise und gemässigt gegen seine Feinde, der vollkommenste Meister in der Verstellungskunst, und in aller Absicht tugendhaft, seinen unbeschränkten Ehrgeiz ausgenommen. Sein Ehrgeiz gab ihm den Schein, als besäße er diejenigen guten Eigenschaften, die ihm in der That gänzlich fehlten: er stellte sich als der eifrigste Verfechter der Gleichheit unter allen Bürgern, unterdeß er doch in der That mit dem gänzlichen Umsturz der Freyheit umgieng, und er erklärte sich laut gegen alle Neuerungen, während daß er doch wirklich eine gänzliche Revolution im Sinne hatte. Der taumelnde Pöbel, von diesem Schein berauscht, unterstützte seine Absichten aufs eifrigste, und ließ sich, ohne seine Absichten zu untersuchen, blindlings der Tyranney und dem Untergange entgegenführen.

Eben war Pisistratus im Begriff seinen Zweck zu erreichen, und seinen höchsten Ehrgeiz befriedigt zu sehen, als, zu seiner großen Demüthigung, Solon wieder auftrat, welcher jetzt, nach einer Abwesenheit von zehn Jahren, von den Absichten des Pisistratus belehrt, und willens sie zu vereiteln, zurückkehrte. Ueberzeugt also von seiner Gefahr, und dem durchdringenden Blick dieses großen Gesetzgebers, brauchte der ehrsüchtige Demagog alle möglichen Künste, seine wahren Absichten zu verbergen, und unterdeß er ihm öffentlich schmeichelte, gab er sich alle Mühe, das Volk immer mehr in sein Interesse zu ziehen. Solon bemühte sich anfänglich seiner Arglist Kunstgriffe entgegen zu stellen, und ihn mit seinen eignen Waffen zu schlagen. Er lobte ihn wieder, und erklärte einmal, was vielleicht wahr seyn mogte, daß er, den unmäßigen Ehrgeiz des Pisistratus ausgenommen, keinen Menschen von größern und erhabnern Tugenden kenne. Indessen suchte er auf alle Weise seinen Entwürfen entgegenzuarbeiten, und seine Absichten, ehe sie zur Ausführung reif wären, zu vereiteln.

Allein in einem fehlerhaften Staat vermag keine Emsigkeit zu warnen, keine Weisheit zu schützen. Pisistratus verfolgte seinen Plan mit unermüdeten Eifer, und machte sich täglich durch schöne Worte und Freygebigkeit neue Anhänger. Endlich, als er seine Entwürfe zum Ausbruch reif fand, gab er sich selbst verschiedne Wunden, und ließ sich in diesem Zustande, überall mit Blut bedeckt, in seinem Wagen auf den Markt bringen, wo er durch seine Klagen und seine Beredsamkeit den Pöbel so sehr entflammte, daß man ihn als ein Opfer für die Sache des Volks, als einen Märtyrer für sein Wohl ansahe. Alsobald wurde eine Versammlung des Volks zusammenberufen, von welcher er sich eine Wache von funfzig Mann zu seiner künftigen Sicherheit aus. bat. Vergebens wandte Solon seine ganze Authorität und Beredsamkeit an, sich einem so gefährlichen Verlangen zu widersetzen. Er erklärte seine Leiden für blosses Gaukelspiel. Er verglich ihn mit dem Ulysses im Homer, der sich in ähnlicher Absicht verwundete; warf ihm aber vor, daß er diese Rolle nicht recht spiele, denn Ulysses habe seine Feinde dadurch hintergehen wollen, Pisistratus aber seine Freunde und Erhalter. Er machte dem Volk die empfindlichsten Vorwürfe wegen seiner Dummheit, und sagte, er für seine Person habe Verstand genug, diesen Plan durchzuschauen, das Volk allein aber habe Stärke genug, sich ihm zu widersetzen. — Aber alle Ermahnungen waren vergeblich, die Parthey des Pisistratus behielt die Oberhand, und eine Wache von funfzig Mann ward ihm zum Geleite gegeben. Dies war Alles, was er wünschte; denn jetzt, da er einmal von so vielen seiner eignen Kreaturen beschützt wurde, blieb ihm nichts übrig, als ihre Anzahl unvermerkt zu vermehren. So wurden täglich seiner Miethlinge eine größere Menge, unterdeß die stillschweigende Furcht der Bürger in gleichem Verhältniß wuchs. Aber jetzt war es zu spät; denn sobald die Anzahl seiner Truppen ihn außer Gefahr setzte, zurückgeschlagen zu werden, bemächtigte er sich auf einmal der Citadelle, ohne daß sich Einer fand, der Muth oder Klugheit gehabt hätte, sich ihm zu widersetzen.

In dieser allgemeinen Bestürzung, der Frucht der Thorheit auf der einen, und der Verrätherey auf der andern Seite, war die ganze Stadt eine allgemeine Scene von Tumult und Verwirrung; Einige flohen, Andre grämten sich innerlich; Andre schickten sich an, mit geduldiger Unterwerfung das Joch der Sklaverey aufzunehmen. Solon war der Einzige, der ohne Furcht und Scheu die Thorheit der Zeiten beklagte, und den Atheniensern ihre Feigheit und Verrätherey vorwarf. „Ihr hättet, sagte er, den Tyrannen sehr leicht in der „Knospe zertrümmern können, aber jetzt bleibt euch nichts „übrig, als ihn mit der Wurzel auszureißen."

Für seine Person hatte er wenigstens die innere Beruhigung, seiner Pflicht gegen sein Vaterland und gegen die Gesetze Genüge gethan zu haben; im übrigen hatte er nichts zu befürchten, und fand bey dem Untergange seines Vaterlandes den einzigen Trost in seinem hohen Alter, welches ihm Hoffnung machte, daß er ihn nicht lange überleben würde. In der That überlebte er die Freyheit seiner Mitbürger nicht länger, als zwey Jahre; er starb zu Cyprus im achtzigsten Jahre seines Alters, beweint und bewundert von ganz Griechenland. Außer seiner Weisheit in der Gesetzgebung, zeichnete sich Solon noch durch verschiedne andre glänzende Vollkommenheiten aus. Er war ein so großer Redner, daß Cicero den Ursprung der Beredsamkeit in Athen von ihm an rechnet. Auch in der Dichtkunst war er glücklich; und Plato behauptet, daß er sich nur stärker darauf hätte legen dürfen, um dem Homer selbst den Preis streitig zu machen.

Solons Tod verwickelte Athen nur in neue Unruhen. Lykurgus und Megakles, die Anführer der beiden Gegenpartheyen verbanden sich, und trieben den Pisistratus aus der Stadt; allein Megakles rief ihn bald nachher wieder zurück, und gab ihm seine Tochter zur Ehe. Dann entstanden wieder neue Unruhen. Pisistratus ward zweymal abgesetzt, und fand zweymal Mittel, sich wieder herzustellen; *) denn er besaß die Kunst, sich Macht zu erwerben, und Mäßigung, sie zu behaupten. Die Gelindigkeit seiner Regierung, und sein unbedingter Gehorsam gegen die Gesetze, machte das Volk die Mittel vergessen, wodurch er seine Gewalt erworben hatte; und von seiner Güte eingenommen, übersah es seine Usurpation. Seine Gärten und Lustör-

---

*) Das drittemal erhielt er die Herrschaft dauerhafter, nach einer eilfjährigen Entfernung, Olymp. 60, 1. 538. v. Chr. Die beiden erstenmale Ol. 54, 4. 55, 3. Er starb 528 v. Chr. In Solons, seines nahen Verwandten, Gesetzen hatte er keine Aenderungen gemacht. Meursius, der sie beschrieben hat, setzt den Anfang der Regierung Pisistratus in Ol. 50, 1. und seinen Tod Ol. 58, 2.

ter standen allen Bürgern offen; und er soll zuerst eine öffentliche Bibliothek zum gemeinen Gebrauch in Athen errichtet haben. Cicero ist der Meynung, Pisistratus habe die Athenienser zuerst mit den Gedichten des Homers bekannt gemacht, er habe sie in die Ordnung gebracht, worinn wir sie jetzt noch finden, und sie zuerst an dem Fest, Panathenäa, vorlesen lassen. Dieß Fest wurde zur Ehre der Minerva (Athene) gefeyert und anfangs Athenäa genannt; Theseus, der das Volk Attika in Eine Stadt zusammen brachte, erneuerte und erweiterte es, und nun hieß es Panathenäa, Opfer aller Athenienser. Des Pisistratus Gerechtigkeit ist nicht weniger merkwürdig, als seine Feinheit. Da er einst eines Mordes wegen angeklagt wurde, wiewohl er eben die Oberherrschaft in Händen hatte, so machte er doch nicht Gebrauch von seiner Macht, sondern stellte sich persönlich, seine Sache zu führen, vor dem Areopagus, wo aber sein Ankläger nicht zu erscheinen wagte. Kurz, er besaß viele vortreffliche Eigenschaften, und mißbrauchte sie nicht weiter, als in so fern sie seiner Herrschaft im Wege standen. Nichts konnte ihm vorgeworfen werden, als daß er größere Macht hatte, als die Gesetze; und dadurch, daß er diese Macht nicht äußerte, wurden seine Mitbürger fast mit der Königlichen Würde ausgesöhnt. Dieserwegen verdiente er mit Recht weniger tugendhaften Usurpateurs entgegengesetzt zu werden, und man fand eine so große Aehnlichkeit zwischen ihm und einem glücklichern Unterdrücker der Freyheit seines Vaterlandes, daß Julius Cäsar der Pisistratus von Rom genant wurde.

Pisistratus starb in Ruhe, und hinterließ die höchste Gewalt seinen beiden Söhnen Hippias und Hipparchus, welche alle Tugenden ihres Vaters geerbt zu haben schienen. Liebe für die Wissenschaften und die Gelehrten war seit einiger Zeit eine herrschende Leidenschaft in Athen, und diese Stadt, die bereits alle ihre Zeitgenossen in allen Künsten der Verfeinerung und des Geschmacks bey weitem übertraf, schien sich ohne Widerwillen Königen zu unterwerfen, welche Gelehr-

der Athenienser; Gesetze des Solon; 2c. 55

samkeit zu ihrem Stolz und zu ihrer Profeſſion machten. Anakreon, Simonides, und Andre, wurden
an ihren Hof eingeladen und reichlich belohnt. Schulen wurden geſtiftet, um die Jugend in den Wiſſenſchaf-
ten zu unterrichten, und Hermesſäulen, mit moraliſchen
Sentenzen beſchrieben, an allen Heerſtraßen aufgerich-
tet, um ſelbſt den niedrigſten Pöbel aufzuklären. Indeſſen dauerte ihre Regierung nur zehn Jahre, und
endigte ſich auf folgende Weiſe.

Harmodius und Ariſtogiton, beide Bürger
von Athen, hatten die genaueſte Freundſchaft unter
einander geſchloſſen, und den Entſchluß gefaßt, die Beleidigungen, die einem von beiden würden angethan
werden, mit gemeinſchaftlichem Eifer zu rächen. Hipparchus, welcher verliebten Temperaments war, ver-
führte die Schweſter des Harmodius, und machte
nachher ihre Schande öffentlich kund, da ſie eben im Begriff war, einer gottesdienſtlichen Proceſſion beyzuwohnen, indem er ſagte, daß ihr jetziger Zuſtand ihr nicht
erlaubte, an ſolcher Ceremonie Theil zu nehmen. *)
Dieſes gedoppelt niederträchtige Verfahren brachte natürlicher Weiſe beide Freunde gegen ihn auf, und ſie
faßten den feſten Entſchluß, die Tyrannen zu vertilgen,
oder ſelbſt bey dem Verſuch ihr Leben zu laſſen. Um indeß die günſtige Gelegenheit abzuwarten, verſchoben
ſie ihren Vorſatz bis auf das Feſt Panathenäa, wo,
der Ceremonie gemäß, alle Bürger in dem Waffen er-
ſcheinen mußten. Um deſto ſicherer zu gehen, vertrauten
ſie nur einer Anzahl von Freunden ihr geheimes Vorhaben
an, denn ſie ſahen gewiß vorher, daß es ihnen bey der
erſten Bewegung nicht an Unterſtützung fehlen würde.
Alſo entſchloſſen, giengen ſie, als der beſtimmte Tag
kam, früh Morgens auf den Markt, jeder mit ſeinem

*) Nach andern war es vielmehr die Liebe des Hippar-
chus zum Harmodius ſelbſt, welche die Eiferſucht des Ariſtogiton reizte. Man vergl. über die verſchiednen Sagen
hierüber, ad Aelian. V. H. XI, 8. Das Ende der Regierung der Piſiſtratiden gehört in Ol. 67, 2. 510. v. Chr.

Dolch bewaffnet, und unbeweglich in seinem Vorsatze. Unterdeß sahen sie den Hippias mit seinem Gefolge aus dem Pallast kommen, um den Wachen außer der Stadt wegen der bevorstehenden Ceremonie Befehl zu ertheilen. Als die beiden Freunde ihm nun in einiger Entfernung nachfolgten, und einen von ihren Mitbewußten sehr vertraulich mit ihm sprechen sahen, befürchteten sie, ihr Anschlag sey verrathen. Voll Begierde ihren Entwurf auszuführen, waren sie schon im Begriff ihn niederzustoßen, aber sie besannen sich, daß der wahre Beleidiger dann ungestraft davon kommen würde. Sie giengen also wieder in die Stadt zurück, um sich zuerst an dem Urheber ihrer Beschimpfung zu rächen. Nicht lange, so begegnete ihnen Hipparchus; sie fielen ihn unverzüglich an, und stießen ihn mit ihren Dolchen nieder, wurden aber bald darauf selbst in dem Tumult ums Leben gebracht. Hippias, als er hörte, was vorgegangen war, ließ alsobald, um fernern Unordnungen zuvorzukommen, alle diejenigen entwaffnen, von denen er im geringsten argwöhnte, daß sie an der Verschwörung Theil haben könnten, und dachte sodann auf Rache.

    Unter den Freunden der erblichnen Freyheitsrächer, befand sich eine gewisse Leäna, eine Buhlerinn, die durch die Reize ihrer Schönheit und ihre Geschicklichkeit die Harfe zu spielen, einige von den Verschwornen bezaubert hatte, und wie Jeder glaubte, aufs genauste um die Sache wußte. Da der Tyrann — denn diesen Namen hatte er sich durch sein letztes Verfahren verdient — nun nicht zweifelte, daß diesem Frauenzimmer nichts verborgen sey, so ließ er sie auf die Folter spannen, um die Namen der Mitschuldigen herauszubringen. Allein sie ertrug die grausamsten Qualen mit unerschütterlicher Standhaftigkeit; und aus Furcht, daß der unerträgliche Schmerz sie endlich zum Bekenntniß verleiten mögte, biß sie sich die Zunge ab, und spie sie dem Tyrannen ins Gesicht. So starb sie endlich, der Sache der Freyheit getreu, und gab der Welt ein merkwürdiges Beyspiel der Standhaftigkeit ihres Geschlechts. Die Athenienser wollten das Andenken einer so heroischen Handlung nicht in Vergessenheit gerathen lassen: sie errichteten ihr zu Ehren eine Statue, die eine Löwinn ohne Zunge vorstellte.

Unterdessen setzte **Hippias** seinem Unwillen keine Gränzen. Ein rebellisches Volk macht immer einen argwöhnischen Tyrannen. Ganze Schaaren von Bürgern wurden hingerichtet; und um aufs künftige gegen dergleichen Unternehmungen desto sicherer zu seyn, suchte er seine Gewalt durch fremde Bundsgenossen zu befestigen. Er gab seine Tochter dem Sohn des Tyrannen von **Lampsakus** zur Ehe, er unterhielt eine Korrespondenz mit dem **Artaphanes**, Gouverneur von **Sardes**, und bemühte sich, die Freundschaft der Lacedämonier zu gewinnen, die damals das mächtigste Volk in ganz Griechenland waren.

Aber eben diese Bundsgenossen, von denen er den größten Beystand hoffte, stürzten ihn. Die Familie der **Alkmäoniden**, die gleich im Anfange der Revolution von Athen verbannet waren, gaben sich alle Mühe, sein Interesse zu Sparta zu untergraben, und sie gelangten endlich zu ihrem Zweck. Da sie große Reichthümer besaßen, und auch sehr freygebig damit umgiengen, wirkten sie sich, außer andern öffentlichen Diensten, die sie dem Staate leisteten, die Freyheit aus, den Tempel zu Delphi neu aufbauen zu lassen, und gaben ihm die prächtigste Fronte von Parischem Marmor Ein so edles Geschenk ermangelte nicht die gebührende Erkenntlichkeit der Priesterinn des Apollo nach sich zu ziehen; die, um sie sich verbindlich zu machen, ihr Orakel ein Echo ihrer Wünsche seyn ließ. Da also diese Familie nichts so eifrig wünschte, als den Umsturz der königlichen Gewalt in Athen, so unterstützte die Priesterinn ihre Absichten aus allen Kräften, und so oft die Spartaner das Orakel um Rath fragten, versprach sie ihnen nie den Beystand des Gottes, als unter der Bedingung, daß Athen in Freyheit gesetzt würde. Dieser Befehl ward so oft von dem Orakel wiederholt, daß die Spartaner sich endlich entschlossen, zu gehorchen. Ihre ersten Versuche wollten indeß nicht gelingen; die Truppen, die sie gegen den Tyrannen abschickten, wurden mit Verlust zurückgeschlagen. Sie ließen sich dadurch nicht abhalten, einen zweyten Versuch zu wagen. Athen wurde belagert, und die Kinder des *Hippias* fielen den Feinden in die Hände, als sie eben an einen sichern Ort heimlich aus der Stadt gebracht wurden. Um diese aus der Sklaverey zu erretten, sah der Vater sich genöthigt, einen Vergleich zu treffen, vermöge dessen er darein willigte, seine Ansprüche auf die höchste Gewalt fahren zu lassen, und innerhalb fünf Tagen das Athenien-sische Gebiet zu räumen. So ward Athen noch einmal von seinem Tyrannen erlöst, und erhielt seine Freyheit in demselben Jahre, in welchem die Könige aus Rom verjagt wurden.

J.d.W. 496.

Die *Alkmäoniden* hatten das mehreste bey der Sache gethan; aber das Volk schien lieber den beiden Freunden, welche den ersten Streich gewagt hatten, seine Freyheit verdanken zu wollen. Die Namen *Harmodius* und *Aristogiton* wurden in allen folgenden Zeitaltern nicht ohne Ehrfurcht genannt, und kaum geringer geachtet, als die Götter selbst. Ihre Statuen wurden öffentlich auf dem Markte aufgestellt; eine Ehre, die noch keinem Andern vor ihnen erwiesen worden war; und so oft das Volk diese betrachtete, fühlte es sich von einer Liebe für Freyheit und einem Abscheu gegen Tyrannen beseelt, die weder Zeit noch Furcht nachher je wieder vertilgen konnte.

Vierter Abschnitt.
Kurze Uebersicht des Zustandes von **Griechenland**, vor dem Persischen Kriege.

Bisher haben wir die Griechischen Staaten noch immer in einer ungewissen, schwankenden Lage gesehen; wir haben gesehen, wie einige Staaten sich emporhuben, andre verschwanden, wie ein kleines Volk sich dem andern widersetzte, und beide von einem dritten verschlungen wurden; wie jeder Staat sich aus seiner alten ursprünglichen Verfassung herausarbeitete, und nach und nach größere Freyheit erlangte; wie geschriebne Gesetze eingeführt wurden, und was für Vortheile sie, durch die Beständheit und Festigkeit, die sie der Verfassung gaben, nach sich zogen.

Während diesem Kämpfen um Macht zwischen den benachbarten Staaten, und um Freyheit zu Hause, eilten die sittlichen Wissenschaften, die Künste der Beredsamkeit, der Dichtkunst, des Krieges, mit schnellen Schritten unter ihnen der Vollkommenheit entgegen, und diejenigen Einrichtungen, die sie ursprünglich von den Aegyptern geborgt hatten, *) erhielten unter ihren Händen täglich auffallende Verbesserungen. Da Griechenland jetzt aus verschiednen kleinen Republiken bestand, die an einander gränzten, und in ihren Gesetzen, Sitten und Gewohnheiten verschieden waren; so war dies eine beständige Quelle der Nacheiferung, und jede Stadt strebte nicht nur nach Ueberlegenheit im Kriege, sondern auch nach dem Vorzuge in allen Künsten des Friedens und Geschmacks. Daher waren sie immer unter den Waffen, übten sich beständig im Kriege, unterdeß ihre Philosophen und Dichter von einer Stadt zur andern reisten, und durch ihre Ermahnungen und Gesänge sie mit Liebe zur Tugend und heißem Durst nach Kriegsruhm beseelten. Diese Friedens- und Kriegs-Tugenden erhoben sie auf den höchsten Gipfel ihrer Größe, und es fehlte ihnen jetzt nur an einem ihrer Waffen würdigen Feinde, um der Welt ihre Kräfte zu zeigen. Die Persische Monarchie, die größte in der Welt zu jenen Zeiten, bot sich bald zu ihrer Gegnerinn an, und ihr gänzlicher Umsturz endigte den Streit.

*) Nach einer gewöhnlichen Vorstellung, daß die Aegypter Urheber der Griechischen Cultur sind. Aber Phönicier, Kleinasier, und andere haben weit größern Antheil daran.

Da aber Griechenland immer, nicht nur seine Verfassung, sondern auch seine Gewohnheiten änderte, da es in dem einen Jahrhundert ein ganz andres Gemälde darstellte, als in dem vorhergehenden, so wirds nöthig seyn, dieses Verbündniß kleiner Republiken, ehe ihr Krieg mit Persien ausbrach, vorher noch einmal zu überschauen; *) denn durch Vergleichung ihrer Kräfte mit der Macht ihres Gegners werden wir finden, wie sehr weit Weisheit, Zucht und Tapferkeit über unzählbare Heere, Reichthum und prahlerischen Stolz erhaben sind. Die erste Stelle in diesem Bündniß können wir der Stadt Athen geben, welche das kleine Land Attika beherrschte. Ihr ganzes Gebiet war kaum größer im Umfange, als eine der größten Grafschaften in England. Aber was ihr an Ausdehnung fehlte, ersetzten Bürger, die im Kriege geübt und von den erhabensten Begriffen von ihren eignen Kräften voll waren. Ihre Redner, ihre Dichter hatten bereits das ganze menschliche Geschlecht zu erleuchten und zu verfeinern angefangen; und ihre Generale, wiewohl nur in kleinen Gefechten mit ihren Nachbarn gebildet, hatten schon neue Kriegskünste erfunden. Es gab drey Arten von Einwohnern in Athen; Bürger, Fremde, und Dienstleute. Ihre Anzahl belief sich gewöhnlich auf ein und zwanzig tausend Bürger, zehntausend Fremde, und vierzig bis sechzig tausend Dienstleute.

Ein Bürger konnte Jemand nicht anders, als durch Geburt oder Adoption werden. Um durch Geburt Atheniensischer Bürger zu seyn, wars nothwendig, daß Vater und Mutter beide Athenienser und beide frey waren. Das Volk aber konnte das Bürgerrecht auch Fremden geben, und diejenigen, welche man also adoptirt hätte, genossen fast derselben Rechte und Vorzüge, als gebohr-

---

*) Der Verf. hat sich aber bey der folgenden Schilderung nicht an die Zeiten vor dem Persischen Krieg gehalten, sondern ist selbst bis in die spätesten hinab gegangen. Man vergl. den bey’m zweyten Theile beygefügten Abriß des Athen. und Spart. Staats.

ne Bürger. Dies Bürgerrecht ward oft, als ein Zeichen der Ehre und Dankbarkeit, solchen Leuten gegeben, die sich um den Staat verdient gemacht hatten, wie zum Beyspiel dem Arzt Hippokrates; und selbst Könige bewarben sich oft um diesen Titel für sich und ihre Kinder. Sobald ein Jüngling das zwanzigste Jahr erreicht hatte, ward er in das Verzeichniß der Bürger eingeschrieben, nachdem er den Bürgereid abgelegt hatte, und Kraft dessen ward er ein Mitglied des Staats.

Fremblinge, oder Ausländer, die sich des Handels wegen, oder irgend ein Gewerbe zu treiben, in Athen niederließen, hatten weder Theil an der Regierung, noch Stimmen in den Versammlungen des Volks. Sie gaben sich unter den Schutz irgend eines Bürgers, und waren dadurch zu gewissen Pflichten und Dienstleistungen gegen denselben verbunden. Sie bezahlten dem Staat einen jährlichen Tribut von zwölf Drachmen, *) und wurden, im Fall sie diesen nicht bezahlen konnten, zu Sklaven gemacht, und öffentlich verkauft.

Unter den Dienstleuten gab es Freye und Sklaven, welche letztern entweder im Kriege gefangen genommen, oder von Sklavenhändlern erkauft waren. Die erstern waren freye Leute, welche die Armuth dazu gezwungen hatte, sich zu vermiethen. So lange sie sich in diesem Zustande befanden, hatten sie keine Stimme in der Volksversammlung. Sklaven waren völlig das Eigenthum ihrer Herren, und konnten von ihnen gebraucht werden, wie sie es für gut fanden. Sie durften keine solche Kleider tragen, oder das Haar sich so, wie ihre Herren, abschneiden, und, welches auffallend ist, Solon schloß sie von dem Vergnügen oder dem Vorrecht der Knabenliebe aus, als wäre dieß ehrenvoll gewesen. Sie durften auch nicht sich salben und parfümiren, die Verehrung gewisser Gottheiten war ihnen untersagt, es war ihnen nicht erlaubt, ehrwürdige Namen zu füh-

*) Eine Drachme betrug über 5 ggl. guten Geldes, itziger Währung.

ren, und sie wurden in mancher andrer Rücksicht geringer als die Thiere gehalten. Ihre Herren brannten ihnen Buchstaben an die Stirne, und wo es sonst war, ein: doch gab es sogar einen Zufluchtsort für Sklaven, wo die Gebeine des **Theseus** begraben lagen; und dieser Zufluchtsort bestand fast zwey tausend Jahre. Wenn ein Sklav mit zu vieler Strenge und Unmenschlichkeit behandelt wurde, so konnte er seinen Herrn vor Gericht verklagen; und wenn er seine Klagen genugthun und bewies, war der Herr verbunden, ihn an einen andern zu verkaufen. Sie konnten sich auch wider den Willen ihres Herrn loskaufen, wenn sie so viel Geld zusammen gelegt hatten, als dazu nöthig war, denn von dem, was sie durch ihre Arbeit verdienten, bezahlten sie nur einen gewissen Theil an ihre Herren, und behielten das Uebrige für sich als ein Capital, welches sie nach Belieben gebrauchen konnten. Privatpersonen, wenn sie mit ihren Diensten zufrieden waren, schenkten ihnen oft ihre Freyheit; und wenn die Noth den Staat zwang, so viel Truppen als möglich aufzubringen, so wurden sie ebenfalls zu Soldaten gemacht, und waren von der Zeit an auf immer frey.

Die Einkünfte dieser Stadt beliefen sich, dem **Aristophanes** zufolge, auf zwey tausend Talente, oder drittehalb Millionen Thaler. *) Man zog sie gewöhnlich aus den Auflagen auf den Ackerbau, dem Verkauf des Holzes, dem Ertrag der Bergwerke, den Kontributionen der Bundsgenossen, einer Kopfsteuer die von den Einwohnern des platten Landes, sowohl Eingebohrnen als Fremden, gehoben wurde, und den Geldstrafen, die auf verschiedne Verbrechen gesetzt waren. Die Anwendung dieser Einkünfte bestand in Besoldung der See-

*) Nach einer Stelle des Demosth. beliefen sich die ordentlichen Einkünfte des Staats einmal auf 130 dann wieder auf 400 Talente, nach einer andern des Aeschines auf 1200, dazu kommen nun noch Beyträge der Bürger nach einem festen Steuerfuß, und Beyträge der Bundsgenossen f. Heyne Antiqu. Auff. I. 205. ff. de Pauw Recherches I. 382. ff.

und Land = Truppen, in Erbauung und Ausrüstung der Flotten, in Unterhaltung und Ausbesserung öffentlicher Gebäude, Tempel, Mauern, Häfen und Citadellen. In den Zeiten des Verfalls der Republik aber wurde der größte Theil zu unnützem Aufwande, Spielen, Festen und Gepränge verschwendet, welches aber unermeßliche Summen kostete, und dem Staat nicht den mindesten Vortheil brachte.

Nichts aber gab Athen größeren Glanz, als daß es die Schule und der Wohnsitz der Gelehrsamkeit, der schönen Wissenschaften und Künste war. Das Studium der Dichtkunst, der Beredsamkeit, der Philosophie und Mathematik nahm hier seinen Anfang, und erreichte fast den höchsten Grad der Vollkommenheit. *) Das erste, was junge Leute lernten, war die Grammatik, die ihnen in ordentlichen Stunden, und nach den Grundsätzen ihrer eignen Sprache gelehrt wurde. Die Beredsamkeit studierten sie noch eifriger, da sie ihnen bey ihrer demokratischen Verfassung zu den höchsten Ehrenstellen den Weg bahnte. Mit der Rhetorik verbanden sie dann die Philosophie, welche alle Wissenschaften in sich begriff, und in diesen drey Wissenschaften hatten sie eine Menge von Lehrern, die sehr geübt und erfahren in ihrer Kunst waren, aber, wie gewöhnlich, mehr Eitelkeit als wahre Wissenschaft besaßen.

Alle kleinern Griechischen Staaten schienen Athen zum Gegenstand ihrer Nachahmung zu machen; und, wiewohl sie ihr im Ganzen nachstanden, so brachten sie doch alle wechselsweise große Gelehrte und merkwürdige Kriegshelden hervor. Sparta allein nahm keinen andern Staat zum Muster. Es war noch immer den Einrichtungen seines großen Gesetzgebers Lykurgus

---

*) In den ältesten Zeiten giengen Athen. Knaben aus der Schule der Grammatik in die Schulen der Tonkünstler über, und zugleich wurden sie durch Leibesübungen gebildet; später erst sind Schulen der Beredsamkeit und Philosophie gestiftet worden. Meiners Gesch. der Wissensch. II. 66. ff.

strenge zugethan, und verschmähte alle Künste des Friedens, die, indem sie den Geist verfeinern, ihn zugleich entnerven. Nur für den Krieg gebildet, sehnten sie sich bloß nach Feldzügen und Schlachten, als Scenen der Ruhe und Erquickung. Alle Gesetze der Spartaner, alle Anordnungen des *Lykurgus* schienen keinen andern Gegenstand zu haben, als Krieg; alle andern Beschäftigungen, Künste, schöne Wissenschaften, Gelehrsamkeit, Handlung, und selbst Haushaltung waren ihnen verboten. Der Lacedämonischen Bürger gabs zwey Arten, Einwohner der Stadt *Sparta*, welche daher *Spartaner* hießen, und Bewohner des Landes, welches der Stadt gehörte. Zu Lykurgus Zeiten belief sich die Anzahl der Spartaner auf neun tausend Mann, und der Landleute auf dreyßigtausend. Diese Anzahl nahm in der Folge eher ab, als zu, machte aber noch immer ein furchtbares Heer aus, welches dem ganzen übrigen Griechenlande oft Gesetze vorschrieb. Die eigentlich sogenannten Spartanischen Soldaten, wurden als die Blüthe der Nation angesehen, und aus der Bestürzung, welche die Republik blicken ließ, als ihrer einst dreyhundert von den Atheniensern gefangen genommen waren, können wir schließen, wie großen Werth man auf sie setzte.

Ungeachtet dieser großen Tapferkeit des Spartanischen Staats aber, war er doch mehr zu defensiven, als offensiven Kriegen gemacht. Sie waren immer äußerst sparsam mit den Truppen ihres Landes, und da sie so wenig Geld hatten, waren sie nicht im Stande, weite Feldzüge mit ihren Armeen vorzunehmen.

Die Armeen sowohl der Spartaner, als Athenienser, bestanden aus vier Arten von Truppen: Bürgern, Bundsgenossen, Miethlingen und Sklaven. Die größte Anzahl unter den Truppen beider Republiken machten die Bundsgenossen aus, die von den Bürgern, welche sie schickten, besoldet wurden. Diejenigen, welche von dem Staat, der sie gebrauchte, ihren Sold empfiengen, nannte man Miethlinge. Die Anzahl der Sklaven, bey jeder Armee war sehr groß, und die Heloten besonders wurden als leichtes Fußvolk gebraucht.

Das Griechische Fußvolk bestand aus zwo Arten von Soldaten; Schwerbewaffneten, welche große Schilde, Spieße und Degen, und Leichtbewaffneten, welche Wurfspieße, Bogen und Schleudern führten. Diese letztern wurden gewöhnlich an die Spitze der Schlachtordnung, oder an die Flügel gestellt, um auf den Feind ihre Pfeile abzuschießen, oder ihre Wurfspieße und Steine abzuwerfen, und dann zogen sie sich durch die Zwischenräume hinter die Glieder zurück, um gelegentlich den Feind beym Rückzuge anzufallen.

Die Athenienser wußten fast nichts von Reuterey, und die Lacedämonier bedienten sich ihrer nicht eher, als nach dem Kriege mit Messene. Sie bekamen ihre Pferde vornehmlich aus einer kleinen Stadt nicht weit von Lacedämon, Namens Sciros, und stellten die Reuter immer an die Spitze des linken Flügels, welchen Platz sie, als einen von Rechtswegen ihnen gebührenden Posten forderten. *)

Zum Ersatz für diesen Mangel an Reuterey waren die Athenienser zur See allen Griechischen Staaten weit überlegen. Da sie eine gute Strecke der Seeküste in Besitz hatten, und ein Handelsmann bey ihnen in Ehren stand, so ward ihre Flotte immer größer, und endlich so mächtig, daß sich die großen Persischen Flotten vor ihr fürchten mußten.

So waren diese beiden Staaten beschaffen, die gewissermaaßen die ganze Macht Griechenlands allein in Händen hatten; und wiewohl verschiedne kleine Königreiche sich noch immer unabhängig erhielten, so hatten sie doch ihre Sicherheit bloß der gegenseitigen Eifersucht dieser mächtigen Nebenbuhler zu verdanken, und fanden immer Schutz bey dem einen gegen die Unterdrückung des andern. In der That trug die Verschieden-

---

*) Aber zu Reutern nahmen die Spartaner doch oft die schwächsten, kleinsten und untüchtigsten Personen, wenigstens in spätern Zeiten.

heit der Gewohnheiten, Sitten und Erziehung dieser
beiden Staaten eben so viel bey, ihre Trennung zu unterhalten, als ihr politischer Ehrgeiz. Die Lacedämonier
waren rauh, und schienen fast etwas brutales in ihrem
Charakter zu haben. Eine zu strenge Regierungsform
und ein zu mühseliges Leben, machte ihre Gemüthsart
trotzig, finster und unbiegsam. Die Athenienser hingegen waren von Natur gefällig und angenehm, unter
sich fröhlich und menschlich gegen ihre Untergebnen,
aber dabey unruhig, unbeständig, furchtsame Freunde, und
eigensinnige Beschützer. Daher kams denn, daß weder die Lacedämonier, noch die Athenienser die kleineren
Griechischen Staaten ganz in ihr Interesse ziehen konnten; und wiewohl ihr Ehrgeiz es nie lange Friede im
Lande seyn ließ, so waren doch ihre sichtbaren Mängel
immer ein Hinderniß gegen die Ausbreitung ihrer Herrschaft. So hielt gegenseitige Eifersucht diese Staaten
immer wachsam und bereit zum Kriege, unterdeß ihre
gemeinschaftlichen Gebrechen die kleineren Staaten unabhängig erhielten.

Fünfter Abschnitt.

Von der Verbannung des Hippias bis auf den Tod
des Darius.

In dieser Lage befanden sich Athen und Sparta,
und die kleineren Staaten, ihre Nachbarn, als die
Persische Monarchie anfieng, sich in ihre Zwistigkeiten
zu mengen, und sich zum Schiedsrichter ihres Kampfs
für Freyheit aufwarf, in der Absicht, sie sämmtlich ihrer
Freyheit zu berauben. Ich habe schon erzählt, daß
Hippias, als er in Athen belagert wurde, und seine
Kinder in Gefangenschaft geriethen, um diese zu befreyen, sichs gefallen ließ, die höchste Gewalt niederzu-
legen, und das Athenensische Gebiet innerhalb fünf Tagen zu räumen. Athen genoß indeß, nach Wiedererlangung seiner Freyheit, nicht derjenigen Ruhe, die

man von der Freyheit erwarten konnte. Zween der vornehmsten Bürger, Klisthenes, ein Liebling des Volks, und Isagoras, der von den Reichen unterstützt wurde, fiengen an, um diejenige Gewalt zu streiten, an deren Unterdrückung sie vorher gemeinschaftlich gearbeitet hatten. Der Erstere, welcher sich bey dem großen Haufen sehr beliebt gemacht hatte, traf eine Abänderung in ihrer Verfassung, und vergrößerte die Anzahl der vier Zünfte, aus denen das Volk vorher bestand, auf zehen. *) Er führte auch die neue Art Stimmen zu geben ein, die man Ostracismus nannte. Diese bestand darinn, daß jeder Bürger, der nicht unter sechszig Jahren war, einen kleinen Stein oder eine Austerschaale (wovon die Benennung Ostracismus kam) eingab, worauf er den Namen eines Bürgers, dessen Macht und Reichthum seiner Meynung nach dem Staate gefährlich wurde, geschrieben hatte; worauf denn derjenige, dessen Name von den mehresten aufgeschrieben war, auf zehn Jahre verbannt wurde. Diese Gesetze, die so offenbar auf die Vergrößerung der Macht des Volks abzielten, waren dem Isagoras so mißfällig, daß er, anstatt sich zu unterwerfen, lieber zu dem Kleomenes, König von Sparta, seine Zuflucht nahm, welcher denn auch bereit war, sich seiner Sache anzunehmen. In der That warteten die Lacedämonier nur auf einen günstigen Vorwand, um die Macht der Athenienser zu vermindern und zu Grunde zu richten, welche sie doch, dem Befehl des Orakels zufolge, erst eben von der Tyranney befreyet hatten. Kleomenes also machte sich die Trennung der Stadt zu Nutze, rückte in Athen ein, und brachte es dahin, daß Klisthenes, nebst noch sieben hundert andern Familien, die es bey

---

*) Auch den Senat vermehrte er mit 100 Personen, so daß aus jeder Zunft 50 gewählt wurden. (Senat der Fünfhundert). Er wurde in zehn Theile getheilt, und jeder Theil regierte eine gewisse Zahl Tage des Jahrs. Petit. Leg. Att. p. 186. s. Der Ostracismus war, mit einiger Abänderung, in mehrern andern Staaten. In Athen schrieben einige seine Einführung dem Theseus zu.

den letztern Unruhen mit ihm gehalten hatten, verbannt wurden. Hiermit noch nicht zufrieden, wollte er dem ganzen Staat eine neue Form geben; allein der Senat widersetzte sich ihm aus aller Macht. Er bemächtigte sich darauf der Citadelle, ward aber binnen zween Tagen genöthigt, sie wieder zu verlassen und nach Hause zurückzukehren. Als Klisthenes den Abzug des Feindes erfuhr, kam er mit seinen Anhängern zurück, fand aber daß alle Bemühungen die höchste Gewalt an sich zu reißen, vergebens seyn würden, und stellte daher die vorige Verfassung, so wie Solon sie eingerichtet hatte, wieder her.

Unterdessen fiengen die Lacedämonier an, die wichtigen Dienste, die sie ihrer Nebenbuhlerinn geleistet, zu bereuen, und den Betrug des Orakels, welches sie bewogen hatte, ihrem eignen Interesse zuwider zu handeln, einzusehen. Sie giengen also nun mit dem Gedanken um, den Hippias wieder auf den Thron zu setzen. Ehe sie indessen so etwas wagten, hielten sie es der Klugheit gemäß, vorher die kleineren Griechischen Staaten zu Rathe zu ziehen, und zu sehen, was für Rechnung sie sich dabey auf ihren Beystand und ihre Zufriedenheit machen könnten. Nichts aber konnte bemüthigender seyn, als der Abscheu, womit ihr Vorschlag von den Deputirten dieser Staaten aufgenommen wurde. Der Abgeordnete von Korinth bezeugte den äußersten Unwillen über ein solches Vorhaben, und schien zum höchsten erstaunt, daß die Spartaner, die geschwornen Feinde der Tyrannen, sich so der Sache eines Menschen, der als ein grausamer Usurpateur allgemein verhaßt sey, annehmen könnten. Die Uebrigen traten ihm mit vieler Wärme bey, und die Lacedämonier, voller Schaam und Reue, ließen auf immer den Hippias und seine Sache im Stiche.

Da Hippias also seine Hoffnung, die Griechen zur Unterstützung seiner Ansprüche aufzuwiegeln, vereitelt sah, entschloß er sich, zu einem viel mächtigern Beschützer seine Zuflucht zu nehmen. Er nahm daher Abschied von den Spartanern, und wandte sich an den **Artaphernes**, Persischen Gouverneur von **Sardes**, den er durch jeden Kunstgriff zu einem Kriege gegen Athen zu bewegen suchte. Er stellte ihm die innerlichen Trennungen vor, welche in der Stadt herrschten, schilderte ihre großen Reichthümer, und ihre glückliche Lage zur Handlung. Er zeigte ihm, wie leicht sie würde eingenommen werden können, und wie rühmlich eine solche Eroberung seyn würde. Alle diese schönen Bewegungsgründe entflammten den Stolz und die Habsucht des Persischen Hofs, und nichts ward jetzt so begierig gesucht, als ein Vorwand zum Kriege mit den Atheniensern. Als daher Athen eine Gesandtschaft an den Persischen Hof schickte, welche ihr Verfahren rechtfertigen, und vorstellen mußte, daß **Hippias** keine Unterstützung von einem so großen Volk verdiene, so erhielten sie zur Antwort: Wenn die Athenienser ihren Untergang nicht wollten, müßten sie den **Hippias** wieder zu ihrem Könige annehmen. Athen, welches eben erst das Joch abgeworfen hatte, fühlte sein vergangnes Elend noch gar zu stark, als daß es auf so erniedrigende Bedingungen hätte Sicherheit annehmen sollen, und entschloß sich, eher das Aeußerste zu dulden, als seine Thore einem Tyrannen zu öffnen. Als Artaphernes demnach die Wiedereinsetzung des **Hippias** verlangte, gaben die Athenienser ihm unerschrocken eine gänzlich abschlägige Antwort. Dies gab Anlaß zu dem Kriege zwischen Griechenland und Persien, einem der glorreichsten und merkwürdigsten, der je die Annalen der Königreiche geziert hat.

Aber mehr Ursachen als eine, wirkten gemeinschaftlich dahin, einen Bruch zwischen diesen merkwürdigen Nationen hervorzubringen, und einen unversöhnlichen gegenseitigen Haß zu entzünden. Die Griechischen Kolonien von **Jonien**, **Aeolien** und **Karien**, die sich schon seit länger als fünfhundert Jahren in Kleinasien festgesetzt hatten, wurden endlich von dem **Krösus**, König von Lydien, bezwungen; und da dieser nachher unter der Macht des **Cyrus** erlag, so fiel natürlicher Weise auch sein ganzes Reich den Persern zu. Der Persische Monarch, welcher also ein ungeheures Gebiet besaß, setzte Gouverneurs über die verschiednen Städte, die er sich unterworfen hatte; und da Leute, die an einem despotischen Hofe auferzogen waren, natürlicher Weise das Beyspiel nachahmten, welches ihnen zu Hause angegeben war, so ist es wahrscheinlich genug, daß sie ihre Gewalt mißbrauchten. Dem sey aber, wie ihm wolle, in allen Griechischen Städten nannte man sie Tyrannen; und da diese kleinen Staaten noch nicht alle Begriffe von Freyheit verloren hatten, so bedienten sie sich jeder Gelegenheit, sie wieder zu erlangen, und wagten viele kühne, aber unglückliche, Versuche, für diese rühmliche Sache. Die Jonier vorzüglich, welche das mehreste unter ihnen vermogten, ließen keine Gelegenheit aus den Händen, die ihnen nur einen Schimmer von Hoffnung zeigte, das Persische Joch abzuwerfen.

Was ihre Absichten bey dieser Gelegenheit begünstigte, war der Feldzug des **Darius** in Scythien, wohin er eine zahlreiche Armee abschickte, und zu dem Ende über den Fluß **Ister** (Donau) eine Brücke schlagen ließ. Die Jonier waren zur Wache an diesen wichtigen Posten gestellt, und **Miltiades**, *) den wir bald edlere Thaten verrichten sehen werden, gab ihnen den Rath die Brücke abzubrechen, und also den Persern den Rückweg abzuschneiden. Die Jonier verwarfen diesen Rath, und **Darius** kehrte mit seiner Armee nach Europa zurück, wo er durch Thracien und Macedonien seine Eroberungen vermehrte.

Histiäus, der Tyrann von Milet, war es, der sich dem Rath des **Miltiades** widersetzte; ein Mann voller Ehrgeiz und Intriguen, welcher die Verdienste aller seiner Zeitgenossen zu verkleinern suchte, um seine eignen desto glänzender zu machen. Aber er sah sich in seinen

───────────────
*) Seines Vaters Bruder, der auch Miltiades hieß, hatte unter den Pisistratiden den Thracischen Chersones eingenommen. Diesen beherrschte itzt Miltiades, Cimons Sohn.

hohen Erwartungen betrogen; Darius, dem wegen dieser Entwürfe mit Recht seine Treue verdächtig wurde, nahm ihn mit sich nach Susa, unter dem Vorwande, sich seiner Freundschaft und seines Raths zu bedienen, in der That aber, um seinen künftigen Anschlägen zu Hause zuvorzukommen. Aber Histiäus sah nur zu wohl die wahre Absicht ein, und betrachtete seinen Aufenthalt an dem Persischen Hofe als eine Gefangenschaft unter schönem Namen; er bediente sich daher jeder Gelegenheit, die Jonier insgeheim zu einer Empörung aufzuwiegeln, in der Hoffnung, daß er vielleicht selbst dereinst abgeschickt werden würde, sie zum Gehorsam zu bringen.

Aristagoras war um diese Zeit dieses Staatsmanns Stellvertreter zu Milet, und erhielt Anweisung von seinem Herrn, die Jonischen Städte mit äußerstem Eifer zu einer Empörung aufzuwiegeln. In der That war der Kredit dieses Generals am Persischen Hofe seit einem fehlgeschlagenen Unternehmen, welches er vor kurzem auf Naxos gemacht hatte, gänzlich gefallen, und es blieb ihm jetzt keine andre Wahl, als dem Rath des Histiäus, einen Aufruhr zu erregen, zu gehorchen, und den Versuch zu machen, sich selbst an die Spitze einer neuen Konföderation zu stellen.

Der erste Schritt, den er that, um sich die Liebe der Jonier zu gewinnen, war, daß er der Stadt Milet, wo er im Namen des Histiäus regierte, ihre Freyheit und alle ihre vorigen Rechte wieder gab. Sodann machte er eine Reise durch ganz Jonien, wo er durch sein Beyspiel, sein Ansehn, und vielleicht auch durch Drohungen jeden andern Gouverneur bewog, seinem Beyspiel zu folgen. Sie fanden sich alle um desto williger dazu, da die Persische Macht, seit dem Stoß, welchen sie in Scythien bekommen hatte, desto weniger im Stande war, ihre Empörung zu strafen, oder ihre fortgesetzte Treue zu belohnen. Nachdem er also alle die kleinen Staaten durch das Bewußtseyn eines gemeinschaftlichen Verbrechens vereinigt hatte, so warf er die

Maske ab, erklärte sich für das Oberhaupt der Konföderation, und bot der Macht Persiens Trotz.

Um sich in den Stand zu setzen, den Krieg mit desto größerem Nachdruck führen zu können, begab er sich zu Anfang des folgenden Jahrs nach Lacedämon, um diesen Staat in sein Interesse zu ziehen, und ihn zum gemeinschaftlichen Kriege gegen eine Macht zu bereden, welche täglich der allgemeinen Freyheit Griechenlands den Untergang zu drohen schien. Kleomenes war damals König von Sparta, und an ihn wandte sich Aristagoras um Beystand zu einem Unternehmen, welches er als eine gemeinschaftliche Angelegenheit vorstellte. Er führte ihm zu Gemüth, daß die Jonier und Lacedämonier Landsleute wären; daß es Sparta zur Ehre gereichen würde, zu seinem Entwurf den Joniern ihre Freyheit wiederzugeben, mitzuwürken; daß die Perser durch Ueppigkeit entnervt wären; daß ihre Reichthümer die Sieger reichlich belohnen würden, da zugleich nichts leichter wäre, als solche Feinde zu überwinden. Wenn man bedächte, sagte er, welch ein Geist jetzt die Jonier belebte, so würde es den siegreichen Spartanern nicht schwer fallen, mit ihren Waffen selbst bis vor die Thore von Susa, der Hauptstadt des Persischen Reichs zu bringen, und also denen Gesetze zu geben, die vermessen genug wären, sich Herren der Welt zu nennen. Kleomenes bat sich einige Zeit aus, um den Vorschlag zu überlegen; und als einer, der in Spartanischer Unwissenheit aufgewachsen war, fragte er, wie weit es wohl sey von dem Jonischen Meere bis nach Susa? Aristagoras, welcher nicht gleich bedachte, worauf diese Frage abzielte, antwortete, ein Weg von etwa drey Monaten. Kleomenes erwiederte darauf nichts, sondern kehrte einem solchen Abentheurer den Rücken zu, und befahl ihm, vor Sonnenuntergang die Stadt zu verlassen. Demungeachtet folgte Aristagoras ihm in sein Haus nach, um zu versuchen, da er sah daß alle seine Beredsamkeit nichts vermogte, was mit großen Anerbietungen ausrichten würde. Er bot ihm erst zehn Talente, stieg dann bis funfzehn, und wer weiß, was eine so große Summe über den Spartaner vermogt haben würde, hätte nicht seine Tochter, ein Kind von neun Jahren, die eben bey diesem Antrage zugegen war, ausgerufen: Fliehe Vater, oder dieser Fremde wird dich bestechen. Dieser Rath, in dem Augenblick dieser Unschlüssigkeit ertheilt, gab den Ausschlag; Kleomenes schlug seine Bestechung aus, und Aristagoras gieng, bey andern Städten Hülfe zu suchen, wo Beredsamkeit mehr Ansehen und Reichthum mehr Reiz hatte.

Athen war die Stadt, wo er eine günstigere Aufnahme erwartete. Nichts konnte sich glücklicher für ihn fügen, als daß er gerade zu der Zeit ankam, da sie eben den entscheidenden Befehl von den Persern erhalten hatten, entweder ihren Tyrannen wieder aufzunehmen, oder die Folge ihrer Widersetzlichkeit zu erwarten. Ganz Athen war damals in Aufruhr, und der Vorschlag des Aristagoras fand die günstigste Aufnahme. Es ward ihm leichter, eine ganze Menge einzunehmen, als einen Einzigen. Die ganze Bürgerschaft machte sich augenblicklich anheischig, zwanzig Schiffe zu Unterstützung seines Vorhabens herzugeben; und diesen fügten die Eretrier und Euböer *) noch fünfe hinzu.

Aristagoras, mit dieser Hülfe versehen, entschloß sich, die Sache mit möglichstem Nachdruck anzugreifen; er zog gleich alle seine Truppen zusammen, und seegelte nach Ephesus ab. Hier ließ er seine Flotte, rückte in die Persischen Gränzen ein, und marschirte zu Lande gegen Sardes, die Hauptstadt von Lydien. Artaphernes, welcher als Persischer Vicekönig hier seinen Sitz hatte, fand daß er sich nicht würde halten können, und zog sich daher in die Citadelle zurück, von welcher er wußte, daß sie nicht leicht erobert werden könnte. Da die mehresten Häuser dieser Stadt mit Rohr gebauet waren, und also sehr leicht in Brand gerathen konnten,

*) Eretria war die zweyte vorzüglichste Stadt auf der Insel Euböa, itzt Negroponte.

so gieng ganz Sardes in Flammen auf, da ein Jonischer Soldat an einem Hause Feuer anlegte, und eine Menge Einwohner wurden dabey niedergemacht. Allein die Perser wurden bald wegen dieser unnöthigen Grausamkeit gerochen, denn es sey nun, daß sie sich von ihrem vorigen panischen Schrecken erholten, oder daß sie von den Lydiern verstärkt wurden, sie fielen plötzlich die Jonier mit einem großen Heere an, und trieben sie mit großem Blutvergießen zurück; setzten ihnen dann immer nach, bis nach Ephesus, wo endlich, als Sieger und Besiegte zu gleicher Zeit ankamen, noch ein großes Blutbad erfolgte, und nur ein kleiner Theil der geschlagnen Armee davon kam, welcher theils auf die Flotte, theils in die benachbarten Städte seine Zuflucht nahm. Hierauf erfolgten noch andre Niederlagen. Die Athenienser, durch einen so unglücklichen Anfang in Furcht gesetzt, wollten sich nicht bereden lassen, den Krieg fortzusetzen. Die Cyprier sahen sich aufs neue genöthigt, sich dem Persischen Joch zu unterwerfen. Die Jonier verloren die mehresten ihrer Städte eine nach der andern, und Aristagoras, welcher nach Thracien entfloh, ward daselbst mit allen seinen Leuten von den Einwohnern niedergemacht.

Unterdessen verließ Histiäus, welcher die erste Ursach alles dieses Unglücks war, und jetzt sahe, daß man ihn in Verdacht zu haben anfieng, den Persischen Hof unter dem Vorwande, diejenigen Unruhen beyzulegen, die er selbst unter der Hand angestiftet und genährt hatte; allein sein doppelseitiges Betragen machte ihn jetzt beiden Partheyen verdächtig. Artaphernes, der Persische Vicekönig, klagte ihn öffentlich der Verrätherey an, und seine eignen Milesier weigerten sich, ihn als ihren Herrn aufzunehmen. Schwankend, unentschlossen, und nicht wissend wohin er sich wenden sollte, zog er einige wenige Ueberbleibsel der geschlagenen Armeen an sich, *) traf mit dem Harpagus, einem der

*) In Chius (Scio) wurde er aufgenommen, und Anführer der Truppen. Die Gefangennehmung und der

des Hippias bis auf den Tod des Darius. 75

Persischen Generale zusammen, welcher seine Truppen schlug, und den Histiäus selbst gefangen nahm. Er schickte ihn zum Artaphernes, und dieser unmenschliche Satrap ließ ihn alsobald ans Kreuz schlagen, und schickte seinen Kopf an den Darius, welcher dies Geschenk mit einem Widerwillen empfieng, der sein menschlicheres Herz bewies. Er beweinte ihn mit freundschaftlichem Schmerz, und befahl, daß er mit allen Ehren begraben werden sollte.

Unterdessen wurden die Umstände der Jonischen Konföderation täglich hoffnungsloser. Die Persischen Generale, welche fanden, daß sie sich auf Milet vornehmlich verließen, entschlossen sich, mit aller ihrer Macht diese Stadt anzugreifen; denn sie schlossen, daß alle übrigen sich von selbst unterwerfen würden, so bald sie diese erobert hätten. Die Jonier, welche von diesem Vorhaben Nachricht erhielten, faßten in einer allgemeinen Versammlung den Entschluß, sich zu Lande, wo die Perser gar zu mächtig waren, nicht zu widersetzen, sondern Milet zu befestigen, und alle ihre Kräfte zur See anzustrengen, wo sie durch ihre größere Geschicklichkeit bey den Evolutionen der Schiffe die Oberhand zu behaupten hofften. Sie versammleten also eine Flotte von dreyhundert drey und funfzig Schiffen bey einer kleinen Insel Milet gegen über, und setzten ihr ganzes Vertrauen auf die überlegne Macht dieser Flotte. Aber das Persische Gold brachte das zu Stande, was ihre Waffen nicht vermogten. Ihre Abgeschickten bestachen heimlich den größten Theil der Bundsgenossen, und bewogen sie zum Abfall; als es daher zwischen beiden Flotten zum Treffen kommen sollte, seegelten die Schiffe von Samos, Lesbos und verschiednen andern Orten davon, und giengen nach Hause. So ward der übrige Theil der Flotte, der nur etwa noch aus hundert Schiffen bestand, sehr bald überwältigt und fast gänzlich zu Grunde gerichtet.

Tod des Histiäus setzt Herodotus erst nach der Eroberung von Miletus an.

76 Fünfter Abschnitt. Von der Verbannung

J. 494.
s. E.G.
Hierauf ward die Stadt **Milet** belagert, und ohne Mühe zur Uebergabe gezwungen. Alle übrige Städte, sowohl auf dem festen Lande, als auf den Inseln, wurden auch bald zum Gehorsam gebracht. Diejenigen, welche gar nicht nachgeben wollten, wurden mit großer Strenge behandelt. Die schönsten Jünglinge wurden ausgesucht, um in dem Pallast des Königs zu dienen, und alle jungen Mädchen wurden nach Persien geschickt. Dies Ende nahm der Aufstand der Jonier, welcher, seit seinem ersten Ausbruch unter dem **Aristagoras**, sechs Jahre gewähret hatte, und dies war das drittemal, daß die Jonier sich genöthigt sahen, sich dem Joch fremder Herrschaft zu unterwerfen, denn die Liebe zur Freyheit, die bekannte Leidenschaft aller Griechen, war ihnen angeboren.

Nachdem die Perser sich also den größten Theil von Kleinasien unterworfen hatten, warfen sie ihre Augen auf Europa, als ein Land, das ihnen Eroberungen, ihres Ehrgeizes würdig, darbot. Der Beystand, welchen die Athenienfische Flotte den Joniern geleistet, und die Weigerung dieses Staats, den **Hippias** zum König anzunehmen; die Eroberung der Stadt **Sardes**, und die Verachtung, welche sie gegen die Persische Macht bezeugten, alles dieses waren hinreichende Bewegungsgründe, den Unwillen dieser Monarchie rege zu machen, und ganz Griechenland zum Untergange zu bestimmen. **Darius** schickte daher, nachdem er alle seine übrigen Generale zurückberufen, im acht und zwanzigsten Jahre seiner Regierung den **Mardonius**, des **Gobryas** Sohn, einen jungen Persischen Fürsten, der vor kurzem eine der Töchter des Königs zur Gemahlinn erhalten hatte, ab, um über die ganze Seeküste von Asien das Oberkommando zu führen, und vornehmlich die Zerstörung der Stadt **Sardes** zu rächen. Diese Beleidigung schien dem Monarchen ganz besonders empfindlich gewesen zu seyn, denn von der Zeit des Brandes an, hatte er einem seiner Bedienten Befehl gegeben, jedesmal, so

Olymp 72, 1.

oft er sich an Tafel setzte, auszurufen: **Vergiß der Athenienser nicht!**

Mardonius, voll Begierde den feindseligen Absichten seines Herrn Genüge zu leisten, rückte unverzüglich an der Spitze einer großen Armee in Thracien ein, und setzte die Einwohner dieses Landes so sehr in Schrecken, daß sie sich mit blindem Gehorsam seiner Gewalt unterwarfen. Von da seegelte er nach Macedonien ab, aber indem seine Flotte um das Vorgebürge des Berges Athos herumschiffen wollte, um die Macedonischen Küsten zu erreichen, ward sie von einem so heftigen Sturm angegriffen, daß an dreyhundert Schiffe zu Grunde giengen, und mehr als zwanzig tausend Mann in der See ums Leben kamen. Seiner Landarmee, welche unterdeß eben dahin einen großen Umweg nahm, gieng es zu gleicher Zeit eben so unglücklich. Denn da sie sich an einem unsichern Orte gelagert hatten, überfielen sie die Thracier bey Nacht, und richteten ein großes Blutbad unter ihnen an. **Mardonius** selbst ward verwundet, und da er seine Armee außer Stande fand, das Feld zu behaupten, kehrte er mit Verdruß und Schaam über sein verunglücktes Unternehmen zur See und zu Lande an den Persischen Hof zurück.

Allein der unglückliche Ausgang eines oder zweyer Feldzüge konnte den Zorn oder den Muth des Königs von Persien nicht niederschlagen. Mit unerschöpflichen Hülfsquellen, einem unermeßlichen Reichthum, und Kriegsheeren, die sich durch Niederlagen zu vermehren schienen, versehen, ward seine Entschlossenheit durch jeden Stoß, den er bekam, vermehrt, und je größer sein Verlust gewesen war, desto mehr verdoppelte er seine Zurüstungen. Er sahe nun ein, daß die Jugend und Unerfahrenheit des **Mardonius** einem so großen Unternehmen nicht gewachsen wären; er nahm ihm daher das Kommando ab, und setzte zween andre Generale, den **Datis,** einen Meder, und den **Artaphernes,** des vorigen Gouverneurs von Sardes Sohn, an seine Stelle. Er war nun ernstlich darauf bedacht, Griechenland mit seiner ganzen Macht anzugreifen; er wünschte nichts mehr, als an Athen, welches er als die vornehmste Ursache des neuerlichen Aufstandes in Jonien ansahe, eine auszeichnende Rache zu vollziehen: überdem war Hippias noch immer bey ihm, und sparte nichts, seinen Ehrgeiz anzufeuern, uud seinen Zorn lebendig zu erhalten. Griechenland, sagte er, sey jetzt ein würdiger Gegenstand für einen solchen Eroberer; die Welt habe es schon lange mit einem Auge voll Bewundrung betrachtet, und wofern es nicht bald gedemüthigt würde, könnte es mit der Zeit selbst Persien die Huldigung der Welt entreißen.

Angespornt also durch jeden Bewegungsgrund des Ehrgeizes und der Rache, entschloß sich Darius, seine ganze Aufmerksamkeit auf den Krieg mit Griechenland zu richten. Im Anfange seiner Regierung hatte er Kundschafter, unter Anführung des Democedes, eines Griechischen Arztes, abgeschickt, die ihm von der Stärke und der Lage aller Griechischen Staaten Nachricht geben sollten. Diese geheime Deputation war mißlungen; er schickte daher nochmals Leute als Herolde ab, den Griechen seinen Unwillen anzukündigen, und zu gleicher Zeit auszuforschen, wie die verschiednen Staaten des Landes gegen ihn gesinnt wären. Die Ceremonie, deren sich die Perser bedienten, wenn sie Unterwerfung von geringeren Staaten verlangten, war, daß sie Erde und Wasser im Namen ihres Monarchen forderten; wer dies abschlug, ward als ein Feind, der sich der Persischen Macht widersetzte, angesehen. Als demnach die Herolde in Griechenland ankamen, ließen viele Städte, welche die Persische Macht fürchteten, sich ihre Forderungen gefallen. Die Aegineter, nebst einigen Inseln, waren bereit sich zu unterwerfen, und fast alle, außer Athen und Sparta, waren zufrieden, ihre Freyheit gegen Sicherheit zu vertauschen.

Aber diese beiden edlen Republiken verschmähten den Gedanken, die Persische Oberherrschaft anzuerkennen; sie hatten das Glück der Freyheit gefühlt, und waren entschlossen, sie bis aufs Aeußerste zu behaupten. Anstatt also Erde und Wasser, wie die Perser verlangten, herzugeben, warfen sie den einen der Herolde in einen Brunnen, und den andern in eine Grube, und baten sie spöttisch, sich nun Erde und Wasser zu nehmen. Dies thaten sie vermuthlich, um sich alle Hoffnung einer Aussöhnung abzuschneiden, *) und sich keine andre Zuflucht als Beharrlichkeit oder Verzweiflung übrig zu lassen. Diese Beschimpfung der Perser war den Athenienfern noch nicht genug, sie wollten auch die Aegineter bestrafen, welche durch niederträchtige Unterwerfung unter die Persische Macht, an der gemeinen Sache Griechenlands Verräther geworden waren. Sie stellten demnach diese Sache, von ihrer nachtheiligsten Seite, und in dem häßlichsten Lichte, welches ihre so berühmte Beredsamkeit ihr ertheilen konnte, den Spartanern vor. Vor solchen Richtern konnten Feigheit und Furchtsamkeit natürlicher Weise nicht viel Schutzredner finden; die Spartaner thaten augenblicklich den Ausspruch gegen die Aegineter, und schickten den Kleomenes, einen ihrer Könige, ab, die Urheber einer so niederträchtigen Unterwerfung in Verhaft zu nehmen. Die Aegineter weigerten sich indessen, sie auszuliefern, unter dem Vorwande, daß Kleomenes ohne seinen Gehülfen gekommen sey. Dieser Gehülfe war Demaratus, der ihnen selbst unter der Hand diese Entschuldigung eingegeben hatte. Sobald Kleomenes nach Sparta zurückgekommen war, um sich an dem Demaratus zu rächen, daß er so den Befehlen seines Vaterlandes zuwider gehandelt, bemühte er sich ihn des Throns zu entsetzen, aus dem Grunde, weil er nicht von der königlichen Familie sey. In der That war Demaratus nur sieben Monate nach der Ehe gebohren,

---

*) Sie thaten es vielmehr als Völker, die vom Völkerrecht noch kaum die ersten Begriffe hatten, und haben konnten, erst spät ihr Vergehen einsahen und auch gut machen wollten. Herod. 7, 132. ff.

und dies wurde von Vielen als ein hinlänglicher Beweis seiner Unächtheit angesehen. Da diese Anklage also jetzt aufs neue wieder rege gemacht wurde, kam man dahin überein, daß das Pythische Orakel den Streit entscheiden sollte. Kleomenes bestach die Priesterinn, und ihre Antwort gegen seinen Gehülfen fiel daher gerade so aus, wie ers verlangte. Da also Demaratus für einen Bastard erklärt, und nicht im Stande war eine so grobe Beschimpfung zu ertragen, verbannte er sich selbst aus seinem Vaterlande, und verfügte sich zum Darius, der ihn mit großer Freundschaft aufnahm, und ihm ansehnliche Güter in Persien gab. Sein Nachfolger in der Regierung war Leotychides, welcher in die Absichten des Kleomenes eintrat, und die Aegineter bestrafte, indem er zehn der schuldigsten Bürger in die Hände der Athenienser überlieferte; unterdeß Kleomenes einige Zeit nachher, als es entdeckt wurde, daß er die Priesterinn bestochen hatte, in einem Anfall von Verzweiflung sich selbst das Leben nahm.

Auf der andern Seite beklagten die Aegineter sich sehr über die Strenge, mit welcher man gegen sie verfahren; da sie aber gar keine Hoffnung sahen, daß man ihren Klagen abhelfen würde, faßten sie den Entschluß, sich diejenige Gerechtigkeit durch Gewalt zu verschaffen, die man ihren Bitten versagte. Sie fiengen demnach ein Atheniensisches Schiff auf, welches einer jährlichen Gewohnheit seit des Theseus Zeiten zufolge, nach Delos geschickt wurde, um dort ein Opfer zu bringen. Dies gab zu einem Seekriege zwischen den beiden Staaten Anlaß, in welchem, nach mancherley Glückswechsel, die Aegineter den Kürzern zogen, und die Athenienser sich der Herrschaft zur See bemächtigten. So fielen diese bürgerlichen Zwistigkeiten, welche anfangs die Absichten des gemeinschaftlichen Feindes zu begünstigen schienen, zum allgemeinen Vortheil Griechenlands aus. Denn die Athenienser, die hierdurch große Seemacht erlangten, waren nun in Stande der Persischen Flotte die Spitze zu bieten, und die Lebens-

des Hippias bis auf den Tod des Darius. 81

mittel, welche sie immer ihren Landarmeen zuführten, abzuschneiden.

Unterdessen wurden die Zurüstungen zu einem allgemeinen Kriege von beiden Seiten mit der größten Erbitterung und Eile fortgesetzt. Darius schickte seine Generale, Datis und Artaphernes, die er an des Mardonius Stelle gesetzt hatte, zu einer, seiner Einbildung nach, ungezweifelten Eroberung ab. Sie waren mit einer Flotte von sechs hundert Schiffen, und einer Armee von hundert und zwanzig tausend Mann versehen. Ihr Auftrag war, Athen und Eretria, eine kleine Stadt, die dem Bündniß gegen ihn beygetreten war, der Plünderung Preis zu geben, alle Häuser und Tempel beider Städte in die Asche zu legen, und alle ihre Einwohner als Sklaven wegzuführen. Das Land sollte gänzlich verwüstet werden, und die Armee ward mit einer hinlänglichen Anzahl von Ketten und Fesseln versehen, die besiegten Nationen zu binden.

Diesem furchtbaren Angriffe hatten die Athenienser weiter nichts, als ihre Tapferkeit, ihre Erbitterung, ihren Abscheu vor der Sklaverey, ihre Kriegszucht, und etwa zehn tausend Mann entgegenzustellen. Ihre innerlichen Streitigkeiten mit den andern Griechischen Staaten hatten ihnen kriegerischen Geist, List und Verschlagenheit beygebracht; das Genie ihrer Bürger, unaufhörlich gereizt und geübt, hatte seinen höchsten Gipfel erreicht, und machte sie fähig sich in jeder Gefahr zu helfen. Athen hatte schon lange einen feinen Geschmack in allen den Künsten, die einen Staat fähig machen, Eroberungen auszubreiten oder zu genießen; jeder Bürger war Staatsmann und General, und jeder Soldat betrachtete sich als eine der Schutzwehren seines Vaterlandes. Indeß befanden sich in diesem kleinen Staat, aus welchem alle die Vollkommenheiten, welche seitdem bürgerliche Gesellschaften verschönert und veredelt haben, als aus der ersten Quelle abgeflossen sind, damals drey Männer, denen man vor allen Uebrigen den Vorzug einräumte; die sich alle drey durch Geschicklich-

F

keit im Kriege, durch ihre Rechtschaffenheit im Frieden, kurz durch alle diejenigen Eigenschaften auszeichneten, die den Ruhm eines Staats, oder die Glückseligkeit der einzelnen Bürger befördern können.

Unter diesen stand Miltiades, als der erfahrenste von allen, damals im größten Ansehen. Er war Sohn des Cimon und Neffe des Miltiades, eines vornehmen Atheniensers, der die Regierung der Dolonci, eines Volks im Thracischen Chersonesus, übernommen hatte. Als der alte Miltiades ohne Nachkommen starb, folgte ihm sein Neffe Stesagoras in der Regierung, und als der auch mit Tode abgieng, ward der junge Miltiades zu seinem Nachfolger erwählt. Dies ereignete sich in dem nehmlichen Jahre, als Darius seinen unglücklichen Feldzug gegen die Scythen unternahm. Er sah sich genöthigt, diesen Monarchen mit so vielen Schiffen, als er nur anschaffen konnte, bis an den Ister zu begleiten; aber immer begierig das Persische Joch abzuwerfen, gab er den Joniern den Rath, die Brücke abzubrechen, und die Armee des Darius ihrem Schicksal zu überlassen. Als die Sachen der Griechen in Kleinasien immer hoffnungsloser wurden, entschloß sich Miltiades, lieber wieder nach Athen zurückzugehen, als in Abhängigkeit zu leben; und kam also mit fünf Schiffen, dem einzigen was er von seinen zertrümmerten Gütern gerettet hatte, daselbst an. *)

Zwey andre Bürger, jünger als Miltiades, siengen zu gleicher Zeit an, sich in Athen hervorzuthun, nämlich Aristides und Themistokles. Diese waren von sehr verschiednen Gemüthscharakter; aber eben aus dieser Verschiedenheit entsprangen die größten Vortheile für ihr Vaterland. Themistokles war von Natur zur Demokratie geneigt, und unterließ nichts, was ihn bey dem Volke beliebt machen, oder ihm Freunde erwerben konnte. Seine Gefälligkeit kannte keine Grän-

*) Miltiades war schon einmal von den Scythen, und 3 Jahre darauf durch die Perser, bey des Mardonius Einfalle, vertrieben worden.

zen, und seine Begierde Andre zu verbinden, schweifte oft über die Schranken der Pflicht aus. Seine Partheylichkeit war so auffallend, daß einst Jemand, der über diese Materie mit ihm sprach, zu ihm sagte, er würde sich trefflich zu einer Magistratsperson schicken, wenn er nur mehr Unpartheylichkeit hätte: **Gott verhüte, erwiederte er, daß ich je auf einem Richterstuhle sitzen sollte, wo meine Freunde nicht mehr Begünstigung fänden, als Fremde.**

Aristides zeichnete sich eben so sehr durch seine Gerechtigkeit und Redlichkeit aus. Als ein Freund der Aristokratie, nach dem Beyspiel des *Lykurgus*, war er gefällig, aber nie auf Kosten der Gerechtigkeit. Wenn er Ehrenstellen suchte, so vermied er immer die Unterstützung seiner Freunde, damit sie nicht, zur Vergeltung, wieder seine Unterstützung fordern mögten, wenns seine Pflicht wäre, unpartheyisch zu seyn. Liebe für das allgemeine Wohl des Staats war die große Triebfeder seiner Handlungen, und da diese ihm immer vor Augen schwebte, konnten keine Schwierigkeiten ihn zurückschrecken, kein glücklicher Erfolg ihn einschläfern, keine Erhebung ihn berauschen. Bey allen Vorfällen und Umständen blieb er sich immer gleich, überzeugt, daß er ganz seinem Vaterlande, und nur sehr wenig sich selbst angehöre. Eines Tages, als ein Schauspieler auf der Bühne eine Stelle aus dem Aeschylus hersagte, die einen Mann beschrieb, der nicht rechtschaffen zu scheinen, sondern zu seyn wünschte, warf die ganze Versammlung ihre Augen auf den Aristides, und wandte die Stelle auf ihn an. Bey Verwaltung öffentlicher Aemter war sein ganzer Zweck, seine Pflicht zu thun, ohne den kleinsten Gedanken sich selbst zu bereichern.

Dies waren die großen Männer, welche die Angelegenheiten des Atheniensischen Staats regierten, als Darius seine Waffen gegen Griechenland kehrte. Diese beseelten ihre Mitbürger mit einem edlen Vertrauen auf die Gerechtigkeit ihrer Sache, und machten alle

Zurüstungen gegen den drohenden Angriff, welche Klugheit und überlegte Tapferkeit nur an die Hand geben konnten.

Unterdessen rückten **Datis** und **Artaphernes** mit ihren ungeheuren Heeren gegen Europa an; und nachdem sie sich der Inseln im Aegeischen Meere ohne allen Widerstand bemächtigt hatten, richteten sie ihren Lauf gegen **Eretria**, welche Stadt vormals den Joniern in ihrer Empörung beygestanden. Die Eretrier, die sich jetzt in der äußersten Noth befanden, sahen keine Hoffnung, ihrem Feinde im Felde die Spitze bieten zu können; sie schickten daher vier tausend Mann, welche die Athenienser ihnen zu Hülfe gesandt hatten, wieder zurück, und entschlossen sich, geduldig eine Belagerung auszuhalten. Sechs Tage lang bemühten sich die Perser die Stadt durch Sturm zu erobern, wurden aber immer mit Verlust zurückgeschlagen; am siebenden Tage aber ward sie ihnen durch Verrätherey einiger der vornehmsten Einwohner in die Hände geliefert, sie rückten ein, plünderten und verbrannten sie. Die Einwohner wurden in Ketten gelegt, und als Erstlinge des Krieges an den Persischen Monarchen abgeschickt; dieser aber begegnete ihnen, ihrer Erwartung zuwider, mit größter Gelindigkeit, und gab ihnen ein Dorf in der Landschaft **Cissia** zur Wohnung ein, wo **Apollonius** von **Tyana** noch sechs hundert Jahre nachher ihre Nachkommen antraf.

Nach diesem glänzenden Siege über **Eretria** blieb ihnen nun nichts übrig, als die dem Schein nach so leichte Eroberung von Griechenland. **Hippias**, der verjagte Tyrann von **Athen**, begleitete noch immer die Persische Armee, und führte sie durch die sichersten Märsche in das Herz des Landes; endlich, taumelnd vom Siege, und des glücklichsten Erfolgs gewiß, brachte er sie in die Ebenen von **Marathon**, ein fruchtbares Thal, nur einige Stunden weit von Athen. Von hier aus forderte er die Athenienser zur Unterwerfung auf, indem er ihnen das Schicksal der Stadt **Eretria** ankündigte, und zugleich bekannt machte, daß kein einziger der Einwohner ihrer Rache entgangen sey. Aber die Athenienser ließen sich durch keine Nähe der Gefahr in Furcht setzen. Sie hatten freylich nach Sparta gesandt, und sich Hülfe gegen den gemeinschaftlichen Feind ausgebeten, die ihnen auch, ohne darüber zu berathschlagen, bewilligt war; allein der Aberglaube damaliger Zeiten vereitelte diese Hülfe, denn es war ein ausdrückliches Gesetz in Sparta, nie vor dem Vollmonde ins Feld zu rücken. Sie wandten sich auch an andre Staaten; aber diese waren zu sehr durch die Persische Macht ins Schrecken gesetzt, als daß sie sich zu ihrer Vertheidigung hätten regen sollen. Eine Armee von hundert und zwanzig tausend Mann, *) die mitten in ihrem Lande mit stolzem Uebermuth frohlockte, war viel zu furchtbar für eine schwache eifersüchtige Konföderation. Die Einwohner von Platäa allein gaben ihnen tausend Mann, alle übrige Hülfe mußten sie in ihrem Muth und ihrer Verzweiflung suchen.

In dieser Noth sahen sie sich gezwungen, ihre Sklaven für die allgemeine Sicherheit aller zu bewaffnen, und so belief sich ihre ganze Macht nur auf zehntausend Mann. **) In der Hoffnung also durch ihre Kriegszucht zu ersetzen, was ihnen an Macht abgieng, übergaben sie die Anführung dieser Armee zehn Generalen, von denen Miltiades der vornehmste war, und von die-

*) Nach andern 500,000 Mann, nach andern 110,000 M. Alle solche Angaben feindlicher Heere sind auch bey den gleichzeitigen Schriftstellern des Alterthums unzuverlässig; denn aus welcher sichern Quelle erhielt man die Nachrichten von der Stärke des Feindes, der keine Hofberichte publicirte?

**) Andre Schriftst. glauben, nur die freyen Leute hätten 10,000 (eigentlich 9000.) Mann ausgemacht; die Zahl der bewaffneten Sklaven sey viel größer gewesen. s. Gillies I. 449. Solche Raisonnemens sind nicht im Geiste des Herodotus gemacht. Gillies rechnet bey dem guten Erfolg der nächsten Schlacht auch zu viel auf den Griechen.

Fünfter Abschnitt. Von der Verbannung

sen sollte jeder der Reihe nach einen Tag das Kommando führen. Eine an sich selbst schon so wenig versprechende Anordnung wurde noch mehr durch die Generale selbst verwirrt, welche nicht einig waren, ob sie ein Treffen wagen, oder den Feind in ihren Mauern erwarten sollten. Die letztere Meynung schien die Oberhand zu behalten. Man behauptete, es würde die Unbesonnenheit selbst seyn, einer so mächtigen und wohlbestellten Armee mit einer Hand voll Leute entgegengehen zu wollen; die Soldaten würden aus der Sicherheit hinter ihren Mauern Muth schöpfen, und die Spartaner könnten zu gleicher Zeit von außen eine Diversion machen, wenn man von innen einen Ausfall thäte. Miltiades aber erklärte sich für die entgegengesetzte Meynung, und zeigte, das einzige Mittel, den Muth ihrer eignen Truppen zu erhöhen, und den Feinden Schrecken einzujagen, sey, wenn man ihnen kühn mit der Miene der Zuversicht und einer verzweifelten Unerschrockenheit entgegengienge. Auch Aristides erklärte sich eifrig für diese Meynung, und wandte seine ganze männliche Beredsamkeit an, auch die Uebrigen davon zu überzeugen. Nachdem die Frage nun von beiden Seiten vorgetragen, und die Stimmen gesammlet waren, fand sich die Anzahl auf jeder Seite gleich. Es kam also jetzt bloß auf den Kallimachus, den Polemarchen, an, welcher so wohl als die zehn Generale das Recht hatte, seine Stimme zu geben, wie er sich erklären und diesen wichtigen Streit entscheiden würde. An ihn also wandte sich jetzt Miltiades mit dem dringenden Ernst, und stellte ihm vor, daß das Schicksal seines Vaterlandes jetzt in seinen Händen sey: sein einziger Ausspruch müsse jetzt Sklaverey oder Freyheit seines Vaterlandes entscheiden; durch ein einziges Wort könne er sich jetzt einen ewigen Nachruhm erwerben, gleich dem Ruhm des **Harmodius** und **Aristogiton**, der Urheber der Athenienischen Freyheit. Wenn, sagte er, wir eine Schlacht vermeiden, so sehe ich voraus, eine große Uneinigkeit wird die Treue der Armee wankend machen, und sie zum Vergleich mit den Medern bewegen; fechten wir aber, ehe noch die Gemüther der Athenienser verführt werden können, so dürfen wir von der Billigkeit der Götter den Sieg erwarten. Auf solche Aufmunterungen blieb Kallimachus nicht lange unentschlossen, er gab seine Stimme zum Treffen; und Miltiades, dadurch unterstützt, schickte sich an, seine kleine Armee zu der großen Entscheidung in Bereitschaft zu setzen.

Unterdessen sahe man ein, daß so viele Anführer, welche einer nach dem andern das Kommando führten, zu weiter nichts dienten, als einander zu verwirren und entgegen zu handeln. Aristides erkannte, daß ein Kommando, welches täglich umwechselte, unfähig seyn müsse, irgend einen gleichförmigen Plan zu entwerfen oder auszuführen. Er erklärte also, daß ers für nothwendig hielte, die ganze Gewalt einer einzigen Person anzuvertrauen; und um seine Gehülfen zu bewegen, sich dieses gefallen zu lassen, gab er ihnen selbst das erste Beyspiel. Als der Tag kam, da an ihm die Reihe war, das Kommando zu führen, trat er es an den Miltiades, als den geschicktern und erfahrnern General, ab, und die übrigen Befehlshaber, durch eine so edle Verleugnung zur Nacheiferung angespornt, folgten seinem Beyspiel nach.

Da also Miltiades das Oberkommando, welches jetzt der gefährlichste Posten war, in Händen hatte, bemühte er sich, als ein erfahrner General, durch eine vortheilhafte Stellung zu ersetzen, was ihm an Stärke und Anzahl fehlte. Er sahe wohl ein, daß er, wenn er seine Fronte ausdehnte, sie zu sehr schwächen, und der dichten Schlachtordnung der Feinde den Vortheil geben würde. Er stellte also seine Armee an den Fuß eines Berges, damit ihn der Feind nicht umringen oder ihm in den Rücken fallen könnte. Auf die Flügel zu beiden Seiten ließ er große Bäume werfen, die er zu dem Ende hatte fällen lassen, und diese dienten, ihn vor der Persischen Reuterey zu schützen, welche gemeiniglich in der Hitze des Treffens dem Feinde in die Flanke zu fallen pflegte.

Datis sah, auf der andern Seite, das Vortheilhafte dieser Stellung wohl ein, aber weil er sich auf die Ueberlegenheit seiner Menge verließ, und nicht gern warten wollte, bis die Spartanischen Verstärkungen ankämen, entschloß er sich ohne Bedenken den Feind anzugreifen. Und nun sollte also das erste große Treffen, welches die Griechen je erlebt hatten, gefochten werden. Dies war ganz etwas anders, als ihre vormaligen innerlichen Kämpfe, die sich aus Eifersucht entspannen, und ohne Schwierigkeit gütlich beygelegt wurden: es war ein Treffen mit dem größten Monarchen der Erde, mit der zahlreichsten Armee, die man bisher in Europa gesehen hatte; ein Treffen, das über die Freyheit von ganz Griechenland, und was von unendlich größerer Wichtigkeit war, über den künftigen Fortgang der Verfeinerung unter den Menschen entscheiden sollte. Auf dem Ausgang dieses Treffens beruhte die Bildung, welche die Sitten der Abendländer künftig annehmen, ob sie Asiatische Gewohnheiten von ihren Eroberern lernen, oder sich nach Griechischen Geschmack, welches nachher geschah, formen würden. Man kann also dieses Treffen als eins der wichtigsten ansehen, welches je gefochten worden, und der Ausgang war eben so unerwartet, als der Sieg glorreich.

Das Zeichen war nicht so bald gegeben, als die Athenienser, ohne den Angriff der Perser zu erwarten, mit solcher Schnelligkeit auf ihre Glieder einstürzten, als ob sie auf ihre eigne Sicherheit gar nicht bedacht wären. Die Perser sahen diesen ersten Schritt der Athenienser für bloße Tollkühnheit an, und waren geneigter, sie wie Wahnsinnige zu verachten, als ihnen, wie Kriegern, Widerstand zu thun. Allein sie fanden sich bald in ihrer Meynung betrogen. Es war vorher nie der Griechen Gewohnheit gewesen, mit solcher blindlings hinstürzenden Tapferkeit anzufallen; aber jetzt, da sie ihre eigne kleine Anzahl mit der Menge der

Feinde verglichen, und nur von der äußersten Hitze des Angriffs guten Erfolg erwarteten, waren sie entschlossen, entweder die Glieder der Feinde zu durchbrechen, oder in dem Versuch das Leben zu laßen. Die Größe der Gefahr vermehrte ihre Tapferkeit, und Verzweiflung that das übrige. Die Perser hielten indeßen mit großer Unerschrockenheit Stand, und das Gefecht war sehr blutig und hartnäckig. Miltiades hatte die Flügel seiner Armee ausnehmend stark gemacht, das Mitteltreffen aber schwächer und weniger tief gelaßen; denn da er nur zehntausend Mann einer so ungeheuren Armee entgegen zu setzen hatte, so glaubte er, daß er auf keine andre Weise den Sieg würde erhalten können, als wenn er seine Flügel recht stark machte, weil er nicht zweifelte, daß diese, wenn sie erst den Sieg erhalten hätten, mit größtem Vortheil das Hauptkorps der Feinde von beiden Seiten würden angreifen, und so sie mit leichter Mühe in die Flucht schlagen können. Da die Perser also das Mitteltreffen am schwächsten fanden, griffen sie dieses mit äußerster Hitze an. Vergebens bemühten sich Aristides und Themistokles, welche an diesem gefährlichen Posten kommandirten, ihre Truppen gegen den Feind zu halten. Muth und Unerschrockenheit waren nicht im Stande, den Strom einer immer wachsenden Menge aufzuhalten, so daß sie sich endlich genöthigt sahen, zu weichen. Unterdeßen aber siegten die Flügel, und eben jetzt, als das Hauptkorps unter dem ungleichen Angriff erlag, kamen diese dazu, und gaben ihm Zeit, wieder Kräfte zu sammlen und sich in Ordnung zu stellen. So sank also die Schaale des des Siegs bald auf ihre Seite, die Perser, welche vorher der angreifende Theil gewesen waren, fiengen jetzt an zu weichen, und da sie nicht mehr durch frische Truppen unterstützt wurden, flohen sie in größter Eile zu ihren Schiffen zurück. Schrecken und Verwirrung war jetzt allgemein, die Athenienser verfolgten sie bis ans Gestade, und steckten viele ihrer Schiffe in Brand. Bey dieser Gelegenheit wars, daß Cynägirus, des Dichters Aeschylus Bruder, eins der Schiffe, welches der Feind vom Ufer stoßen wollte, mit der Hand ergriff. Als die Perser auf dem Fahrzeuge sich also festgehalten sahen, hieben sie ihm die rechte Hand, welche das Vordertheil hielt, ab; er hielt es darauf mit der linken, welche sie ihm auch abhieben, worauf er es mit den Zähnen ergriff, und so sein Leben ließ.

Sieben der feindlichen Schiffe wurden erobert, und mehr als sechs tausend Perser kamen ums Leben, diejenigen ungerechnet, welche bey der Flucht auf die Schiffe in der See ertranken, oder bey dem Brande das Leben einbüßten. Von den Griechen blieben nicht über zwey hundert Mann, unter denen sich auch Kallimachus befand, der seine Stimme zum Treffen gegeben hatte. Hippias, welcher der Hauptanstifter des Krieges war, soll auch in diesem Treffen umgekommen seyn, wiewohl Andre sagen, er sey entwischt, und habe in Lemnos ein elendes Ende genommen.

J. 490. v. C.G. Dies war die berühmte Schlacht bey Marathon, welche die Perser so gewiß zu gewinnen dachten, daß sie Marmor mit ins Feld gebracht hatten, um ein Siegszeichen daselbst zu errichten. Gleich nach dem Treffen verließ ein Athenienfischer Soldat, welcher Eukles hieß, ganz mit Blut und Wunden bedeckt, die Armee, und lief nach Athen, um seinen Mitbürgern die Nachricht von dem Siege zu bringen. Er hatte noch eben so viel Stärke, die Stadt zu erreichen, stürzte in die Thüre des ersten Hauses, welches er antraf, rief noch die Worte aus: Freuet euch, wir siegen! *) und fiel den Augenblick darauf todt nieder.

Unterdeß ein Theil der Armee nach Athen marschierte, um sie vor etwanigen Versuchen der Feinde zu schützen, blieb Aristides auf dem Schlachtfelde, um die Beute und die Gefangenen zu bewachen; und wiewohl Gold und Silber um das verlassene Lager des Feindes hier im Ueberfluß ausgestreut lag, wiewohl ihre Zelte und Galeeren voll reicher Geräthschaften und Kost-

*) Im Griechischen nur zwey Worte, χαιρετε, χαιρομεν.

barkeiten waren, erlaubte er doch nicht, daß das Geringste davon verschleppt würde, sondern bewahrte es als eine gemeinschaftliche Belohnung für Alle, die an dem erfochtenen Siege Theil gehabt hatten. Auch zwey tausend Spartaner, deren Gesetze ihnen nicht erlaubt hatten, vor dem Vollmonde ins Feld zu rücken, fanden sich jetzt ein, da aber das Treffen schon den Tag vorher geendigt war, so hatten sie nur noch Gelegenheit, denen gebührende Ehre zu erweisen, die einen so glorreichen Sieg erfochten hatten, und die Nachricht davon nach Sparta zurückzubringen. Von dem Marmor, welchen die Perser mitgebracht hatten, errichteten die Athenienser ein Siegeszeichen, das aus einer Statue der Göttinn Nemesis, welche nahe an dem Schlachtfelde einen Tempel hatte, bestand, und von der Hand des Phidias gearbeitet war.

Unterdessen machte die Persische Flotte, statt geradesweges nach Asien zurückzusegeln, einen Versuch, Athen zu überfallen, ehe die Griechische Armee von Marathon zurück wäre. Aber die letztern gebrauchten die Vorsicht, geradesweges dahin abzumarschiren, und sie eilten so sehr, daß sie, wiewohl sie an zwanzig Stunden Weges *) zu machen hatten, doch in einem Tage ankamen. So trieben also die Griechen nicht nur ihre Feinde zurück, sondern setzten sich auch völlig außer Gefahr.

Durch diesen Sieg lernten die Griechen, ihre eignen Kräfte kennen, und künftig nicht zittern vor einem Feinde, der nur dem Namen nach fürchterlich war. Er lehrte sie alle folgende Zeitalter hindurch, mit brennender Nacheiferung ihre Vorfahren nachzuahmen, und flößte ihnen den Wunsch ein, von der alten Griechischen Tapferkeit nicht auszuarten. Allen denen Atheniensern, welche im Treffen geblieben waren, erwies man alsobald die Ehre, die ihren Verdiensten gebührte. Herrliche Denkmäler, auf denen ihre Namen und die Zunft, zu

*) 40 Engl. Meilen giebt der Verf. die Entfernung Marathons von Athen an.

welcher sie gehörten, eingehauen wären, wurden ihnen an eben dem Orte, wo der Sieg erfochten war, errichtet. Man errichtete drey verschiedne Arten von Denkmälern; die eine für die Athenienser, eine andre für die Platäenser, eine dritte für die Sklaven, die man in dieser dringenden Noth zu Soldaten gemacht hatte.

Aber ihre Dankbarkeit gegen den **Miltiades** bewies einen Edelmuth, welcher alle kostbaren Triumphe und kriechende Schmeicheleyen übertraf. Ueberzeugt, daß seine Verdienste zu groß wären, um sie mit Gelde bezahlen zu können, ließen sie von dem **Polygnotus**, einem ihrer berühmtesten Künstler, ein Gemälde machen, auf welchem **Miltiades** vorgestellt war, wie er an der Spitze der zehn Generale die Soldaten aufmunterte, und ihnen selbst das Beyspiel ihrer Pflicht gab.*) Dieses Gemälde wurde viele Jahre hindurch, nebst andern von den größten Meistern, in dem Portikus aufbewahrt, wo **Zeno** nachmals seine Schule der Weltweisheit errichtete. Durch alle Stände verbreitete sich eine edle Nacheiferung; **Polygnotus** war so stolz auf die Ehre, daß man ihn erwählt hatte, dieses Gemälde zu machen, daß er keine Bezahlung dafür annehmen wollte. Zur Vergeltung für diesen Edelmuth wiesen die **Amphiktyonen** ihm eine öffentliche Wohnung in der Stadt an, wo er sich nach Belieben aufhalten mögte.

J.d.W
3514.

Allein so aufrichtig die Dankbarkeit der Athenienser gegen den **Miltiades** war, so kurz war ihre Dauer. Dies veränderliche und eifersüchtige Volk, welches von Natur eigensinnig, und jetzt mehr als jemals ängstlich für seine Freyheit besorgt war, war geneigt, jede Gelegenheit zu ergreifen, um einen General zu demüthigen, von dessen Verdiensten es viel zu fürchten hatte. Als er mit siebenzig Schiffen abgeschickt wurde, um diejenigen Inseln zu strafen, welche den Kriegszug der

---

*) **Panämus**, des **Phidias** Bruder, hatte auch an diesem Gemälde geholfen, und eigentlich die Figuren der Feldherren gemahlt.

Perser gegen Griechenland begünstigt hatten, so seegelte er nach Paros. Zur Ursache des Angrifs dieser Insel führte man an, daß ihre Einwohner die Perser, bey dem Marathonischen Feldzug, mit Schiffen unterstützt hatten; der wahre Grund seines Hasses gegen dies Volk war, daß ein Parier, Lysagoras, ihm bey Hydarnes, dem Perser, einen schlechten Dienst erwiesen hatte. Als er auf der Insel angelangt war, schickte er einen Herold in die Hauptstadt und verlangte 100 Talente (120,000 thl.) mit der Drohung, im Fall der Weigerung, die Stadt zu belagern, und, wenn sie erobert werden sollte, sie der Plünderung der Soldaten Preis zu geben. Die Parier wurden doch nicht geschreckt; sie wollten nicht einmal über seine Forderung sich berathschlagen, sondern bereiteten sich zu einer hartnäckigen Vertheidigung. Miltiades ließ den Platz einschließen, und betrieb die Belagerung so lebhaft, bis eine Parische Frau, Timo, eine Priesterinn, vorgab, ihn belehren zu wollen, wie er die Stadt einnehmen könne. Zufolge ihrer Anweisung wollte er sich in den Tempel der Ceres der Gesetzgeberinn (Ceres Legifera) begeben, und da die Thore nicht geöffnet werden konnten, so klimmte er bis an die Spitze des Walls hinan, um von da herabzuspringen. Ein plötzlicher Schrecken bemächtigte sich seiner; er beschloß umzukehren; er gieng wieder auf den Wall; itzt gleitete sein Fuß aus; er fiel und entweder brach er das Schenkelbein oder verrenkte sich die Kniescheibe. Genug er mußte die Belagerung aufheben, und verwundet nach Athen zurückkehren, wo der unglückliche Mann nicht willkommen war.*) Die ganze Stadt fieng an zu murren, und ein gewisser Xanthippus klagte ihn an, daß er sich von den Persern bestechen lassen. Da er nicht im Stande war, sich gegen diese Anklage zu vertheidigen, weil die Wunde, die er zu Paros bekommen, ihn im Bette hielt, ward er für schuldig erklärt, und

---

*) Die Erzählung ist aus Herod. 6, 134 ff. genommen. Andre Nachrichten hat Cornelius. S. Larcher über Herodot. T. IV. p. 436. ff.

verurtheilt, sein Leben zu verlieren. Die Art große Verbrecher zu bestrafen war, daß man sie in das Barathrum, oder eine tiefe Grube warf, aus welcher nie Jemand an das Tageslicht wieder zurückkehrte. Dies Urtheil ergieng auch über ihn, aber in Rücksicht auf die großen Dienste, die er vormals dem Staate geleistet, verwandelte man diese Strafe in eine Geldbuße von funfzig Talenten, die Summe, welche der Staat zu Ausrüstung der letztern unglücklichen Expedition aufgewandt hatte. Da er nicht reich genug war, diese Summe zu bezahlen, so warf man ihn ins Gefängniß, wo sein Schade durch verdorbne Luft und Einsperrung sich verschlimmerte, bis endlich der kalte Brand dazu schlug, der sein Leben und Elend endigte.

Cimon, sein Sohn, der um diese Zeit noch sehr jung war, bewies bey dieser Gelegenheit seine edle Denkungsart und kindliche Liebe. Die undankbare Stadt wollte den Leichnam des Miltiades nicht eher begraben lassen, als bis alle seine Schulden bezahlt wären. Cimon brachte also durch seine Freunde und durch allen seinen Kredit so viel Geld zusammen, daß er die Geldbuße bezahlen konnte, und seinem Vater ein ehrenvolles Begräbniß verschaffte.

Miltiades wird mit Recht seiner Gefälligkeit, Mäßigung und Gerechtigkeit wegen gepriesen. Ihm war Athen allen seinen Ruhm schuldig; er lehrte sie zuerst die nichtigen Drohungen des großsprecherischen Königs von Persien verachten.

Sechster Abschnitt.
Vom Tode des Miltiades bis auf den Rückzug des Xerxes aus Griechenland.

Der unglückliche Ausgang dieses ersten Feldzugs gegen Griechenland erbitterte den Darius nur noch mehr, und gab seiner Beharrlichkeit neue Stärke. Da er sah, daß alle seine Generale kein Glück hatten, so entschloß er sich in eigner Person den Krieg zu führen, und ließ durch sein ganzes Reich neue Zurüstungen machen. Allein eine Empörung in Aegypten gab seinem Zorn auf einige Zeit eine andre Richtung; ein Streit zwischen seinen Söhnen über die Ernennung seines Nachfolgers verzögerte die Ausführung seiner Absichten noch länger; und endlich, als er jede Schwierigkeit überwunden hatte, und sich eben anschickte, die schrecklichste Rache zu vollziehen, machte der Tod allen seinen Entwürfen ein Ende, und gab Griechenland längere Zeit sich zu rüsten.

Xerxes, sein Sohn, welcher ihm in der Regierung nachfolgte, erbte mit dem Reich auch seines Vaters feindliche Gesinnungen gegen Griechenland. Nachdem er einen glücklichen Feldzug gegen Aegypten gethan, erwartete er das nehmliche Glück auch in Europa. Gewiß seines Sieges, hatte er nicht Lust, wie er sagte, künftig die Attischen Feigen zu kaufen; er wollte sich des ganzen Landes bemächtigen, und dann seine eigne Feigen essen. Ehe er sich indessen mit einem so wichtigen Unternehmen befaßte, hielt ers für dienlich, erst seinen Rath zusammenzuberufen, und zu hören, was die vornehmsten Bedienten seines Hofes zu der Sache sagen würden. In der Rede, womit er die Versammlung eröffnete, verrieth er sichtbarlich seinen Durst nach Rache und heiße Ruhmbegierde. Der beste Weg also, sich diesem jungen Monarchen gefällig zu machen, war, wenn man seinen Lieblingsneigungen schmeichelte, und seinen ungestümen Begierden das Ansehen wohlüberlegter Entwürfe ließ. Mardonius, welchen sein eigner unglücklicher Feldzug weder weiser, noch weniger ehrbegierig gemacht hatte, fieng an, den Xerxes über alle andre Könige vor ihm zu erheben. Er zeigte ihm, wie unumgänglich nöthig es sey, den Schimpf, welcher dem Persischen Namen angethan worden, zu rächen; er schilderte die Griechen als feige Memmen, die nur von ungefähr so viel Glück gehabt, und war fest der Meynung, daß sie nie wieder den Muth haben würden, nur ein

Treffen zu wagen. Eine Rede, die so ganz mit seinen Gesinnungen zusammentraf, war dem jungen Monarchen äußerst angenehm, und alle Uebrigen schienen durch ihre Blicke und ihr Stillschweigen seinen Ungestüm zu billigen. Aber Artabanus, des Königs Oheim, welcher schon lange Tapferkeit selbst an Feinden ehren gelernt hatte, und wegen seines Alters und seiner Erfahrung es wagen zu können glaubte, unverholen seine Meynung zu sagen, stand mit der Freymüthigkeit eines redlichen Mannes auf, um den vorhabenden Feldzug in sein wahres Licht zu stellen.

„Erlaube mir, König, sprach er, meine Meynung „bey dieser Gelegenheit mit einer Freyheit zu eröffnen, „zu der mein Alter und die Sorge für dein Wohl mich „berechtigt. Als Darius, dein Vater und mein „Bruder, zuerst den Gedanken hatte, die Scythen zu „bekriegen, gab ich mir alle Mühe, ihn davon abzuhal„ten. Das Volk aber, welches du anzugreifen willens „bist, ist unendlich furchtbarer als die Scythen. Wenn „die Athenienser allein das zahlreiche Heer, welches „Datis und Artaphernes anführten, in die Flucht „schlagen konnten, was sollen wir denn von der Gegen„wehr aller vereinigten Staaten Griechenlandes erwar„ten? Du gedenkst eine Brücke über die See zu schla„gen, und so aus Asien nach Europa überzugehen. Aber „wie, wenn die Athenienser uns nachher zuvorkämen, „diese Brücke zerstörten, und uns also den Rückweg ab„schnitten? Warum sollen wir uns solchen Gefahren „aussetzen, da gar keine dringenden Bewegungsgründe „uns dazu nöthigen? Wenigstens laßt uns Zeit neh„men, erst besser darüber nachzudenken. Haben wir „eine Sache vorher reiflich überlegt, so sey der Ausgang „welcher er wolle, wir haben uns doch wenigstens nichts „vorzuwerfen. Uebereilung ist unbesonnen, und ge„wöhnlich unglücklich. Vor allen Dingen, großer Kö„nig, laß dich nicht durch den Glanz eines eingebilde„ten Ruhms verblenden. Die höchsten Bäume haben „am meisten Ursach, sich vor dem Donner zu fürchten.

„Gott bemüthige gern den Uebermüthigen, und behält
„den Stolz unvergleichbarer Größe für sich allein. Was
„dich anbetrifft, Mardonius, der du so ernstlich
„auf diesen Feldzug dringst, so magst du ihn selbst,
„wenns so seyn soll, in Europa hineinführen   laß nur
„den König, dessen Leben uns allen theuer ist, nach
„Persien zurückkehren.   Unterdessen laß uns beide
„unsre Kinder als Geißel für den Erfolg des Krieges
„verpfänden.   Ist der Ausgang glücklich, so bin ich
„zufrieden, daß die meinigen hingerichtet werden, ist
„er aber unglücklich, wie ich voraus sehe, dann verlan-
„ge ich, daß du und deine Kinder den Lohn der Unbe-
„sonnenheit empfangen."

Dieser Rath, der zwar redlich gemeynt, aber gar
nicht nach des Xerxes Geschmack war, wurde von ihm
sehr übel aufgenommen. „Dank es den Göttern, fuhr
„er ihn zornig an, daß du meines Vaters Bruder bist;
„wärs nicht das, so solltest du diesen Augenblick für dein
„vermeßnes Betragen den gebührenden Lohn bekommen.
„Doch zur Strafe magst du hier zwischen den Weibern
„sitzen; denn diesen bist du an Feigheit und Furcht nur
„zu ähnlich; magst des Hauses hüten, unterdeß ich an
„der Spitze meiner Truppen dahin eile, wo Pflicht und
„Ehre mir winken."

Indeß schien Xerxes bey kälterem Nachdenken doch
günstiger von seines Oheims Meynung zu urtheilen.
Als die ersten Regungen seines Zorns vorüber waren,
und er Zeit hatte, auf seinem Schlafküssen über den
verschiednen Rath, der ihm gegeben war, nachzudenken,
gestand er die Uebereilung seines vorigen Verweises ein,
und schrieb sie aufrichtig seiner Jugendhitze und dem
Ungestüm seiner Leidenschaft zu. Er erklärte, daß er
nicht ungeneigt wäre, seinem Rath zu folgen, versicherte
aber zugleich dem Conseil, daß seine Träume ihn auf
alle Weise aufmunterten, den Feldzug nicht aufzuheben.
So viel Herablassung von der einen, und so günstige
Vorbedeutungen von der andern Seite, bestimmten die
ganze Versammlung, ihn in seiner Neigung zu bestärken

Sie warfen sich vor ihm zur Erde nieder, voller Begierde, ihm ihre Unterwürfigkeit und Freude zu bezeugen. Ein Monarch, welchen auf diese Art Schmeichler umringten, die alle wetteiferten, wer am meisten seinen Stolz und seine Leidenschaften befriedigen würde, konnte nicht lange gut bleiben, wiewohl er von Natur zur Tugend geneigt war. Xerxes scheint daher einer von den Charakteren gewesen zu seyn, die durch den Besitz der höchsten Macht verdorben worden, äußerte zwar dann und wann auf kurze Zeit seine natürliche Gerechtigkeit und Weisheit, aber ließ sich dann auch gleich wieder zu den strafbarsten und thörichtsten Ausschweifungen hinreißen. Nachdem also der Rath des Artabanus verworfen, und des Mardonius seiner aufs günstigste angenommen war, machte man die größten Zurüstungen zu dem neuen Kriege.

Die Größe dieser Zurüstungen zeugte von dem hohen Begriff, welchen die Perser sich von ihrem Feinde machten. Xerxes, um nichts zu unterlassen, was irgend zu einem glücklichen Erfolge beytragen könnte, schloß ein Bündniß mit den Karthaginensern, welche damals das mächtigste Volk in den Abendländern waren. Mit diesen ward er eins, daß, unterdeß die Persische Macht Griechenland angriffe, die Karthaginenser die Griechischen Colonien, die auf den Inseln des mittelländischen Meers zerstreut waren, in Furcht halten sollten, damit sie dem Mutterlande nicht zu Hülfe kämen. Nachdem er also die ganze Stärke des Orients für seine eigne Armee, und der Abendländer für die Armee der Karthaginenser unter dem Amilkar zusammengerafft hatte,

J.d.W. 1523.
marschirte er, zehn Jahre nach der Schlacht bey Marathon, von Susa gegen Griechenland ab.

Sardes war der Ort, wo die verschiednen Nationen, welche dieser Fahne folgen sollten, sich versammlen mußten. Seine Flotte sollte sich längs der Küsten von Kleinasien bis an den Hellespont hinaufziehen. Da aber viele Schiffe, indem sie um das Vorgebirge des Berges Athos herumfahren wollten, aufgehalten wur-

bis auf d. Rückzug des Xerxes aus Griechenl. 99

den, entschloß er sich, die Erdenge, welche den Berg mit dem festen Lande verband, durchgraben zu lassen, und also seiner Flotte einen kürzern und sicherern Durchweg zu verschaffen. Dieser Kanal war über eine Stunde (1½ Engl. Meilen) lang, und durch einen hohlen Berg ausgehöhlt; unermeßliche Arbeit ward erfordert, ein so großes Werk zu Stande zu bringen; aber die Menge seiner Leute und sein Ehrgeiz waren hinreichend, alle Schwierigkeiten zu überwinden. Um das Unternehmen desto schneller zu betreiben, begegnete er seinen Arbeitern mit der größten Strenge, indem er zugleich mit aller Großprahlerey eines Asiatischen Monarchen, dem Berge Befehl gab, sich vor ihm zu demüthigen: **Athos, du stolzer, hochstrebender Berg, der du dein Haupt bis zum Himmel erhebst, sey nicht so verwegen, mir Hindernisse entgegen zu stellen. Wofern du das thust, werde ich dich dem Boden gleich machen, und dich der Länge lang in die See werfen.**

Nachdem er, um auf den allgemeinen Bestimmungsplatz zu marschiren, durch Kappadocien und über den Fluß Halys gegangen war, kam er nach **Kelänä**, einer Stadt in Phrygien, an der Quelle des Flusses **Mäander**. Hier traf er den **Pythias**, einen lydischen Fürsten, der sich durch seinen Geiz und seine Bedrückungen, nächst dem Xerxes, zu dem reichsten Manne im ganzen Persischen Reiche gemacht hatte. Seine Schätze waren indeß nicht hinreichend, seinen ältesten Sohn von Kriegsdiensten loszukaufen. Er bat den Xerxes aufs flehendste, ihm diese einzige Stütze seines hülflosen Alters nicht zu rauben, und hatte ihm schon vorher alles sein Geld dafür angeboten, welches sich etwa auf vier und zwanzig Millionen Thaler belief. Dies hatte Xerxes ausgeschlagen, und da er jetzt fand, daß der junge Prinz sehr dringend wünschte, bey seinem Vater zu bleiben, ward er so sehr aufgebracht, daß er ihn gleich vor seines Vaters Augen ums Leben bringen ließ. Hierauf ließ er den todten Körper mitten von einander hauen, den einen Theil desselben zur Rechten, den andern zur Linken legen, und so die ganze Armee zwischendurch marschieren, um sie durch dieses Beyspiel, von allem Widerstreben ihm zu folgen, abzuschrecken.

Aus Phrygien marschierte Xerxes nach Sardes, und von da mit Anfange des Frühjahrs bis an den Hellespont, wo seine Flotte in aller ihrer Pracht ausgebreitet lag, und seine Ankunft erwartete. Sobald er hier angekommen war, wünschte er einmal seine ganze Macht zu übersehen, eine Armee, dergleichen es weder vorher noch nachher gegeben hat. Sie bestand aus den mächtigsten Nationen des Orients, und aus Völkern, die der Nachwelt fast bloß dem Namen nach bekannt sind. Das fernste Indien, so wie die kältesten Steppen Scythiens hatten ihren Theil dazu hergeben müssen. Meder, Perser, Baktrianer, Indier, Assyrier, Hyrkanier, und hundert andre Völker, von verschiednen Gestalten, Farben, Sprachen, Kleidungen und Waffen. Die Landarmee, die er aus Asien mitgebracht hatte, bestand aus siebzehnmal hundert tausend Mann zu Fuß, und achtzig tausend Mann zu Pferde. Dreymal hundert tausend Mann, die noch dazu kamen, als er über den Hellespont gieng, machten dann mit den übrigen eine Landmacht aus, die über zwey Millionen stark war. Seine Flotte, als sie aus Asien unter Segel gieng, bestand aus zwölfhundert und sieben Schiffen, deren jedes zwey hundert Mann führte. Die Europäer vermehrten diese Flotte mit hundert und zwanzig Fahrzeugen, davon jedes zweyhundert Mann führte. Außer diesen waren noch tausend kleinere Schiffe bey der Flotte, welche zum Transport der Lebensmittel und andrer Kriegsbedürfnisse gebraucht werden sollten; die Leute, die sich auf diesen befanden, beliefen sich mit den vorigen auf sechsmal hundert tausend Mann, so daß die ganze Armee leicht auf drittehalb Millionen gerechnet werden konnte, die mit den Weibern, Sklaven und Marketendern, welche immer eine Persische Armee begleiteten, alles zusammen genommen, über fünf Millionen

Seelen betragen mogte: eine Anzahl, die wenn sie recht angeführt wurde, im Stande war, die größte Monarchie über den Haufen zu werfen, aber, von Vermessenheit und Unwissenheit angeführt, zu weiter nichts diente, als sich einander zu verwirren und im Wege zu stehen.*)

Herr über so viele und so mancherley Unterthanen, fand Xerxes ein Vergnügen daran, seine Truppen zu überschauen, und wünschte, ein Seetreffen zu sehen, welches er bisher noch nie gesehen hatte. Zu diesem Ende errichtete man auf einer Anhöhe einen Thron für ihn, und indem er also die ganze Erde mit seinen Truppen und die ganze See mit seinen Schiffen bedeckt sah, breitete eine innerliche Freude über das Bewußtseyn seiner unvergleichbaren Macht sich durch sein ganzes Wesen aus. Aber immer fiel dieser Monarch in seinen Gemüthsbewegungen von dem einen Aeußersten aufs andre; ein plötzlicher Anfall von Traurigkeit verdrängte bald dies Vergnügen; er vergoß einen Strom von Thränen, und überließ sich der Betrachtung, daß kein Einziger von so vielen Tausenden nach hundert Jahren noch leben würde.

Artabanus, der keine Gelegenheit versäumte, über jeden Vorfall zu moralisiren, nahm von diesem Gedanken des Königs Anlaß, ihn von der Kürze und dem Elend des menschlichen Lebens zu unterhalten. Als er sahe, daß diese entferntere Materie Aufmerksamkeit fand, kam er der eigentlichen Veranlassung näher, äusserte seine Zweifel über den guten Erfolg des Feldzuges, stellte die vielen Uebel und Unbequemlichkeiten vor, welche die Armee, wo nicht von dem Feinde, doch wenigstens von ihrer eignen Menge würde zu gewarten haben. Seuchen, Hungersnoth und Verwirrung, sagte er, seyen die nothwendigen Begleiter solcher ungeheuren unlenkbaren Landarmeen, und ein leerer Ruhm sey die einzige Belohnung des Sieges. Aber jetzt wars zu spät

*) Die Angabe der Zahl der Truppen und Schiffe des Xerxes ist bey den Schriftstellern sehr verschieden; ein Beweis, daß sie keine zuverläßigen Quellen hatten.

den jungen Monarchen von seinem Vorhaben abzubringen. Xerxes antwortete seinem Hofmeister, große Unternehmungen wären immer mit verhältnißmäßigen Gefahren verknüpft, und wenn seine Vorgänger nach solchen bedenklichen und furchtsamen Ueberlegungen hätten handeln wollen, so würde das Persische Reich nie den Gipfel seiner gegenwärtigen Größe und Herrlichkeit erreicht haben.

Xerxes hatte unterdeß Befehl gegeben, eine Schiffbrücke über den Hellespont anzulegen, um über dieselbe seine Armee nach Europa zu führen. Diese enge Straße, welche wir jetzt die Dardanellen nennen, ist etwas über eine halbe Stunde breit. Das Werk war aber kaum vollendet, als sich ein heftiger Sturm erhob, der alles zerbrach und zu Grunde richtete, so daß die ganze Arbeit wieder von neuem angefangen werden mußte. Die Wuth des Xerxes bey diesem Unfall war nicht größer, als die kindische Thorheit und Grausamkeit, die er zu gleicher Zeit bewies. Seine Rache kannte keine Gränzen; den Arbeitern, die das Werk unternommen hatten, wurden auf seinen Befehl die Köpfe heruntergeschlagen; und damit das Meer selbst künftig seine Pflicht beobachten mögte, ließ er es, als einen Verbrecher, mit Ruthen geißeln, und ein Paar Fesseln hineinwerfen, um aufs künftige seinen unruhigen Bewegungen Einhalt zu thun. *) Nachdem er also seinen ungereimten Zorn gekühlt, ließ er statt der vorigen Brücke zwo neue bauen, die eine zum Uebergange für die Armee, und die andre für die Bagage und Lastthiere. Die Arbeitsleute, durch das Schicksal ihrer Vorgänger gewarnt, bemühten sich jetzt, ihrer Arbeit mehr Stärke und Festigkeit zu geben: sie legten dreyhundert und sechzig Schiffe über die Meerenge, deren einige drey Ruder-

---

*) Sogern ich auch den morgenländischen Despoten alle nur mögliche Thorheiten zutraue, so scheint diese doch bloß einer Griechischen Spötterey ihr Daseyn zu verdanken. Einige setzen noch hinzu, daß Xerxes den Fluß mit einem glühenden Eisen habe brandmarken wollen.

bänke, und andre funfzig Ruder jedes hatten. Dann warfen sie zu beiden Seiten große Anker ins Meer aus, um diese Schiffe gegen die Gewalt der Winde und des Stroms festzuhalten. Ferner schlugen sie dicke Pfeiler in die Erde, mit großen starken Ringen versehen, an welche sechs ungeheure Tauen befestigt waren, die über jede der beiden Brücken hinausgiengen. Ueber alles dieses legten sie Baumstämme, welche eigentlich dazu gehauen waren, und über dieselben wieder flache fest zusammengebündne Böte, die dann einen festen, gleichsam mit Dielen ausgelegten Fußboden ausmachten. Als das ganze Werk also vollendet war, wurde ein gewisser Tag zum Uebergange bestimmt, und, sobald die ersten Strahlen der Sonne hervorzubrechen anfiengen, wurden Wohlgerüche von aller Art über das neue Werk verbreitet, und der Weg mit Myrrhen bestreuet. Zu gleicher Zeit goß Xerxes Trankopfer in die See, und betete, das Antlitz gegen Morgen gekehrt, das hellstrahlende Gestirn an, welches die Perser als den höchsten Gott verehrten. Hierauf warf er das Gefäß, worin seine Trankopfer gewesen, nebst einem goldenen Becher und Persischen Säbel in die See, setzte dann seinen Weg fort, und gab seiner Armee Befehl, ihm zu folgen. Dieser unabsehliche Zug brachte nicht weniger als sieben Tage und sieben Nächte hinter einander mit dem Uebergange zu, unterdeß immer die Anführer des Marsches die Truppen mit Prügeln antrieben; denn man behandelte die morgenländischen Soldaten damals, so wie noch heut zu Tage, nicht anders, wie Sklaven.

Nachdem dieses unermeßliche Heer in Europa gelandet war, und die verschiedenen Europäischen Nationen, welche die Persische Macht anerkannten, sich mit ihr vereinigt hatten, machte Xerxes Anstalt, gerades Wegs in Griechenland einzurücken. Außer den Generalen jeder Nation, deren jeder die besondern Truppen seines Landes anführte, wurde die Landarmee von sechs Persischen Generalen kommandirt, denen alle übrigen untergeordnet waren. Diese waren **Mardo-**

nius, Tritantächmes, Smerdomenes, Masistes, Gergis und Megabyzus. Zehn tausend Perser, die unsterbliche Schaar genannt, wurden von dem Hydarnes kommandirt. Die Reuterey und die Flotte hatten wieder ihre besondern Anführer. Ausser denen, welche dem Xerxes aus Grundsätzen anhiengen, gab es noch verschiedne Griechische Fürsten, die theils aus Interesse, theils aus Furcht ihn auf diesem Feldzuge begleiteten. Unter diesen befand sich Artemisia, Königinn von Halikarnaß, die nach dem Tode ihres Gemahls das Reich für ihren Sohn verwaltete. Sie brachte freylich nur die unbedeutende Beyhülfe von fünf Schiffen, ersetzte diesen Mangel aber reichlich durch ihre höhere Klugheit, Tapferkeit und Kriegskunst. Demaratus, der verbannte König der Spartaner, war auch einer von dieser Anzahl. Er hatte aus Unwillen über den Schimpf, den seine Unterthanen ihm angethan, seine Zuflucht an den Persischen Hof genommen, und da der ausschweifenden Ueppigkeit und sklavischen Unterwerfung bisher mit Unwillen zugesehen. Xerxes fragte ihn, eines Tages, ob er glaube, daß die Griechen Muth genug haben würden, seine Annäherung zu erwarten, und sich mit Heeren einzulassen, welche ganze Flüsse auf ihrem Marsch austränken. „Ach, großer König, erwiederte Demara„tus, Griechenland ist von Anbeginn zur Armuth ge„wöhnt; aber alle Mängel dieser Armuth werden ihnen „reichlich vergütet durch eine Tugend, welche durch „Weisheit ausgebildet, und durch Gesetze immer leben„dig erhalten wird. Was besonders die Lacedämo„nier betrifft, so sind sie in Freyheit aufgezogen, und „können sich unmöglich je erniedrigen, Sklaven zu „seyn. Sollten gleich alle übrigen Griechen sie verlas„sen, sollte auch nicht mehr ihrer übrig bleiben, als ein „Häuflein von tausend Mann, doch würden sie uner„schrocken jeder Gefahr entgegengehen, um das zu er„halten, was ihnen theurer ist, als das Leben selbst. „Sie haben Gesetze, denen sie mit unbedingterer Ehrfurcht

„gehorchen, als deine Unterthanen. Diese Geseze ver-
„bieten ihnen, im Treffen zu fliehen, und es bleibt ih-
„nen keine Wahl, als Sieg oder Tod."

Xerxes nahm diese Freymüthigkeit des **Demaratus** nicht übel auf, sondern lächelte über seine offne Ehrlichkeit, und gab seiner Armee Befehl, weiter vorzurücken. Zu gleicher Zeit mußte seine Flotte ihm längs
der Küste nachfolgen, und ihren Lauf nach seinen Bewegungen einrichten.

Auf diese Art setzte er seinen Marsch ohne Unter-
brechung fort, indem jede Nation, welcher er sich näherte, ihn mit allen Zeichen der Huldigung und Unterwerfung bewillkommnete. Wohin er nur kam, fand er
seinen Befehlen gemäß, Lebensmittel und Erfrischungen
bereit. Jede Stadt, wo er durchzog, erschöpfte sich,
ihn aufs prächtigste zu bewirthen. Der ungeheure Aufwand dieser Feste gab einem armen Thracier Gelegenheit
die Anmerkung zu machen, daß es eine besondre Gnade
der Götter sey, das Xerxes nicht mehr als eine Mahlzeit
täglich thun könnte. So setzte er seinen Marsch durch
Thracien, Macedonien und Thessalien fort, und jedes
Knie beugte sich vor ihm, bis er an den engen Paß
von **Thermopylä** kam, wo er zuerst eine Armee fand,
die sich gefaßt hielt, ihm den Durchgang streitig zu
machen.

Diese Armee war ein Korps Spartaner, unter der
Anführung ihres Königs **Leonidas**, welches dahin
geschickt war, sich ihnen zu widersetzen. So bald man
in Griechenland erfuhr, daß Xerxes sich rüste, ihr
Land anzugreifen, und daß eine Armee von Millionen
anrücke, mit dem festen Entschluß, sie zu Grunde zu
richten, ließ jeder Staat, nach Verhältniß seiner Stärke, Tapferkeit oder Lage, verschiedne Gesinnungen blicken. Die Sicilianer weigerten sich Hülfe zu schicken,
weil der Karthaginenser, **Amilkar**, sie in Furcht hielt.
Die **Korcyräer** gaben vor, der Wind sey ihnen zuwider, und kein Schiff dürfe aus ihrem Hafen auslaufen.
Die **Kretenser** fragten das Delphische Orakel um Rath,

und beschlossen darauf, durchaus neutral zu bleiben. Die Thessalier und Macedonier waren ihrer Lage wegen gezwungen, sich dem Eroberer zu unterwerfen, so daß kein Staat sich fand, welcher Muth genug gehabt hätte, dieser furchtbaren Armee die Spitze zubieten, außer Athen und Sparta. Diese hatten von den Absichten der Perser, lange vorher, ehe sie zur Ausführung kamen, durch den **Demaratus** Nachricht erhalten. Sie hatten auch Kundschafter nach **Sardes** geschickt, um von der Anzahl und Beschaffenheit der feindlichen Macht genauere Wissenschaft einzuziehen. Diese Spionen fielen den Persern in die Hände, aber **Xerxes** ließ sie durch sein Lager herumführen, und befahl ihnen, von allem, was sie gesehen, bey ihrer Rückkehr genauen Bericht abzustatten. Sie hatten Deputirte an alle benachbarte Staaten abgeschickt, ihren Muth aufzuwecken, sie von ihrer Gefahr zu belehren, und ihnen die dringende Nothwendigkeit vorzustellen, für die gemeinschaftliche Sicherheit und Freyheit zu kämpfen. Aber alle ihre Vorstellungen waren vergebens. Furcht, welche den Namen Klugheit annahm, brachte nichtsbedeutende Entschuldigungen vor, oder forderte Bedingungen, die sich gar nicht eingehen ließen. Sie entschlossen sich also, diese edelmüthigen Staaten, bloß auf ihre eigne Stärke sich verlassend, mit vereinigten Kräften der Gefahr entgegen zu gehen, und zu siegen, oder für die Sache der Freyheit zu fallen. Nachdem sie eine allgemeine Versammlung auf der Landenge von Korinth ausgeschrieben hatten, faßten sie daselbst feyerlich den Entschluß, alle Privatstreitigkeiten oder Ansprüche bey Seite zu setzen, und sich einmüthig gegen die gemeinschaftliche Gefahr zu verbinden.

Man kann nicht ohne Erstaunen an die Unerschrockenheit der Griechen denken, die den Entschluß fassen konnten, sich den unzählbaren Heeren des Xerxes mit so ungleichen Kräften entgegen zu stellen. Ihre ganze vereinigte Macht belief sich nur auf eilf tausend zwey hundert Mann. Aber sie waren alle Krieger, alle unter Beschwerden und Gefahren auferzogen, alle bis auf den letzten Mann entschlossen, zu siegen oder zu sterben. Ihre erste Sorge indeß war, einen General zu ernennen. Allein die fähigsten und erfahrensten Anführer, durch die Größe der Gefahr abgeschreckt, hatten den Entschluß gefaßt, sich nicht um diese Stelle zu bewerben. Epicydes, ein großer Redner, aber unwissender, habsüchtiger und vermessener Mann, erbot sich freylich, sie anzuführen; aber unter seinem Kommando konnte man nichts anders erwarten, als Verwirrung und gänzliches Mißlingen. Bey diesen dringenden Umständen also entschloß sich Themistokles, seiner Fähigkeit sich bewußt, und angefeuert von einer Ruhmbegierde, die nach Verhältniß der Gefahr groß war, alle mögliche Künste anzuwenden, um sich die Oberbefehlshaberstelle zu verschaffen. Zu diesem Ende gebrauchte er sein ganzes Ansehen, und sogar Bestechungen, um seinen Nebenbuhler zu unterdrücken, und nachdem er endlich die Habsucht des Epicydes, seine herrschende Leidenschaft, befriedigt hatte, erlangte er auch bald das höchste Kommando, den Lieblingsgegenstand seines Ehrgeizes.

Allein die Noth war so drückend, daß die Athenienser nicht umhin konnten, außerdem von Jedem, der ihnen nur irgend nützlich seyn konnte, Gebrauch zu machen, so sehr er übrigens ihren Unwillen verdient zu haben scheinen mogte. Es gab manche nützliche Bürger, die sie in partheysüchtiger Unzufriedenheit verbannt hatten, und diese wünschten sie jetzt, voll Reue über ihr Verfahren, wieder zurück. Unter diesen befand sich auch Aristides, jener tapfre, gerechte Mann, welcher in der Schlacht bey Marathon, und bey anderer Gelegenheit, so viel zu den erfochtenen Siegen beygetragen, und ihnen bey allen Gelegenheiten das lehrreichste, besserndste Beyspiel der Uneigennützigkeit und Redlichkeit gegeben hatte. Er hatte, als Magistratsperson, mit dem Themistokles, der an Ansehen und Ruhm sein Nebenbuhler war, und ihn immer zu stürzen suchte, einerley Streitigkeiten gehabt, und ward endlich durch die Gewalt seiner herrschenden Gegenparthey öffentlich zur Verbannung verurtheilt. Bey dieser Gelegenheit geschahs, daß ein Bauer, der nicht schreiben konnte, und den Aristides nicht persönlich kannte, sich an ihn selbst wandte, und ihn bat, den Namen des Aristides auf die Muschelschaale zu schreiben, mit welcher er seine Stimme gegen ihn geben wollte. „Hat er euch denn etwas „zu leide gethan, sagte Aristides, daß ihr ihn auf „diese Art verurtheilt zu sehen wünschet? Nein erwie„derte der Bauer, aber ich kanns nicht leiden, daß man „von seiner Gerechtigkeit so viel Rühmens macht." Aristides sagte kein Wort weiter, sondern nahm gelassen die Schaale hin, schrieb seinen Namen darauf, und wanderte geduldig und zufrieden ins Elend. Allein die gegenwärtige Noth seines Vaterlandes forderte jetzt seine Rückkehr aufs dringendste. Selbst Themistokles, sein Nebenbuhler, war so weit entfernt, seiner alten Zwistigkeiten zu gedenken, daß er vielmehr eifrigst den Beystand seines weisen Raths wünschte, und seine ganze Privatfeindschaft dem Wohl des Staats aufopferte. Der Haß dieser großen Männer hatte nichts von dem bittern, unversöhnlichen Geiste, welcher unter den Römern in den letzten Zeiten der Republik herrschend war; oder vielleicht war auch die verzweifelte Lage ihres Vaterlandes damals das einzige, was ihre Gedanken beschäfftigte.

Indeß waren die Zurüstungen zu Lande allein nicht hinreichend, die immer wachsende Gefahr abzutreiben. Hätten die Griechen sich bloß auf ihre Landarmeen, ohne weitere Unterstützung verlassen, so wären sie ohne Rettung verloren gewesen. Themistokles, welcher wohl einsahe, daß auf den Sieg bey Marathon noch erst viele andre folgen müßten, ehe man sich völlig für sicher halten könnte, hatte weislich hundert Galeeren bauen lassen, und richtete alle seine Gedanken darauf, Athen eine Uebermacht zur See zu geben. Das Orakel hatte einige Zeit vorher erklärt, daß Athen sich nur durch hölzerne

Mauern vertheidigen sollte, und er bediente sich dieser Zweydeutigkeit, seine Landsleute zu überreden, daß durch solche Mauern nichts anders als ihre Schiffe gemeynt wären. Er hatte die Geschicklichkeit, sich einiges Geld, daß jährlich aus den Silberbergwerken einkam, welche in dem Gebiete der Athenienser angelegt waren, zur Ausrüstung und Bemannung der Flotte zu verschaffen; und jetzt, da Xerxes mit seiner Macht nahe war, befanden sich die Verbündeten an der Spitze eines sehr mächtigen Geschwaders von zwey hundert und achtzig Segeln.*), dessen Kommando dem **Eurybiades**, einem Lacedämonier, anvertrauet wurde. Als die Nachricht nach **Athen** kam, die Perser wären im Begriff, Griechenland anzugreifen, und führten deswegen ihre Truppen zur See über, gab **Themistokles** seinen Landsleuten den Rath, sie sollten ihre Stadt verlassen, sich an Bord ihrer Galeeren begeben, und ihren Feinden begegnen, während daß sie noch in einiger Entfernung wären. Aber niemand wollte folgen. Er stellte sich daher selbst an die Spitze ihrer Armee.

Nachdem also alle Maaßregeln, welche diese edle Bundsgenossen nur ersinnen konnten, genommen waren, mußte nun ausgemacht werden, wo sie zuerst den Persern im Felde die Spitze bieten sollten, um ihnen den Eingang in Griechenland streitig zu machen. Die Thessalier stellten vor, da sie am meisten entblößt, und den ersten Angriffen des Feindes ausgesetzt wären, so sey es nicht mehr als billig, daß man ihre Sicherheit zum ersten Gegenstande der Aufmerksamkeit mache. Die Griechen, willig Alles zu schützen, was gemeine Sache mit ihnen machte, entschlossen sich, dieser Bitte zufolge, ihre Hauptmacht abzuschicken, um den Durchgang, welcher Thessalien von Macedonien absondert, nahe an dem Flusse **Peneus**, zu vertheidigen. Allein **Alexander**, des **Amyntas** Sohn, zeigte, daß dieser Posten gar nicht zu behaupten sey; sie sahen sich also genöthigt

*) 271 giebt Herodotus 8, 2. an. Die Athenienser hatten in der Folge allein 180 Schiffe. Ebend. K. 45.

ihre Maaßnehmungen zu ändern, und faßten endlich den Entschluß, ein Korps zu Besetzung des engen Passes Thermopylä abzuschicken, wo eine kleine Anzahl von Menschen gegen eine große Armee zu fechten im Stande war.

Dieser enge Paß, zwischen Thessalien und Phocis gelegen, war nur fünf und zwanzig Fuß breit, und durch die Ueberbleibsel einer Mauer, mit Thoren versehen, geschützt, welche ehemals die Phocenser erbaut hatten, um sich gegen die Einfälle ihres benachbarten Feindes zu schützen. Von diesen Thoren und einigen warmen Bädern, die sich am Eingange des Passes befanden, hatte er seinen Namen Thermopylä. Diesen Ort wählte man, theils wegen der Enge des Durchganges, theils wegen seiner Nähe an der See, durch welche die Landtruppen gelegentlich Hülfe von der Flotte erhalten konnten. Das Kommando über diesen wichtigen Paß ward dem Leonidas, einem der Könige von Sparta, übergeben, welcher ein Korps von sechstausend Mann dahin führte. Unter diesen waren nur dreyhundert Spartaner, die übrigen bestanden aus Böotiern, Korinthiern, Phocensern und Arkadiern, alles Leuten, die in der gegenwärtigen Noth zum Kampf bereit waren, und sich vor der unermeßlichen Zahl der Feinde nicht fürchteten. Jedes dieser Völker hatte seine besondern Anführer, aber Leonidas hatte das Kommando über das Ganze. Ungeachtet aber die feste Entschlossenheit dieser Truppen unerschüttterlich war, so ließ sich doch wenig von der Art ihrer Bestimmung erwarten. Sie wußten alle, daß sie sich nicht anders, als eine verlorne Schildwache ansehen könnten, die bloß dahin gestellt sey, um dem Fortgange des Feindes Einhalt zu thun, und ihm von der verzweifelten Tapferkeit der Griechen einigen Vorschmack zu geben; selbst an den Orakeln fehlte es nicht, die ihnen den Muth hätten benehmen können. Zu Delphi hatte man erklärt, daß, um Griechenland vor dem Untergange zu bewahren, nothwendig ein König, der ein Nachkomme des Herkules sey, sein Leben lassen müsse. Leonidas übernahm diesen Auftrag mit Freuden; und als er aus Lacedämon ausmarschirte, betrachtete er sich als ein freywilliges Opfer für das Wohl seines Vaterlandes. Frohlockend stellte er sich an die Spitze seiner kleinen Schaar, nahm seinen Posten in Besitz, und erwartete zu Thermopylä mit überlegter Verzweiflung die Ankunft der Persischen Armee.

Xerxes rückte unterdeß mit seiner ungeheuren Armee immer näher, aufgeblasen über sein bisheriges Glück, und seines künftigen Sieges gewiß. Sein Lager prangte mit allen Merkmalen morgenländischer Pracht, und Asiatischer Ueppigkeit. Er konnte sich nichts weniger vermuthen, als ein Hinderniß auf seinem Wege nach Griechenland zu finden; er führte seine Truppen hin, mehr um den Feind durch Schrecken zu verjagen, als durch Gewalt der Waffen zu überwinden; groß also war sein Erstaunen, als er fand, daß eine Handvoll verzweifelter Leute entschlossen sey, ihm den Durchgang streitig zu machen. Er hatte sich bisher immer noch geschmeichelt, daß die Griechen, so bald sie nur seine Ankunft hörten, die Flucht ergreifen würden, und könnte sich nie bereden lassen, zu glauben, was Dematatus ihm versichert hatte, daß bey dem ersten Paß, wohin er käme, seine ganze Armee würde aufgehalten werden. Er nahm selbst ihr Lager und ihre Verschanzungen in Augenschein. Einige der Lacedämonier vertrieben sich ganz vergnügt die Zeit mit kriegerischen Uebungen, andere kämmten ihr langes Haar. Er fragte nach der Ursache dieses Betragens, und man sagte ihm, daß dies die Spartanische Art sey, sich zum Treffen anzuschicken. Indeß ließ er doch die Hoffnung, daß sie von selbst die Flucht ergreifen würden, noch nicht fahren, und wartete daher vier Tage, um ihnen Zeit zu lassen, über die Größe ihrer Gefahr nachzudenken; allein sie blieben immer fröhlich und unbekümmert; als Leute, die den Tod wie das Ende eines beschwerlichen Lebens ansehen. Er ließ sie auffordern, ihre Waffen auszuliefern. **Leonidas** ließ ihm mit wahrer Spartanischer Verachtung zurücksagen, **er solle kommen, und sie holen.** Er erbot sich, wenn sie ihre Waffen niederlegen wollten, sie als Freunde aufzunehmen, und ihnen ein Land zu geben, welches viel größer und besser seyn sollte, als das, wofür sie kämpften. Kein Land, erwiederten sie, sey Annehmens werth, wofern es nicht durch Tapferkeit erworben worden; und was ihre Waffen anbeträfe, so könnten sie derselben nie, sie mögten seine Freunde oder Feinde seyn, entbehren. Hierauf wandte sich der Monarch an den **Demaratus,** und fragte ihn, ob diese verzweifelten Leute sich etwa einbildeten schneller laufen zu können, als seine Pferde? Nein, erwiederte **Demaratus,** aber sie werden bis auf den letzten Blutstropfen fechten, und keiner von ihnen wird seines Vaterlandes Freyheit überleben wollen. Einige sagten, der Perser sey eine solche Menge, daß ihre Pfeile die Sonne verfinstern würden. „Gut, erwiederte **Dieneces,** ein Spartaner, so werden wir „im Schatten fechten."

Xerxes, der sich also mit Verachtung abgewiesen sah, gab endlich einem Korps Meder Befehl, anzurücken, und ermahnte alle diejenigen, welche Verwandte in der Schlacht bey **Marathon** verloren, sich bey dieser Gelegenheit zu rächen. Sie thaten also den Angriff, wurden aber mit großem Verlust zurückgeschlagen. Ihre Menge vermehrte nur die Verwirrung, und es zeigte sich jetzt, daß **Xerxes** viel Begleiter, aber wenig Krieger habe. Nachdem also die Truppen von den Griechen in die Flucht geschlagen waren, mußte die unsterbliche Schaar der Perser, die aus zehntausend Mann bestand, den Angriff thun. Aber diese waren nicht glücklicher, als die vorigen. Den folgenden Tag ward der Angriff erneuert, und **Xerxes** gab sich alle Mühe, durch die herrlichsten Versprechungen seinen Truppen Muth zu machen, weil er fand, daß sie gegen alles Gefühl von Schande unempfindlich waren. Aber so heftig auch ihr Angriff war, so hielten sie doch nicht aus;

die Griechen, welche in einem Haufen enge zusammengedrängt standen, hielten den Stoß aus, und füllten den Weg mit Persischen Leichnamen. Xerxes war selbst ein Zuschauer dieser unglücklichen Bemühungen; er saß auf seinem Throne, der auf einer Anhöhe stand, dirigirte von da aus die Ordnung des Treffens, ungestüm in seinem Stolze und seinem Unwillen, und sprang oft auf, wenn er seine Truppen in Verwirrung oder im Begriff sah, die Flucht zu ergreifen.

So hielten die Griechen sich zween Tage lang, und keine Gewalt auf Erden schien im Stande zu seyn, sie aus ihrem vortheilhaften Posten zu vertreiben. Xerxes, der jetzt alle Hoffnung aufgab, sich mit Gewalt den Durchgang zu öffnen, war in der äußersten Bestürzung; aber die Ankunft des Epialtes, *) eines von den Griechen zu ihm übergelaufenen Trachiniers, half ihm bald aus seiner Verlegenheit. Dieser versprach ihm, seinen Truppen einen geheimen Weg durch die Defileen der Berge zu zeigen, durch welche ein Korps Truppen herumziehen und den Griechen in den Rücken fallen könnte. Er schickte also eilends zwanzig tausend Mann dahin ab, welche die ganze Nacht durch marschierten, mit Anbruch des Tages auf der Spitze des Berges anlangten, und diesen vortheilhaften Posten in Besitz nahmen.

Die Griechen wurden bald diesen unglücklichen Vorfall inne, und als Leonidas sah, daß er nicht im Stande sey, seinen Posten länger zu behaupten, gab er den Truppen seiner Bundsgenossen den Rath, sich zu entfernen, und sich für bessere Zeiten und die künftige Sicherheit Griechenlands aufzubewahren; was ihn selbst und seine Spartanischen Mitbürger anbeträfe, so wär es ihnen nach ihren Gesetzen nicht erlaubt, zu fliehen; er sey seinem Vaterlande sein Leben schuldig, und es sey jetzt seine Pflicht, für dessen Vertheidigung sich aufzuopfern. Nachdem er also alle übrigen, seine dreyhundert Spar-

*) So sprach der Jonier Herodotus den Namen aus, andere Ephialtes. Larcher über Her. T. V. p. 398.

taner nebst einigen Thespiern und Thebanern,*) welche zusammen nicht volle tausend Mann ausmachten, ausgenommen, entlassen hatte, ermahnt: er seine Gefährten auf die fröhlichste Art, sich zum Tode zu bereiten. **Kommt, meine Kameraden, sprach er, laßt uns hier noch ein fröhliches Mittagsmahl einnehmen, denn diesen Abend speisen wir beym Pluto.** Seine Leute, als sie seinen festen Entschluß hörten, erhuben ein lautes Freudengeschrey, als ob sie zu einem Schmause eingeladen worden, und entschlossen sich, Jeder sein Leben so theuer zu verkaufen, als er nur könnte. Die Nacht nahte nun heran, und dies hielten sie für die rühmlichste Gelegenheit, den Tod in des Feindes Lager aufzusuchen, wo die Stille ihre verzweifelte Wuth begünstigen, und ihre geringe Anzahl verbergen würde. Also entschlossen, eilten sie gerades Wegs ins Persische Lager, und hatten, in der Finsterniß der Nacht, beynahe schon das königliche Gezelt erreicht, in Hoffnung den König selbst zu überfallen. Die Dunkelheit trug nicht wenig bey, das Schrecken dieser Scene zu vermehren, und die Perser die ohne Unterschied über einander herfielen, leisteten mehr den Griechen, als sich selbst, Beystand. So schien der glücklichste Erfolg ihr verwegnes Unternehmen zu krönen, bis endlich der Morgen anbrach, und das Tageslicht ihre geringe Anzahl offenbarte. Sie wurden bald von der Menge der Perser umringt, die es aber doch nicht wagten, sie anzugreifen, sondern nur von allen Seiten ihre Wurfspieße auf sie abschossen, bis endlich die Griechen, nicht so sehr besiegt, als vom Siegen entkräftet, zwischen Haufen erschlagener Feinde erlagen, und der Welt ein Muster von Unerschrockenheit hinterließen, dergleichen man noch nie gesehen hatte. **Leonidas** war einer von den ersten, welche fielen, und die Bemühungen der Lacedämonier, seinen todten Leichnam zu schützen, waren

---

*) Nach andern 700 Thespier, 400 Thebaner, die aber in der Folge zum Feind übergiengen, und 300 Spartaner.

unglaublich. Man fand ihn nach dem Treffen unter einem Haufen von Todten begraben, und der unmenschliche Sieger ließ ihn, mehr sich selbst als dem Helden zum Schimpf, ans Kreuz schlagen. Von der ganzen Schaar entwischten nur zween, Aristodemus und Pantites. Der letztere wurde, bey seiner Rückkehr nach Sparta mit Schande gebrandmarkt, und man begegnete ihm mit solcher Verachtung, daß er sich selbst ums Leben brachte. Aristodemus aber bewahrte sich für eine andre Gelegenheit auf, und erlangte durch seine Tapferkeit in der Schlacht bey Platäa die verlorne Ehre wieder. Einige Zeit nach diesem glorreichen Freyheitskampf ließen die Amphiktyonen an dem Orte, wo diese edlen Vertheidiger ihres Vaterlandes gefallen waren, ein prächtiges Denkmal errichten, und der Dichter Simonides machte ihnen die Grabschrift.

Xerxes soll in diesem Treffen zwanzig tausend Mann, unter denen sich zween seiner Brüder befunden, verlohren haben. Um aber die Größe seines Verlusts vor der Armee zu verhehlen, ließ er Alle, tausend der Erschlagenen ausgenommen, ohne Unterschied in großen Gruben verscharren. Indeß hatte diese List einen schlechten Erfolg; denn als die Soldaten auf seiner Flotte einige Zeit nachher neugierig waren, das Schlachtfeld zu besehen, entdeckten sie den Kunstgriff, und machten ihm daraus den Vorwurf einer himelschreyenden Gottlosigkeit.

Abgeschreckt durch eine Hartnäckigkeit des Feindes, die ihm so theuer zu stehen kam, war Xerxes eine Zeitlang geneigter, sein Glück zur See zu versuchen, als unmittelbar weiter ins Land fortzurücken, wo acht tausend Spartaner, wie er vom Demaratus erfahren hatte, eben solche Leute, als die mit denen er eben gefochten hatte, bereit waren, ihn zu empfangen. Dem zufolge wurde gleich den Tag nach der Schlacht bey Thermopylä zwischen beiden Flotten ein Seetreffen geliefert. Die Griechische Flotte bestand aus zwey hundert und ein und siebzig Schiffen. Die feindliche hatte vor kurzem vier hundert Schiffe durch Schiffbruch verloren, war aber dem ungeachtet der Griechischen Flotte noch weit an Anzahl überlegen. Um diesen Verlust durch einen Sieg zu ersetzen, hatten zwey hundert Persische Schiffe Befehl, einen Umweg zu nehmen, und die Griechen, welche in der Enge von **Euböa** lagen, zu überfallen; allein die Griechen, welche von dem Vorhaben Nachricht erhielten, seegelten bey Nacht ab, stießen also durch einen Gegenüberfall auf sie, indem sie von ihrem Hauptgeschwader getrennt waren, eroberten und versenkten ihrer dreyßig, und zwangen die übrigen, die hohe See zu suchen, wo sie bald nachher alle durch Sturm theils untergiengen, theils strandeten. Voller Wuth über diese vereitelten Entwürfe, kamen die Perser den folgenden Tag mit ihrer ganzen Flotte zum Vorschein; sie hatten sich in Gestalt eines halben Mondes gestellt, und forderten die Griechen zum Treffen heraus, welches diese bereitwillig annahmen. Die Athenienser ließen sich durch drey und funfzig Seegel verstärken, worauf das Treffen sehr hartnäckig und blutig, und das Glück auf beiden Seiten fast gleich war, so daß beide Partheyen zufrieden schienen, sich in guter Ordnung zurück zu ziehen.

Alle diese Begebenheiten, die bey dem Vorgebirge **Artemisium** vorfielen, wiewohl sie damals nichts entschieden, trugen doch nicht wenig dazu bey, den Muth der Athenienser anzufeuern, denn sie hatten jetzt einsehen gelernt, daß weder die große Anzahl der Persischen Schiffe furchtbar, noch ihre Größe von Nutzen sey. Gestärkt also durch die Hoffnung auf glänzendere Thaten, verließen sie **Artemisium** und nahmen ihren Stand bey **Salamis**, wo sie der Stadt **Athen** am bequemsten Beystand leisten konnten.

Unterdessen drang **Xerxes** mit seiner ungeheuren Armee in das Land **Phocis**, verbrannte und plünderte jede Stadt, wohin er kam. Die Bewohner des Peloponnesus, welche von Natur durch ihre unzugängliche Lage vertheidigt wurden, indem ihr Land nur durch eine schmale Erdzunge mit dem festen Lande verbunden war, hielten es fürs Klügste, den Isthmus durch eine Mauer zu vertheidigen, hinter dieser Verschanzung Schutz zu suchen, und die übrigen Griechen der Willkühr des Siegers zu überlassen. Die Athenienser indeß, deren Land außerhalb des Isthmus lag, thaten die stärksten Vorstellungen gegen diesen Abfall von der gemeinen Sache, und bemühten sich, die Griechen zu überreden, daß sie dem Feinde im freyen Felde die Spitze bieten mögten. Allein die Klugheit behielt die Oberhand, und Themistokles stellte ihnen vor, daß sie, wenn gleich ihr Land auf eine Zeitlang von den Barbaren überschwemmt würde, doch noch ihre hölzernen Mauern hätten, auf die sie sich verlassen könnten, denn ihre Flotte sey bereit, sie nach irgend einer von ihren Niederlassungen zu bringen, wohin sie Lust hätten. Anfänglich war ihnen dieser Rath so verhaßt, als sichs nur denken läßt. Das Volk hielt sich für unvermeidlich verloren, wenn es erst einmal die Tempel seiner Götter und die Gräber seiner Vorfahren verlassen hätte. Aber Themistokles gebrauchte seine ganze Beredsamkeit und Kunst, ihre Leidenschaften ins Spiel zu ziehen; er stellte ihnen vor, daß weder die Mauern, noch die Häuser, sondern die Bürger Athen ausmachten, und daß die Rettung dieser die wahre Rettung des Staats sey. Es ergieng also die Verordnung, daß Athen auf eine Zeitlang dem Schutz der Götter anvertraut, und alle seine Einwohner, Freye und Sklaven, auf die Flotte eingeschifft werden sollten. Als sie sich zu dieser ungewöhnlichen Einschiffung vorzubereiten anfiengen, nahmen sie zu dem Gerichtshof des Areopagus ihre Zuflucht, der, aus uns unbekannten Fonds, jedem der an Bord gieng, acht Drachmen (1 thlr. 18 gr.) ertheile. Bey dieser traurigen Auswanderung sah man den Cimon, der damals noch ein Jüngling war, die Bürger durch seine Reden und sein Beyspiel aufmuntern. Er trug selbst einen Theil der Geräthschaften seines Hauses in den Tempel der Minerva, und brachte sie, als eine jetzt unnütze Sache, der Göttin zum Opfer dar, dann eilte er an die Küste, und war der erste, der fröhlich an Borb stieg. Als der übrige Theil der Stadt ihm nachfolgte, preßte ein so rührender und melancholischer Anblick selbst den allerhärtesten Menschen Thränen aus. Ein tapfres, edles, aufgeklärtes und altes Volk, jetzt gezwungen, seine väterlichen Wohnungen zu fliehen, sich allen Schicksalen und Gefahren zur See zu überlassen, fremde Staaten um Zuflucht anzuflehen, und sein mütterliches Land dem Verwüster hinzugeben, war ein höchst bewegliches Schauspiel. Indeß verdiente die Standhaftigkeit und der Muth Einiger, und die fromme Gelassenheit Andrer die größte Bewunderung. Was jung und muthig war, seegelte nach Salamis, die Alten, die Weiber und Kinder aber nahmen ihre Zuflucht nach der Stadt Trözene, deren Einwohner ihnen edelmüthig eine Freystätte angeboten hatten. Sie wiesen ihnen sogar ihren Unterhalt auf Kosten des gemeinen Wesens an, erlaubten ihren Kindern Früchte zu sammlen, wo es ihnen beliebte, und bestellten Lehrer, sie zu unterrichten. Was aber bey dieser allgemeinen Auswanderung das Mitleiden Aller im höchsten Grade rege machte, waren die vielen Greise, die sie wegen ihres Alters und ihrer Schwachheiten in der Stadt zurückzulassen sich genöthigt sahen. Viele blieben auch freywillig zurück, indem sie glaubten, daß die Citadelle, die sie mit hölzernen Schanzen befestigt hatten, der Ort sey, welchen das Orakel der Stadt zur allgemeinen Sicherheit angewiesen. Um diese Scene von allgemeinem Jammer noch rührender zu machen, sah man die Matronen mit zärtlicher Liebe an den Oertern festhangen, wo sie so lange gewohnt hatten, die Weiber erfüllten die Gassen mit lautem Wehklagen, und selbst die armen Hausthiere schienen an der allgemeinen Betrübniß Theil zu nehmen. Es war unmöglich, diese armen Geschöpfe, wie sie ihren alten Herrn, indem sie zu Schiffe stiegen, nachliefen und nachheulten, ohne Rührung anzusehen. Darunter hat man die vorzügliche Treue eines Hundes aufbewahrt, welcher seinem Herrn nach in die See sprang, und so nahe er konnte, dem Schiffe nachschwamm, bis er zu Salamis ans Ufer kam, wo er den Augenblick darauf verschied. Die wenigen zurückbleibenden Einwohner zogen sich in die Citadelle, welche sie, nach dem wörtlichen Sinne des Orakels, so gut befestigten, als sie nur konnten, und wo sie geduldig die Annäherung des Feindes erwarteten.

Unterdeß Xerxes seinen Marsch fortsetzte, sagte man ihm, daß die Griechen beschäfftigt wären, den Spielen und Kämpfen, welche damals zu Olympia gefeyert wurden, zuzusehen. Nicht ohne Unwillen hörte er, daß seine Macht so wenig im Stande sey, seine Feinde zu schrecken, oder ihre Zeitvertreibe zu unterbrechen. Nachdem er ein ansehnliches Detaschement seiner Armee abgeschickt, den Tempel zu Delphi zu plündern, rückte er mit den übrigen in Attika ein, wo er Athen gänzlich verlassen fand, die Wenigen in der Citadelle ausgenommen. Diese Leute, welche keine Hülfe hoffen konnten, und den Untergang ihres Vaterlandes nicht überleben wollten, verwarfen alle Vorschläge zum Vergleich; sie thaten dem ersten Angriffe kühnen Widerstand, und hofften schon, durch Religionsenthusiasmus belebt, einen glücklichen Ausgang. Allein ein zweyter Angriff zerstörte ihre schwachen Verschanzungen, sie wurden insgesammt niedergehauen, und die Citadelle in die Asche gelegt. Aufgeblasen über dieses Glück, sandte Xerxes alsobald einen Boten mit der Nachricht seiner Siege nach Susa, und gab ihm zugleich eine Menge von Gemälden und Statuen mit, unter denen sich auch die des Harmodius und Aristogiton befanden.

Während dessen beriefen die verbundenen Griechen einen Kriegsrath zusammen, um sich über die sichersten Mittel und den beßten Ort zu berathschlagen, wo man dieser barbarischen Ueberschwemmung Einhalt thun könnte. Die Operationen zu Lande betreffend, war der allgemeine Entschluß, den Isthmus durch eine Mauer zu vertheidigen, und dem Kleombrotus, des Leonidas Bruder, ward das Kommando über diesen Posten aufgetragen; was aber die Seeoperationen anbetraf, so war man darüber nicht so allgemein einer Meynung. Eurybiades, der Spartaner, welcher die Flotte kommandirte, wollte, daß sie sich nahe am Isthmus hielte, damit sie mit der Landarmee gemeinschaftlich agiren könne; aber Themistokles war ganz andrer Meynung, und behauptete, es würde der offenbarste Fehler seyn, einen so vortheilhaften Posten, als der bey Salamis war, wo sie jetzt stand, zu verlassen. Sie wären jetzt, sagte er, im Besitz der Engen des Meers, wo die große Menge der Feinde diesen nie etwas helfen könne; die einzige Hoffnung, die jetzt den Atheniensern übrig bleibe, sey ihre Flotte; und diese dürfe also nicht durch unwissenden Eigensinn dem Feinde Preis gegeben werden. Eurybiades, welcher glaubte, daß das letztere auf ihn ziele, und sich dadurch beleidigt fand, konnte seinen Unwillen nicht zurückhalten, und wollte den Themistokles wegen seiner Verwegenheit schlagen. **Schlag mich**, rief der Athenienser, **schlag mich, aber höre mich nur.** Seine Mäßigung und seine Gründe behielten endlich die Oberhand, die beiden Generale versöhnten sich, und das Resultat der Berathschlagung war, daß man sich anschicken wollte, die Perser zu Lande auf dem Isthmus, und zur See in den Engen von Salamis zu empfangen.

Unterdessen rückte Xerxes, nachdem er Athen zerstört und verbrannt hatte, gegen die Seeküste an, um in Verbindung mit seiner Flotte zu agiren, welche noch einmal den Feind angreifen sollte. Dies war es, was Themistokles in seiner jetzigen Lage am eifrigsten wünschte, aber er besorgte, daß seine Bundsgenossen nicht Muth haben würden, sich in ein Treffen einzulassen. Ihre Gedanken giengen noch immer dahin, nach dem Isthmus zu seegeln, und dort ihrer Armee im Fall der Noth beyzustehen. Themistokles sah sich also bey diesen dringenden Umständen genöthigt, zu einer von den Kriegslisten seine Zuflucht zu nehmen, die nur ein höheres Genie erfinden kann. Er ließ insgeheim dem

Xerxes die Nachricht bringen, daß die verbundnen Griechen zu Salamis jetzt Anstalten zur Flucht machten, und daß es ein Leichtes seyn würde, sie anzugreifen und zu Grunde zu richten. Diese Nachricht hatte den gewünschten Erfolg. Xerxes gab seiner Flotte Befehl, Salamis bey Nacht zu umringen, um die Flucht, welche er so sehr befürchtete, zu verhindern.

Auf solche Art also war die Griechische Flotte eingesperrt, und es blieb ihr kein anderes Mittel sich zu retten, als Unerschrockenheit und Sieg. Selbst Themistokles kannte die Lage seiner eignen und der feindlichen Macht nicht, alle enge Straßen waren gesperrt, und das übrige der Persischen Flotte ward herbey geholt, um jeden Ausweg unmöglich zu machen. In dieser Noth entschloß sich Aristides, in dessen Herzen die Liebe für sein Vaterland immer mächtiger war, als jede Privatrache, Alles zu wagen, um den Themistokles von seiner Lage und seiner Gefahr zu benachrichtigen. Er war damals zu Aegina, wo er einige Truppen unter seinem Kommando hatte, und wagte sich mit größter Gefahr, auf einem kleinen Kahn, bey Nacht durch die ganze feindliche Flotte. So bald er angelandet war, eilte er zum Zelt des Themistokles, und redete ihn folgender Gestalt an: „Wenn wir weise sind, Themisto-
„kles, so werden wir hinführo jene unnützen und kindi-
„schen Zwistigkeiten, die uns bisher getrennt haben, bey
„Seite setzen. Nur Ein Streit, Eine edle Nacheife-
„rung bleibe uns jetzt übrig, wer von uns nehmlich dem
„Vaterlande die besten Dienste leisten werde. Dein
„ists jetzt, als General zu befehlen, mein, als Unter-
„than zu gehorchen, und glücklich werde ich mich schätzen,
„wenn mein Rath irgend etwas zu deinem und meines
„Vaterlandes Ruhme beytragen kann." Hierauf benachrichtigte er ihn von der wahren Lage seiner Flotte, und ermahnte ihn aufs bringendste, ohne Verzug ein Treffen zu liefern. Themistokles fühlte sich ganz von der edlen Dankbarkeit durchdrungen, die ein so uneigennütziges Betragen forderte, und begierig seine Freund-

schaft mit gleichem Edelmuth zu erwiedern, offenbarte er ihm alle seine Entwürfe und Absichten, vornehmlich diese letztere, daß er sich also hatte umringen lassen. Hierauf bedienten sie sich ihres verbundnen Ansehns bey den übrigen Generalen, sie zum Treffen zu bereden, und beide Flotten schickten sich also zum Gefechte an.

Die Griechische Flotte bestand aus dreyhundert und achtzig Schiffen; die Persische aber war viel zahlreicher. Aber so sehr diese auch jenen an Menge und Größe der Schiffe überlegen waren, so blieben sie doch an Geschicklichkeit mit den Schiffen umzugehen und an Bekanntschaft mit der See, wo sie fochten, unendlich hinter ihnen zurück. Den größten Vorzug aber hatten die Griechen durch ihren Anführer. Eurybiades hatte dem Namen nach das Kommando über die Flotte, Themistokles aber lenkte in der That alle ihre Operationen. Nichts entwischte seiner Wachsamkeit, und er wußte jeden Umstand zum größten Vortheil zu benutzen. Er verschob also den Angriff, bis ein gewisser Wind, welcher um diese Jahrszeit periodisch war, und von welchem er wußte, daß er den Seinigen vortheilhaft seyn würde, zu wehen anhub. Sobald dies geschah, gab er das Zeichen zum Treffen, und die Griechische Flotte seegelte in genauester Ordnung auf ihn los.

Xerxes, der sein voriges Unglück zur See seiner eignen Abwesenheit beymaß, entschloß sich, jetzt selbst von dem Gipfel eines Vorgebürges, wo er zu dem Ende einen Thron errichten ließ, einen Zuschauer dieses Treffens abzugeben. Dies trug einigermaßen dazu bey, seinen Truppen mehr Muth einzuflößen, denn da sie wußten, daß ihr König sie beobachte, entschloßen sie sich, seinen Beyfall zu verdienen. Die Perser fiengen also das Treffen mit einem Muth und Ungestüm an, der die Griechen in Schrecken setzte, aber ihre Hitze ließ nach, so bald sie näher an einander kamen. Die vielen Nachtheile ihrer Umstände und ihrer Lage fiengen jetzt erst an sichtbar zu werden. Der Wind blies ihnen gerade ins Gesicht; die Höhe und Schwere ihrer Schiffe machte sie unlenk-

bis auf d. Rückzug des Xerxes aus Griechenl. 123

sam und unbrauchbar, selbst die Menge derselben in der engen Bey, wo sie fochten, diente nur sich unter einander selbst zu hindern, und ihre Verwirrung zu vermehren. Die Jonier, welche Themistokles durch Worte, die er auf die Felsen längs ihrer Küste eingraben lassen, *) ermuntert hatte, sich ihrer Abstammung zu erinnern, waren die ersten, welche die Flucht ergriffen. An dem andern Flügel war der Sieg eine Zeitlang zweifelhaft, bis endlich die Phönicier und Cyprier an den Strand getrieben wurden, worauf die Uebrigen sich in großer Unordnung zurückzogen und sich selbst zu Grunde richteten. Bey dieser allgemeinen Flucht schien Artemisia allein den Fortgang des Sieges aufzuhalten, und bewies an der Spitze ihrer fünf Schiffe einen unglaublichen Heldenmuth. Xerxes, der ein Zuschauer ihres Betragens war, konnte sich nicht enthalten auszurufen, seine Soldaten betrügen sich wie Weiber, und die Weiber wie Soldaten. Da diese Königinn, wegen ihrer außerordentlichen Tapferkeit, den Atheniensern vielen Schaden gethan, so hatte man einen Preis auf ihren Kopf gesetzt. Sie wußte dies, und als sie daher schon beynahe in ihren Händen war, stellte sie sich durch einen glücklichen Einfall, als ob sie von ihrer eignen Parthey abfiele, und eins der Persischen Schiffe anfallen wolle; die Griechen, welche hieraus schlossen, daß sie entweder zu ihnen gehöre, oder von den Ihrigen abgefallen sey, ließen sie glücklich entwischen. Unterdessen verfolgten die Verbündeten die Persische Flotte von allen Seiten. Einige Schiffe wurden in den Meerengen von Attika aufgefangen, andre versenkt, und noch mehrere gefangen genommen. Ueber zweyhundert wurden verbrannt, alle übrigen zerstreut, und die Bundsgenossen, welche sich vor den Zorn der Griechen sowohl, als des Persischen Königs fochten, eilten, so schnell sie nur konnten, nach Hause.

Dies war der Erfolg des Seetreffens bey Salamis, in welchem die Perser einen härtern Stoß beka-

*) Auf die Felsen bey Artemisium waren die Worte, die Herod. 8, 22. anführt, eingegraben.

Sechster Abſch. Vom Tode des Miltiades

men, als ihnen bisher noch je von den Griechen verſetzt worden war. Themiſtokles war, oder ſtellte ſich in einer geheimen Unterredung mit dem Ariſtides ſo aufgeblaſen, daß er vorſchlug, die Brücke, über welche Xerxes in Europa eingezogen war, abzubrechen. Ob es dem Themiſtokles mit dieſem Vorſchlage wirklich Ernſt geweſen, läßt ſich nicht entſcheiden, aber Ariſtides that Alles, was in ſeinem Vermögen ſtand, ſeinen Amtsgenoſſen von einem ſolchen Unternehme abzurathen. Er ſtellte ihm vor, wie gefährlich es ſeyn würde, einen ſo mächtigen Feind zur Verzweiflung zu bringen, und verſicherte, daß er nichts mehr wünſche, als eines ſolchen Räubers, ſo bald als möglich, los zu werden. Themiſtokles gab alſo bald ſeinen Gründen nach, und ließ, um den Abzug des Königs zu beſchleunigen, ihm insgeheim hinterbringen, daß die Griechen damit umgiengen, die Brücke abzubrechen.

Xerxes befand ſich in einem ſolchen Zuſtande, daß die geringſte Widerwärtigkeit jetzt hinreichend war, ihm dieſen ſonſt ſehr nahe am Herzen liegenden Feldzug zu verleiden. Beſtürzt über die letztere Niederlage, und erſchrocken über dieſe neue Nachricht, ſuchte er nur noch eine anſtändige Gelegenheit zum Rückzuge, als Mardonius ihn gerade zu erwünſchter Zeit aus dieſer Verlegenheit riß. Er fieng damit an, daß er den letzt erlittenen Verluſt verringerte, und die vielen Mittel vorſtellte, die ihnen noch übrig wären, ihren Umſtänden eine ganz andre Geſtalt zu geben: er ſchob alle Schuld der Niederlage auf die Feigheit und Treuloſigkeit ſeiner Bundsgenoſſen; er rieth ihm, eilends in ſein Königreich zurückzukehren, damit nicht etwa der Ruf ſeines Unglücks, welcher immer die Dinge ſchlimmer vorſtelle, als ſie wirklich ſind, zu innern Unruhen in ſeiner Abweſenheit Gelegenheit gebe. Er machte ſich anheiſchig, wenn er ihm dreymal hundert tauſend ſeiner auserleſenen Truppen überließe, ganz Griechenland aufs rühmlichſte unters Joch zu bringen. Auf der andern Seite, wenns widrig ausfiele, wolle er den ganzen Schimpf des unglücklichen Erfolgs auf sich nehmen, und an eigner Person Strafe leiden, wenns darum zu thun wäre, seines Herrn Ehre zu retten. Xerxes, welcher glaubte, daß er genug für die Ehre gethan, da er sich zum Herrn von Athen gemacht, nahm diesen Rath sehr wohl auf; er machte gleich Anstalt an der Spitze eines Theils seiner Armee nach Persien zurückzukehren, indem er den übrigen Theil mit dem Mardonius zurückließ, nicht so sehr in der Hoffnung Griechenland zu bezwingen, als aus Furcht, verfolgt zu werden.

Dieser Entschluß ward in einer Rathsversammlung, welche bald nach dem Treffen gehalten wurde, bekannt gemacht, und gleich in der folgenden Nacht seegelte die Flotte in großer Verwirrung nach dem Hellespont ab, und nahm ihre Winterquartiere bey Kumá. Der König selbst überließ seinen Generälen die Sorge für die Armee, und eilte mit einem kleinen Gefolge an die Seeküste, die er fünf und vierzig Tage nach dem Treffen bey Salamis erreichte. Als er ankam, fand er die Brücke durch die Gewalt der Wellen in einem Sturm, welcher vor kurzem sich ereignet hatte, zertrümmert. Er sah sich daher genöthigt, in einem kleinen Kahn über die Meerenge zu setzen, welche Art von Rückkehr, verglichen mit der großprahlerischen Art seiner Ankunst, seinen Schimpf noch herber und demüthigender machte. Die Armee, welche ihm zu folgen Befehl erhalten hatte, gerieth aus Mangel an Lebensmitteln unterwegs in große Noth. Nachdem sie alles Getreide, was sie nur finden konnte, verzehrt hatte, sah sie sich gezwungen, von Kräutern, und selbst Baumrinden und Blättern zu leben. Da sie schon entkräftet und ausgemergelt war, machte eine Pest ihr Elend voll; und nach einem ermüdenden Marsch von fünf und vierzig Tagen, auf welchem sie mehr von Geyern und Raubthieren, als von Menschen verfolgt wurde, kam sie endlich an den Hellespont, wo sie übersetzte, und von da nach Sardes marschirte. Solch ein Ende nahm Xerxes Feldzug in Griechenland; in Uebermuth angefangen, und in Schande beschlossen. Indessen muß man bemerken, daß wir diese ganze Erzählung nur aus Griechischen Schriftstellern haben, die ohne Zweifel partheyisch für ihre Landsleute gewesen sind. Man sagt, daß Persische Geschichtschreiber diesen Feldzug in einem ganz verschiednen Lichte vorstellen, und sagen, der König sey mitten in dem Glück seiner Waffen zurückberufen worden, um einen Aufruhr zu Hause zu dämpfen. Dem sey wie ihm wolle, mit der Macht und Größe der Perser giengs von dieser Zeit an immer mehr auf die Neige, bis endlich Alexander der Große, mit einer siegreichen Armee von Griechen sie in ihrem eignen Lande angriff.

Siebender Abschnitt.
Von dem Rückzuge des Xerxes bis auf den Frieden zwischen den Griechen und Persern.

J.d.W. 3524.
Das Erste, wofür die Griechen nach dem Treffen bey Salamis Sorge trugen, war, daß sie die Erstlinge der reichen Beute, die sie den Persern abgenommen hatten, nach Delphi schickten. Als Bundsgenossen *) betrachtet, waren sie immer aufmerksam auf die Pflichten der Religion; und wiewohl ihre philosophischen Sekten und Meynungen die Menschen von den Gegenständen des öffentlichen Gottesdienstes sehr geringschätzig denken lehrten, so war es doch Religion, was das Band ihrer Einigkeit festknüpfte, und sie auf eine Zeitlang schwach vereinigt hielt. So bald dieses Band einmal zerrissen, und der Rath der Amphiktyonen mehr eine politische als eine religiöse Versammlung geworden war, so war es um die allgemeine Einigkeit geschehen, und die verschiednen Staaten wurden ein Opfer ihrer eignen Streitigkeiten.

*) Eine eigentliche fortdauernde Konföderation hat nie unter allen Griech. Nationen subsistirt, ist auch nicht gedenkbar; aber der Tempel zu Delphi war allen Griechen aus andern Ursachen heilig. Die philosophischen Sekten, welche die öffentliche Religion angriffen, sind spätern Ursprungs.

Die Freude der Griechen über diesen Sieg war allgemein und frohlockend; jeder General hatte seinen Theil an der Ehre, aber des Themistokles Ruhm verdunkelte den Glanz aller übrigen. Es war Gewohnheit in Griechenland, daß nach einem Treffen die kommandirenden Officiere diejenigen anzeigten, welche sich am meisten hervorgethan, indem sie die Namen derer, welche ihrer Meynung nach den ersten und zweyten Preis verdient hatten, aufschrieben. Bey dieser Gelegenheit gab jeder dieser Officiere sich selbst den ersten Rang, den zweyten aber bewilligten sie insgesammt dem Themistokles, wodurch sie in der That stillschweigend ihn über sich alle hinaussetzten. Die Lacedämonier bestätigten dieses noch mehr: sie führten ihn im Triumphe nach Sparta, und hier erkannten sie den Preis der Tapferkeit ihrem Landsmann, dem Eurybiades, den Preis der Weisheit aber dem Themistokles zu. Sie kränzten ihn mit Oelzweigen, schenkten ihm einen prächtigen Wagen, und begleiteten ihn mit dreyhundert Reutern bis an die Gränzen ihres Staats. Aber noch eine andere Huldigung ward ihm bewiesen, die seinem Stolz noch weit mehr schmeichelte: als er bey den Olympischen Spielen erschien, empfiengen die Zuschauer ihn mit ungewöhnlichen Zurufungen. So bald man ihn ansichtig wurde, stand die ganze Versammlung auf, ihm Ehre zu bezeugen. Keiner achtete weder auf die Spiele, noch auf die Fechter; Themistokles war das einzige Schauspiel, das sie ihrer Aufmerksamkeit würdig fanden. Trunken von so schmeichelhaften Ehrenbezeugungen, konnte er sich nicht enthalten auszurufen, daß er an diesem Tage die Früchte aller seiner Arbeiten einerndte.

Nachdem die Griechen aufgehört hatten die Persische Flotte zu verfolgen, seegelte Themistokles nach allen Inseln umher, welche den Feinden beygestanden hatten, um Kontribution auszahlen zu lassen. Die erste, an die er sich wandte, war Andros, von deren Einwohnern er eine ansehnliche Summe forderte. „Ich „komme zu euch, sagte er, von zwo mächtigen Gottheit-

„ten, Ueberredung und Nothwendigkeit, begleitet."—
„Ach! erwiederten sie, wir haben ebenfalls Gottheiten
„auf unsrer Seite, Armuth und Unmöglichkeit."—
Auf diese Antwort sperrte er sie eine Zeitlang ein, fand
sie aber so wohl befestigt, daß er sich genöthigt sah, unverrichteter Sache abzuziehen. Andre Inseln indeß
hatten ihm weder so gute Gründe, noch so viel Macht
entgegen zu stellen. Von allen, die nicht im Stande
waren, ihm Wlderstand zu thun, trieb er große Summen ein, die er vornehmlich zu seinem Privatvortheil
verwandte, und er zeigte also in seinem besondern Charakter zwey sonderbar gepaarte Eigenschaften; Habsucht
und Ehrgeiz.

Mardonius, welcher mit einer Armee von dreymal hundert tausend Mann in Griechenland zurückblieb,
brachte den Winter über in Thessalien zu, und rückte,
mit Anfang des Frühlings in Böotien ein. Von hieraus sandte er den Alexander, König von Macedonien,
mit einem glänzenden Gefolge nach Athen, um Vorschläge zu einem Vergleich zu thun, und die Athenienser
zu bereden, von der gemeinen Sache Griechenlands
abzufallen. Er erbot sich, ihre Stadt wieder aufzubauen, ihnen eine ansehnliche Summe Geldes zu geben,
sie im Besitz ihrer Gesetze und Regierungsform zu lassen,
und sie zu Herren von ganz Griechenland zu machen.
Die Spartaner wurden durch diesen verführerischen Antrag beunruhigt, und schickten einen Abgeordneten nach
Athen, welcher sagen sollte; sie hofften, die Athenienser hätten bessere Begriffe von wahrem Ruhm und Patriotismus; sie hielten die gemeinschaftliche Gefahr,
welche die Griechischen Staaten verpflichte, einander
beyzustehen für dringender; sie hätten endlich zu viel
Ehrfurcht gegen das Andenken ihrer berühmten Vorfahren, als daß sie diejenigen, welche sie so vortrefflich
vertheidigt und befreyet hätten, durch Annahme schänd-
licher Bedingungen aufopfern sollten. Damit die Athenienser nicht ihre Nothdurft vorschützen könnten, so erboten die Spartaner sich großmüthig ihre Weiber und

Kinder auf eigne Kösten in ihrer eignen Stadt zu unterhalten. Aristides war damals Archon, die höchste Obrigkeit zu Athen. In seiner Gegenwart wars, daß der König von Macedonien diese Vorschläge that, und die Deputirten der andern Griechischen Staaten ihre Gründe dagegen vorbrachten. Aber Aristides bedurfte keines andern Antriebes zu einer würdigen Antwort, als der natürlichen Stimme seines eignen Herzens. „Leuten, sagte er, die in Wollust und Unwissen„heit aufgezogen sind, ist es natürlich, große Beloh„nungen anzubieten, und sich einzubilden, daß sie durch „Bestechungen die Tugend zu ihren Absichten erkaufen „können. Barbaren, welche Gold und Silber zu den ersten „Gegenständen ihrer Hochschätzung machen, lassen sich ent„schuldigen, wenn sie jedes Volk zur Treulosigkeit be„stechen zu können glauben; aber daß die Lacedämo„nier, welche gegen diese Anerbietungen Vorstellungen „gethan haben, voraussetzen können, daß sie etwas über „uns vermögen würden, das ist in der That ganz er„staunlich. Der Sorge der Athenienser ist die gemein„schaftliche Freyheit Griechenlands anvertraut, und „Berge von Gold sind nicht im Stande, ihre Treue „wankend zu machen. Nein, so lange jene Sonne, „welche die Perser verehren, ihren Glanz nicht verliert, „so lange werden die Athenienser nicht aufhören, tödtli„che Feinde der Perser zu seyn, nicht aufhören, sie un„versöhnlich zu verfolgen, weil sie ihr Land verwüstet, „ihre Häuser verbrannt, ihre Tempel beflecket haben. „Dies ist unsre Antwort auf die Persischen Anträge. „Und du, fuhr er fort, indem er sich an den Alexan„der wandte, wenn du wirklich ihr Freund bist, so „hüte dich künftig, dergleichen Vorschläge zu überbrin„gen; beine Ehre, und vielleicht deine Sicherheit erfor„dert es."

Da also alle Unterhandlungen abgewiesen waren, machte Mardonius Anstalt, mit größtem Nachdruck die Sache anzugreifen. Er fiel in Attika ein, und die Athenienser sahen sich noch einmal genöthigt, ihre Stadt zu räumen, und sich seiner Wuth Preis zu geben. Er rückte in Athen, zehn Monate, nachdem Xerxes es eingenommen hatte, ein, indem die Einwohner wieder nach Salamis und andern benachbarten Oertern entflohen waren. In diesem Zustande der Verbannung und der Dürftigkeit waren sie zufrieden unter allen ihren Leiden, weil Freyheit sie ihnen versüßte. Selbst Lycidas, ein Senator, welcher den Vorschlag that, daß man sich unterwerfen sollte, wurde zu Tode gesteinigt, und seiner Frau und Kinder wiederfuhr eben das von den Weibern, so heftig war der Abscheu der Athenienser gegen alle Gemeinschaft mit Persien.

Unterdessen waren die Spartaner, deren Pflicht es war, den Atheniensern mit gleichem Eifer behülflich zu seyn, uneingedenk der gemeinen Sache, nur darauf bedacht, zu ihrer eignen Sicherheit Anstalten zu machen, und entschlossen sich, den Isthmus zu befestigen, und den Feind abzuhalten, daß er nicht in den Peloponnesus eindringen könnte. Dies sahen die Athenienser für einen niederträchtigen und undankbaren Abfall an, und schickten Deputirte nach Sparta, um gegen ihr Betragen Vorstellungen zu thun. Diese hatten Befehl zu erklären, daß wenn die Spartaner fortführen, auf diese eigennützige Art nur ihre eigne Sicherheit zu suchen, die Athenienser ihrem Beyspiel folgen, und anstatt Alles für Griechenland zu dulden, mit ihrer Flotte sich zu den Persern schlagen würden, welche dann, als Meister zur See, das Spartanische Gebiet anfallen könnten, so bald es ihnen beliebte. Diese Drohungen thaten so gute Wirkung, daß fünf tausend Mann, jeder von sieben Heloten begleitet, insgeheim abgeschickt wurden, und schon wirklich auf ihrem Marsch begriffen waren, ehe die Spartaner den Athieniensischen Abgeordneten Antwort gaben.

Mardonius hatte um diese Zeit Attika wieder verlassen, und war auf seiner Rückkehr nach Böotien begriffen, wo er die Annäherung der Feinde zu erwarten willens war, indem er dort seine Truppen bequemer ausbreiten konnte, als in Attika, welches voller Hügel war, und wo also wenig Leute einer großen Armee mit Vortheil entgegengestellt werden konnten. Er schlug sein Lager an dem Flusse Asopus auf, längs dessen Ufern er seine Armee ausbreitete, die aus dreymal hundert tausend bewaffneten Leuten bestand.

So groß diese Armee war, so entschlossen sich dennoch die Griechen, mit ihrer weit geringern Macht gegen sie ins Feld zu rücken. Ihre Truppen waren jetzt beysammen, und beliefen sich auf siebzigtausend Mann. Unter diesen waren fünf tausend Spartaner, von fünf und dreyßig tausend Heloten begleitet. Die Athenienser beliefen sich auf acht tausend, und die Truppen der Bundsgenossen machten das Uebrige aus.*) Den rechten Flügel dieser Armee hatten die Spartaner inne, unter dem Kommando des *Kleombrotus* **), den linken die Athenienser, vom *Aristides* angeführt. In dieser Ordnung folgten sie dem *Mardonius* nach Böotien, entschlossen, das Glück eines Treffens zu versuchen, und lagerten sich nicht weit von ihm, an dem Fuße des Berges *Cithäron*. Hier verweilten sie eine Zeitlang, und erwarteten in ängstlicher Besorgniß, zwischen Furcht und Hoffnung das Treffen, welches Griechenlands Schicksal entscheiden sollte. Einige Scharmützel zwischen der Persischen Reuterey und dem Flügel der Griechischen Armee, in welchen die letztern glücklich waren, schien eine Vorbereitung des künftigen Sieges zu geben; indessen war man doch zehn Tage lang von keiner Seite geneigt, den Anfang zu machen.

Unterdeß die beiden Armeen also gegen einander standen, und die vortheilhafteste Gelegenheit zum Tref-

―――――――
*) Herodotus setzt, 9, 30. die Armee der Griechen bey Platäa, die Thespier mit eingerechnet, auf 110,000 Mann.

**) Kleombrotus war kurz nach Versammlung der Armee am Isthmus gestorben. Das Kommando hätte eigentlich dem Plistarchus, Sohne des Leonidas, gehört, aber dieser war noch jung; Pausanias, des Kleombrotus Sohn war sein Vormund, und commandirte also. Herod. 9, 10.

sen abwarteten, hätten die Griechen durch ihre innern Zwistigkeiten, indem sie ihre gegenseitige Eifersucht zu befriedigen suchten, sich beynahe selbst um ihre Freyheit gebracht. Der erste Streit, welcher in ihrer Armee entstand, wurde von den **Tegeern** angefangen, welche den Vortrang von den Atheniensern verlangten. Sie räumten willig den Spartanern das Kommando des rechten Flügels ein, weil sie dieses immer gehabt hatten, verlangten aber für sich den linken, und behaupteten, daß sie diesen Vorzug durch ihre vorige Tapferkeit und allgemein bekannten siegreichen Thaten verdient hätten. Der Streit ward hitzig, ein aufrührischer Geist fieng an sich durch die ganze Armee auszubreiten, und es schien, als ob der Feind ohne Schwertschlag den Sieg erhalten sollte. Mitten in dieser allgemeinen Zwietracht blieb **Aristides** allein unverändert. Lange bekannt wegen seiner Unpartheylichkeit und Gerechtigkeit, heftete jede Parthey ihr Auge auf ihn, als den einzigen Schiedsrichter, von dem sie Befriedigung erwarten könnte. Er wandte sich daher an die Spartaner und einige der übrigen Bundsgenossen, und redte sie folgendergestalt an: „Jetzt ists nicht Zeit, meine Freunde, über das „Verdienst vergangener Thaten zu streiten, denn alles „Prahlen ist eitel am Tage der Gefahr. Des Tapfern „Stolz sey, zu wissen, daß kein Posten, kein Platz Muth „geben, oder nehmen kann. Ich stehe an der Spitze „der Athenienser; welchen Posten ihr uns auch anweisen „möget, so werden wir ihn behaupten und ihn zum „Posten der wahren Ehre und des Kriegsruhms machen. „Wir sind hieher gekommen, nicht mit unsern Freun„den zu zanken, sondern mit unsern Feinden zu fechten; „nicht mit unsern Vorfahren zu prahlen, sondern sie „nachzuahmen. Dieses Treffen wird das Verdienst „jeder Stadt, jedes Anführers auszeichnen, und selbst der geringste Soldat wird die Ehre des Tages theilen." Diese Rede entschied bey dem Kriegsrath zum Vortheil der Athenienser, denen man darauf ihren vorigen Posten nicht länger streitig machte.

Eine schändliche Verschwörung mitten unter den Athenienſern drohte noch gefährlichere Folgen, weil ſie unſichtbar waren. Einige der vornehmſten und reichſten Familien, die ihr Vermögen im Kriege durchgebracht, und ihren Kredit in der Stadt verlohren hatten, ließen ſich in eine Verſchwörung ein, Griechenland in die Hände der Perſer zu überantworten. Ariſtides indeſſen, welcher immer im Dienſte des Staats wachſam war, entdeckte noch früh genug ihre Anſchläge, und legte alſobald ihren Plan der allgemeinen Rathsverſammlung vor. Dem ungeachtet begnügte er ſich, acht der Verſchwornen in Verhaft nehmen zu laſſen; und von dieſen wurden nur zween zu fernerer Unterſuchung zurückbehalten. Indeß erlaubte ſeine Gelindigkeit, oder richtiger zu reden, ſeine Klugheit ihm nicht, ſelbſt gegen dieſe mit verdienter Strenge zu verfahren; da er wußte, daß harte Strafen in Zeiten einer allgemeinen Gefahr den Muth der Armee nur niederſchlagen würden, ſo ließ er ſie entwiſchen, und opferte alſo öffentliche Gerechtigkeit der öffentlichen Sicherheit auf.

Beide Armeen hatten jetzt zehn Tage lang gegen einander geſtanden, in ängſtlicher Erwartung eines Treffens, beide willig zu ſchlagen, jede aber fürchtete ſich, den erſten Angrif zu thun, indem der angreifende Theil ſich immer in Nachtheil ſetzte. Aber Mardonius, der von Natur ungedulbigen, feurigen Temperaments war, wurde des langen Verzugs ſehr überdrüſſig. Ueberdem fieng ſeine Armee an, Mangel an Lebensmitteln zu leiden, und die Griechen wurden täglich durch neuen Zuwachs ſtärker. Er berief daher einen Kriegsrath zuſammen, um zu überlegen, ob er ein Treffen liefern ſollte. Artabazus, ein Mann von vorzüglichen Verdienſten und großer Erfahrung, war der Meynung, man ſollte kein Treffen wagen, ſondern ſich unter die Mauern von Theben zurückziehen, unterdeß der Feind, der aus verſchiedenen Truppen beſtünde, und verſchiebne Anführer hätte, ſich durch innerliche Zwiſtigkeiten zu Grunde richten würde, oder zum Theil beſtochen werden könnte, der gemeinen Sache untreu zu werden. Diese Meynung war die vernünftigste; aber **Mardonius**, von seinem natürlichen Ungestüm angespornt, und eines längern Zögerns müde, entschloß sich, zu schlagen, und Keiner der Uebrigen hatte Muth, seinem Entschluß zu widersprechen. Das Resultat also war, den folgenden Tag zum Treffen hinauszurücken.

Als die Perser diesen Entschluß gefaßt hatten, waren die Griechen nicht weniger zum Treffen bereit; denn sie waren die Nacht vorher durch Alexandern, den König von Macedonien, insgeheim von dem Resultat der Persischen Berathschlagungen benachrichtigt. Pausanias also gab seiner Armee Befehl, sich zum Treffen anzuschicken, und als er seine Truppen in Schlachtordnung stellte, gab er den Atheniensern den rechten Flügel ein, weil sie theils mit der Persischen Art zu fechten besser bekannt wären, theils wegen ihrer vorigen Siege mit größerer Hitze den Feind angreifen würden. Es mogte nun Furcht oder Klugheit seyn, was den General zu dieser Veränderung bewog, die Athenienser nahmen den Posten der Ehre mit Frohlocken ein; nichts hörte man unter ihnen, als gegenseitige Aufmunterungen zur Tapferkeit, und den festen Entschluß, zu siegen, oder zu sterben. Aber **Mardonius**, welcher diese Abänderung in der Schlachtordnung der Griechischen Armee erfuhr, machte in der seinigen gleichfalls eine Aenderung. Dies gab denn wieder zu einer Abänderung unter den Griechen Gelegenheit; und mit diesem Aendern und Wiederändern wurde der ganze erste Tag hingebracht.

In der folgenden Nacht hielten die Griechen einen Kriegsrath, in welchem sie den Entschluß faßten, ihre gegenwärtige Situation zu verlassen, und nach einem andern Orte zu marschieren, der wegen des Wassers eine vortheilhaftere Lage hatte. Da sie mitten in der Nacht aufbrachen, geriethen sie sehr in Unordnung, und als **Mardonius** sie am Morgen hin und her über der Ebne zerstreut sah, schloß er, daß sie mehr auf der Flucht, als auf einem ordentlichen Rückzuge begriffen wären; er beschloß daher, sie mit seiner ganzen Armee zu verfolgen. Als die Griechen seine Absicht merkten, brachten sie bald ihre Truppen, welche die Finsterniß zerstreut, aber nicht in Furcht gesetzt hatte, wieder in Ordnung, und stellten sich bey der kleinen Stadt Platäa, um da den Angriff ihrer Verfolger zu erwarten. Die Barbaren fielen sie bald mit ihrem gewöhnlichen Geheul an, indem sie mehr zu plündern als zu fechten gedachten. Die Lacedämonier, die den Nachzug ausmachten, waren die ersten, welche den feindlichen Angriff auszuhalten hatten. Sie waren gewissermaßen von der übrigen Armee abgesondert, durch die Hartnäckigkeit eines ihrer eignen Regimenter, welches ihren Rückzug als etwas, das der Spartanischen Disciplin zuwider sey, ansahe; da sie aber noch immer ein furchtbares Korps ausmachten, so waren sie im Stande, den Feinden die Spitze zu bieten. Sie stellten sich in einen Phalanx, welcher undurchbringlich und unerschüttert alle Angriffe der Perser aushielt.

Unterdessen kehrten die Athenienser, welche von diesem Angriff benachrichtigt wurden, schnell zurück, ihren Bundsgenossen zu Hülfe zu kommen; aber fünf tausend Griechen, die im Persischen Solde standen, schnitten ihnen den Rückweg ab. So war also ihre Schlachtordnung in zween Theile zertheilt, und focht mit größter Tapferkeit an verschiednen Seiten des Feldes. Nichts aber vermogte dem Gewicht des Spartanischen Phalanx zu widerstehen, welcher bald nachher in die Perser einbrach, und sie in Unordnung brachte. In diesem Getümmel wurde Mardonius, welcher sich alle Mühe gab die Ordnung wieder herzustellen, und sich mitten in das Blutbad wagte, durch den Spartaner Aimnestus ums Leben gebracht; und bald darauf ergriff seine Armee die Flucht. Die andern Griechischen Truppen folgten bald dem rühmlichen Beyspiel der Spartaner, und die Niederlage ward allgemein. Artabazus, welcher ein Korps von vierzig tausend Persern kommandirte, entfloh mit demselben nach dem Hellespont zu, unterdeß die Uebrigen sich in ihrem Lager mit hölzernen Verschanzungen befestigten. Hier wurden sie von den Spartanern angegriffen; da diese aber in solcher Art zu kriegen nicht sehr erfahren waren; so kamen die Athenienser ihnen zu Hülfe, und machten sich bald einen Weg durch diese eilig aufgeworfenen Verschanzungen. Jetzt hub erst ein allgemeines und schreckliches Blutbad an. Von der ganzen Persischen Armee, die dahin ihre Zuflucht genommen hatte, kamen keine vier tausend Mann davon. Ueber hundert tausend Mann wurden niedergehauen, denn die Sieger, welche auf einmal ihr Land von diesen fürchterlichen Verwüstern zu entledigen wünschten, schenkten keinem das Leben. Ein solches Ende nahmen die Persischen Einfälle in Griechenland, und nie sah man nachher wieder eine Persische Armee sich über den Hellespont wagen.

Als des Blutvergießens ein Ende war, begruben die Griechen ihre Todten, welche sich aufs höchste nicht auf zehn tausend Mann beliefen; und bald nachher ließen sie, zum Zeugniß ihrer Dankbarkeit gegen den Himmel, auf gemeinschaftliche Kosten eine Statue des Jupiters verfertigen, welche sie in seinem Tempel zu Olympia aufstellten. Jetzt wurden zuerst Spiele zur Ehre der Erschlagenen angestellt und Leichenreden gehalten. Sie sollten nicht nur zum Ruhm der Todten, sondern auch zur Aufmunterung der Lebenden dienen. Die Namen der verschiednen Griechischen Nationen, welche an dem Siege Theil hatten, wurden auf die rechte Seite des Fußgestelles der Statue eingegraben, erst die Spartaner, dann die Athenienser, und so die übrigen nach ihrer Ordnung.

Unterdeß die Griechischen Waffen zu Lande einen so großen Sieg erfochten, waren sie nicht weniger glücklich zur See. Der größte Theil der Persischen Flotte hatte nach der Niederlage bey Salamis, zu Kumä überwintert, und sich mit Anfange des Frühlings nach Samos begeben, um die Küste von Asien theils zu schützen, theils in Furcht zu halten. Die Griechen hatten unterdeß zu Aegina ihre Schiffe ausgebessert, und begaben sich endlich, auf bringendes Ansuchen der Samier, unter Anführung des Spartaners Leotychides, und des Atheniensers Xanthippus, in See. So bald die Perser, welche schon lange ihre eigne Ohnmacht zur See erfahren hatten, von ihrer Annäherung Nachricht erhielten, wollten sies nicht wagen, ihnen mit ihrer Flotte Widerstand zu thun, sondern zogen ihre Schiffe zu Mykale, einem Vorgebürge von Jonien, aufs Land, wo sie dieselben mit einer Mauer und einem tiefen Graben verschanzten, und sie also mit einer Armee von sechzig tausend Mann zu Fuß, unter dem Kommando des Tigranes, beschützten. Dies schreckte indeß die Griechen nicht ab, einen Angriff auf sie zu wagen. Nachdem Leotychides sich bemüht hatte, die Jonier zum Aufruhr zu reizen, setzte er seine Truppen ans Land, und machte den folgenden Tag Anstalt zum Angriff. Er zog in zween Haufen mit seiner Armee auf; der eine, welcher vornehmlich aus Atheniensern und Korinthern bestand, hatte die Ebne inne, unterdeß der andre, welchen die Lacedämonier ausmachten, über die Hügel und felsigten Oerter marschirte, um die Anhöhen zu gewinnen. So bald das Treffen angieng, bewies man von beiden Seiten die größte Tapferkeit und Entschlossenheit, und der Sieg blieb lange zweifelhaft. Der Abfall der Griechischen Hülfstruppen in der Persischen Armee entschied endlich für die Griechen; die Perser wurden bald in die Flucht geschlagen, und mit großem Blutvergießen bis an ihre Gezelte verfolgt. Die Athenienser hatten sich schon Meister des Feldes gemacht, ehe die Lacedämonier ihnen zu Hülfe kamen, so daß diesen nichts zu thun übrig blieb, als einige Persische Haufen zu zerstreuen, welche einen regelmäßigen Rückzug zu machen suchten. Bald darauf wurden ihre Verschanzungen gestürmt, und alle ihre Schiffe verbrannt, so daß nichts vollkommner seyn konnte, als der Sieg zu Mykale. Tigranes, der General der Perser, und vierzig tausend Mann von seiner Armee lagen todt auf dem Schlachtfelde; die Flotte war gänzlich zerstört, und von der großen Armee, die Xerxes nach Europa gebracht hatte, blieb kaum ein Mann übrig, die Nachricht ihres Untergangs zu überbringen.

Die Schlacht bey Platäa geschah am Morgen, und die bey Mykale am Abend des nehmlichen Tages. Was aber das Außerordentlichste ist, alle Geschichtschreiber versichern, der Sieg bey Platäa sey zu Mykale schon bekannt gewesen, ehe hier das Treffen seinen Anfang genommen, wiewohl beide Oerter verschiedne Tagereisen von einander entfernt sind. Es ist höchst wahrscheinlich, daß Leotychides sich dieses Gerüchts bedient, seine Armee aufzumuntern, und sie anzufeuern, ihren Gehülfen in der Sache der Freyheit nachzueifern.

Während dieser Unglücksfälle lag Xerxes, der an Allem Schuld war, zu Sardes, und erwartete den Ausgang seines Feldzuges; da aber jede Stunde Boten mit der Nachricht irgend eines unersetzlichen Verlusts ankamen, und er endlich kein Mittel mehr sah, sich zu helfen, so zog er sich weiter in sein Reich zurück, und suchte in Schwelgerey und Ueppigkeit die unangenehmen Gedanken, die sein unglücklicher Ehrgeiz in ihm erwecken mußte, zu ersäufen. Zu der Vereitelung seiner Entwürfe außerhalb Landes, kam noch die Verachtung seiner Unterthanen zu Hause; und diese erzeugte ein Gefolge von Verrätereyen, Empörungen, Kirchenraub, Mord, Blutschande, und Grausamkeit; so daß der letztere Theil seiner Regierung so abscheulich, als der erstere unglücklich war.

J. 479. ff.
s. C. G. Die Griechische Flotte seegelte, nach dem Treffen zu Mykale, nach dem Hellespont, um sich der Brücken, welche Xerxes über diese Meerenge angelegt hatte, zu bemächtigen; da sie dieselben aber bereits durch Sturm zerstört fand, kehrte sie nach Hause zurück. Von dieser Zeit an fielen alle Jonischen Städte von den Persern ab; sie traten in den allgemeinen Bund der Griechen, und

behaupteten, fast insgesammt ihre Freyheit, so lange dieses Reich bestand.

Die Schätze, welche die Perser nach Griechenland gebracht hatten, waren sehr groß, und wurden eine Beute der Sieger. Von dieser Periode fiengen die Griechen an, ihren Geschmack an harter und arbeitseliger Tugend zu verlieren, und dagegen die verfeinerte Trägheit, den zügellosen Muthwillen und die unbeschränkte Liebe zum Vergnügen anzunehmen, welche immer Früchte eines großen Reichthums sind. *) Die vormalige Gleichheit des Volks fieng jetzt an zu verschwinden, und unterdeß ein Theil der Bürger in Ueberfluß und Ueppigkeit schwelgte, sah nun den andern in Dürftigkeit und Verzweiflung schmachten. Vergebens bemühte sich die Philosophie, diesen Uebeln Einhalt zu thun; nur Wenige sind fähig, ihre Stimme zu hören; der große und kleine Pöbel sind gleich taub gegen ihre Lehren. Von dieser Zeit an also werden wir ein ganz andres Gemälde vor uns sehen! statt eines tapfern und aufgeklärten Volks, welches sich gegen die Tyranney verband, werden wir einen entnervten und partheysüchtigen Pöbel, eine verderbte, feile Verwaltung bey den Obern, und Ansehn und Macht nur in den Händen des Reichthums erblicken.

Achter Abschnitt.

Von dem Siege zu Mykale, bis auf den Anfang des Peloponnesischen Krieges.

Nicht so bald waren die Griechen aller Besorgnisse wegen auswärtiger Feinde entledigt, als sie schon

*) Nicht unmittelbar nach den Persischen Siegen hebt dieser Verfall an, sondern etwas später. Aber wahr ist es, daß die Rechte der ärmern Bürger vergrößert, und durch den Themistokles der Einfluß der vierten Klasse der Bürger erweitert wurde. Die Solonische Verfassung wurde unvermeidlich untergraben; s. Meiners Gesch. der Wiss. II. 120. ff.

anfiengen, sich unter einander selbst mit eifersüchtigen Augen anzusehen. Zwar hatten diese kleinen Feindseligkeiten sich bisher schon immer unter ihnen geregt, aber die gemeinschaftliche Gefahr hatte sie noch am Ausbruch gehindert. Da Griechenland aus verschiednen Staaten zusammengesetzt war, die an Sitten, Interesse und Neigungen gänzlich verschieden waren, so durfte man sich über die beständige Uneinigkeit seiner Theile unter einander im geringsten nicht wundern. Die ersten Merkmale der Eifersucht, nach Vertilgung der Persischen Armee, äußerten sich zwischen den Atheniensern und Spartanern. Jene, ein verfeinerter, ehrgeiziger Staat, welcher in dem allgemeinen Bunde keinen über sich leiden wollte, diese, ein rauhes unpolirtes Volk, welches nie gestatten konnte, daß ein schwächerer Staat gleiches Ansehen mit ihm genösse. *) Als die Athenienser mit ihren Familien in ihr Vaterland zurückgekehrt waren, giengen ihre ersten Gedanken dahin, ihre Stadt wieder aufzubauen, welche während des Persischen Krieges fast gänzlich zerstört war. Wie man bey jeder Erneuerung eines Werks das alte zu verbessern sucht, so machten sie einen Plan, ihre Mauern fester zu machen, und weiter auszudehnen, und also ihrer Stadt zugleich mehr Pracht und Sicherheit zu geben. So natürlich dieses war, so wurden doch die Lacedämonier eifersüchtig darüber, und schlossen daraus, daß Athen bald, mit seiner Herrschaft zur See nicht zufrieden, auch alle Gewalt zu Lande an sich zu reißen suchen würde. Sie schickten daher eine Gesandschaft an die Athenienser, um ihnen von diesem Unternehmen abzurathen, indem sie den scheinbaren Grund anführten, daß solche Befestigungen dem allgemeinen Bunde sehr gefährlich werden könn-

*) Der Gesichtspunkt ist auf diese Art verrückt. Noch wurde der Athen. Staat nicht vom heftigen Ehrgeiz regiert. Die Spartaner besaßen itzt das imperium Graeciae; die Bundsgenossen traten von ihnen ab, und wollten lieber den Atheniensern gehorchen. Daher entsprang die erste Eifersucht. Die Herrschaft zur See und die Oberherrschaft sind eigentlich verschiedne Dinge.

ten, wenn sie je den Persern in die Hände fielen. Diese Vorstellungen schienen den Atheniensern anfangs ganz vernünftig, und sie stellten daher alsobald ihre Arbeiten ein; aber Themistokles, welcher seit dem Treffen bey Salamis in den Versammlungen der Athenienser immer am meisten zu sagen hatte, sah diesem Vorwande bald auf den Grund, und rieth dem Senat, ihrer Verstellung mit gleichen Kunstgriffen zu begegnen. Er gab also den Spartanischen Gesandten zur Antwort, die Athenienser würden nächstens eine Gesandschaft nach Lacedämon schicken, welche alle ihre Bedenklichkeit völlig heben sollte. Nachdem er also Zeit gewonnen hatte, brachte ers dahin, daß er selbst zu dieser wichtigen Unterhandlung erwählt wurde, worauf er denn durch allerley vorgebliche Hindernisse die Sache in die Länge zu ziehen suchte. Er hatte vorläufig verlangt, daß seine Gehülfen einer nach dem andern ihm nach Lacedämon folgen sollten, und dann gab er hier immer vor, daß er nur ihre Ankunft erwarte, um die Sache auf einmal zu Ende zu bringen. Während dieser ganzen Zeit setzte man zu Athen mit größtem Eifer und Fleiß die Arbeit fort, Frauen und Kinder, Fremde und Sklaven, Alles war dabey beschäfftigt, und keinen Tag wurde sie ausgesetzt. Vergebens beklagten sich die Spartaner über dieses Verfahren; vergebens drangen sie in den Themistokles, sein Geschäfft zu beschleunigen; er leugnete beständig die Sache, und bat sie, doch keinen eitlen nichtswürdigen Gerüchten zu trauen. Er verlangte, daß man noch einmal Gesandte hinschicken mögte, um sich von der Wahrheit der Sache zu überzeugen; und zu gleicher Zeit gab er den Atheniensern den Rath, die Spartanischen Abgesandten so lange bey sich zu behalten, bis er und seine Gehülfen zurückgekehrt wären. Endlich, da er alle seine Kunstgriffe erschöpft hatte, und er wußte, daß die Arbeit vollendet sey, bat er sich ohne Scheu eine Audienz aus, und legte die Maske ab. Er kündigte den Spartanern in voller Rathsversammlung an, daß Athen jetzt im Stande sey, jeden Feind,

142 Achter Abſch. Von dem Siege zu Mykale, bis

er mögte Ausländer oder Grieche ſeyn, abzuwehren; und was ſeine Mitbürger gethan, ſey beides dem Völkerrecht und dem gemeinſchaftlichen Intereſſe Griechenlandes gemäß. Jede Stadt habe das Recht, für ihre eigne Sicherheit zu ſorgen, ohne ſich dem Rath oder der Einſchränkung ihrer Nachbarn zu unterwerfen; alles ſey bloß auf ſeinen Rath geſchehen; und kurz, ſie mögten nun mit ihm umgehen, wie ſie wollten, ſo müßten ſie gewärtig ſeyn, daß es ihren eignen Abgeſandten, die man noch in Athen feſthielt, würde vergolten werden. Dieſe Erklärung waren den Lacedämoniern äußerſt mißfällig; aber, es ſey nun, daß ſie ihre Wahrheit fühlten, oder daß ſies nicht gern zu einem öffentlichen Bruch kommen laſſen wollten, ſie verhehlten ihren Unwillen, und die beyderſeitigen Geſandten kehrten, nachdem ihnen alle gebührende Ehre erwieſen worden war, nach Hauſe zurück. Themiſtokles wurde mit ſo großer Freude von ſeinen Mitbürgern empfangen, als ob er von dem herrlichſten Siege zurückkehre, und er war dazu gemacht, dieſe Ehrenbezeugungen mit dem höchſten Entzücken zu empfinden.

Nachdem er alſo zur Sicherheit der Stadt die nöthigen Einrichtungen gemacht hatte, gieng ſeine nächſte Sorge dahin, den Hafen zu befeſtigen, und der Flotte zugleich einen geräumigen und ſichern Aufenthalt zu verſchaffen. Er wirkte auch eine Verordnung aus, daß jährlich zwanzig Schiffe gebaut werden ſollten, um die Seemacht zu unterhalten und zu vermehren; und um deſto mehr Arbeitsleute und Matroſen nach Athen zu locken, ließ er ihnen beſondere Freyheiten und Vorzüge einräumen. Seine Abſicht war, Athen gänzlich zu einer Seeſtadt zu machen, worinn er ein ganz andres politiſches Syſtem befolgte, als ſeine vorigen Staatsmänner, die ſich alle mögliche Mühe gaben, die Neigungen des Volks von der Handlung und Schiffahrt abzuziehen.

Wie aber ein glücklicher Erfolg in einem Stücke leicht zu weit ausgebreitetern Abſichten verleitet, ſo ließ sich auch Themistokles in der Verfolgung seiner lieblingsentwürfe bald über die Gränzen der Gerechtigkeit hinreißen. Er machte sogar einen Plan, Sparta zu untergraben, und Athen zur unbestrittenen Beherrscherinn von ganz Griechenland zu machen. Eines Tages also erklärte er in voller Versammlung des Volks, daß er ein sehr wichtiges Vorhaben vorzuschlagen habe, welches aber nicht öffentlich entdeckt werden könne, da die Ausführung Verschwiegenheit und Eile erfordere. Er verlangte also, das Volk mögte eine Person bestimmen, gegen welche er sich erklären könnte, eine Person, deren Beurtheilungskraft sein Vorhaben leiten, und deren Ansehen es bestätigen könnte. Zur Entscheidung über eine Sache von so großer Wichtigkeit, wars nicht leicht, den weisesten und besten Mann im Staat zu versehlen, und Aristides wurde einmüthig von der ganzen Versammlung erwählt, als der, welcher am geschicktesten sey, die Gerechtigkeit sowohl, als den Nutzen des Vorschlags zu beurtheilen. Themistokles nahm ihn also bey Seite, und sagte ihm, der Entwurf, den er gefaßt habe, sey, die Flotte, welche den übrigen Griechischen Staaten angehörte, und damals in einem benachbarten Hafen lag, zu verbrennen, und also Athen die unstreitige Oberherrschaft zur See zu verschaffen. Aristides, dem dieser Vorschlag innerlich äußerst mißfiel, gab ihm keine Antwort, sondern kehrte in die Versammlung zurück, und sagte, nichts könne vortheilhafter für Athen seyn, als das, was Themistokles vorschlüge, aber nichts sey zugleich ungerechter. Das Volk, welches noch immer etwas von seiner alten Tugend übrig hatte, verwarf einmüthig den Vorschlag, ohne ihn zu wissen, und gab dem Aristides den Beynamen der Gerechte, ein Titel der um desto schmeichelhafter war, da er ihn so sehr verdient hatte.

Nachdem also Athen Frieden und Sicherheit wieder erlangt hatte, legte es sich vorzüglich auf diejenigen Künste, welche das Leben verschönern, und die Freyheit sichern. Das Volk fieng an, sich größern Antheil an der Regierung des Staats anzumaßen, als ihm bisher nicht eingefallen war, und täglich that man neue Schritte, das Regiment gänzlich in die Hände des Volks zu bringen. Aristides ward dieses gewahr und fürchtete mit Recht die Folgen einer Demokratischen Verfassung; er wirkte daher eine Verordnung aus, daß die Archonten, die höchste Obrigkeit des Staats, ohne Unterschied aus allen Klassen der Athenienfischen Bürger gewählt werden sollten. Er befriedigte also das Volk in einem Theil seiner Wünsche, und erhielt dadurch eine gesetzmäßige Subordination im Ganzen aufrecht.

Unterdeß beschlossen die Griechen, durch ihre vorigen Siege aufgemuntert, eine Flotte abzuschicken, um ihre Bundsgenossen, die noch unter dem Persischen Joche seufzten, in Freyheit zu setzen. Pausanias kommandirte die Spartanische Flotte, und Aristides und Cimon, des Miltiades Sohn, die Flotten der Athenienser. Dies war das erstemal, das der letztere, welcher noch sehr jung war, in eine Sphäre versetzt wurde, wo er seine Tugenden zeigen konnte. Er hatte sich ehemals ins Gefängniß setzen lassen, um seinem Vater, welcher die auferlegte Geldstrafe nicht hatte bezahlen können, ein ehrliches Begräbniß zu verschaffen, und seine kindliche Ehrfurcht bey dieser Gelegenheit gab die günstige Vermuthung für seine künftige Größe. So bald er in Freyheit gesetzt war, that er sich bald durch seine vorzüglichen Dienste im Kriege hervor, und man bemerkte, daß er mit der Tapferkeit seines Vaters, und der Klugheit des Themistokles, größere Redlichkeit verband, als beide. Da die ehrliche Offenheit seines Charakters leicht ins Auge fiel, so setzte man ihn im Staat der feinen Arglist des Themistokles als ein Gegengewicht an die Seite, und beförderte ihn also, sowohl zu Hause als auswärts, zu den höchsten Stellen. Unter diesen Anführern richtete die verbundne Flotte ihren Lauf zuerst nach der Insel Cyprus, wo sie allen Städten ihre Freyheit wiedergab; dann seegelte sie gegen den Hellespont, und griff die Stadt Byzantium an, wel-

che sie eroberte und wo sie eine Menge von Gefangenen
bekam, unter denen viele der reichsten und angesehensten
Familien in Persien waren.

J. 470.
v. C.G.

Das Glück dieses Feldzuges war nicht schmeichelhafter für die Griechen, als es ihnen am Ende zum Nachtheil gereichte. Eine Sündfluth von Reichthum, welche sich dadurch über Griechenland ergoß, verdarb die alte Einfalt, und befleckte die Sitten aller Klassen des Volks. Die Athenienser, die es schon weit in den Künsten der Verfeinerung und Weichlichkeit gebracht hatten, verbargen ihre Verschlimmerung eine Zeitlang, aber bey den Spartanern brach sie sehr bald aus, und Pausanias selbst, ihr Anführer, wurde am ersten von der Seuche angesteckt. Da er von Natur eines stolzen, herrschsüchtigen Temperaments, und dies durch die finstere Spartanische Härte noch verstärkt war, so setzte er seinem Ehrgeiz keine Gränzen; er begegnete seinen Officieren, und selbst den Generalen der Bundsgenossen mit Strenge, Uebermuth und Verachtung, und machte sich bey den Soldaten so sehr verhaßt, daß alle Bundsgenossen von ihm abfielen, und sich unter das Kommando und den Schutz des Aristides und Cimon begaben. Dieß hochmüthige und unpolitische Betragen machte, daß die Herrschaft in Griechenland von den Lacedämoniern an die Athenienser kam; es gab der Wagschaale der Athenensischen Macht einen Ausschlag, den keine nachherige Bemühung der Spartaner aufzuwiegen im Stande war. Aristides und Cimon hatten immer ein entgegengesetztes Verhalten beobachtet; gesprächig, leutselig und dienstfertig, mäßigten sie ihre Gewalt durch Güte, und gewonnen durch ihr gefälliges Betragen diejenigen, die sie durch ihre Wohlthaten nicht gewinnen konnten. Eine so demüthigende Widersetzlichkeit mußte nothwendig den Pausanias äußerst kränken; vergebens suchte er durch Stolz und Gepränge sein Ansehen aufrecht zu erhalten, je weniger er sich herab ließ, desto mehr fiel es, und er wurde selbst denen, die sein Kommando anerkannten, verächtlich,

K

Vielleicht war dies der Bewegungsgrund, der ihn zu dem Entschluß verleitete, sein Vaterland seinem Ehrgeiz aufzuopfern, und den Persern einen Staat zu überantworten, wo er nicht länger zu herrschen hoffen konnte. Sey dem, wie ihm wolle, er bemühte sich die Gunst des Xerxes zu gewinnen; und um sich an dem Hofe dieses Monarchen beliebt zu machen, ließ er einige von seinen vornehmsten Gefangenen bey Nacht entwischen, und gab ihnen Briefe an den Xerxes mit, worinn er sich erbot, Sparta und ganz Griechenland ihm in die Hände zu liefern, unter der Bedingung, daß er ihm seine Tochter zur Gemahlinn gäbe. Xerxes gab diesem Vorschlage willig Gehör, und verwies ihn an den Artabazus, seinen Gouverneur, um mit ihm die Maßregeln zur Ausführung seines Vorhabens abzureden. Er sandte ihm auch eine große Summe Geldes, um sie unter diejenigen von den Griechischen Staaten auszutheilen, welche geneigt wären, der Verschwörung beyzutreten. Wie lange diese Unterhandlungen geheim geblieben, wissen wir nicht, aber man entdeckte sie zu Sparta noch ehe sie zur Vollziehung gebracht werden konnten, und Pausanias erhielt Befehl, nach Hause zu kommen, und sich wegen seines Verbrechens vor Gericht zu stellen. Indessen waren die Beweise gegen ihn nicht hinreichend, ihn zu überführen, denn die Ephoren hatten es zum Gesetz gemacht, nie Jemanden anders, als auf die überzeugendsten Beweise, zu verdammen. Aber sein Kommando ward ihm abgenommen, und er entfernte sich; noch immer darauf bedacht, sich zu rächen, und sein Vaterland zu Grunde zu richten. Es dauerte gleichwohl nicht lange, als er schon einen zweyten Befehl erhielt, sich wegen neuer Verbrechen vor den Ephoren zu stellen, und es fanden sich verschiedne seiner eignen Sklaven, die gegen ihn aussagten. Indeß kam er noch einmal glücklich davon, indem sowohl die Gelindigkeit der Spartanischen Gesetze, als das Ansehen seiner königlichen Würde, ihn schützte.

Ungeachtet also Pausanias zweymal den Gesetzen seines Vaterlandes entgangen war, konnte er sich doch nicht überwinden, seine niederträchtigen Entwürfe fahren zu lassen, oder seine Rachsucht seiner Sicherheit aufzuopfern. So bald er frey gesprochen war, begab er sich, ohne irgend von dem Staat bevollmächtigt zu seyn, an die Seeküste, und setzte noch immer seine Correspondenz mit dem Artabazus fort. Er gieng jetzt mit so weniger Zurückhaltung zu Werke, daß die Ephoren sein ganzes Betragen wußten, und es ihnen nur bloß an hinlänglichen Befehlen fehlte, ihn zu überführen. Aus dieser Verlegenheit half ihnen endlich ein gewisser Sklave, Argilius *) welcher ihnen Beweise vorlegte, denen nichts entgegengesetzt werden konnte. Er hatte nämlich vom Pausanias den Auftrag erhalten, einen Brief an den Artabazus zu bringen, und war auch wirklich schon im Begriff abzureisen. Da es ihm aber bedenklich vorkam, daß schon mehrere seiner Kameraden zu gleichen Bothschaften gebraucht worden, keiner aber zurückgekehrt war, so öffnete er das Packet, welches er überbringen sollte, und entdeckte darinn das ganze Geheimniß, und seine eigne Gefahr. Pausanias nämlich und der Persische Gouverneur waren eins geworden, alle Boten, die sie wechselsweise an einander schickten, so bald sie ihre Briefe abgegeben, ums Leben zu bringen, damit keine Möglichkeit bliebe, ihre Korrespondenz auszuspüren oder zu entdecken. Diesen Brief übergab er den Ephoren, die nun überzeugt waren, daß Pausanias schuldig sey. Um aber den Beweis noch vollständiger zu machen, wollten sie das Geständniß aus seinem eignen Munde haben. Zu diesem Ende machten sie die Veranstaltung, daß der Sklav in den Tempel des Neptun seine Zuflucht nehmen mußte,

*) G. scheint es für einen eigenthümlichen Namen zu halten. Es zeigt den aus Argilus, einer Thessalischen Stadt, gebürtigen, an. Aus der Erzählung des Cornelius Nepos (4, 4.) folgt nicht, daß er ein Sklave, sondern daß er der Geliebte des Pausanias gewesen.

148 Acht. Abſch. Von dem Siege zu Mykale, die

als ob er Schutz und Sicherheit ſuchen, und zugleich den Gott wegen der Treuloſigkeit, die er begangen, um Vergebung anflehen wolle. Den Augenblick, als Pauſanias hörte, was der Sklave gethan, eilte er in den Tempel, um die Urſache zu erfahren. Hier ſagte ihm der Sklave, daß er ſeinen Brief geöffnet, den für ihn gefährlichen Inhalt entdeckt, und daher dieſes Mittel ergriffen, ſein Leben zu retten. Pauſanias, anſtatt die Sache zu leugnen, bemühte ſich vielmehr, ihn zufrieden zu ſtellen, und verſprach ihm eine große Belohnung, wenn er ſchweigen wollte. Aber verſchiedne Leute, welche die Ephoren vorher in dem Tempel verſteckt hatten, hörten dieſe Unterredung mit an, und machten bald bekannt, was ſie gehört hatten. Die Ephoren beſchloſſen alſo, ihn, ſobald er in die Stadt zurückkäme, in Verhaft zu nehmen, und aus der Miene eines dieſer Magiſtratsperſonen ſah er deutlich, was ihm drohe. Er nahm daher ſeine Zuflucht in den Tempel der Minerva, und war eher da, als ſeine Verfolger ihn einholen konnten. Da die Religion des Staats nicht erlaubte, daß er mit Gewalt herausgeriſſen würde, ſo verſperrte das Volk alle Ausgänge mit großen Steinen, nahm das Dach ab, und ließ ihn alſo dem rauhen Wetter ausgeſetzt. Nach weniger Zeit verhungerte er, und auf dieſe elende Art ſtarb der General, welcher die ſiegreichen Griechen in den Feldern bey Platäa angeführt hatte.

Das Schickſal des Pauſanias zog bald ein faſt eben ſo unglückliches Ende des Themiſtokles nach ſich, der einige Zeit vorher verbannt war, und jetzt in großer Achtung zu Argos lebte. Ein unbegränzter Durſt nach Ruhm, und eine große Begierde willkührlich über ſeine Mitbürger zu herrſchen, hatte ihn zu Athen ſehr verhaßt gemacht. Er hatte neben ſeinem Hauſe zu Ehren der Diana einen Tempel erbaut, mit der Aufſchrift: Der Diana, der Göttin des guten Raths, als ob er dadurch ſeine eignen guten Rathſchläge, die er bey verſchiednen wichtigen Gelegenheiten gegeben, andeuten, und seinen Mitbürgern den stillschweigenden Vorwurf machen wollte, daß sie derselben vergessen hätten. So geringe dieses Vergehen war, so war es doch hinreichend, ihn aus einem so wankelmüthigen und eifersüchtigen Staat, als Athen war, zu verbannen. Aber jetzt klagte man ihn an, daß er um die Absichten des Pausanias gewußt, und Antheil an denselben genommen habe. In der That hatte Pausanias ihm alle seine Entwürfe mitgetheilt, aber Themistokles hatte seine Vorschläge mit äußerstem Unwillen verworfen. Aber dann hielt er die Sache doch geheim, entweder weil ers für niederträchtig hielt, anvertraute Geheimnisse zu verrathen, oder weil ers für unmöglich hielt, daß so gefährliche und übel angelegte Entwürfe gelingen könnten. Sey dem, wie ihm wolle, nach dem Tode des Pausanias zeigte sichs, daß sie eine Korrespondenz unterhalten, und die Lacedämonier verklagten ihn öffentlich vor der Versammlung des Volks zu Athen. Diejenigen Bürger, welche den Themistokles schon lange entweder beneidet oder gefürchtet hatten, nahmen jetzt an der allgemeinen Anklage Theil, und drangen mit großer Erbitterung auf seine Hinrichtung. Aristides allein, welcher schon lange sein öffentlicher Gegner gewesen war, weigerte sich, an dieser niederträchtigen Verschwörung gegen ihn Theil zu nehmen, und verwarf eine so unedle Gelegenheit, sich zu rächen, indem er eben so wenig geneigt war, sich über das Unglück seines Gegners zu freuen, als er vorher gewesen, sein Glück zu beneiden. Vergebens antwortete Themistokles durch Briefe auf die Verläumdungen, womit man ihn anschwärzte; vergebens stellte er vor, daß unmöglich ein Geist, wie der seinige, welcher in seinem Vaterlande die Sklaverey verabscheuet habe, in der Verbannung daran denken sollte, sie zu wünschen; das Volk, welches zu sehr durch seine Ankläger aufgebracht war, schickte Leute ab, die ihn in Verhaft nehmen, und vor die Versammlung Griechenlands bringen sollten. Zum Glück erfuhr er noch früh genug, was man gegen ihn im Sinne hatte, und nahm seine Zuflucht auf die Insel Korcyra (Corfu), deren Einwohnern er vormals wichtige Dienste geleistet hatte. Von da floh er nach Epirus, und da er sich auch hier noch von den Atheniensern verfolgt fand, trieb ihn die Verzweiflung endlich zu dem Admetus, dem König der Molosser. Hier gebrauchte er zuerst alle niedrigen Künste eines Menschen, der gezwungen ist, einen Tyrannen um Hülfe anzusprechen. Er hatte bey einer vormaligen Gelegenheit die Athenienser beredt, diesem Monarchen ihren Beystand abzuschlagen, und dies ward ihm jetzt sehr bitter vorgeworfen. Admetus war eben abwesend, als Themistokles ankam, ihn um Schutz anzuflehen; und bey seiner Rückkehr erstaunte er, seinen alten Feind als einen Schutzsuchenden Flüchtling bey sich zu finden. So bald der König erschien, nahm Themistokles des Königs jungen Sohn in die Arme, setzte sich zwischen die Hausgötter, entdeckte ihm die Ursache seiner Ankunft, und flehte ihn um Gnade und Schutz an. Admetus, welcher erstaunte, und von Mitleiden durchdrungen wurde, den größten Mann in Griechenland als einen demüthigen Flüchtling zu seinen Füßen zu sehen, hob ihn alsobald von der Erde auf, und versprach ihm seinen Schutz. Als demnach die Athenienser und Lacedämonier seine Auslieferung verlangten, so weigerte er sich schlechterdings, ihnen einen Mann zu überantworten, der seinen Pallast als eine heilige Freystätte angesehen, in der festen Ueberzeugung, daß er Sicherheit und Schutz daselbst finden würde. So brachte also Themistokles seine letzten Tage in Unthätigkeit und Einsamkeit hin, verzieh und verachtete die Undankbarkeit seines Vaterlandes, und erwartete noch am Ende Verzeihung. Allein die Athenienser und Lacedämonier wollten ihn durchaus nicht in Ruhe leben lassen, und verlangten seine Auslieferung aufs dringendste. In dieser Bedrängniß, entschloß sich der König, da er nicht im Stande war seinen großen Gast zu schützen, ihm zu einer glücklichen Flucht behülflich zu seyn. Er that ihn daher auf ein

Kauffartheyschiff, welches nach Jonien seegelte. Themistokles verheelte seinen Stand mit äußerster Behutsamkeit; da er aber durch Sturm an die Insel Naxos, welche die Athenienser eben damals belagerten, getrieben wurde, nöthigte ihn die große Gefahr, ihnen in die Hände zu fallen, sich dem Steuermann zu entdecken, der sich denn bewegen ließ, ihn gleich nach Asien zu bringen. Hier landete er zu Kumä, einer Aeolischen Stadt in Kleinasien, und wurde von da in einem bedeckten Wagen, dergleichen die Perser zu gebrauchen pflegten ihre Weiber zu fahren, und in Begleitung einer starken Wache, an den Hof zu Sardes abgeschickt.

Als der unglückliche Verbannte an dem Hofe des wollüstigen Persischen Monarchen angekommen war, wandte er sich an den Hauptmann der Wache, und bat sich, als ein Griechischer Fremdling, die Erlaubniß aus, mit dem König zu reden. Der Officier belehrte ihn darauf von einer Ceremonie, die, wie er wußte, einigen Griechen unausstehlich war, ohne die aber Keiner die verlangte Ehre haben konnte. Diese bestand darinn, sich vor dem Persischen Monarchen niederzuwerfen, und ihn als das lebendige Bild der Gottheit auf Erden anzubeten. Themistokles, der sich nie über Mittel, seine Absichten zu erreichen, ein Gewissen machte, versprach, sich Alles gefallen zu lassen; er warf sich, nach Persischer Art, auf sein Angesicht vor dem Könige nieder, und entdeckte ihm seinen Namen, sein Vaterland, und sein unglückliches Schicksal. „Ich habe, sprach er, mei
„nem undankbaren Vaterlande mehr als einmal Dienste
„gethan, und komme jetzt, diese Dienste dir anzubieten.
„Mein Leben steht in deinen Händen: du kannst jetzt
„deine Gnade beweisen, oder deine Rache ausüben.
„Durch die erstere wirst du einen treuergebnen Flücht
„ling erhalten, durch die letztere den größten Feind
„Griechenlands vertilgen." Der König gab ihm bey dieser Audienz keine Antwort, wiewohl er von Bewunderung über seine Beredsamkeit und Unerschrockenheit er

füllt war, legte aber bald seine Freude über diesen Vorfall an den Tag. Er sagte zu seinen Hofleuten, daß er die Ankunft des Themistokles als eine sehr glückliche Begebenheit ansehe, und nichts mehr wünsche, als daß seine Feinde immer fortfahren mögten, sich selbst zum Verderben lle guten und weisen Männer von sich zu verbannen. Selbst im Traume äußerte sich noch sein Vergnügen. Man sahe ihn in der Nacht im Schlafe auffahren, und hörte ihn dreymal ausrufen: Themistokles, der Athenienser, ist jetzt mein! Er schenkte ihm drey Städte zum Unterhalt, und unterhielt ihn im äußersten Ueberfluß und Pracht. Man sagt, seine Gunst am Persischen Hofe, und die Achtung, welche alle Klassen von Menschen ihm bezeugt, sey so groß gewesen, daß er einst an Tafel gegen seine Frau und Kinder, welche bey ihm gesessen, voller Freuden ausgerufen: "Kinder, wir wären gewiß unglücklich gewesen, wenn man uns nicht zu Grunde gerichtet hätte."

Solchergestalt lebte er im Ueberfluß und vergnügter Sklaverey, bis der König auf die Gedanken kam, von seinen Talenten Gebrauch zu machen, und ihn an der Spitze einer Armee gegen Athen abzuschicken. Wenn gleich Themistokles sich öffentlich für einen Feind dieses Staats erklärte, so hegte er doch noch immer eine geheime Liebe gegen denselben, die keine Entrüstung ganz unterdrücken konnte. Der Gedanke, daß er das Werkzeug werden sollte, eine Stadt zu Grunde zu richten, die durch seine Rathschläge so blühend geworden, war ihm unaussprechlich kränkend. Er fand sich endlich zu schwach, den Kampf zwischen seiner Dankbarkeit gegen den König und seiner Liebe fürs Vaterland auszuhalten, und entschloß sich, zu sterben, das einzige Mittel, dieser schrecklichen Verlegenheit ein Ende zu machen. Er stellte daher ein feyerliches Opfer an, zu welchem er alle seine Freunde einlud, und nachdem er sie alle umarmt, und ihnen das letzte Lebewohl gesagt hatte, nahm er Gift zu sich, welches seinem Leben bald ein Ende machte. Er starb zu Magnesia, im fünf und sechzigsten Jahre seines Lebens, dessen größten Theil er in den Intriguen und dem Getümmel unruhiger Staatsgeschäffte zugebracht hatte. Themistokles scheint alle die auffallendsten Züge des Griechischen Charakters in seiner Person vereinigt zu haben; scharfsinnig beredt und tapfer, aber dabey ohne Grundsätze, arglistig, feil und gewinnsüchtig, zu voll von Tugenden, als daß man seiner je als eines verächtlichen Charakters erwähnen, und zu voll von Fehlern, als daß man ihn je als einen guten Mann betrachten könnte.

Unterdeß daß Themistokles so das Spiel des Glücks geworden war, suchte der gerechte Aristides sich einen eblern Weg zum Ruhme zu bahnen. Wir haben schon bemerkt, daß die Oberherrschaft Griechenlands von Sparta zu den Atheniensern übergegangen war; und die verbundnen Griechischen Staaten wurden eins, daß ihr gemeinschaftlicher Schatz zu Bestreitung der Kriegskosten in der Insel Delos, unter der Aufsicht eines Mannes von hellem Kopf und unverdorbnem Herzen niedergelegt werden sollte.*) Die große Frage also war, wo man einen Mann finden sollte, dem man ein so wichtiges Geschäfft anvertrauen könnte, und der allgemein dafür anerkannt würde, daß er standhaft mehr für das Beßte des Staats als für sein eignes besorgt wäre. Bey dieser allgemeinen Untersuchung warfen alle Partheyen ihre Augen auf den Aristides, von welchem Themistokles im Scherz zu sagen pflegte, er habe kein andres Verdienst, als daß man ihn als einen wohlverwahrten Kasten gebrauchen könne, der alles das sicher aufhübe, was man ihm anvertraue.

Das Verhalten des Aristides in Vollziehung dieser Pflicht, diente bloß, die hohe Meynung, die Jedermann von seiner Rechtschaffenheit hegte, zu bestätigen. Er verwaltete den Schatz mit der Sorgfalt eines Vaters

*) Die jährliche Steuer betrug itzt 460 Talente oder 580,000 Thlr.

für seine Familie, und der vorsichtigen Wachsamkeit eines Geizhalses über das, was ihm theurer ist, als sein Leben. Kein Mensch klagte über seine Verwaltung, und kein Theil des öffentlichen Geldes wurde vergeblich verwendet. Und er, der so sein möglichstes that, den Staat reich zu machen, war selbst sehr arm; so weit aber entfernt, sich der Armuth zu schämen, daß er sie so rühmlich für sich ansahe, als alle Trophäen und Siege, die er gewonnen hatte. Es ereignete sich bey einer gewissen Gelegenheit, daß Kallias, ein vertrauter Freund und Verwandter des Aristides, wegen irgend eines Vergehens vor Gericht gefordert wurde, und eine der vornehmsten Beschuldigungen gegen ihn war, daß er sich in Ueberfluß und Ueppigkeit wälze, und unterdeß seinen Freund und Verwandten Aristides in Armuth und Dürftigkeit leben ließe. Aristides ward bey dieser Gelegenheit auch vorgerufen, da es sich denn zeigte, daß Kallias ihm oft angeboten, sein Vermögen mit ihm zu theilen, er aber diese Wohlthat immer ausgeschlagen, indem er zum Grunde angeführt, man könne nur von dem sagen, daß er Mangel leide, welcher seine Begierden über die Gränzen seiner Einnahme ausschweifen lasse, derjenige hingegen, der mit wenig Dingen auskommen könne, näherte sich dadurch den Göttern, welche gar keine Bedürfnisse hätten.

Solchergestalt lebte er, gerecht in seinen öffentlichen Geschäfften, und unabhängig in seinem Privatleben. Sein Haus war eine öffentliche Schule der Tugend, und stand allen jungen Atheniensern offen, die entweder Weisheit suchten, oder nach hohen Ehren trachteten. Er nahm sie aufs freundschaftlichste auf, hörte sie mit Geduld an, unterrichtete sie mit Vertraulichkeit, und bemühte sich vor allen Dingen, sie sich selbst richtig schätzen zu lehren. Cimon, welcher nachher eine so glänzende Rolle im Staat spielte, war einer seiner vornehmsten Schüler.

Die Geschichte bestimmt die Zeit oder den Ort seines Todes nicht genau, aber seinem uneigennützigen

Charakter giebt sie das herrliche Zeugniß, indem sie uns sagt, daß er, der die uneingeschränkte Verwaltung aller öffentlichen Schätze in Händen hatte, in Armuth verstorben sey. Man versichert so gar, daß er nicht so viel Geld hinterlassen, wovon die Kosten seines Begräbnisses bezahlt werden können, und daß also der Staat sich genöthigt gesehen, sein Begräbniß und die Unterhaltung seiner Familie zu übernehmen. Seine Töchter wurden verheirathet, und sein Sohn lebte auf Kosten des gemeinen Wesens, und einige seiner Enkel genossen einer solchen Pension, als die, welche in den Olympischen Spielen gesiegt hatten, empfiengen. Die größte Ehre aber, die seine Mitbürger seinem Andenken erwiesen, war, daß sie ihm den Beynamen des Gerechten gaben, ein Name, der alle leeren Titel der Weisheit und großer Kriegsthaten weit übertrifft; denn Glück oder Zufall giebt oft Weisheit oder Tapferkeit, aber alle moralischen Tugenden sind einzig unser Werk.

Nachdem Athen solchergestalt der Klugheit und Rechtschaffenheit seiner beiden größten Männer beraubt war, so fand der jüngere Ehrgeiz Raum, sich empor zu heben, und Cimon, des Miltiades Sohn, versprach den Platz jener Männer würdig und ruhmvoll auszufüllen. Cimon hatte seine Jugend in Ausschweifungen zugebracht, aus deren übeln Folgen, dem Anschein nach, keine Anstrengung ihn herausreißen konnte. Als er zum erstenmal sich um die öffentliche Gunst zu bewerben suchte, ward er von dem Volk, das wegen seiner vormaligen Thorheiten gegen ihn eingenommen war, so übel empfangen, daß er sich der grausamsten Geringschätzung ausgesetzt sah. So viel Tapferkeit und Fähigkeiten er also auch besaß, so ließ er alle Gedanken auf öffentliche Geschäffte fahren, und suchte in einer geringern Sphäre seine Befriedigung. Aber Aristides, welcher mitten unter seinen jugendlichen Ausschweifungen viele große Eigenschaften entdeckte, feuerte ihn durch neue Hoffnungen an, und überredete ihn, noch einmal einen Versuch zu wagen. Er änderte daher jetzt seine

Aufführung gänzlich, legte seine jugendlichen Thorheiten ab, und strebte nach nichts, als was groß und edel war. So brachte ers dahin, daß er dem **Miltiades** an Tapferkeit, dem **Themistokles** an Klugheit nichts nachgab, und an Rechtschaffenheit nicht sehr weit vom **Aristides** übertroffen wurde.

Die erste einigermaßen merkwürdige Expedition, bey welcher **Cimon** das Kommando führte, war das Unternehmen der Griechischen Flotte gegen die Küsten von Asien. So bald er nach Karien kam, traten alle Griechischen Städte an der Seeküste ihm alsobald bey, und die übrigen, welche von Persien besetzt waren, wurden durch Sturm erobert. Also brachte ers durch seine kluge Anführung dahin, daß das ganze Land von Jonien bis Pamphylien, sich gegen die Persische Oberherrschaft erklärte, und dem Griechischen Bunde beytrat.

J. 471. v.C.G.

Die Eroberung der Stadt **Eion** *) ist zu merkwürdig, als daß ich sie mit Stillschweigen übergehen könnte. **Boges**, der als Persischer Gouverneur in der Stadt lag, behauptete sie mit dem festen Entschluß, sie entweder zu retten, oder in ihrem Untergange selbst das Leben zu lassen. Es stand ihm frey mit den Belagerern zu kapituliren, und **Cimon** hatte ihm oft sehr vortheilhafte Bedingungen angeboten, aber seine Ehre war ihm theurer als sein Leben, er schlug alle Unterhandlungen aus, und vertheidigte seinen Posten mit unbeschreiblicher Wuth, bis er es endlich unmöglich fand, sich länger zu halten, weil alle Lebensmittel aufgezehrt waren. Er warf daher alle seine Schätze von der Mauer in den Fluß **Strymon**, tödtete darauf seine

---

*) Sie lag in Thracien oder nachher in Macedonien, und war der Hafen von Amphipolis. Ihre Eroberung erfolgte früher als die Eroberungen an den Küsten von Karien und Lycien. Uebrigens unterscheidet Diodor von Sicilien den Sieg am Eurymedon vom Sieg bey Cypern, und nach einem spätern Sieg bey Cypern soll der Friede erst erfolgt seyn. Während dieses Zwischenraums soll auch Cimon eine Zeitlang aus Athen verbannt gewesen seyn.

Frau und Kinder, legte sie auf einen Scheiterhaufen, steckte alles in Brand, und stürzte sich dann selbst in die Flammen, wo er seinen Geist aufgab.

Von hier begab sich **Cimon** nach **Scyrus**, einer Insel, die von einem Haufen seeräuberischer Pelasger und Doloper bewohnt wurde. Nachdem er diese Banditen angegriffen und zerstreuet hatte, pflanzte er einige Athenienſiſche Kolonien längs den Ufern des Aegäiſchen Meeres an; auf welchen die Griechen nun freyen Handel treiben konnten. Hierauf brachte er zunächſt die Griechiſchen Waffen nach **Euböa**, wo er ein Bündniß mit den **Karyſtiern** auf Bedingungen, die er ſelbſt vorſchlug, bewürkte. Er brachte jetzt Naxos zum Gehorſam; da er aber die Einwohner ſehr hartnäckig und widerſpänſtig fand, ſo hielt er es für beſſer, ſie ihrer Freyheit zu berauben. Dieß war das erſte Beyſpiel, daß eine abhängige Stadt, ohne Mitwürkung der allgemeinen Konförderation, ihre gänzliche Freyheit verlor. Aber eine ſolche Ausdehnung der Gewalt wurde bald bey allen herrſchenden Staaten in Griechenland gewöhnlich. Die Athenienſer hatten verſchiedenen Pflanzſtädten und den eroberten Städten und Inſeln Steuern aufgelegt. Dieſen Steuern unterwarf ſich das Volk mit vielem Widerwillen, und ſo bald ſie eine günſtige Gelegenheit erſahen, ſo waren ſie gleich entſchloſſen ſich zu empören. Hieraus entſprang für den erſten Griechiſchen Feldherrn, der ein ſolches Volk überwältigen konnte, ein ſcheinbarer Grund, ihm ſeine Freyheit zu nehmen.

Indem **Cimon** alſo von einer Eroberung zur andern fortgieng, erfuhr er endlich, daß die ganze Perſiſche Flotte an der Mündung des Fluſſes **Eurymedon** vor Anker läge, wo ſie eine Verſtärkung von Schiffen aus Phönicien erwartete, und daher nicht eher ein Treffen liefern wollte. Der Athenienſiſche General entſchloß ſich alſo, wo möglich dieſe Vereinigung zu hindern, und ſtellte ſeine Galeeren alſo, daß zugleich jener Zweck erreicht, und die Feinde zum Treffen genöthigt wurden. Vergebens zog ſich die Perſiſche Flotte weiter in die

Mündung des Flusses zurück, die Athenienser verfolgten sie immer den Strom hinauf, so lange bis sie sich genöthigt sahen, zu schlagen. Die Perser hatten hundert Schiffe mehr, und fochten daher eine Zeitlang mit großer Unerschrockenheit; da sie aber endlich mit Gewalt ans Ufer getrieben wurden, sprangen diejenigen, welche zuerst kamen, gleich ans Land, und überließen ihre leeren Schiffe dem Feinde. Also eroberten die Athenienser, außer dem was versenkt wurde, über zwey hundert Schiffe. Nicht zufrieden damit, verfolgten sie ihren Sieg auch zu Lande: die Griechischen Soldaten sprangen über Bord, erhuben ein großes Geschrey, und fielen wüthend den Feind an, welcher den ersten Angriff mit vieler Entschlossenheit aushielt. Endlich aber überwand die Griechische Tapferkeit des Feindes Verzweiflung; eine gänzliche Niederlage der Perser erfolgte, eine große Menge von Gefangnen, und eine reiche Beute, die sich in ihren Zelten fand, fiel den Siegern in die Hände.

J. 496. v. C. G. So erfochten also die Griechen zu gleicher Zeit einen doppelten Sieg, zu Wasser und zu Lande.

Cimon kehrte nun siegreich nach Athen zurück, und entschloß sich, die Schätze, die er in diesem Kriege erbeutet hatte, zur Verschönerung und Ausschmückung seiner Vaterstadt anzuwenden. Der Geschmack für die Baukunst hatte sich seit einiger Zeit in Griechenland ausgebreitet, und die Athenienser gaben der Welt Muster in dieser Kunst, die bis auf den heutigen Tag alles andre übertreffen. Siege, welche den Stolz der Perser so sehr bemüthigten, bewogen dieses Reich endlich, auf einen Frieden bedacht zu seyn, und es wurde nach einiger Zeit ein Traktat geschlossen, dessen Bedingungen sehr rühmlich für Griechenland waren. Man setzte nämlich fest, daß den Griechischen Städten in Kleinasien der ungestörte Genuß ihrer Freyheit gelassen, und sowohl die Land- als Seemacht der Perser so weit von den Griechischen Meeren entfernt gehalten werden sollte, daß nicht der geringste Verdacht entstehen könnte. *)

*) Cimon hatte bey Cypern gesiegt, starb aber vor der

Also endigte sich der Persische Krieg, welcher die Griechischen Staaten in Einigkeit erhalten, und alle ihre Fähigkeiten zu glänzenden Thaten geweckt hatte. Von dieser Zeit fiengen sie an, jene Feindseligkeiten, die bisher auf den gemeinschaftlichen Feind gelenkt waren, gegen sich selbst zu kehren; ihr großer kriegerischer Geist gieng in den kleinen eifersüchtigen Zwistigkeiten verloren, und ganz entnervt durch die Verfeinerungen und Wollüste des Friedens, machten sie sich nach und nach fähig, das Joch des ersten Räubers ihrer Freyheit geduldig zu tragen.

Um diese Zeit wurde das Studium der Philosophie, durch den Klazomenier **Anaxagoras**, aus Jonien nach Athen gebracht. In der Dichtkunst that sich zu gleicher Zeit **Simonides** aus der Insel Ceos hervor, welcher die Thaten seiner Landsleute, ihrer Tapferkeit würdig, besang. Indessen haben seine Schriften nicht Verdienste genug gehabt, sie vor der Vergessenheit zu bewahren; denn man kann vielleicht behaupten, daß die Menschen nie ein Werk untergehen lassen, welches wirklich etwas beytragen könne, sie weiser oder glücklicher zu machen.

Neunter Abschnitt.
Von dem Frieden mit Persien bis auf den Frieden des Nicias.

Nachdem also die Republik Athen ihrer Besorgnisse vor auswärtigen Feinden größtentheils entlediget war; fieng sie an innerliche Feindseligkeiten auszubrüten, und ihre Bürger gebrauchten alle mögliche Kunstgriffe, einander in ihren Bewerbungen um die wichtigsten öffentlichen Aemter und Ehrenstellen zu untergraben. Außer dem Cimon, welchem man einmüthig das Kom-

Mauern von Citium an den Wunden, nachdem er doch noch den Frieden glücklich unterhandelt hatte. Der Friede folgte also nicht gleich auf die fast 20 J. vorher vorfallende Schlacht am Eurymedon.

mando der Flotte und Armee aufgetragen hatte, bemühten sich Andre, zu Hause das Ruder in die Hände zu bekommen, und mit geringerer Gefahr die Staatsgeschäffte nach ihrem Willen zu verwalten. Der vornehmste, welcher mit diesen Absichten schwanger gieng, war Perikles, ein Mann, der viel jünger war, als Cimon, und einen ganz entgegengesetzten Charakter hatte. Perikles stammte von den grösten und berühmtesten Athenienſiſchen Familien ab: sein Vater, Xanthippus, ſchlug die Perſer zu Mykale, und seine Mutter Agariſta, war eine Nichte des Kliſthenes, welcher die Tyrannen verjagte, und eine demokratische Verfassung in Athen einführte. Er gieng früh mit den Gedanken um, sich im Staat emporzuſchwingen, und ließ sich von dem Anaxagoras in der Naturphiloſophie unterrichten. Er ſtudierte die Politik mit großem Eifer, vornehmlich aber widmete er sich der Beredsamkeit, die er, in einem demokratiſchen Staat, als die Quelle aller Erhebung anſah. Der glücklichſte Erfolg krönte seinen Fleiß: seine Zeitgenossen unter den Dichtern, verſichern, seine Beredsamkeit sey so mächtig geweſen, daß sie, gleich dem Donner, ganz Griechenland erschüttert, und in Erstaunen geſetzt. Er besaß die große Kunſt, Stärke und Schönheit zu vereinigen; es war nicht möglich, der Gewalt seiner Gründe, oder der Annehmlichkeit seines Vortrags zu widerſtehen. Thucydides, sein großer Gegner, sagte oft, er habe ihn zwar oft überwunden, aber die Zauberkraft seiner Ueberredung sey so groß, daß die Zuhörer nie ihn unterliegen geſehen.

Mit dieser Beredsamkeit verband er sowohl eine tiefe Kenntniß des menſchlichen Herzens, als eine genaue Bekanntſchaft mit den Geſinnungen seiner Zuhörer. Immer sagte er zu sich selbſt: Erinnere dich, Perikles, daß du zu Leuten reden willſt, die in den Armen der Freyheit gebohren sind, und unterlaß nichts, ihnen in ihrer herrſchenden Leidenſchaft zu ſchmeicheln. Er glich dem Tyrannen Piſiſtratus, nicht nur in der Lieblichkeit seiner Stimme, sondern auch in der Gesichtsbildung, in seinem ganzen Wesen und Betragen. Mit diesen natürlichen und erworbenen Vollkommenheiten, verband er auch die Vorzüge des Glücks: er war sehr reich, und stand mit den mächtigsten Familien des Staats in ausgebreiteter Verwandtschaft.

Der Tod des Aristides, die Verbannung des Themistokles und die Abwesenheit des Cimon, gaben seinem wachsenden Ehrgeiz die schönste Gelegenheit. Doch verhehlte er anfänglich seine Absichten mit der äußersten Behutsamkeit, bis er endlich sein Ansehen und seine Gunst bey dem Volk nach und nach so fest gegründet sah, daß ers wagte, sich an seine Spitze zu stellen, und sich also den vornehmsten Männern des Staats mit großem Anschein uneigennütziger Tugend entgegensetzte. Das vornehmste Hinderniß seiner Erhebung war Cimon, dessen offne Ehrlichkeit ihm einen zahlreichen Anhang unter allen Ständen und Klassen verschafft hatte. Um ihm die Wage zu halten, suchte Perikles das Volk auf seine Seite zu ziehen, und brachte es durch Verschwendung des öffentlichen Geldes zu Bestechungen, Geschenken und andern Austheilungen leicht dahin, daß der große Haufen ihn zu seinem Abgott machte.

Nachdem er also erst in der Gunst des Volks einen sichern Grund gelegt hatte, griff er den Areopagus an, diesen ehrwürdigen Rath, der aus den angesehensten Personen in Athen bestand, und brachte es, mit Hülfe des Ephialtes, eines andern Helden des Volks dahin, daß die mehresten Rechtssachen seiner Untersuchung entzogen, und das ganze Collegium verächtlich wurde. Auf diese Art verwaltete er, unterdeß er den Cimon ungestört den auswärtigen Krieg fortsetzen ließ, die wichtigsten innern Angelegenheiten; und da es sein Interesse war, den Cimon in der Entfernung zu halten, trug er Sorge, daß es ihm nie weder an auswärtigen Geschäfften, noch an Unterstützung aus dem öffentlichen Schatze fehlte.

ℒ

162 Neunt. Abſch. Von dem Frieden mit Perſien

Während dieſer Trennungen zu Athen, gab ein Aufſtand der Heloten, oder Lacedämoniſchen Sklaven, beiden Partheyen Gelegenheit, ihre Kräfte gegen einander zu verſuchen. *) Dieſe unglücklichen Leute, welche verſchiedne Jahrhunderte hindurch unter dem Joch der Unterdrückung geſeutzt, und alle Hoffnung verloren hatten, ihr Schickſal jemals erleichtert zu ſehen, bloß weil einmal ein ungerechtes Urtheil über ſie ergangen war, dieſe Unglücklichen griffen endlich gegen ihre Tyrannen zu den Waffen, und drohten dem Spartaniſchen Staat nichts weniger, als den Untergang. In dieſer Noth ſchickten die Lacedämonier nach Athen, und baten um Hülfe; dagegen aber ſetzte ſich **Ephialtes**, und behauptete, daß es auf keine Weiſe rathſam ſeyn würde, ihnen beyzuſtehen, oder einen eiferſüchtigen Staat durch ihren Beyſtand mächtig zu machen. Auf der andern Seite nahm **Cimon** ſich der Sache der Spartaner an, und erklärte, daß es unvernünftig und feig ſeyn würde, wenn man gleichgültig geſtattete, daß eines der Hauptglieder des Griechiſchen Bundes abgehauen, und dadurch der ganze Körper zum Krüppel gemacht würde. Seine Meynung behielt für diesmal die Oberhand; man erlaubte ihm, an der Spitze eines zahlreichen Korps ihnen zu Hülfe zu kommen, und ſo bald er ſich näherte, war der Aufruhr gedämpft. Bald nachher aber brach das Uebel aufs neue aus. Die Heloten bemächtigten ſich der ſtarken Feſtung Ithome, und die Spartaner baten wieder bey den Atheniensern um Beyſtand. Diesmal war die Parthey des **Perikles** die mächtigere, und den Lacedämoniern ward ihr Geſuch abgeſchlagen. Da ſie alſo allein dafür ſorgen mußten, den Krieg mit ihren rebelliſchen Sklaven ſo gut ſie konnten zu endigen, ſo belagerten ſie Ithome, welches ſich zehn Jahre lang hielt, endlich aber erobert wurde, worauf die Lacedämonier der Beſatzung, auf die

---

*) Ein großes Erdbeben, das Sparta verwüſtete, (Olymp. 77, 4. oder 78, 3. 466. v Chr. G.) hatte zur Empörung der Heloten und Meſſenier Gelegenheit gegeben.

bis auf den Frieden des Nicias.

Bedingung, daß sie den Peloponnes auf ewig räumen sollte, das Leben schenkten.

Unterdessen machte die abschlägige Antwort von Seiten der Athenienser, und einige Beleidigungen, welche von Seiten der Lacedämonier vorgefallen seyn sollten, eine Eifersucht aufs neue rege, welche schon lange zwischen diesen beyden Nebenbuhlerinnen geherrscht hatte, und von der Zeit an, bald mit größerer, bald mit geringerer Kraft, immer fort wirkte, bis zuletzt beide nicht länger im Stande waren, den geringsten Bemühungen auswärtiger Feinde Widerstand zu thun.

Der erste Beweis, welchen die Athenienser von ihrem Unwillen gaben, war, daß sie den Cimon, der sich der Spartaner angenommen hatte, auf zehn Jahre aus der Stadt verbannten. Hiernächst trennten sie ihr Bündniß mit Sparta, und schlossen mit den Argivern, den erklärten Feinden der erstern, ein Bündniß. Die Sklaven, welche aus Jthome abgezogen waren, nahmen die Athenienser in Schutz, und gaben ihnen nebst ihren Familien einen freyen Aufenthalt zu Naupaktus. Alle Vorrechte Spartanischer Unterthanen wurden für Athenienser die sich in Lacedämon aufhielten, und alle Wohlthaten Spartanischer Gesetze wurden zum Vortheil ihrer eignen abhängigen Städte gefordert. Was aber den Bruch am meisten vergrößerte, war, daß die Athenienser die Stadt Megara, welche von den Spartanern, mit denen sie im Bunde stand, abfiel, in Schutz nahmen, und eine Besatzung hineinlegten. So ward der Grund zu einem unauslöschlichen Hasse gelegt, der sich im Untergange beider Staaten endigte.

Der Hauptbewegungsgrund zu diesem übermüthigen und treulosen Betragen der Athenienser, war der hohe Ton der Superiorität, den sie seit der Schlacht bey Platäa immer anstimmten. Dieser Sieg hatte sie zu demselben Nationalrang, als die Lacedämonier hatten, erhoben. Sie nährten ihre Jdeen von Größe und Rang von dieser Zeit an. Es war ihnen nicht mehr genug, den Spartanern gleich gesetzt zu werden, sie wollten als ihre Obern angesehen seyn. Sie nannten sich daher selbst Griechenlands Beschützer, wünschten, daß die Zusammenkunft der Staaten in Athen gehalten würde, und beschlossen, die kleinste Beleidigung durch die Schärfe des Schwerdts zu ahnden.

Wie beym Anfange aller Feindseligkeiten, so giengs auch hier: man ließ sich in verschiedne Traktaten ein, schloß verschiedne Bündnisse von beiden Seiten, bis es endlich zum förmlichen Bruche kam. Durch zwey leichte Treffen zwischen den Atheniensern und Korinthern, in welchen beyde Partheyen wechselsweise siegten, wurde zuerst gleichsam Lärm geblasen. Hierauf erfolgte ein Treffen zwischen den Atheniensern und Spartanern bey Tanagra, in welchem Cimon, die Ungerechtigkeit seines Vaterlandes vergessend, ihm zu Hülfe kam; die Athenienser aber wurden dem ungeachtet geschlagen. Ein oder zwey Monate nachher ersetzten sie diesen Verlust, indem sie wieder einen Sieg erfochten. Das Betragen des Cimon gewann ihm die Gunst seiner Mitbürger wieder; er ward aus der Verbannung, worinn er fünf Jahre gelebt hatte, zurückberufen; und Perikles, sein Nebenbuhler, war der erste, welcher das Volk zu diesem Entschluß beredte.

Der erste Gebrauch, welchen Cimon von seiner Rückkehr machte, war, daß er die beiden eifersüchtigen Staaten mit einander auszusöhnen suchte. Er brachte dies auch in so weit äußerlich zu Stande, daß ein Stillstand auf fünf Jahre zwischen ihnen geschlossen wurde. Dies gab ihm Raum, die Macht des Staats gegen einen entlegenern Feind zu gebrauchen. Auf seinen Rath ward eine Flotte von zwey hundert Schiffen bemannt, und unter seinem Kommando abgeschickt, die Insel Cyprus zu erobern. Er seegelte eilends ab, überfiel die Insel, und belagerte Citium. Hier, entweder von den Belagerten verwundet, oder von einer heftigen Krankheit befallen, fühlte er die Annäherung seines Endes; aber immer eingedenk seiner Pflicht, befahl er seinen Officieren, seinen Tod so lange zu verhehlen, bis sie seine Entwürfe glücklich, ausgeführt hätten. Sie gehorchten ihm mit Verschwiegenheit und dem erwünschten Erfolge. Dreyßig Tage nach seinem Tode erfocht die Armee, welche noch immer glaubte, daß sie von ihm kommandirt werde, einen herrlichen Sieg; so starb er, nicht allein in den Armen des Sieges, sondern gewann noch Schlachten bloß durch die Kraft seines Namens. Mit dem Cimon starb, großentheils, der Geist der edlen Ruhmbegierde in Athen. Er war der letzte und auch der glücklichste der Griechischen Helden. So groß war das Schrecken der Perser vor seinem Namen, daß sie allenthalben die Seeküsten im Stiche ließen, und sich auf vier hundert Stadien dem Orte nicht zu nähern wagten, wo sie nur irgend vermuthen konnten, daß er da sey. *)

Da Perikles nun, durch den Tod des Cimon, eines mächtigen Nebenbuhlers entledigt war, gieng er eifrig dran, das angefangene Werk seines Ehrgeizes zu vollenden: er theilte das eroberte Land aus, belustigte das Volk mit Schauspielen, schmückte die Stadt mit öffentlichen Gebäuden, und gewann dadurch eine solche Macht über die Gemüther des Volks, daß er eine fast monarchische Herrschaft in Athen ausübte. Er fand Mittel, acht Monate des Jahrs hindurch eine große Anzahl armer Bürger zu unterhalten, indem er sie auf die Flotte that, welche aus sechzig Schiffen bestand, die er jährlich ausrüstete. Er legte verschiedne Pflanzstädte an den verschiedenen Orten an, die sich seit kurzem Athen unterworfen hatten. Hierdurch reinigte er die Stadt von einer großen Menge müssiger Leute, die immer bereit waren, Unruhen zu erregen; und zu gleicher Zeit nichts zu leben hatten. Aber die öffentlichen Gebäude, die er aufführte, von deren einigen man noch bis auf den heutigen Tag die Ruinen sieht, sind allein hinreichend, seinen Namen der Nachwelt werth zu machen. Man muß erstaunen, daß in einer Stadt, die sich durch die Anzahl ihrer Einwohner nicht besonders auszeichnete, und in einem so kurzem Zeitraum, als

*) Er starb während den Unterhandl. mit den Persern Ol. 82, 3.

seine Verwaltung dauerte, solche mühsame, kostbare prächtige Werke haben zu Stande gebracht werden können. Alle Künste der Baukunst, Bildhauerkunst und Malerey wurden in seinen Entwürfen erschöpft; und was davon noch übrig ist, bleibt bis auf diese Stunde Muster der Vollkommenheit. Um diese großen Werke zu Stande zu bringen, bediente er sich größtentheils ungerechter Mittel, und gebrauchte dazu die Schätze, welche Griechenland zu der Fortsetzung des Persischen Krieges zusammengethan hatte. Diese waren bis dahin zu Delos aufbewahrt, aber er brachte es durch seine List dahin, daß sie nach Athen transportirt wurden, wo er sie dann verschwendete, seine eigne Gewalt durch alle Künste der Popularität zu befestigen. Durch diese Mittel ward Athen von seinen Nachbarn so sehr bewundert und beneidet, daß man es nicht anders als das **Kleinod Griechenlandes** nannte; und wenn man sich beklagte, daß der gemeinschaftliche Schatz zu diesen Werken der Pracht unnütz verschwendet wurde, gab **Perikles** zur Antwort: die Athenienser hätten Keinem wegen ihres Verhaltens Rechenschaft zu geben; denn diejenigen hätten doch wohl das beste Recht zu den Schätzen der verbundenen Staaten, die sich am meisten Mühe gäben, ihre Freyheit zu erhalten. Es sey auch nicht mehr als billig, fügte er hinzu, daß geschickte Künstler von dem öffentlichen Gelde ihren Theil bekämen, da zur Fortsetzung des Krieges noch immer genug übrig bliebe.

Dies waren mehr Gründe der Gewalt, als der Ueberredung, Gründe eines Mannes, der bereits mehr im Besitz des Gegenstandes seiner Begierden, als geneigt war, ihm auf gerechte Vorstellungen zu entsagen. Nicht allein die weisern Bürger, sondern alle Griechischen Staaten, sahen es deutlich genug, daß er täglich mit großen Schritten sich der höchsten Gewalt näherte, und gleich seinem Vorgänger **Pisistratus**, das Volk dahin bringen wollte, sich selbst seine Ketten zu schmieden. Diesem bevorstehenden Uebel zu steuern, setzten die

bis auf den Frieden des Nicias. 167

Häupter der Stadt den **Thucydides** seiner immer wachsenden Gewalt entgegen, und suchten also durch Beredsamkeit dem Fortgange seines Ansehens bey dem Volk Einhalt zu thun.

Thucydides war mit dem **Cimon** verschwägert, und hatte bey unzähligen Gelegenheiten seine Weisheit an den Tag gelegt. Er besaß nicht die militärischen Talente seines Nebenbuhlers, aber seine Beredsamkeit gab ihm einen sehr mächtigen Einfluß über das Volk. Da er nie die Stadt verließ, so bekämpfte er immer den **Perikles** in allen seinen Maaßnehmungen, und brachte auf eine Zeitlang den Ehrgeiz seines Nebenbuhlers in die Schranken der Billigkeit zurück.

Aber alle seine Bemühungen halfen nicht lange gegen die unwiderstehliche Ueberredungskraft und den verderblichen Einfluß seines Gegners. **Perikles** faßte täglich festeren Fuß, bis er endlich die höchste Gewalt des Staats ganz in Händen hatte. Nun fieng er an, sein Betragen zu ändern; statt daß er vorher den Schmeichler, den demüthig Bittenden gespielt hatte, nahm er jetzt die stolze Miene eines Regenten an. Er unterwarf sich nicht länger den eigensinnigen Launen des Volks, sondern verwandelte die demokratische Verfassung Athens in eine Art von Monarchie, ohne jedoch das Wohl des gemeinen Wesens aus den Augen zu setzen. Zuweilen freylich suchte er durch Ueberredung seine Mitbürger nach seinem Willen zu lenken, oft aber, wenn er sie halsstarrig fand, zwang er sie gewissermaßen, für ihr eignes Bestes zu sorgen. So vereinigte **Perikles** Gewalt und Ueberredung, öffentliche Verschwendung und Privat-Sparsamkeit, politische Falschheit und Privat-Redlichkeit, wurde dadurch der vornehmste Regent in Athen, und alle seine Feinde wurden Feinde des Staats.

Es ist nicht zu verwundern, daß dieser glückliche und prachtvolle Staat den übrigen wetteifernden Griechischen Staaten nicht wenig mißfällig wurde, vornehmlich, da sein Glanz gewissermaßen aus ihren Beyträgen erwachsen war. Die Spartaner besonders fuhren fort diese immer höher emporstrebende Stadt mit neidischen Augen anzusehen, und äußerten bald ihre Unzufriedenheit, indem sie sich weigerten, Deputirte nach Athen zu schicken, um wegen der Wiederaufbauung des Tempels, der während des Persischen Krieges abgebrannt war, zu berathschlagen. Das Glück des **Perikles** gegen den Feind in Thracien, machte ihr Mißvergnügen immer größer; und vornehmlich als er mit hundert Schiffen um den Peloponnes herum seegelte, alle Griechischen Bundsgenossen schützte, und ihren Städten alles bewilligte, was sie sich nur von ihm ausbaten. Diese glänzenden Thaten erregten den Unwillen der Spartaner, unterdeß sie die Athenienser mit den ehrsüchtigsten Vorstellungen berauschten, und ihnen neue Anlässe gaben, auf Eroberungen bedacht zu seyn. *) Das Volk fieng nun an von Versuchen auf Aegypten, einem Angriff auf die am Meer gelegnen Persischen Provinzen, einem Einfall in Sicilien, und einer Eroberung aller Länder von Italien bis **Karthago** zu schwatzen. Dies waren Absichten, die über die Kräfte der Athenienser hinausgiengen und mehr von ihrem Stolz, als von ihrer Fähigkeit zeugten.

Eine Expedition gegen **Samos** zum Besten der Milesier, welche sie um Beystand gebeten hatten, machte den Anfang dieses Bruchs, der nachher nie wieder geheilt wurde. Man versichert, **Perikles** habe diesen Krieg genährt, einer berühmten Buhlerinn, Namens **Aspasia**, die er vorzüglich liebte, gefällig zu seyn. Nach verschiednen Vorfällen und Treffen, die nicht werth sind, daß die Geschichte sich bey ihnen aufhalte, belagerte **Perikles** die Hauptstadt **Samos** mit Sturmbächern, und Mauerbrechern oder Widdern, welches

---

*) Perikles hatte noch Ol. 83, 4. 445. v. C. einen Waffenstillstand mit den Peloponnesern auf 30 Jahre zu Stande gebracht. Er dauerte aber nur 14 Jahre. Die zweyte Eroberung von Samos gehört zu dem 9. Jahre vor dem Peloponnes. Kriege.

bis auf den Frieden des Nicias.

das erstemal war, daß diese Maschinen bey Belagerungen gebraucht wurden. Nach einer neunmonatlichen Belagerung mußten die Samier sich ergeben. Perikles schleifte ihre Mauern, nahm ihnen alle Schiffe weg, und forderte unermeßliche Summen zur Entschädigung der Kriegskosten. Voll Stolz über diesen Sieg kehrte er nach Athen zurück, ließ alle diejenigen, die ihr Leben bey der Belagerung verloren hatten, aufs prächtigste begraben, und hielt ihnen die Leichenrede.

Der Bruch zwischen den Atheniensern und Lacedämoniern schien jetzt unvermeidlich. Perikles gab also den Atheniensern den Rath, um den Absichten ihrer Nebenbuhler zuvorzukommen, den Korcyräern, welche von den Korinthern angegriffen waren, denen die Lacedämonier beystanden, Hülfe zu schicken. J. b. W. 3572.

Da der Streit zwischen den Korcyräern und Korinthiern zu dem großen Peloponnesischen Kriege Anlaß gab, in welchen bald nachher ganz Griechenland verwickelt wurde, so wird es nöthig seyn, von seinem Ursprunge hier eine kurze Nachricht zu geben. Epidamnus war eine Kolonie der Korcyräer, welche, nachdem sie erst reich und bald darauf durch Partheyen zerrüttet wurde, die vornehmsten ihrer Bürger verbannte. Die Verbannten vereinigten sich mit den Illyriern, und trieben bald die Epidamnier so sehr in die Enge, daß diese sich genöthigt sahen, Korcyra, ihre Mutterstadt, um Hülfe anzusprechen. Da die Korcyräer ihre Bitte abschlugen, nahmen sie ihre Zuflucht zu Korinth, und übergaben sich zugleich diesem Staat, der sie dann auch in seinen Schutz nahm. Dies aber nahmen die Korcyräer sehr übel auf; weil sie selbst aus Nachlässigkeit ihrer Kolonie keinen Beystand geleistet hatten, so entschlossen sie sich alle zu züchtigen, die ihn leisten wollten. Die beyden Staaten geriethen dadurch aneinander, und es erfolgten einige Seetreffen, in welchen die Korcyräer den Kürzern zogen. Sie nahmen darauf, wie wir bereits bemerkt haben, ihre Zuflucht zu den Atheniensern, und diese schickten ihnen auch eini- J 436. b. E S.

ge Schiffe zu Hülfe, die aber nicht viel zu ihrem Vortheil ausrichteten.

Aus diesem Kriege entstand ein andrer: **Potidäa**, eine Stadt, die unter Atheniensischer Bothmäßigkeit stand, erklärte sich für die Korinthier, diese beiden Staaten also, die bisher noch nicht in Betrachtung gekommen waren, fiengen jetzt an, eine Hauptrolle zu spielen, und versammleten ihre Truppen in der Ebne bey **Potidäa**, wo ein Treffen erfolgte, in welchem aber die Athenienser siegten. In diesem Treffen wars, wo **Sokrates** dem **Alcibiades**, seinem Schüler, das Leben rettete, und ihm nachher den Preis der Tapferkeit verschaffte, den er selbst mit größerem Recht verdient hatte. Die Stadt **Potidäa** wurde bald nachher im Verfolg dieses Sieges belagert, und die Korinthier beschwerten sich gegen die übrigen Griechischen Staaten über die Athenienser, daß sie die Friedensbedingungen übertreten hätten. Die Lacedämonier besonders ließen sie in einer öffentlichen Versammlung ihre Beschwerden vortragen, wo sich denn die Korinthischen Deputirten alle Mühe gaben, ihnen die Größe ihrer Gefahr von den ehrgeizigen Absichten der Athenienser recht dringend vorzustellen; und zugleich droheten, wenn sie ihnen keinen Schutz gewähren, sich unter die Oberherrschaft einer Macht zu begeben, die stark genug wäre, ihnen Schutz und Sicherheit zu verschaffen. Nachdem die Spartaner auch die Atheniensischen Deputirten dagegen angehört hatten, stellten sie eine geheime Berathschlagung an, in welcher man allgemein darinn überein kam, daß die Athenienser der angreifende Theil wären, und zu gehöriger Erkenntniß ihrer Pflicht gebracht werden müßten. Nur war man nicht eins, ob man ihnen alsobald den Krieg ankündigen, oder sie erst durch Vorstellungen zur Vernunft zu bringen suchen sollte. **Archidamus**, einer ihrer Könige, ein Mann von Klugheit und Mäßigung, war der Meynung, die Spartaner seyen jetzt den Atheniensern noch nicht gewachsen, und suchte ihnen also von einem so unüberlegten, übereilten Kriege abzura-

bis auf den Frieden des Nicias. 171

then. Aber Sthenelaides, einer der Ephoren, drang auf das Gegentheil, indem er anführte, wenn man einmal eine Beleidigung erlitten, so dürfe man nicht erst lange berathschlagen, sondern Rache müsse unmittelbar auf den Schimpf erfolgen. Der Krieg ward also erklärt, und allen Bundesgenossen dieser Entschluß bekannt gemacht.

Nachdem also die Lacedämonier den Krieg beschlossen hatten, schickten sie erst, um ihren Absichten einen Anstrich von Gerechtigkeit zu geben, Gesandte nach Athen; und unterdeß sie Zurüstungen machten, mit größtem Nachdruck den Krieg führen zu können, nahmen sie noch immer den Schein an, als ob sie die Sache durch Unterhandlung beyzulegen suchten. Sie verlangten, daß die Athenienser einige Leute, welche den Tempel der Minerva bey Gelegenheit der Verschwörung des Cylon entweiht hatten, aus ihrer Stadt verbannen; daß sie die Belagerung von Potidäa aufheben; und endlich, daß sie aufhören sollten, in die Freyheiten Griechenlandes Eingriffe zu thun.

J. 431. v. C. G.

Da Perikles die Athenienser zu diesem Kriege verleitet hatte, so hielt ers jetzt für seine Pflicht, ihnen Muth zu glücklicher Fortsetzung desselben einzuflößen. Er zeigte ihnen, daß selbst Kleinigkeiten, wenn man sie mit der Miene des Befehls zu erzwingen suchte, an sich selbst hinlängliche Ursachen zum Kriege wären; daß sie sich einen großen Theil des glücklichen Erfolgs von den Zwistigkeiten, die gewiß unter den verschiednen verbundnen Staaten entstehen würden, versprechen könnten; daß sie Schiffe hätten, die Küsten der Feinde anzufallen, da hingegen ihre Stadt so wohl befestigt sey, daß sie nicht leicht zu Lande erobert werden könne. Am Ende bewies er ihnen die unvermeidliche Nothwendigkeit eines Krieges, und sagte, mit je froherem Muth sie ihn anfiengen, desto eher und leichter würden sie ihn glücklich zu Ende bringen. Der größte Ruhm und Glanz ihres Staats sey ihm fast immer noch aus der größten Bedrängniß erwachsen; dieß müsse sie mit neuem Muth zu seiner Vertheidigung beleben, damit sie ihn

mit unverminderten Glanz der Nachkommenschaft über-
liefern könnten. Das Volk schwindlicht, nach Veränderungen begierig, und ungeschreckt durch ferne Gefahren, trat gern seiner Meynung bey. Um indeß
auch seinem Verfahren einen guten Anstrich zu geben,
beantwortete es die Spartanische Foderungen durch
allerley Ausflüchte, und schloß mit der Erklärung,
daß die Athenienser alle Zwistigkeiten in der Güte beyzulegen wünschten, weil sie gar nicht geneigt wären,
einen Krieg anzufangen; übrigens aber würden sie sich,
so bald es Noth thäte, mit größter Entschlossenheit zu
vertheidigen wissen.

Also rannte das Volk, aus Liebe zur Veränderung,
begierig in diesen Krieg; aber Perikles hatte noch
ein persönliches Interesse bey demselben. Er hatte
sich bey dem Staat tief in Schulden gesetzt, und wußte, daß er nur zu Friedenszeiten zur Rechenschaft gefordert werden konnte. *) Man sagt, als Alcibiades, sein Neffe, ihn eines Tages in Gedanken ver-
tieft gesehen, und nach der Ursache gefragt, habe er zur
Antwort erhalten, er dächte nach, wie er würde Rechnung ablegen können. „Du thätest besser, versetzte
„Alcibiades, nachzudenken, wie du ganz umhin könn-
„test, Rechnung abzulegen." Ausserdem überließ sich
Perikles, der kein Glück in häuslicher Gesellschaft
fand, ganz der Lenkung seiner Mätresse, Aspasia, deren Witz und Lebhaftigkeit alle Dichter und Philosophen
ihrer Zeit bezaubert hatte, selbst den Sokrates nicht
ausgenommen. Sie war eine Feindinn des Spartanischen Staats; und nach ihrem Rath soll auf gewisse
Weise Perikles hierbey gehandelt haben.

Nachdem also von beiden Seiten Krieg beschlossen
war, schien die erste Morgenröthe des glücklichen Erfolgs den Atheniensern aufzugehen. Die Stadt Pla-

---

*) Gegen diesen Vorwurf ist er schon hinlänglich von
Hrn. Prof. Meiners Gesch. der Wiss. in Griech. und Rom
II. 233. f. gerechtfertigt worden, so wie die Aspasia von
Hrn. Hofr. Wieland im Histor. Calender für 1790. S. 248. ff.

täa, welche sich vor kurzem für sie erklärt hatte, ward von drey hundert Thebanern überfallen, die durch eine Parthey in der Stadt, welche sich mit ihnen verschworen, eingelassen wurden. Ein Theil der Bürger aber, die entgegengesetzter Parthey waren, fielen sie bey Nacht an, tödteten einen Theil derselben, und nahmen zwey hundert gefangen, welche kurz nachher hingerichtet wurden. So bald die Athenienser von diesem Vorfall Nachricht erhielten, schickten sie Truppen und Lebensmittel hin, und reinigten die Stadt von allen, die nicht im Stande waren, die Waffen zu tragen. Von dieser Zeit an gerieth ganz Griechenland in Bewegung, jedes Volk nahm Parthey, einige wenige Staaten ausgenommen, welche neutral blieben, um erst den Erfolg abzuwarten. Der größte Theil war auf Seiten der Lacedämonier, welche sie als die Befreyer von Griechenland ansahen, und nahmen sich ihrer Sache mit großem Eifer an. Auf ihrer Seite waren die Achäer, die Einwohner von Pellene ausgenommen, das Volk in **Megara**, **Lokris**, **Böotien**, **Phocis**, **Ambracien**, **Leukadien**, und **Anaktorium**. Auf der Athenienser Seite waren **Chios**, **Lesbos**, **Plataä**, viele von den Inseln und verschiedne zinsbare Seestaaten, die Thracischen eingeschlossen, **Potidäa** aber ausgenommen.

Die Lacedämonier brachten, gleich nach dem Versuch gegen **Plataä**, eine Armee zusammen, welche, die Bundsgenossen eingerechnet, aus sechzig tausend Mann bestand. **Archidamus**, welcher diese Armee kommandirte, hielt eine Rede an sie, die voll Feuer und Nachdruck war. Die Augen von ganz Griechenland, sagte er, wären auf sie gerichtet; sie überträfen nicht nur ihren Feind weit an Zahl, sondern dieser Feind würde auch noch überdem durch das Bewußtseyn seiner Gewaltthätigkeit niedergeschlagen. Sie sollten jetzt nur unerschrocken in das feindliche Land einrücken, mit dem Muth, welcher sie schon so lange berühmt gemacht hätte, und der Vorsicht und Behutsamkeit, die gegen einen so arglistigen Widersacher nothwendig wäre. Die ganze Armee antwortete ihm mit lautem Freudengeschrey; und so ward der Krieg, welcher Griechenland den Untergang bringen sollte, in einer Raserey von Entzücken angefangen, und bethört rannten seine kurzsichtigen Einwohner in ihr wechselseitiges Verderben.

Auf der andern Seite rüstete Perikles sein kleines Häuflein Athenienser, dem drohenden Streiche zu begegnen. Er erklärte gegen seine Mitbürger, daß sie, wenn etwa Archidamus das Athenienßische Gebiet verheeren, und dabey irgend einen Theil von den Ländereyen, die ihm, dem Perikles selbst, gehörten, verschonen sollte, das für nichts anders, als einen Kunstgriff, die Leichtgläubigkeit der Athenienser zu hintergehen, halten möchten; er entsagte daher seinem Eigenthumsrecht auf diese Ländereyen, und gab sie dem Staat zurück, von dem seine Vorfahren sie ursprünglich erhalten hatten. Er stellte dem Volke vor, daß es sein Vortheil seyn würde, wenn es den Krieg nicht zu hitzig betriebe, und vielmehr den Feind durch Verzögerung sich selbst aufreiben ließe. Er gab ihm den Rath, alle seine Güter von dem Lande in die Stadt zu bringen, und sich in Athen einzuschließen, ohne je ein Treffen zu wagen. Die Armee der Athenienser war in der That, mit der Anzahl ihrer Feinde verglichen, sehr geringe; sie belief sich nur auf dreyzehn tausend Mann schwerbewaffneter Soldaten, sechszehn tausend Einwohner, zwölf hundert Mann Reuterey, und etwa doppelt so viel Bogenschützen. Dies war die ganze Landmacht der Athenienser; ihre vorzügliche Stärke aber bestand in einer Flotte von drey hundert Galeeren, womit sie beständig die feindlichen Küsten anfielen und plünderten, und dadurch hinlängliche Kontributionen zu den Kriegskosten aufbrachten.

Durch des Perikles Vorstellungen überredet, verließen die Athenienser mit einer Vermischung von Betrübniß und Entschlossenheit ihren Landbau, und schafften alle ihre Güter, die sich fortbringen ließen, in die Stadt. Sie hatten jetzt der Süßigkeiten des Friedens beynahe funfzig Jahre lang genossen und ihr Land hatte den Anschein des Reichthums und Fleißes; aber das Schicksal des Krieges nöthigte sie jetzt aufs neue, den Feldbau mit dem Lager, die Süßigkeiten des Landlebens mit den Bitterkeiten des Treffens zu vertauschen.

Unterdessen rückten die Lacedämonier bey Oenoe, einer Gränzfestung, ins feindliche Gebiet ein; ließen aber diese zurück, und maschierten weiter nach Acharnä, einer Stadt ohne Mauern, etwa drey Stunden (7 Englische Meilen) von Athen. Die Athenienser, voll Schrecken über ihre Annäherung, fiengen jetzt an ihre Erbitterung gegen den Feind in Vorwürfe gegen ihren vormaligen Anführer zu verwandeln. Sie schalten auf ihn, daß er sie zu einem Kriege verleitet, wo er weder Kräfte hätte Widerstand zu thun, noch Muth den Feind zurückzutreiben; sie foderten jetzt laut, ungeachtet ihrer geringen Anzahl, daß man sie zum Treffen hinausführen sollte. Perikles kehrte sich daran nicht, und wählte das sicherste. Er ließ alle Thore verschließen, besetzte alle umherliegende Posten mit hinlänglichen Wachen, schickte Haufen von Reuterey aus, um den Feind zu beunruhigen; und zu gleicher Zeit schickte er hundert Galeeren ab, um an den Küsten des Peloponnes Einfälle zu thun. Diese Vorsicht erreichte endlich ihren Zweck; nachdem die Lacedämonier das ganze Land um Athen verwüstet, und die Besatzung durch ihre Menge und ihre Vorwürfe verhöhnt hatten, es aber unmöglich fanden, die Stadt zu erobern, zogen sie ab, und die Einwohner giengen also voll Freude und in Sicherheit wieder aus ihren Mauern hervor.

Nach dieser harten Demüthigung beschlossen die Athenienser, gleiches mit gleichem zu vergelten. Da sie wieder Raum hatten, sowohl zu Lande als zur See offensiv zu verfahren, so fielen sie nun auch das feindliche Gebiet mit ihrer ganzen Macht an, und eroberten Nisäa, einen starken Hafen mit Mauern, die bis in die Stadt Megara reichten.

Stolz auf die erste Dämmerung des Glücks, bezeugten sie, nachdem die erste Kampagne geendigt war, den Winter hindurch ihren Triumph durch öffentliche Spiele bey der Beerdigung derer, die im Kriege geblieben waren. Drey Tage vor der Beerdigung legten sie ihre Leichname in Zelte; am vierten Tage wurden Bahren von Cypressenholz von den Zünften abgeschickt, um ihre Angehörigen abzuholen; dann gieng in feyerlichem Pomp der Leichenzug fort, begleitet von den Einwohnern und Fremden, welche sich in der Stadt aufhielten; die Verwandten und Kinder der gebliebenen stunden weinend am Grabe. Diejenigen, welche in der Schlacht bey Marathon geblieben, waren zwar auf dem Schlachtfeld begraben, die übrigen aber wurden zusammen an einem gemeinschaftlichen Orte, Namens Ceramikus, beerdigt. Perikles, der zu der Erhaltung seines Vaterlandes das meiste beygetragen, trug jetzt auch zu seiner Ehre bey, und hielt eine Leichenrede über die Verstorbnen, die noch jetzt übrig ist, und zugleich von seiner Beredsamkeit und Dankbarkeit zeuget *). Allein die Freude des Staats schränkte sich nicht blos auf leere Lobsprüche, Ceremonien und Thränen ein; sondern man setzte auch eine Summe Geldes aus, zum Unterhalt der Wittwen und Waisen derjenigen, die im Dienst des Vaterlandes ihr Leben verloren hatten. Und so endigte sich das erste Jahr des Peloponesischen Krieges.

Mit Anfang des folgenden Sommers erneuerten die Lacedämonier ihre Feindseligkeiten, und fielen mit einem eben so großen Heere, als vorher, ins Athenien-
J. 430. sische Gebiet ein. Solchergestalt fuhren diese eigensinnigen Staaten fort, sich einander zu schwächen und zu

*) Thucydides hat sie uns aufbehalten (vom Pelop. Krieg 2, 35. ff.) und schon Dionysius von Halikarnaß zweifelt an ihrer Aechtheit f Gottleber Platon. Menexeaus et Periclis Thucydidei oratio funebris, p. 67. s.

verheeren; aber eine fürchterlichere Geißel fieng jetzt an, sie zu züchtigen. Es brach eine Pest in Athen aus, schrecklicher als jede andre, deren die Geschichte erwähnt. Sie soll in Aethiopien ihren Anfang genommen haben, von da kam sie nach Aegypten herab, verbreitete sich dann über Libyen und Persien, und brach endlich gleich einer reißenden Fluth in Athen ein. Diese Pest verhöhnte alle äußerste Bemühungen der Kunst, die stärksten Leibesbeschaffenheiten waren nicht im Stande, ihre Angriffe auszuhalten, keine Geschicklichkeit konnte der schrecklichsten Ansteckung vorbauen, kein Arzneymittel sie vertrieben. Den Augenblick, da ein Mensch von ihr angegriffen wurde, fiel er in eine Verzweiflung, die ihn ganz unfähig machte, etwas zu seiner Heilung zu versuchen. Die menschenliebenden Bemühungen mitleidiger Freunde waren eben so verderblich für sie selbst, als unnütz für die unglücklichen Leidenden. Die ungeheure Menge von Geräthschaften, die man von dem Lande in die Stadt gebracht hatte, vergrößerte ihr Elend. Die mehresten der Einwohner mußten, aus Mangel an Häusern in kleinen Hütten wohnen, in welchen sie kaum Athem schöpfen konnten, unterdeß die brennende Hitze des Sommers das Gift der Seuche noch bösartiger machte. Todte und Sterbende sah man vermischt durch einander liegen; Einige krochen durch die Straßen, Andre lagen an den Brunnen, wohin sie sich mit vieler Mühe geschleppt hatten, um den brennenden Durst, welcher sie verzehrte, zu löschen. Selbst die Tempel waren mit Leichen angefüllt, und jeder Theil der Stadt zeigte ein schreckliches Bild des Todes, ohne das geringste Mittel fürs Gegenwärtige, oder die geringste Hoffnung auf die Zukunft. Sie fiel alles mit solcher Heftigkeit an, daß die Menschen oft einer über den andern niederfielen, indem sie über die Straßen giengen. Dabey war sie mit einem so pestilenzialischen Dunst begleitet, daß selbst die Raubthiere und Raubvögel, welche ausgehungert an den Mauern der Stadt auflauerten, keinen an dieser Seuche verstorbenen Leichnam berührten. Selbst bey denen, welche wieder aufkamen, ließ sie oft unauslöschliche Merkmale ihrer Bösartigkeit an ihren Sinnen zurück. Sie vertilgte das Andenken der Begebenheiten ihres vorigen Lebens gänzlich, so daß sie weder sich selbst, noch ihre nächsten Angehörigen kannten. Thucydides, welcher selbst von dieser Seuche angegriffen war, hat alle Umstände derselben weitläuftig beschrieben; er bemerkt, unter andern Wirkungen derselben, daß sie eine ausschweifendere Lebensart in der Stadt eingeführt habe. Denn das Volk nahm anfangs seine Zuflucht zu den Göttern, und flehte sie um die Abwendung dieser Plage; da es aber fand, daß sie Jeden ohne Unterschied angriff und hinriß, er mochte die Götter verehren oder nicht, so überließ es sich zugleich der Verzweiflung, und dem ausschweifendsten Leben; dann da Jeder glaubte, daß er vielleicht kaum bis den andern Tag zu leben habe, so entschloß er sich, seine Zeit und sein Geld so gut zu benutzen, als er nur könnte. Die Schuld alles dieses Unglücks schob man fast durchgängig auf den Perikles, weil er eine solche Menge Menschen in die Stadt zusammengepreßt, und dadurch die Luft verdorben hätte. Aber ungeachtet dieser Niederlage von innen, und der Verwüstungen des Feindes von außen, blieb er noch immer der Meynung, daß man seine ganze Hoffnung nicht auf den Ausgang eines Treffens setzen dürfe. Unterdeß rückte der Feind immer näher, verheerte das ganze Land, und kehrte endlich, nachdem er den elenden Atheniensern, die schon durch Pest und Hungersnoth aufs Aeußerste gebracht waren, Hohn gesprochen, wieder zurück.

Leichtsinn und Wankelmuth waren herrschende Eigenschaften der Athenienser; diese rissen sie oft plötzlich zu den äußersten Ausschweifungen hin, und brachten sie dann eben so bald in die Gränzen der Mäßigung und Ehrfurcht zurück. Perikles war lange ihr Abgott gewesen; die Widerwärtigkeiten des Staats fiengen endlich an, ihn den Atheniensern verhaßt zu machen; sie hatten ihm das Kommando der Armee genommen, bereueten aber jetzt ihre Uebereilung, und setzten ihn kurz nachher, mit mehrerer Gewalt als vorher, wieder in seine Ehren ein. Durch Leiden zahm gemacht, fiengen sie an, geduldig ihre häuslichen Widerwärtigkeiten zu ertragen, und von angebohrner Liebe für ihr Vaterland gedrungen, baten sie wegen ihrer vorigen Undankbarkeit um Vergebung. Aber er lebte nicht lange um seiner Ehren zu genießen. Er wurde auch von der Seuche befallen, die, gleich einem tückischen Feinde, beym Abzuge den herbsten Streich versetzte. Als er schon in den letzten Zügen lag, unterredeten sich die vornehmsten Bürger, und diejenigen seiner Freunde, die ihn nicht verlassen hatten, über den großen Verlust, den sie durch seinen Tod erleiden würden; sie giengen alle seine Thaten durch, und berechneten die Menge seiner Siege. Sie glaubten nicht, daß Perikles auf ihre Reden merke, da er ganz unempfindlich zu seyn schien; aber sie irrten sich sehr, kein Wort war ihm entgangen. „Warum, rief er endlich aus, erhebt ihr doch „eine Reihe von Handlungen, an denen das Glück den „größten Antheil hatte? Aber einen Umstand, wünsch„te ich, daß man nicht vergessen mögte, den ihr aber „übergangen habt; ich wollte nämlich, daß man es als „den rühmlichsten Umstand meines Lebens erwöhnte, „daß kein einziger Bürger mir je vorwerfen können, „ich habe ihn in Trauer versetzt.„

So starb Perikles, der eine Menge vortrefflicher Eigenschaften, deren keine der andern im Lichte stand, vereinigte. Eben so geschickt im Seewesen, als im Kommando der Armee; eben so geschickt in der Kunst Geld aufzubringen, als es zu gebrauchen; beredt vor dem ganzen Volke, und liebenswürdig im Privatleben; war er ein Gönner und Beförderer der Künstler, und belehrte sie zugleich durch seinen Geschmack und sein Beyspiel.

Die merkwürdigste Begebenheit der folgenden Jahre, war die Belagerung der Stadt Platää durch die

Lacedämonier. Dies war eine der berühmtesten Belagerungen des Alterthums, sowohl wegen der eifrigen Anstrengung beider Partheyen als vornehmlich wegen des rühmlichen Widerstandes der Belagerten, und der Kunstgriffe, die sie gebrauchten, der Wuth der Belagerer zu entgehen.

Die Lacedämonier belagerten diesen Ort zu Anfang des dritten Feldzugs. So bald sie ihr Lager um die Stadt her aufgeschlagen hatten, um die umherliegende Gegend zu verwüsten, schickten die Platäer Deputirte an den Lacedämonischen General, welche ihm vorstellen mußten, wie ungerecht es sey, feindlich gegen sie zu verfahren, da sie doch vormals von den Lacedämoniern selbst ihre Freyheiten erhalten hätten. Die Lacedämonier erwiederten, es bleibe ihnen nur ein Mittel übrig, sich vor allen feindlichen Begegnungen zu sichern, nämlich, das Bündniß zu erneuern, wodurch sie sich anfänglich ihre Freyheit verschafft hätten; der Athenienfischen Unterstützung zu entsagen, und sich mit den Lacedämoniern zu verbinden, welche Macht und Willen hätten, sie zu schützen. Die Deputirten erwiederten, daß sie unmöglich darüber etwas ausmachen könnten, ohne vorher nach Athen zu schicken, wohin ihre Weiber und Kinder sich in Sicherheit begeben hätten. Die Lacedämonier erlaubten ihnen dies, und da die Athenienser den Platäern feyerlichst versprachen, ihnen mit äußerster Macht zu Hülfe zu kommen, so entschlossen sich die Platäer, lieber das äußerste zu dulden, als sich zu ergeben, und machten zu der muthigsten Vertheidigung Anstalt, mit festem Entschluß, sich zu behaupten, oder zu fallen.

Archidamus, der Lacedämonische General, rief die Götter zu Zeugen an, daß er nicht zuerst das Bündniß gebrochen, und schickte sich mit gleicher Entschlossenheit zur Belagerung an. Er umgab die Stadt mit einer Umschanzung von Bäumen, die mit den Aesten gegen die Stadt gekehrt, sehr dicht zusammengelegt waren. Auf diesen Bäumen legte er Batterien an, und machte also einen Damm daraus, welcher stark genug war, seine Kriegsmaschienen zu tragen. Seine Armee arbeitete siebenzig Tage hinter einander Tag und Nacht ohne Unterlaß, indem die eine Hälfte der Soldaten immer ausruhte, unterdeß die andre an der Arbeit war.

Als die Belagerten diese Werke um sich her immer höher emporsteigen sahen, legten sie auf den Mauern der Stadt eine hölzerne Schanze an, den feindlichen Damm gegen über, um immer höher zu stehen, als die Feinde. Diese Schanze war auswendig mit frischen und trocknen Häuten bedeckt, um die vor dem Feuer der Belagerer zu schützen. Also schienen beide Schanzen mit einander um den Vorzug zu wetteifern, bis endlich die Belagerten, müde mit dieser Arbeit länger die Zeit zu verderben, inwendig eine andre Schanze in Gestalt eines halben Mondes aufführten, hinter welche sie sich zurückziehen könnten, im Fall die äußern Werke überwältigt würden,

Unterdeß fiengen die Belagerer an, nachdem sie ihre Kriegsmaschienen bestiegen hatten, die Stadtmauern aufs schrecklichste zu erschüttern; worüber denn die Bürger zwar in Besorgniß geriethen, aber keinesweges den Muth sinken ließen. Sie bedienten sich jedes Mittels, das die Befestigungskunst nur gegen die Batterien der Feinde erfinden konnte. Sie warfen Schlingen von Stricken um die Köpfe der Mauerwidder, und schwächten ihre Kraft durch Hebebäume. Als die Belagerer sahen, daß es nicht so glücklich mit ihrem Angriff von Statten gieng, wie sie gedacht hatten, und daß eine neue Mauer gegen ihre Schanze aufgeführt war, gaben sie alle Hoffnung auf, die Stadt durch Sturm erobern zu können. Sie verwandelten daher die Belagerung in eine Sperrung, nachdem sie sich vergebens bemüht hatten, die Statt in Brand zu stecken, welcher gleich durch einen Regen gelöscht wurde. Die Stadt wurde jetzt mit einer Mauer von Ziegeln umgeben, welche die Lacedämonier in größter Geschwindigkeit aufführten, und sie zu größerer Sicherheit auf jeder Seite mit einem tiefen Graben versahen. Die ganze Armee war abwechselnd mit dieser Mauer beschäfftigt, und als sie fertig war, ließen sie eine Wache über die Hälfte derselben zurück; denn die Böotier erboten sich, die andre Hälfte zu bewachen, und darauf gieng das Uebrige der Armee wieder nach Sparta.

Solchergestalt waren die armen Platäer, ohne alle Hoffnung sich zu retten, durch eine starke Mauer eingesperrt, und erwarteten, was der Sieger über sie beschließen würde. Es waren jetzt nur vier hundert Einwohner und achtzig Athenienser, nebst hundert und zehn Weibern, welche ihnen die Speisen bereiteten, in Platäa; denn alle übrigen, so wohl Freye als Sklaven, waren schon vor der Belagerung nach Athen geschickt worden. Alle Hoffnung eines Entsatzes hatten sie endlich verloren, und da sie auch den äußersten Mangel an Lebensmitteln litten, so faßten sie endlich den Entschluß, sich durch den Feind durchzuschlagen. Allein die Hälfte von ihnen, zurückgeschreckt durch die Größe der Gefahr, und die Verwegenheit eines solchen Unternehmens, verlor allen Muth, als es zur Ausführung kommen sollte; die übrigen aber, welche etwa zwey hundert und zwanzig Mann ausmachten, beharrten bey ihrem Entschluß, und entwischten auf folgende Art. Zuerst maßen sie die Höhe der Mauer, indem sie die Reihen der Ziegel zählten, aus denen sie gebauet war, und dies thaten sie verschiednemal, und brauchten verschiedne Leute dazu, damit sie sich nicht in der Berechnung irren mögten. Dies war desto leichter, da die Mauer der Stadt so nahe stand, und also jeder Theil derselben deutlich ins Auge fiel. Hiernächst machten sie Leitern von gehöriger Länge. Nachdem sie alles zur Ausführung ihres Vorhabens in Bereitschaft gesetzt hatten, verließen sie die Stadt in einer finstern Nacht mitten unter Sturm und Regen. Nachdem sie über den ersten Graben gekommen, näherten sie sich der Mauer. Die Finsterniß der Nacht machte, daß sie nicht gesehen, und das Geräusch des Regens und Windes, daß sie nicht gehört wurden; überdem giengen sie in einiger Entfernung von einander, um das Zusammenstoßen der Waffen zu verhindern, welche nur leicht waren, damit die, welche sie führten, desto hurtiger und behender seyn könnten, und eines ihrer Beine war nackend, um in dem Schlamm nicht so leicht zu gleiten. Diejenigen, welche die Leitern trugen, legten sie in die Zwischenräume der Thürme an, wo jetzt, wie sie wußten, wegen des Sturms und Regens keine Wache ausgesetzt war. Alsobald bestiegen zwölf Mann die Leitern, bloß mit einem Panzerhemde und einem Dolch bewaffnet, und giengen gerades Weges, sechs zu jeder Seite, auf die Thürme los. Ihnen folgten andre, bloß mit Wurfspießen bewaffnet, damit sie desto leichter hinaufsteigen könnten, und ihre Schilde wurden ihnen nachgetragen, um sie beym Gefecht zu gebrauchen. Als sie fast alle schon die Spitze der Mauer erstiegen hatten, wurden sie durch das Herabfallen eines Ziegels entdeckt, welchen einer ihrer Kameraden, indem er sich an der Brustwehr festhielt, losgerissen hatte. Alsobald wurde von den Thürmen Lärm gemacht, und die ganze Armee näherte sich der Mauer, ohne, wegen der Finsterniß der Nacht und der Heftigkeit des Sturms, die Ursache des Geschreys zu entdecken. Ueberdem schlugen die in der Stadt zurück gebliebenen zu gleicher Zeit an einer andern Seite Lärm, um eine Diversion zu machen, so daß der Feind nicht wußte, wohin er sich wenden sollte, und sich fürchtete, seinen Posten zu verlassen. Aber ein Korps de Reserve von drey hundert Mann, welches auf irgend einen unvorhergesehenen Zufall aufbehalten wurde, verließ die Schanze und eilte dahin, wo man den Lärmen hörte; zu gleicher Zeit wurden nach Theben hin Fackeln ausgehalten, um ihnen zu zeigen, daß sie sich dorthin wenden müßten. Allein die in der Stadt, machten, um dieses Zeichen vergeblich zu machen, zu gleicher Zeit andre an verschiednen Orten, indem sie schon Fackeln zu diesem Behuf auf den Mauern in Bereitschaft hatten.

Unterdessen hatten diejenigen, welche zuerst die Mauer erstiegen, sich bereits der beiden Thürme bemächtigt, welche den Zwischenraum, wo die Leitern angesetzt waren, einschlossen; sie machten die darauf befindliche Wache nieder, und postirten sich dahin, um den Uebergang zu schützen, und die Belagerer abzuhalten. Hierauf setzten sie oben auf der Mauer Leitern an, und ließen eine gute Anzahl ihrer Kammeraden zu sich hinauf steigen, um durch ihre Pfeile sowohl diejenigen, die sich dem Fuß der Mauer näherten, als die andern, die den benachbarten Thürmen zueilten, abzuhalten. Während dies geschah, hatten sie Zeit, verschiedene Leitern anzusetzen, und die Brustwehr herunterzuwerfen, damit die übrigen desto bequemer heraufkommen möchten. So bald sie oben waren, stiegen sie auf der andern Seite herab, und näherten sich dem Graben an der Aussenseite, um auf die Feinde, die sich etwa sehen ließen, zu schießen. Sobald Alle herüber waren, kamen endlich auch die, welche die Thürme besetzt hatten, herab, um den übrigen gleich über den Graben nachzufolgen. In diesem Augenblick kam die Wache mit drey hundert Fackeln auf sie los. Da aber die Platäer bey diesem Licht ihre Feinde besser sehen konnten, als sie von ihnen gesehen wurden, so konnten sie desto sicherer treffen, und die letzteren kamen also über den Graben, ohne bey dem Uebergange angegriffen zu werden. Indeß geschah dies nicht ohne große Schwierigkeit, weil der Graben übergefroren war, und das Eis, wegen des Thauwetters und starken Regens nicht trug. Der heftige Sturm aber war ihnen dabey sehr vortheilhaft. Nachdem sie alle herüber waren, nahmen sie ihren Weg gegen Theben, um desto besser ihren Rückzug zu verbergen, weil es nicht wahrscheinlich war, daß sie nach einer feindlichen Stadt hinfliehen würden. Sie sahen auch gleich, daß die Feinde ihnen mit Fackeln in den Händen auf dem Wege, der nach Athen führte, nachsetzten. Nachdem sie sich sechs bis sieben Stadien weit auf dem Thebanischen Wege gehalten hatten, wandten sie sich auf einmal um, und nahmen den Weg nach Athen, wo ihrer denn zwey hundert und zwölfe von zwey hundert und zwanzigen, die den Ort verlaſſen hatten, ankamen; die übrigen waren aus Furcht wieder in die Stadt zurückgeflohen, einen einzigen Bogenſchützen ausgenommen, der an dem Rande des äußerſten Grabens den Feinden in die Hände gefallen war. Dieſe kehrten, nachdem ſie ihnen vergebens nachgeſetzt, wieder in ihr Lager zurück. Unterdeſſen glaubten die in der Stadt zurückgebliebenen Plataͤer, daß alle ihre Kameraden niedergehauen wären; (denn die Zurückgeflohenen verſicherten dies, um ſich zu rechtfertigen) und ſchickten daher einen Herold ab, der um die todten Leichname bitten ſollte, aber von der wahren Beſchaffenheit der Sache unterrichtet, ſich zurück begab.

Am Ende der folgenden Kampagne ergaben ſich endlich die Plataͤer, die keinen Biſſen mehr zu leben hatten, auf die Bedingung, daß ſie nicht eher geſtraft würden, bis ihre Sache nach der Form Rechtens unterſucht und entſchieden waͤre. Fünf Bevollmaͤchtigte kamen alſo zu dieſem Ende von Sparta, und dieſe, ohne ihnen irgend ein Verbrechen Schuld zu geben, fragten ſie bloß, ob ſie den Lacedämoniern und ihren Bundsgenoſſen in dieſem Kriege auch irgend eine Hülfe geleiſtet hätten? Die Plataͤer wurden durch dieſe Frage ſo ſehr beſtürzt, als in Verlegenheit geſetzt, und merkten bald, daß ſie ihnen von den Thebanern, ihren erklärten Feinden, die ihnen den Untergang geſchworen, eingegeben war. Sie erinnerten daher die Lacedämonier an die Dienſte, die ſie ſowohl in dem Treffen bey Artemiſium, als in dem bey Plataͤa, den Griechen überhaupt gethan, und den Lacedämoniern insbeſondre zur Zeit des Erdbebens, und der gleich darauf erfolgten Empörung ihrer Sklaven. Der einzige Grund, ſagten ſie, warum ſie ſich nachmals mit den Athenienſern verbunden, ſey kein andrer geweſen, als um ſich gegen die Feindſeligkeiten der Thebaner zu ſchützen, gegen welche ſie die Lacedämonier vergebens um Beyſtand angerufen. Wenn man ihnen also dasjenige zum Verbrechen anrechnen wolle, was bloß ihr Unglück sey, so dürfe es doch das Andenken ihrer vorigen Dienste nicht gänzlich auslöschen. „Werft eure Augen, sagten sie, „auf die Denkmäler eurer Vorfahren, die ihr hier sehet, „denen wir jährlich alle die Ehre erwiesen, die nur „dem Andenken der Verstorbnen erwiesen werden kann. „Ihr fandet es für gut, ihre Gebeine uns anzuver„trauen, uns, die wir Augenzeugen ihrer Tapferkeit „waren. Und doch wollt ihr jetzt ihre Asche ihren Mör„dern überlassen, indem ihr uns den Thebanern über„antwortet, welche in der Schlacht bey Platåa gegen „sie fochten? Wollt ihr eine Provinz in Sklaverey hin„geben, wo Griechenland seine Freyheit erwarb? Wollt „ihr die Tempel derjenigen Götter zerstören, denen ihr „den Sieg verdanktet? Wollt ihr das Gedächtniß ihrer „Erbauer vertilgen, die so viel zu eurer Rettung beytru„gen? Bey dieser Gelegenheit, wir dürfens wagen „das zu sagen, ist unsre Erhaltung unzertrennlich von „eurem Ruhm, und ihr könnt unmöglich eure alten „Freunde und Wohlthäter dem ungerechten Haß der „Thebaner Preiß geben, ohne ewige Schande für euch „selbst."

Man sollte glauben, diese gerechten Vorstellungen hätten einigen Eindruck auf die Lacedämonier machen müssen; allein die Antwort, welche die Thebaner hierauf gaben, und welche in den übermüthigsten und bittersten Ausdrücken gegen die Platäer abgefaßt war, vermogte mehr über sie; und über dem hatten sie ihre Instruktion von Sparta mitgebracht. Sie blieben daher bey ihrer ersten Frage: ob die Platäer ihnen während des Krieges einige Hülfe geleistet hätten? und indem sie dieselben einen nach dem andern vorüber gehen ließen, und Jeder besonders die Frage mit Nein beantwortete, ward er auf der Stelle niedergehauen, so daß kein einziger davon kam. Etwa zwey hundert wurden auf diese Art ums Leben gebracht, und fünf und zwanzig Athenienser, die sich unter ihnen befanden, hatten

ein gleiches Schicksal. Ihre Weiber, die ihnen in die
Hände fielen, machten sie zu Sklavinnen. Die Thebaner bevölkerten darauf die Stadt mit Verbannten
von Megara und Theben, im folgenden Jahr aber
zerstörten sie dieselbe gänzlich. Solchergestalt opferten
die Lacedämonier, in der Hoffnung große Vortheile von
den Thebanern einzuerndten, die Platäer ihrer Feindseligkeit auf, drey und neunzig Jahre nach ihrem ersten
Bunde mit den Athenienfern.

Um eben diese Zeit wurde der Seezug zur Befreyung von Lesbos angetreten. Als aber die Lacedämonier auf der Reise erfuhren, daß in Korcyra J. 427.
(Corfu) ein gewaltsamer Aufruhr erfolgt sey, beschlossen v.C.G.
sie dorthin zu seegeln, in der Hofnung, der zerrüttete
Staat würde eine leichte Beute für ihre Armee werden.
Sie wurden in ihrer Erwartung getäuscht; denn die
Korcyräer waren so erbittert und so verzweifelt, daß
sie den kühnsten Feind von der Annäherung an ihre
Stadt abschrecken konnten. Um diese Zeit fieng Sicilien an, durch einen Streit zwischen den Einwohnern
von Syracus und denen von Leontini beunruhigt zu
werden. Ihre Mishelligkeiten stiegen höher; aber diese,
die Operationen bey Korcyra und an andern Orten übergehe ich mit Stillschweigen, so wie die besondern Vorfälle
bey denen die Griechischen Staaten wechselsweise einander zu Gunde richteten, ohne gemeinschaftliche Glückseligkeit zu befördern, oder eine gemeinschaftliche Staatsverfassung einzuführen. Die Wage des Glücks neigte sich
bald auf die eine, bald auf die andre Seite. Die Athenienser nahmen den Lacedämoniern die Stadt Pylus;
und diese thaten hingegen jährlich Einfälle in Attika.
Mehr als ein Friedensantrag wurde gethan, aber
Kleon, welcher sehr großen Einfluß auf die Athenienser hatte, prahlte, er wolle in 20 Tagen alle Spartaner auf der Insel Sphakteria *) zu Gefangnen machen.

*) Sie hatten die Athenienser, die in Pylus waren, ein-
geschlossen. Vierhundert Spartaner wurden nachher auf
Pylus blocquirt.

188 Neunt. Abſch. Von dem Frieden mit Perſien

Der Krieg ward alſo mit aller vorigen Feindſeligkeit erneuert. Jene Inſel, die nahe bey Pylus lag, wurde nun der Kampfplatz. Demoſthenes, der Athenienſiſche Admiral (deſſen Tapferkeit und Klugheit ſein beredter Abkömmling gleiches Namens nachher ſo ſehr rühmte), war des Kleon Gehülfe im Kommando, und landete auf der Inſel, um die Lacedämonier, die noch da waren, zu vertreiben. Sie griffen den Feind mit großem Muth an, jagten ihn von einem Poſten zum andern, gewannen immer mehr Grund, und drängten ihn endlich bis an die äußerſte Spitze der Inſel. Die Lacedämonier hatten ein Fort geſtürmt, das man für unzugänglich hielt. Hier zogen ſie in Schlachtordnung auf, nur gegen die Seite gekehrt, wo ſie angegriffen werden konnten, und vertheidigten ſich, wie ſo viele Löwen. Als das Treffen den größten Theil des Tages gedauert hatte, und die Soldaten vor Hitze und Müdigkeit erliegen und vor brennendem Durſt verſchmachten wollten, wandte ſich der General der Meſſenier an den Kleon und Demoſthenes, und ſtellte ihnen vor, daß alle ihre Bemühungen vergebens ſeyn würden, wofern ſie dem Feinde nicht in den Rücken fielen; zugleich verſprach er, wenn ſie ihm einige Truppen, mit Wurfgewehr bewaffnet, überlaſſen wollten, ſich alle Mühe zu geben, um einen Durchgang zu finden. Dies geſchah; er und ſein Gefolge erſtiegen gewiſſe ſteile abhangende Oerter, die nicht beſetzt waren, worauf ſie unbemerkt bis in das Fort herabkamen, und ſich plötzlich den Lacedämoniern im Rücken zeigten, welches auf einmal ihren Muth gänzlich niederſchlug, und bald den Athenienſern einen völligen Sieg verſchaffte. Sie thaten zwar noch ſchwachen Widerſtand, aber überwältigt durch die Menge der Feinde, angegriffen von allen Seiten, und niedergeſchlagen durch Müdigkeit und Verzweiflung, fiengen ſie bald an zu weichen: die Athenienſer aber bemächtigten ſich aller Ausgänge und ſchnitten ihnen den Rückzug ab. Kleon und Demoſthenes, welche einſahen, daß, wenn das Gefecht

bis auf den Frieden des Nicias.

länger fortdauerte, kein Mann von ihnen entwischen würde, und sie gern lebendig nach Athen bringen wollten, gaben ihren Leuten Befehl aufzuhören, und ließen durch einen Herold den Feinden ankündigen, daß sie die Waffen niederlegen und sich auf Discretion ergeben sollten. Bey diesen Worten senkten die mehrsten ihre Schilde, und schlugen zum Zeichen des Beyfalls mit den Händen zusammen. Eine Art von Waffenstillstand ward verabredet, und ihr Befehlshaber bat um Erlaubniß, einen Boten in das Lager abzuschicken, um den Entschluß der Generale zu erfahren. Dies ward ihnen nicht zugestanden; aber sie riefen Herolde von der Küste herbey, und, nach verschiedenen Bothschaften, trat ein Lacedämonier wieder hervor, und schrie laut, es sey ihnen erlaubt, mit dem Feind zu unterhandeln, vorausgesetzt, daß sie nicht sich auf entehrende Bedingungen unterwerfen müßten. Hierauf hielten sie eine Zusammenkunft, und darauf ergaben sie sich auf Discretion, und wurden bis auf den nächsten Tag eingesperrt gehalten. Dann errichteten die Athenienser ein Siegeszeichen, übergaben den Lacedämoniern ihre Todten, und schifften nach Athen zurück, nachdem sie die Gefangenen auf ihre Schiffe vertheilt, und den Hauptleuten der Galeeren aufgetragen hatten, für ihre Bewachung zu sorgen. In diesem Treffen blieben hundert acht und zwanzig Lacedämonier von vierhundert und zwanzigen, welches vorher ihre Anzahl war, so daß nicht volle drey hundert am Leben blieben, von welchen hundert und zwanzig Einwohner der Stadt Sparta waren. Die Eroberung der Insel (von dem ersten Angriff angerechnet, und die Zeit der letzten Unterhandlung einbegriffen) hatte zwey und siebzig Tage gedauert. Alle verließen itzt Pylus, und Kleons Versprechen, so eitel und unüberlegt es geschienen hatte, ward also wörtlich erfüllt. Der Umstand aber, welcher am meisten in Verwunderung setzte, war die Kapitulation der Spartaner; denn man hatte geglaubt, daß sie, weit entfernt

190 Neunt.Abſch. Von dem Frieden mit Perſien

ihre Waffen zu übergeben, lieber mit dem Degen in der Fauſt ſterben würden.

Nachdem ſie alſo zu Athen angekommen waren, kündigte man ihnen an, daß ſie ſo lange als Gefangene da bleiben ſollten, bis ein Friede geſchloſſen ſey, wofern nur die Lacedämonier keine Einfälle in das Athenienſiſche Gebiet thäten; in welchem Falle ſie zuſammen hingerichtet werden ſollten. In Pylus ließ man eine Beſatzung zurück. Die Meſſenier von Naupaktus, die es vorher im Beſitz gehabt hatten, ſchickten die Blüthe ihrer Jugend dahin, welche die Lacedämonier durch ihre Einfälle ſehr beunruhigten; und da dieſe Meſſenier die Landesſprache redeten, ſo bewogen ſie eine große Menge von Sklaven, ſich mit ihnen zu vereinigen. Die Lacedämonier, welche ein noch größeres Uebel fürchteten, ſchickten verſchiedne Deputationen nach Athen, die aber nichts ausrichteten; denn die Athenienſer waren zu ſehr durch ihr Glück, beſonders durch ihren letzten Sieg aufgeblaſen, als daß ſie den billigſten Bedingungen hätten ſollen Gehör geben. Zwey bis drey Jahre hintereinander alſo wurden die Feindſeligkeiten mit abwechſelndem Glück fortgeſetzt, und nichts als die gänzliche Demüthigung des einen oder andern der beiden wetteifernden Staaten konnte den Streit entſcheiden. Die Athenienſer bemeiſterten ſich der Inſel Cythere, wurden aber dagegen von den Lacedämoniern bey Delium geſchlagen. Endlich fiengen beide Nationen an, eines Krieges müde zu werden, der ihnen große Koſten verurſachte, und gar keinen wahren Vortheil verſchaffte. Es ward alſo ein Stillſtand auf ein Jahr zwiſchen ihnen geſchloſſen, welcher dann zu einer dauerhaften Ausſöhnung den Weg bahnete. Der Tod der beiden Generale, welche die gegenſeitigen Armeen kommandirten, trug nicht wenig bey, dieſe zu beſchleunigen. Braſidas, der Lacedämonier, kam bey einem Ausfall ums Leben, als er in Amphipolis belagert wurde; und Kleon, der Athenienſer, wurde, weil er den ſchwächern Feind geringſchätzte, unvermuthet überfallen, und indem er

biß auf den Frieden des Nicias.

sich durch die Flucht zu retten suchte, durch einen Soldaten, der ihm begegnete, niedergemacht. Also fielen diese beiden Männer, die sich lange der Ruhe Griechenlandes widersetzt, und sich, aber auf ganz verschiednem Wege, berühmt zu machen gesucht hatten, ein Opfer ihres Ehrgeizes.

Sie waren Männer von ganz entgegengesetztem Charakter. Brasidas hatte Muth und Kriegswissenschaft, Mäßigung und Redlichkeit; und er allein wars, der um diese Zeit den sinkenden Ruhm seines Vaterlandes aufrecht erhielt. Er war der einzige Spartaner, seit dem Pausanias, der sich mit irgend einem festgesetzten Ansehen unter den Bundsgenossen zeigte, gegen die er sich so wohl betrug, daß sie Sparta mi der für ihr Oberhaupt erkannten; und verschiedne Städte unterwarfen sich ihm, als ihrem gemeinschaftlichen Befreyer von der Tyranney der Athenienser. Die Einwohner von Amphipolis verbanden sich nicht nur mit den übrigen Bundsgenossen, sein Begräbniß öffentlich aufs feyerlichste zu begehen, sondern sie stifteten auch jährliche Spiele und Opfer zu seinem Andenken, als dem Andenken eines Halbgottes; und sahen ihn so sehr als ihren wahrten Stifter an, daß sie alle Denkmäler zerstöhrten, die zum Andenken ihres Athieniensischen Ursprungs errichtet waren. Seine Widersetzung gegen den Frieden war nicht Wirkung seiner Hartnäckigkeit, sondern vielmehr eines wahren Spartanischen Eifers für die Ehre seines Vaterlandes, welchem die Athenienser, seiner Ueberzeugung nach, gar zu übermüthig und verächtlich begegnet waren. Er hatte jetzt die schönsten Aussichten, sie zur Vernunft zu bringen, indem er immer mehr festen Fuß gegen sie gewann, und täglich neue Vortheile erhielt. Und doch, so sehr ihn der Ruhm, große Thaten zu thun, entzücken mogte, scheint das Hauptziel seines Ehrgeizes kein andres gewesen zu seyn, als ein glückliches Ende des Krieges. Ich darf hier die edle Antwort nicht vergessen, die seine Mutter denen gab, die ihr die Nachricht seines Todes brachten. Als sie sie fragte, ob er rühmlich gestorben, brachen sie natürlicher Weise in Lobpreisungen seiner großen Thaten und seiner persönlichen Tapferkeit aus, und zogen ihn allen andern Generalen seiner Zeit vor. „Ja, sagte sie, mein Sohn „war ein tapfrer Mann; aber Sparta hat noch viel „Bürger, die tapfrer sind, als er."

Kleon war eine ganz andre Art von Menschen. Er war unüberlegt, übermüthig und hartnäckig, zanksüchtig, neidisch und boshaft, habsüchtig und feil; und doch besaß er bey allen diesen schlechten Eigenschaften, einige kleine Künste, sich bey dem Volke beliebt zu machen, die ihn empor brachten und stützten. Er machte es zu seinem Geschäfft, sich bey alten Creisen einzuschmeicheln, und so sehr er das Geld liebte, half er doch oft den Armen aus der Noth. Er hatte einen immer fertigen Witz, und ein possenhaftes Wesen, welches zwar Manchen einnahm, von den mehresten aber für Unverschämtheit und Büffonnerie gehalten wurde. Einen sehr feinen Kunstgriff gebrauchte er, sich zu empfehlen, daß er nämlich, so bald er mächtig geworden war, alle seine alten Freunde entfernte, damit man nicht glauben möchte, er würde sich von ihnen lenken lassen. Zugleicher Zeit zog er statt ihrer einen niederträchtigen Schwarm von Ohrenbläsern und Fuchsschwänzern an sich, und erniedrigte sich zu den kriechendsten Schmeicheleyen gegen den Auswurf des Pöbels; und doch hatte selbst dieser eine so schlechte Meynung von ihm, daß er sich oft für den Nicias, seinen geschwornen Feind, erklärte; welcher es zwar mit dem Adel hielt, aber sich doch auch bey dem Volk in Gunst zu erhalten suchte, und eines allgemeineren Ansehens genoß. Das, worauf Kleon sich hauptsächlich stützte, war seine Beredsamkeit; aber sie war polternd, wortreich und muthwillig, und bestand mehr in der Heftigkeit seines Styls und seiner Aussprache, in gewaltsamen Geberden und Verdrehungen des Körpers, als in der Stärke seiner Gründe und Schlüsse. Durch seine ungestüme, unbändige Art öffentlich zu reden, führte er bey den Rednern und Staatsmännern

bis auf den Frieden des Nicias.

eine Ausgelassenheit und Unanständigkeit ein, wovon man vorher nichts wußte, und die nachher zu manchem ausschweifenden und unordentlichen Verfahren in den Versammlungen des Volks Anlaß gab, da fast nichts ohne Lärm und Tumult durchgesetzt wurde. In seinen kriegerischen Geschäfften war er eben so wunderlich und unbesonnen, als in seinem ganzen übrigen Verhalten. Er war von Natur nicht zum Kriege gemacht, und bediente sich desselben nur als eines Deckmantels seiner schlechten Handlungen, und weil er seine übrigen Absichten ohne denselben nicht durchsetzen konnte. Die Eroberung des Forts Sphakteria war gewiß eine große Handlung, aber sie war auch sehr übereilt und tollkühn; und er wurde, ohne seine Absicht, durch eine Großprahlerey dazu gezwungen. Indeß blies ihn das Glück dieses Feldzuges so sehr auf, daß er sich selbst für einen großen General hielt, und das Volk glaubte nun eben dasselbe. Allein der Erfolg öffnete ihm die Augen, und überzeugte es, daß er geschickter sey, eine bürgerliche Versammlung, als eine Armée anzuführen. In der That aber konnte man sich weder hier noch dort auf ihn verlassen. Denn hier war er mehr ein Großprahler, als ein Soldat, dort mehr ein Stiffter von Meutereyen, als ein Patriot.

Die Lacedämonier waren nicht weniger zum Frieden geneigt, als die Athenienser, und freuten sich jetzt in Unterhandlungen treten zu können, da sie es mit Ehren thun konnten. Ueberdem lag ihnen nichts mehr am Herzen, als ihre auf der Insel Pylus den Atheniensern in die Hände gefallenen Gefangenen, weil diese ihre vornehmsten Bürger waren. Einer ihrer wichtigsten Bewegungsgründe aber war, daß der Stillstand, welchen sie mit Argos auf dreyßig Jahre geschlossen, jetzt eben zu Ende gieng. Dies war eine starke und blühende Stadt, und wiewohl sie es für sich allein mit den Spartanern nicht aufnehmen konnte, so mußten diese doch, daß sie ganz und gar nicht zu verachten sey, und daß sie mit ihren Nachbarn in gar zu gutem Vernehmen stünde, als daß sie nicht fähig seyn sollte, ihnen viel zu zu schaffen zu machen. Nachdem man den größten Theil des Winters hindurch von beiden Seiten über die Sache unterhandelt und gestritten hatte, streuten die Lacedämonier, um den Frieden endlich zu Stande zu bringen, aus, daß sie willens wären, so bald es die Jahrszeit erlaubte, sich in Attika einzuschanzen. Dies machte denn die Athenienser billiger in ihren Foderungen, und so ward zwischen beiden Staaten und ihren Bundsgenossen, im zehnten Jahre des Krieges, ein Friede auf funfzig Jahre geschlossen. Die vornehmsten Artikel desselben waren, daß die Garnisonen abziehen, und die Städte und Gefangenen von beiden Seiten wieder herausgegeben werden sollten. Man nannte ihn den Frieden des Nicias, weil Nicias, welcher gerade das Gegentheil seines Nebenbuhlers Kleon war, ihn vornehmlich zu Stande gebracht hatte. Außer der zärtlichen Bekümmerniß, die er immer für sein Vaterland bewies, hatte er auch das persönliche Interesse dabey, seinen Ruhm dadurch sicher zu stellen. Denn er hatte verschiedne Feldzüge gethan, und war zwar darinne immer glücklich gewesen, sahe aber wohl ein, wie viel er dabey seinem günstigen Schicksal und seinem vorsichtigen Verfahren zu danken habe, und wollte also nicht gern das, was er bereits gewonnen hatte, gegen die Hoffnung noch mehr zu gewinnen, aufs Spiel setzen.

Zehnter Abschnitt.

Von dem Frieden des Nicias bis auf das Ende des Peloponnesischen Krieges.

Ol. 89.
4. J. d.
E. 421.

Alles versprach jetzt Wiederherstellung der vorigen Ruhe. Die Böotier und Korinthier aber waren die ersten, welche Merkmale ihrer Unzufriedenheit äußerten, und sich alle mögliche Mühe gaben, neue Unruhen zu erregen. Um allen Gefahren von dieser Seite her vorzubauen, verbanden sich die Athenienser und Lacedämonier durch ein Offensiv- und Defensiv-Bündniß *), welches sie nicht allein den benachbarten Staaten furchtbarer, sondern auch in Rücksicht auf einander selbst sichrer machte. Allein die vorige Erbitterung und Eifersucht war noch immer nicht ganz abgegohren, und während daß Freundschaft auf der Oberfläche gleißte, sammlete die inwendig verborgene Unzufriedenheit neue Nahrung. Nicias war freylich ein friebliebender Mann, und er that Alles, was in seinen Kräften stand, die Athenienser zu überreden, daß sie die allgemeine Ruhe aufs sorgfältigste zu erhalten suchen mögten. Aber ein neuer Friedensstörer fieng jetzt an aufzutreten, und von ihm hatten diejenigen, welche Frieden wünschten, Alles zu befürchten. Dies war kein andrer, als der berühmte Alcibiades, der Schüler des Sokrates, ein Jüngling, der sich so sehr durch die Schönheit seiner Person als durch seine großen Geistesgaben auszeichnete.

Seine genaue Vertraulichkeit mit dem Sokrates gehört unter die merkwürdigsten Umstände seines Lebens. Dieser Philosoph, welcher vortreffliche natürliche Fähigkeiten an ihm bemerkte, die besonders durch die Schönheit seiner Person sehr erhoben wurden, gab sich unglaubliche Mühe, eine so schätzbare Pflanze zu ziehen, damit sie nicht, durch Vernachläßigung, im Wachsen verwelken, oder ganz ausarten mögte. Und in der That war Alcibiades unzähligen Gefahren ausgesetzt durch seine vornehme Herkunft, seine großen Reichthümer, das Ansehen seiner Familie, der Krebit seiner Aufseher, seine persönlichen Talente, seine ausnehmende Schönheit, und mehr als alles dieses, die Schmeicheley und Gefälligkeit Aller, die sich ihm näherten. Man hätte schließen sollen, sagt Plutarch, daß das Schicksal ihn mit allen diesen vermeinten Vorzügen als mit so vielen Schanzen und Bollwerken, versehen und umgeben, um ihn gegen alle Pfeile der Philosophie unzugänglich und unverletzlich zu machen, diese wohlthä-

*) Auf funfzig Jahre. Der Friede wurde aber nicht einmal ganz ausgeführt.

Zehnt. Abſch. Von dem Frieden des Nicias

gen Pfeile, welche ins Innerſte des Herzens bringen, und die ſtärkſten Reizungen zur Tugend und zum wahren Ruhm in demſelben zurücklaſſen. Aber eben dieſe Hinderniſſe verdoppelten nur den Eifer des Sokrates. Ungeachtet der ſtärkſten Bemühungen, die man anwandte, dieſen jungen Athenienſer von einem Umgange abzuziehen, welcher allein fähig war, ihn vor ſo vielen Fallſtricken zu ſichern, weihte er ſich ihm gänzlich. Er beſaß die unbegränzteſte Scharfſichtigkeit; er erkannte vollkommen die außerordentlichen Verdienſte des Sokrates, und konnte dem Zauber ſeiner ſüß einſchmeichelnden Beredſamkeit nicht widerſtehen, welche damals eine größere Macht über ihn hatte, als die Anlockungen des Vergnügens. Er war ein ſo eifriger Schüler dieſes großen Lehrers, daß er ihm aller Orten nachfolgte, das größte Vergnügen in ſeiner Geſellſchaft fand, über ſeine Grundſätze ein ausnehmendes Wohlgefallen bezeugte, ſeine Lehre, und ſelbſt ſeine Verweiſe mit bewundernswürdiger Gelehrigkeit annahm, und durch ſeine Reden ſo ſehr gerührt wurde, daß er ſogar oft Thränen vergoß und ſich ſelbſt verabſcheuete; ſo viel Gewalt hatte die Wahrheit im Munde des Sokrates, und in einem ſo gehäſſigen Lichte ſtellte er die Laſter dar, benen Alcibiades, ergeben war. Alcibiades war in dieſen Augenblicken, da er auf Socrates Lehren horchte, ſich ſelbſt ſo ſehr unähnlich, daß er ein ganz andrer Menſch zu ſeyn ſchien. Indeſſen ſtürzte ſein unbändig feuriges Temperament, und ſeine natürliche Liebe zum Vergnügen, welche durch die Reden, und den Rath junger Leute noch mehr geſchärft und entflammt wurde, ihn bald wieder in ſeine vorigen Ausſchweifungen, und riß ihn mit Gewalt gleichſam von ſeinem Herrn weg, welcher ſich denn genöthigt ſah, ihn als einen von der Zuchtruthe entflohenen Sklaven zu verfolgen. Dieſe Abwechſelung von Flucht und Wiederkehr, von tugendhaften Entſchließungen und Rückfällen ins Laſter, dauerten ſehr lange; aber Sokrates ließ ſich durch ſeinen Leichtſinn nicht abſchrecken, und ſchmeichelte sich noch immer mit der Hoffnung, ihn zu seiner Pflicht zurückzubringen; und hieraus entsprang ohnstreitig die starke Mischung von Gutem und Bösem, die sich immer in seinem Verhalten zeigte; indem manchmal die guten Grundsätze, die sein Lehrer ihm eingeflößt hatte, die Oberhand behielten, oft aber das Feuer seiner Leidenschaften ihn, gewissermaßen wider seinen eignen Willen, zu Dingen von ganz entgegengesetzter Natur fortriß. Unter den verschiednen Leidenschaften, die sich bey ihm äußerten, war die stärkste und herrschende ein stolzer Geist, der Alles zwingen wollte, sich ihm zu unterwerfen, und keinen über oder nur neben sich leiden konnte. Wiewohl seine Geburt und seine ungewöhnlichen Talente ihm zu den höchsten Stellen in der Republik den Weg bahnten, so wünschte er doch das Vertrauen des Volks nur der Gewalt seiner Beredsamkeit, und der hinreissenden Annehmlichkeit seiner Reden, zu verdanken zu haben. Hierzu konnte ihm sein vertrauter Umgang mit dem Sokrates sehr behülflich seyn. Mit solchen Eigenschaften, als wir hier beschrieben haben, war Alcibiades nicht zur Ruhe geboren, und hatte daher alle Triebfedern in Bewegung gesetzt, um den neuerlich zwischen beiden Staaten geschlossenen Frieden zu hintertreiben; da ihm dieses nicht gelingen wollen, so bemühete er sich jetzt, die Würkung davon zu vereiteln. Er hatte einen Unwillen gegen die Lacedämonier, weil sie sich bloß an den Nicias wandten, von dem sie eine sehr hohe Meynung hegten; und, im Gegentheil, ihn gar nicht zu achten schienen, da seine Vorfahren doch das Recht der Gastfreundschaft unter ihnen genossen hatten. Das erste, was er zu Beeinträchtigung des Friedens that, war, daß er den Argivern, als er Nachricht erhielt, sie warteten nur auf eine Gelegenheit, mit den Spartanern, welche sie eben so sehr haßten als fürchteten, zu brechen, unter der Hand Hoffnung machte, die Athenienser würden ihnen zu Hülfe kommen, weil sie nichts mehr wünschten, als einen Frieden zu brechen, der ihnen auf keine

198 Zehnt. Abſch. Von dem Frieden des Nicias

Weiſe vortheilhaft wäre. Dem zufolge ergriff er dieſe Gelegenheit, gebrauchte den Vorwand, die Lacedämonier wären bey dem letztern Vergleich nicht aufrichtig zu Werke gegangen, und ſuchte dadurch das Volk ſowohl gegen ſie, als den Nicias, aufzubringen. Dies gelang ihm ſo gut, daß Alles zu einem Traktat mit Argos geneigt zu ſeyn ſchien. Die Lacedämonier, welche nichts mehr fürchteten, als dies, ſchickten ſogleich Geſandte nach Athen, welche gleich anfangs ſagten, welches denn ſehr befriedigend ſchien, ſie kämen mit uneingeſchränkter Vollmacht, alle ſtreitigen Punkte auf gleichmäßige Bedingungen beyzulegen. Der Senat hörte ihre Vorſchläge an, und das Volk ſollte ſich am folgenden Tage verſammlen, um ſich die Sache von ihnen vortragen zu laſſen. Unterdeſſen hatte Alcibiades, welcher beſorgte, daß dieſe Unterhandlung ſeine Entwürfe vereiteln mögte, eine geheime Zuſammenkunft mit den Geſandten, und überredete ſie, unter dem Scheine der Freundſchaft, dem Volke nicht gleich bekannt zu machen, welche Vollmacht ihnen ihr Staat gegeben, ſondern zu ſagen, ſie kämen bloß zu unterhandlen und Vorſchläge zu thun; denn ſonſt würden die Athenienſer ausſchweifend in ihren Foderungen werden, und ihnen ſo unbillige Bedingungen vorſchreiben, die ſie mit Ehren nicht unterſchreiben könnten. Er ſchmeichelte ſich durch die anſcheinende Klugheit und Ehrlichkeit dieſes Raths ſo ſehr bey ihnen ein, daß er ſie von dem Nicias abwendig machte, und ſich ihr ganzes Zutrauen erwarb. Den folgenden Tag, als das Volk verſammelt, und die Geſandten vorgeführt waren, fragte Alcibiades ſie mit der freundſchaftlichſten Miene, mit was für Vollmacht ſie gekommen wären? Sie antworteten, daß ſie keine unbedingte Vollmacht hätten. Hierauf nahm er gleich eine andre Stimme und Miene an, ſchalt ſie für offenbare Lügner, und fragte das Volk, wie man wohl mit Leuten Unterhandlungen pflegen könne, denen ſo wenig zu trauen wäre. Das Volk ſchickte voller Wuth die Geſandten fort, und

bis auf das Ende des Peloponnesis. Krieges. 199

Nicias, der nichts von dem Betruge wußte, war äusserst bestürzt und beschämt. Um seinen Kredit wieder herzustellen, that er den Vorschlag, daß man ihn nach Sparta abschicken mögte: da er aber nicht im Stande war, solche Bedingungen daselbst auszuwirken, als die Athenienser verlangten, so schloßen sie, gleich nach seiner Rückkehr, ein Bündniß mit den Argivern auf hundert Jahr, die Eleer und Mantineer eingeschloßen, welches zwar nicht ausdrücklich den Frieden mit den Lacedämoniern aufhob, aber doch offenbar, der ganzen Absicht nach, gegen sie gerichtet war. Nach diesem neuen Bündnisse ward Alcibiades zum General ernannt; und wiewohl seine beßten Freunde die Art, wie er seine Entwürfe durchgesetzt hatte, nicht billigen konnten, so sah man es doch als einen großen Kunstgriff der Politik an, also fast den ganzen Peloponnes zu trennen und zu erschüttern, und den Krieg so weit von den Atheniensischen Gränzen zu entfernen, daß selbst der glücklichste Sieg den Feinden nur wenig zu Eroberungen nützen, hingegen eine erlittene Niederlage für Spartas Sicherheit selbst sehr gefährlich seyn würde.

Dieser Abfall der Bundsgenoßen weckte aufs neue die Eifersucht der Spartaner, und sie beschloßen daher, dem Uebel abzuhelfen, ehe es gar zu weit um sich gegriffen hätte. Sie marschierten mit ihrer ganzen Macht, sowohl Bürger als Sklaven, aus, und lagerten sich, nachdem ihre Bundsgenoßen zu ihnen gestoßen waren, fast unter den Mauern von Argos. Sobald die Argiver von ihrer Annäherung Nachricht erhielten, machten sie alle mögliche Zurüstungen, und rückten, mit festem Entschluß ihnen ein Treffen zu liefern, gegen sie heraus. Aber eben da sie im Begriff waren zu schlagen, giengen zween ihrer Officiere zu dem Agis, dem König und General der Spartaner, hinüber, und thaten ihm den Vorschlag, die Sache durch Schiedsrichter auszumachen. Er ließ sich sogleich dieses Anerbieten gefallen, bewilligte ihnen dem zufolge einen Stillstand auf vier Monate, und zog mit seiner Armee ab;

so daß die ganze Sache bloß durch diese drey Männer, ohne allgemeine Einwilligung oder Mitwissen, weder von Spartanischer noch Argivischer Seite, beschlossen war. Die Peloponnesier, wiewohl sie des Agis Befehl gehorchen mußten, waren aufs äußerste gegen ihn aufgebracht, daß er eine so vortheilhafte Gelegenheit aus den Händen gelassen, dergleichen sie nie wieder zu finden hoffen könnten. Denn sie hatten wirklich den Feind von allen Seiten eingeschlossen, und das noch dazu mit der beßten, wo nicht der größten Armee, die je ins Feld gebracht war. Und die Argiver besorgten so wenig Gefahr auf ihrer Seite, daß sie nicht weniger gegen ihre Vermittler aufgebracht waren, deren einen sie zwangen zu den Altären der Götter Zuflucht zu nehmen, um sein Leben zu retten, und seine Güter confiscirten *).

Solchergestalt schien Alles die Athenienser zu begünstigen; und ihr Glück — denn dies war die blühendste Periode, welcher ihr Staat je genossen — verblendete sie so sehr, daß sie sich fest einbildeten, keine Macht sey im Stande, ihnen zu widerstehen. In dieser Gemüthsfassung entschlossen sie sich, die erste Gelegenheit zu ergreifen, die Insel Sicilien ihrer Herrschaft zu unterwerfen, und es bot sich ihnen bald eine erwünschte Gelegenheit an. Die Egestaner nämlich, ihre Bundsgenossen, schickten Gesandte an sie, und sprachen sie um Beystand gegen die Einwohner von Selinus an, denen die Syrakusaner beystanden **). Sie stellten unter andern vor, daß, wenn man sie im Stiche ließe, die Syrakusaner ihre Stadt, wie vorher die Stadt Leontini, erobern, dann sich des ganzen Siciliens bemächtigten, und hernach nicht unterlassen würden, den Peloponnesiern, ihren Stiftern beyzuste-

---

*) Gleich nachher (Ol. 91, 3.) wurde der Waffenstillstand gebrochen, die Argiver geschlagen, und durch innere Zerrüttungen noch mehr geschwächt.

**) Dieser Krieg wurde unternommen Ol. 91, 2. 415. v. C. also im 16 J. des peloponnes. Kriegs.

hen; und damit sie so wenig Kosten, als möglich, von diesem Kriege haben mögten, erboten sie sich, die Truppen, die man ihnen zu Hülfe schicken würde, zu besolden. Die Athenienser, welche lange auf eine Gelegenheit sich zu erklären gewartet hatten, schickten Deputirte nach Egesta, um den Zustand der Sachen zu untersuchen, und zu sehen, ob ihr Schatz mit Gelde genug versehen wäre, um die Kosten eines so großen Krieges auszuhalten. Die Egestaner waren listig genug gewesen, von den benachbarten Nationen eine große Menge goldner und silberner Gefäße aufzuborgen, die eine unermeßliche Summe Geldes werth waren, und diese zeigten sie vor, als die Athenienser ankamen. Die Deputirten kehrten mit den Gesandten der Egestaner zurück, welche sechszig Talente in unbearbeitetem Metall mitbrachten, als monatlichen Sold für die Galeeren, welche sie verlangten, wobey sie zugleich größere Summen versprachen, die, wie sie sagten, sowohl in dem öffentlichen Schatz, als in den Tempeln bereit wären. Das Volk, geblendet durch diesen schönen Schein, dessen Wahrheit zu untersuchen es sich nicht die Mühe nahm; und verführt durch die vortheilhaften Berichte, welche die Deputirten, in der Absicht ihm gefällig zu seyn, abstatteten, bewilligte augenblicklich den Egestanern ihre Bitte, und übergab dem Alcibiades, Nicias und Lamachus das Kommando der Flotte, mit voller Gewalt, nicht allein den Egestanern zu Hülfe zu kommen, und die Einwohner von Leontini wieder in Besitz ihrer Stadt zu setzen, sondern auch die Sicilianischen Angelegenheiten solchergestalt in Ordnung zu bringen, wie es der Republik Athen am zuträglichsten seyn würde. Nicias übernahm sein Kommando äußerst ungern; denn außer andern Bewegungsgründen, die ihn abgeneigt dagegen machten, scheute er es deßwegen, weil Alcibiades sein Gehülfe seyn sollte. Die Athenienser aber versprachen sich einen desto glücklichern Ausgang dieses Krieges, wenn sie nicht das ganze Kommando dem Alcibiades übergäben, sondern seine Hitze und

Verwegenheit durch die Kälte und Weisheit des Nicias mäßigten. Nicias, welcher es nicht wagen wollte, sich öffentlich dem Alcibiades zu widersetzen, suchte es auf eine verdeckte Art zu thun, indem er eine Menge von Schwierigkeiten vorstellte, vornehmlich die grossen Kosten eines solchen Feldzuges. Er erklärte, wenn man einmal fest entschlossen sey, einen Krieg anzufangen, so müsse man ihn auf eine Art führen, die dem hohen Ruhme, welchen die Athenienser sich erworben, entspräche. Eine Flotte sey nicht hinreichend, es mit einer so furchtbaren Macht, als die der Syrakusaner und ihrer Bundsgenossen sey, aufzunehmen; sie müßten also eine Armee ausrüsten, die aus guter Reuterey und Fußvolk bestünde, wenn ihre Anstalten eines so grossen Entwurfs würdig seyn sollten; außer der Flotte, welche sie zu Herren der See machen sollte, müßten sie auch eine Menge Transportschiffe haben, um der Armee beständig Lebensmittel zu überbringen, welche sonst unmöglich in Feindes Lande subsistiren könne; sie müßten der Armee große Summen Geldes mitgeben, ohne auf das, was die Egestaner versprochen, zu warten, die vielleicht nur mit Worten bereit wären, und aller Wahrscheinlichkeit nach, ihr Versprechen nicht würden halten können; sie müßten die Ungleichheit zwischen sich selbst und den Feinden, in Betracht der Vortheile und Bedürfnisse der Armee, sorgfältig abwägen und prüfen; die Syrakusaner befänden sich in ihrem eignen Lande mitten unter mächtigen Bundsgenossen, die sowohl durch Neigung getrieben, als durch Interesse gezwungen würden, ihnen mit Truppen, Waffen, Pferden und Lebensmitteln beyzustehen; dahingegen die Athenienser, weit von ihrem Vaterlande entfernt, Krieg führen müßten, in einem feindlichen Lande, wo sie zu Winters Zeit nicht geschwinder, als in vier Monaten, Nachricht von Athen haben könnten, in einem Lande, wo Alles ihnen zuwider seyn würde, und sie nichts, anders als durch Gewalt der Waffen, erhalten könnten; unauslöschliche Schande würde es über die Athenienser bringen, wenn sie gezwungen werden sollten, ihr Unternehmen fahren zu lassen, sie würden dadurch der Gegenstand des Spottes und der Verachtung aller ihrer Feinde werden, weil sie versäumt hätten, alle mögliche Vorsicht und Behutsamkeit zu gebrauchen, die ein so wichtiges Unternehmen erfordre: was ihn selbst anbeträfe, so sey er entschlossen nicht eher abzugehen, als bis er mit Allem, was zu dem Feldzuge erforderlich sey, versehen wäre, weil die Erhaltung der ganzen Armee von diesem Umstande abhange; und er werde nie Alles auf den Eigensinn, oder die windigen Versprechungen der Bundsgenossen ankommen lassen.

Nicias hatte sich geschmeichelt, daß seine Rede die Hitze des Volks abkühlen würde, allein er entflammte sie nur noch mehr. Augenblicklich ward den Generalen volle Gewalt gegeben, so viel Truppen auszuheben, und so viel Galeeren auszurüsten, als sie für nöthig fänden. Dies geschah also, und die Werbung gieng so wohl zu Athen, als an andern Orten, mit unbeschreiblicher Geschwindigkeit von Statten.

Ehe wir die Erzählung der wichtigen Vorfälle des Sicilianischen Feldzugs selbst anfangen, wird es nöthig seyn, etwas weniges von Syrakusa, der Hauptstadt auf dieser Insel, zu sagen. Um das J. d. W. 2920. hatte Korinth den Ruhm einer großen Seemacht erlangt. Die Erweiterung der Schiffahrt führt immer auf Entdeckungen, auf Handel, auf Anlegung neuer Pflanzstädte. Dieß erfolgte in Korinth. Die Korinther waren noch nicht lange mit Sicilien bekannt, als sie den Entwurf machten, einen Theil der Insel mit Eingebohrnen des Peloponnes zu bevölkern. Archias, ein Abkömmling des Herkules, wurde mit einer Flotte abgeschickt, und mit allen zu einem solchen Unternehmen nöthigen Dingen versehen. Er erbauete und bevölkerte Syrakus, das seines fruchtbaren Bodens und seiner geräumigen Häfen wegen, bald die blühendste Stadt Siciliens wurde, und an

Größe und Schönheit keiner Griechischen Stadt etwas nachgab. Lange blieb sie Korinth unterworfen, und wurde nach denselben Gesetzen regiert. Aber sie wuchs an Macht, wurde stolz und übermüthig, und machte sich allmälig von der Verbindung los *). Diesem Umstand, daß sie sich selbst mündig erklärte, haben wir die zu erzählenden Vorfälle zu verdanken.

So bald Alles fertig war, segelten sie ab, nachdem sie Korcyra zum Versammlungsorte für die mehrsten der Bundsgenossen und diejenigen Schiffe, welche Lebensmittel und andre Kriegsbedürfnisse führen sollten, bestimmt hatten. Alle Bürger sowohl als Fremde in Athen eilten mit Anbruch des Tages zu dem Hafen Piräus hin. Die erstern von ihren Kindern, Verwandten, Freunden und Bekannten begleitet, mit einer Freude, die etwas durch Kummer getrübt wurde, als sie denen Lebewohl sagten, die ihnen so theuer waren als das Leben, die jetzt zu einem weit entfernten und sehr gefährlichen Feldzuge abgiengen, ungewiß, ob sie je zurückkehren würden, so sehr sie sich mit der Hoffnung eines glücklichen Ausgangs schmeichelten. Die Fremden kamen dahin, um ihre Augen an einem Anblick zu weiden, der ihrer Neugier höchst würdig war, denn keine einzelne Stadt in der Welt hatte je eine so herrliche Flotte ausgerüstet. Diejenigen freylich, welche man gegen Epidaurus und Potidäa abgeschickt hatte, waren in Betracht der Anzahl der Soldaten und Schiffe eben so ansehnlich, aber dann waren sie nicht mit so großer Pracht ausgerüstet, auch war ihre Reise nicht so lang, und ihr Unternehmen nicht so wichtig. Hier sah man eine See- und eine Landarmee, mit äußerster Sorgfalt, und auf Kosten einzelner Bürger sowohl als des ganzen Staats, mit allem dem ausgerüstet, was sowohl die Länge der Reise, als die Dauer

---

*) Die Stadt war aus vier kleinen Flecken entsprungen, Olymp. 1', 1. Ums J. 484 p. C. hatte sie einen eignen Oberherrn erhalten; ums J. 466. war demokratische Regierung eingeführt worden.

bis auf das Ende des Peloponnesis. Krieges. 205

des Krieges erforderte. Die Stadt gab dazu hundert ledige Galeeren, nämlich sechzig leichte, und vierzig zum Transport der schwerbewaffneten Soldaten. Jeder Schiffer erhielt täglich eine Drachme, oder fünf gute Groschen unsers Geldes, an Solde, ausgenommen was die Hauptleute der Schiffe den Ruderknechten der ersten Bank gaben. Hierzu nehme man noch den Pomp und die Pracht, welche durchgängig herrschten, indem Jeder sich Mühe gab, den Andern zu verdunkeln, jeder Hauptmann gern das schnellste und zugleich das schönste Schiff der ganzen Flotte haben wollte. Ich sage nichts von der Wahl der Soldaten und Matrosen, welche die Blüthe der Athenienser waren, noch von ihrer Nacheiferung in Betracht ihrer Schönheit, des Glanzes ihrer Waffen und der Nettigkeit ihrer Equipage, so wenig als von ihren Officieren, welche ansehnliche Summen angewandt hatten, bloß um sich auszuzeichnen, und Fremden eine vortheilhafte Meynung von ihrer Person und ihren Umständen beyzubringen, so daß dieses Schauspiel mehr das Ansehen eines Gepränges hatte, bey welchem die äußerste Pracht verschwendet wird, als eines Feldzuges. Nur die Kühnheit und Größe des Unternehmens übertraf seinen Aufwand und Glanz.

Sobald die Schiffe beladen, und die Truppen an Bord gebracht waren, hörte man Trompeten erschallen, und feyerliche Gebete für einen glücklichen Ausgang dieses Feldzuges wurden zum Himmel geschickt; allenthalben füllte man goldne und silberne Becher mit Wein an, und goß die gewöhnlichen Trankopfer aus; zu gleicher Zeit erhub das Volk, welches die Küste umgab, ein lautes Freudengeschrey, und hub die Hände gen Himmel, um seinen Mitbürgern eine glückliche Fahrt und siegreiche Wiederkunft zu wünschen. Und jetzt, da der Hymnus abgesungen und die Ceremonien geendigt waren, segelte ein Schiff nach dem andern zum Hafen hinaus, worauf sie denn aus allen Kräften arbeiteten, einander zuvorzukommen, bis die ganze Flotte zu Aegina ankam. Von hieraus segelte sie nach Korcyra, wo die Armee der Bundsgenossen, nebst der übrigen Flotte versammelt war.

Als sie bey Sicilien ankamen, waren die Generale über den Ort, wo man zuerst landen sollte, verschiedner Meynung. Lamachus wollte, daß man geradeswegs auf Syrakus losgienge. Er stellte vor, die Syrakusaner wären jetzt ganz unvorbereitet und in größter Bestürzung; eine Armee sey allemal am fürchterlichsten bey ihrer Annäherung, ehe der Feind Zeit gewonnen, sich zu fassen und mit der Gefahr vertraut zu machen. Diese Gründe wurden indeß durch andre überstimmt; und man ward eins, erst die kleinern Städte sich zu unterwerfen. Nachdem sie also nur zehn Galeeren abgeschickt hatten, um die Lage und den Hafen von Syrakus in Augenschein zu nehmen, landeten sie mit den übrigen Truppen, und überfielen Katana.

Unterdessen hatten die Feinde des Alcibiades sich seine Abwesenheit zu Nutze gemacht ihn mit verdoppeltem Nachdruck anzugreifen. Sie beschuldigten ihn des gröbsten Mißverhaltens, indem er die beßte Art den Feind anzugreifen verworfen, und verstärkten ihre Anklage dadurch, daß sie anführten, er habe die Geheimnisse der Ceres entweihet. Dies war hinreichend, den leichtsinnigen Pöbel zu bewegen, ihren General zurückzuberufen; aus Furcht aber, einen Aufruhr in der Armee zu erregen, schickten sie ihm blos Befehl, nach Athen zurückzukommen, um durch seine Gegenwart das Volk zu besänftigen. Alcibiades gehorchte dem Befehl mit scheinbarer Unterwerfung; weil er aber die Unbeständigkeit und den Eigensinn seiner Richter kannte, so machte er sich den Augenblick, da er zu Thurium angekommen und ans Land gestiegen war, unsichtbar, und wußte den Nachforschungen derer, die ihn aufsuchen sollten, zu entgehen. Die Galeere kehrte also ohne ihn zurück, und das Volk verdammte ihn in der Wuth wegen seiner Halsstarrigkeit zum Tode. Alle seine Güter wurden eingezogen, und alle Priester erhielten Befehl, ihn zu verfluchen. Als er einige Zeit nachher erfuhr, daß die Athenienser ihn zum Tode verdammt hätten, sagte er: „Ich hoffe sie einst zu überzeugen, daß ich noch am Leben bin." *)

Die Syrakusaner hatten sich jetzt in Vertheidigungsstand gesetzt; und da sie sahen, daß Nicias ihnen gar nicht näher kam, sprachen sie davon, ihn in seinem Lager anzugreifen; und Einige fragten spöttisch: ob er etwa nach Sicilien gekommen, um sich zu Katana niederzulassen? Dieser Schimpf weckte ihn, und er entschloß sich jetzt, gleich auf Syrakus loszugehen. Zu Lande durfte er es nicht wagen, weil es ihm an Reuterey fehlte, und eben so gefährlich hielt ers, einen Versuch zur See auf einen Feind zu machen, der sich in so gute Verfassung gesetzt hatte, ihn zu empfangen: indeß wählte er doch das letztere, und es glückte ihm durch eine Kriegslist. Er bestach einen Bürger von Katana, als Ueberläufer zu den Syrakusanern überzugehen, und ihnen zu berichten, daß die Athenienser jede Nacht ohne ihre Waffen in der Stadt zubrächten, und daß sie also dieselben, an einem gewissen bestimmten Tage, früh Morgens überfallen, sich ihres Lagers mit allen Waffen und aller Bagage bemächtigen, ihre Flotte im Hafen in Brand stecken, und also die ganze Armee zu Grunde richten könnten. Die Syrakusaner glaubten ihm, und marschierten mit ihrer ganzen Macht nach Katana; welches Nicias nicht so bald erfuhr, als er gleich seine Truppen einschifte, nach Syrakus segelte, den folgenden Morgen daselbst landete, und sich dicht vor der Stadt befestigte. Die Syrakusaner wurden so sehr über diesen ihnen gespielten Betrug aufgebracht, daß sie alsobald wieder nach Syrakus um-

*) Auch die Verstümmelung der Bildsäulen des Mercurs wurde dem Alcibiades Schuld gegeben. Aber die Hauptklage gieng auf die Entweihung der Mysterien der Ceres und Proserpina. Noch kam dazu der Verdacht, daß er mit Hülfe der Spartaner habe eine neue Regierungsform einführen wollen (aber nicht der schlechte Fortgang in Sicilien.) Die Rachgier des A. kannte keine Gränzen.

kehrten, und sich außerhalb der Mauern in Schlachtordnung stellten. Nicias marschierte ihnen aus seinen Verschanzungen entgegen, und es erfolgte ein sehr hitziges Gefecht, in welchem endlich die Athenienser die Oberhand behielten, und den Feind zwangen, in die Stadt zurückzufliehen, nachdem sie zwey hundert und sechszig Mann von ihnen und ihren Bundsgenossen niedergemacht, und selbst nur funfzig Mann verloren hatten. Sie waren indeß noch nicht im Stande, die Stadt anzugreifen, und bezogen daher ihre Winterquartiere zu Katana und Naxus.

Ol. 91, 3. 414 v. C.
Im folgenden Jahr wurden größere Entwürfe unternommen; denn nachdem Nicias eine Verstärkung von Reuterey, nebst Lebensmitteln und andern Kriegsbedürfnissen, von Athen erhalten, seegelte er nach Syrakus, um es zur See und zu Lande einzusperren. Solchergestalt setzte der kleine Staat von Athen alle benachbarte Staaten in Schrecken, und fieng jetzt an, da er den höchsten Gipfel seiner Größe erreicht hatte, nach allgemeiner Herrschaft zu trachten. Die Athenienser waren schon die Meister der Künste und Philosophie, und jetzt strebten sie mit umgekehrten Ehrgeiz, auch nach dem Ruhm, dem Menschengeschlecht ein Muster in den Künsten der Eroberung und des Krieges zu geben, hatten aber nie bedacht, daß ein kleiner Staat, welcher durch künstliche Mittel eine große Macht erworben, tausend Zufällen auf seinem Wege zu Eroberungen ausgesetzt ist. Sie hatten jetzt ihre ganze Macht nach Sicilien weggeschickt, und indem sie also Syrakus den Untergang zu bringen suchten, kämpften sie wirklich für ihre eigne Erhaltung; das Schicksal der Athenienser und Syrakusaner hieng so sehr von dem Ausgange dieses Krieges ab, daß man von beiden Seiten mit äußerster Hartnäckigkeit focht, und daß die Geschichtschreiber uns die kleinsten Umstände der Begebenheiten aufbewahrt haben.

Die Belagerung wurde jetzt auf eine regelmäßigere und künstlichere Art betrieben, als noch nie vorher geschehen war, und man lernte jetzt ganz neue Künste, sowohl des Angriffs als der Vertheidigung. Nicias fand es für nöthig, Epipolä zu besetzen, einen hohen Felsen, welcher die Stadt beherrschte, und nur einen steilen, abhangenden Zugang hatte. Die Syrakusaner waren so sehr von der Wichtigkeit dieses Posten überzeugt, daß sie ein Detaschement von sieben hundert Mann befehligt hatten, auf ein gegebenes Zeichen zu seiner Vertheidigung herbeyzueilen. Aber Nicias hatte seine Leute in einem etwas entfernten Hafen, so geheim und mit solcher Geschwindigkeit ans Land gesetzt, daß er sich ohne Mühe desselben bemächtigte. Und die sieben hundert Syrakusaner, welche in größter Unordnung aus der Ebne herzueilten, wurden mit Verlust ihres Anführers und drey hundert Mann zurückgeschlagen. Nicias baute hier ein Fort zum Magazin, und schloß die Stadt von der Landseite so ein, daß ihr alle Kommunikation mit dem Lande abgeschnitten wurde. Da der Feind seine Arbeiten zu verderben und unbrauchbar zu machen suchte, erfolgten verschiedne Scharmützel, in welchen die Athenienser fast immer die Oberhand hatten: in einem derselben aber kam Lamachus sehr ins Gedränge, seine Leute ließen ihn im Stiche, und er selbst kam ums Leben. Die Syrakusaner waren noch immer darauf bedacht, wie sie Epipolä wieder erobern könnten, und schickten daher noch einmal ein Detaschement dagegen ab. Nicias lag um diese Zeit allein in dem Fort an einer Krankheit darnieder, und hatte Niemanden, als seine Bedienten, bey sich. Als er aber hörte, daß der Feind seine Schanzen stürme, sprang er auf, und steckte die Maschienen und andres Holz, welches um das Fort her zerstreut lag, in Brand; dies hatte die gute Wirkung, daß es den Seinigen zum Zeichen diente, ihm gleich zu Hülfe zu eilen, und die Feinde so sehr in Schrecken und Verwirrung setzte, daß sie sich in die Stadt zurückzogen. Von dieser Zeit an schöpfte Nicias, welcher jetzt einziger General war, große Hoffnungen; denn verschiedne Sicilianische Städte, die sich bis dahin für keine von beiden Partheyen erklärt hatten, verbanden sich mit ihm, und von allen Seiten her kamen Schiffe an, mit Lebensmitteln für seine Armee beladen, indem alles begierig war, sich zu ihm zu schlagen, weil er jetzt das Uebergewicht erhalten hatte, und in allen seinen Unternehmungen ausnehmend glücklich gewesen war. Da die Syrakusaner sich also zur See und zu Lande eingesperrt sahen, und alle Hoffnung verloren, ihre Stadt länger vertheidigen zu können, waren sie schon im Begriff, sich auf billige Bedingungen zu ergeben.

Unterdeß hatten die Lacedämonier den **Gylippus** abgeschickt, um den Syrakusanern zu Hülfe zu kommen. Er hörte unterweges in welcher äußersten Noth sie sich befänden, und hielt schon die ganze Insel für verloren. Indeß seegelte er doch weiter, nicht in der Absicht, Sicilien zu vertheidigen, sondern bloß, um den Italienischen Staaten diejenigen Städte zu erhalten, die ihnen auf dieser Insel unterworfen waren, wofern es nicht schon zu spät wäre, und es sich sonst thun ließe; denn das Gerücht hatte allenthalben angekündigt, daß die Athenienser sich bereits der ganzen Insel bemächtigt hätten, und von einem General angeführt würden, dessen Weisheit und gutes Glück ihn unüberwindlich mache.

Die Einschanzungen der Athenienser waren jetzt beynahe ganz vollendet; sie hatten eine doppelte Mauer, beynahe eine halbe Meile in die Länge über die Ebne und die Moräste gegen den großen Hafen zu gezogen, und hatten diesen beynahe erreicht. *) Jetzt blieb nur noch auf der einen Seite ein kleiner Theil der Mauer zu vollenden übrig, und die Syrakusaner standen schon am Rande des Abgrundes; sie hatten gar keine Hoffnung mehr übrig; sie waren nicht im Stande sich selbst zu

---

*) Von beyden Seiten des Felsen Epipold wurde eine Mauer bis an das Meer geführt. Die Syrakusaner errichteten dagegen Mauern. In einem darüber entstandnen Scharmützel fiel **Lamachus**.

vertheidigen, und wußten nicht, woher sie Hülfe erwarten sollten; sie faßten also den Entschluß, sich zu ergeben, und es ward ein Rath gehalten, um die Artikel der Kapitulation aufzusetzen, die man alsdann dem Nicias vorlegen wollte.

In diesem Augenblicke, und in diesen höchst elenden Umständen war es, daß ein Bote von Korinth mit der Nachricht eines baldigen Entsatzes zu Syrakus ankam. Das ganze Volk drängte sich zu dem Ueberbringer einer so willkommnen Nachricht. Er kündigte ihnen also an, daß Gylippus, der Lacedämonische General, so gleich bey ihnen seyn würde, und daß ihm eine große Menge andrer Galeeren, die ihm helfen sollten, nachfolgten. Die Syrakusaner, in Erstaunen gesetzt oder vielmehr betäubt durch diese Nachricht, konnten kaum ihren Ohren trauen. Indem sie noch so zweifelhaft zwischen Furcht und Hoffnung schwankten, kam ein Kourier von dem Gylippus an, der sie von seiner Annäherung benachrichtigte, und ihnen Befehl gab, ihm mit allen ihren Truppen entgegen zu marschieren. Er selbst, nachdem er ein Fort auf seinem Wege erobert hatte, marschierte in Schlachtordnung geradesweges auf Epipolä, rückte über Eurhelus, wie vorher die Athenienser, hinan, und machte Anstalt, sie von außen anzugreifen, unterdeß die Syrakusaner ihnen von der Stadt her mit ihrer ganzen Macht zu Leibe gehen sollten. Die Athenienser, welche seine Ankunft ausnehmend bestürzt machte, stellten sich in größter Eil und ohne Ordnung unter die Mauer. Gylippus aber legte, so bald er ihnen nahe kam, die Waffen nieder, und ließ mit Rücksicht auf sich selbst ihnen durch einen Herold sagen, daß er ihnen fünf Tage Zeit gebe, Sicilien zu verlassen. Nicias würdigte diesen Vorschlag keiner Antwort; und einige seiner Soldaten brachen in ein Gelächter aus, und fragten den Herold, ob die Gegenwart eines Lacedämonischen Privatmanns und der elende Stab eines Heroldes den gegenwärtigen Zustand der Stadt ändern könne? Beyde Partheyen also schickten sich zum Treffen an.

Gylippus machte den Anfang damit, daß er das Fort Labdalus stürmte, und Alles, was er darinn antraf, niedermachte. Die Athenienser waren unterdeß nicht müssig, Schanzen gegen ihn aufzuwerfen; aber eben so emsig waren die Belagerten, die Mauern und Schanzen, welche um ihre Stadt her angelegt waren, niederzureißen und durchzubrechen. Endlich zogen beide Armeen zwischen den Mauern, welche die Athenienser aufgeführt hatten, um den Feind abzuhalten, in Schlachtordnung auf. In dem ersten Treffen wollte es dem Gylippus nicht glücken, weil er wegen Mangel des Raums seine Reuterey nicht gebrauchen konnte. Um also seine Soldaten dadurch, daß er ihnen Gerechtigkeit wiederfahren ließ, aufs neue anzufeuern, hatte er Muth genug, sich selbst wegen des erlittenen Unfalls Vorwürfe zu machen, und öffentlich zu erklären, daß nicht sie, sondern er selbst an der Niederlage Schuld wäre, weil er sie in einem gar zu engen Raume fechten lassen. Indeß versprach er, ihnen bald eine Gelegenheit zu geben, ihre und seine Ehre zu retten. Er führte sie demnach gleich den folgenden Tag aufs neue gegen den Feind an, nachdem er sie in den stärksten Ausdrücken ermahnt hatte, sich auf eine Art zu betragen, die ihres alten Ruhms würdig wäre. Nicias, welcher einsahe, daß es, wenn er auch noch so abgeneigt wäre ein Treffen zu liefern, doch schlechterdings nothwendig seyn würde, den Feind zu verhindern, daß er seine Linien nicht über die Verschanzungen hinaus, denen er schon sehr nahe war, ausdehnen könnte, (weil er ihm sonst einen gewissen Sieg in die Hände geben würde) marschierte also muthig auf die Syrakusaner los. Gylippus rückte mit seinen Truppen weiter über den Ort hinaus, wo die Schanzen an beiden Seiten sich endigten, damit er mehr Raum haben mögte, seine Schlachtordnung auszubreiten, worauf er den linken Flügel der Feinde mit seiner Reuterey angriff, ihn in die Flucht schlug, und bald nachher auch den rechten Flügel zum Weichen brachte. Wir haben hier ein Beyspiel, wie viel Erfahrenheit und Geschicklichkeit eines großen Generals auszurichten vermögen. Denn Gylippus gewann diesen Sieg mit den nehmlichen Truppen, den nehmlichen Waffen, den nehmlichen Pferden, und auf dem nehmlichen Boden, die er vorher gehabt, bloß durch die Veränderung seiner Schlachtordnung, schlug die Athenienser und trieb sie ganz in ihr Lager zurück. In der folgenden Nacht führten die Sieger ihre Vertheidigungsmauer über die Gegenschanze der Athenienser hinaus, und beraubten diese dadurch aller Hoffnung, die Stadt jemals einschließen zu können. Nicias hatte sich seit der Ankunft des Gylippus immer vertheidigungsweise verhalten, und da er täglich mehr Grund verlor, zog er sich an die See zurück, um diese auf alle Zufälle offen zu haben, und nicht so leicht an Lebensmitteln Mangel zu leiden. Zu diesem Ende besetzte er Plemmyrium, welches neben dem großen Hafen lag, wo er drey Forts erbaute, und sich daselbst gleichsam in Garnison hielt. Gylippus bediente sich dieser Gelegenheit, die Städte des Landes auf seine Seite zu ziehen; und zu gleicher Zeit kam die Flotte an, die man von Korinth erwartete. Nicias schrieb bey diesen Umständen einen sehr melancholischen Bericht von dem Zustande seiner Angelegenheiten nach Athen. „Die Feinde, sagte er, wären ihm jetzt so sehr überlegen, daß er nicht im Stande sey, etwas gegen ihre „Verschanzungen auszurichten; und anstatt sie, wie „vorher, zu belagern, werde er jetzt selbst belagert; „die Städte fielen von ihm ab; die Sklaven und „Miethlinge giengen zum Feinde über; seine Truppen „thäten jetzt weiter nichts, als die Forts bewachen, und „Lebensmittel eintragen; und bey diesem letztern Ge„schäffte würden viele derselben von der feindlichen „Reuterey niedergehauen. Die Flotte befände sich in „einem eben so schlechten Zustande, als die Armee; „und kurz, ohne eine schleunige Verstärkung von Trup-

„pen, Schiffen und Gelde, die aber eben so ansehnlich
„seyn müsse, als womit er zuerst ausgezogen, sey es
„vergebens, fernere Versuche zu wagen. Dann be-
„klagte er sich noch, seine eigne Person betreffend, daß
„er an heftigen Steinschmerzen krank liege, die ihn un-
„fähig machten, das Kommando ferner zu führen;
„und drang also darauf, daß man ihn zurückberufen
„möchte."

Dieser Brief wirkte so sehr auf die Athenienser, daß
sie den Eurymedon und Demosthenes bestimmten,
frische Truppen hinüber zu bringen; der Erstere sollte
alsobald mit zehn Galeeren, der Letztere aber gleich zu
Anfange des Frühlings mit einer stärkern Macht abgehen. Zu gleicher Zeit ernannten sie den Menander
und Euthydemus zu Gehülfen des Nicias, schlugen
diesem aber seine Bitte um Zurückberufung ab.

Unterdeß kam Gylippus, welcher eine Reise durch
Sicilien gemacht hatte, mit so vielen Truppen zurück,
als er nur auf der ganzen Inseln hatte aufbringen können, und beredte die Syrakusaner, eine so starke Flotte
auszurüsten, als ihnen möglich wäre, und ein Treffen
zur See zu wagen, in der Voraussetzung, daß ihr
Glück der Größe des Unternehmens entsprechen würde.
Dieser Rath wurde von dem Hermokrates aufs stärkste unterstützt, welcher die Syrakusaner ermunterte, ihren Feinden die Herrschaft zur See nicht so gutwillig zu
überlassen. Er stellte ihnen vor, daß die Athenienser
selbst sie nicht von ihren Vorfahren bekommen, oder
immer im Besitz derselben gewesen wären; der Persische
Krieg habe sie gewissermaßen gezwungen, das Seewesen zu studiren, ungeachtet der beyden großen Hindernisse, ihrer Abneigung, und der Lage ihrer Stadt, die
in einer beträchtlichen Entfernung von der See läge;
sie hätten sich andern Nationen nicht so wohl durch ihre
wirkliche Macht, als vielmehr durch ihren Muth und
Unerschrockenheit, furchtbar gemacht; diesem Beyspiel
also sollten die Syrakusaner nachahmen, und da sie

mit einem so unternehmenden Feinde zu thun hätten, müßten sie ihm an Unternehmungsgeist nichts nachgeben.

Diese Gründe fanden Beyfall, und man rüstete daher eine große Flotte aus. Gylippus führte alle seine Landtruppen bey Nacht heraus, um die Forts zu Plemmyrium anzugreifen. Fünf und dreyßig Syrakusanische Galeeren, die sich in dem großen Hafen befanden, und fünf und vierzig in dem kleineren, wo ein Schiffs-Arsenal war, erhielten Befehl gegen Plemmyrium zu schiffen, um die Athenienser in Schrecken zu setzen, wenn sie sich zu gleicher Zeit zur See und zu Lande angegriffen sähen. Die Athenienser begaben sich auf diese Nachricht auch an Bord, und seegelten mit fünf und zwanzig Schiffen in Schlachtordnung auf die fünf und dreyßig Syrakusanischen, die aus dem großen Hafen kamen, los, und andre fünf und dreyßig stellten sie den fünf und vierzig feindlichen Schiffen, die aus dem kleinen Hafen kamen, entgegen. Nun erfolgte ein hitziges Treffen an dem Ausgange des großen Hafens, indem die eine Parthey sich hinein zu schlagen, die andre aber, sie abzuwehren suchte.

Da die Besatzung von Plemmyrium an die Küste hinausgegangen war, um dem Seetreffen zuzusehen, so griff Gylippus die Forts unvermuthet bey Tages Anbruch an; und nachdem er das größte derselben durch Sturm erobert hatte, geriethen die Soldaten, welche die andern beiden vertheidigten, so sehr in Schrecken, daß sie augenblicklich dieselben im Stiche ließen. Nach diesem erhaltenen Vortheile erlitten die Syrakusaner einen ansehnlichen Verlust; diejenigen von ihren Schiffen nämlich, die am Eingange des Hafens fochten, wurden, (nachdem sie durch die Athenienser hindurchgebrochen), aufs heftigste gegen einander getrieben, als sie wieder in den Hafen einzubringen suchten; und dadurch spielten sie ihren Feinden den Sieg in die Hände, die sich nicht begnügten, diese zu verfolgen, sondern auch diejenigen, welche in dem großen Hafen siegreich gewesen waren, in die Flucht schlugen. Eilf Syrakusanische Galeeren wurden versenkt, und der größte Theil der Mannschaft getödtet. Drey fielen ihnen in die Hände; dagegen aber verlohren auch die Athenienser drey. Nachdem sie die Trümmern der feindlichen Schiffe ans Land gezogen hatten, errichteten sie auf einer kleinen Insel Plemmyrium gegen über ein Siegszeichen, und zogen sich dann wieder in ihr Lager.

Die Belagerten hielten es nun von der größten Wichtigkeit, gleich ein zweytes Treffen, sowohl zur See als zu Lande, zu versuchen, ehe die Flotte nebst den andern Unterstützungen, welche die Athenienser abgeschickt hatten, ankäme. Durch die Fehler, die sie in dem letztern Seetreffen begangen, belehrt, suchten sie jetzt bessere Einrichtungen zu treffen. Sie machten die Vordertheile ihrer Galeeren kürzer, zugleich aber stärker und fester, als vorher. Zu diesem Ende befestigten sie an jeder Seite der Vordertheile dicke Sturmbalken, und verbanden diese zu mehrerer Befestigung und Stütze durch einen in- und auswärts sechs Ellen langen Widerhalt. Hierdurch hofften sie einen großen Vortheil über die Schiffe der Athenienser zu erlangen, welche wegen der Schwäche ihrer Vordertheile, nie von vorn, sondern nur von der Seite einen Feind anzugreifen wagten; nicht zu gedenken, daß, wenn das Treffen in dem Hafen vorgehen sollte, die Athenienser nicht Raum haben würden, sich auszubreiten, oder durch zwey Schiffe hindurch zu schlüpfen, als worinn ihre größte Kunst bestand, oder um sie herumzuschiffen, wenn sie zurückgeschlagen wären, um den Angriff zu wiederholen; da hingegen die Syrakusaner, weil sie den ganzen Umfang des Hafens inne hätten, alle diese Vortheile haben würden, und also sich wechselsweise einander zu Hülfe kommen, und die Feinde leicht in die Enge treiben könnten.

Gylippus marschierte also zuerst mit dem ganzen Fußvolk aus dem Lager, und rückte damit gegen den

Theil der Gegenschanze der Athenienser, der gegen die Stadt zulief, unterdeß die Truppen von Olympia gegen die andere Seite marschierten, und bald darauf ihre Galeeren ausliefen.

Nicias war ganz dowider, ein zweytes Treffen zu wagen. Er sagte, da er jeden Augenblick eine frische Flotte und eine große Verstärkung unter dem Demosthenes erwarte, so würde es den größten Mangel an Beurtheilungskraft verrathen, wenn er mit einer schwächern Anzahl von Truppen, die bereits entkräftet wären, gegen die weit größere Menge der Feinde ohne Noth ein Treffen wagen wollte. Menander und Euthydemus hingegen, welche kurz vorher, bis auf die Ankunft des Demosthenes, zu Gehülfen des Nicias bestellt waren, wünschten, von Ehrgeiz und Eifersucht auf jene beiden Generale getrieben, nichts mehr, als bald irgend eine große That zu vollführen, um den Einen seines Ruhms zu berauben, und wo möglich den Glanz des Andern zu verdunkeln. Der Vorwand, den sie bey dieser Gelegenheit gebrauchten, war der Ruhm und das Ansehen der Athenienser; und sie behaupteten mit so vieler Hitze, daß diese gänzlich verloren seyn würden, wenn sie ein Treffen, welches die Syrakusaner ihnen anböten, scheueten, daß sie endlich den Nicias zwangen, es sich gefallen zu lassen. Die Athenienser hatten fünf und siebzig Galeeren, und die Syrakusaner achtzig.

Den ersten Tag blieben größtentheils die Flotten einander im großen Hafen im Gesicht, ohne daß es weiter als zu einigen kleinen Scharmützeln kam; worauf sie wieder auseinander giengen, und die Landtruppen verfuhren eben so. Den Tag darauf hielten die Syrakusaner sich ganz stille. Nicias suchte sich diese Unthätigkeit zu Nutze zu machen, und ließ die Transportschiffe in einer geraden Linie nicht weit von einander aufziehen, damit seine Galeeren hinter denselben einen sichern Zufluchtsort hätten, im Fall sie zurückgeschlagen würden. Den folgenden Morgen thaten die Syrakusaner früher als gewöhnlich einen neuen Versuch auf die Athenienser, brachten aber wieder einen großen Theil des Tages bloß mit Scharmützeln hin, und zogen sich darauf zurück. Die Athenienser bildeten sich ein, daß sie aus Furcht geflohen, und daher nicht wiederkommen würden. Allein die Syrakusaner, welche sich in größter Eil erfrischt hatten, kehrten an den Bord ihrer Galeeren zurück, und griffen die Athenienser an, die nichts weniger fürchteten. Sie sahen sich also jetzt genöthigt in größter Eile auf ihre Schiffe zurückzukehren, und thaten dieß so unordentlich, daß sie nicht Zeit hatten, sich in Schlachtordnung zu stellen, und dazu hatten die mehrsten den ganzen Tag noch nichts genossen. Der Sieg blieb nicht lange zweifelhaft. Nachdem die Athenienser einen kurzen, schwachen Widerstand gethan, zogen sie sich hinter die Transporschiffe zurück. Die Feinde verfolgten sie dahin, wurden aber durch die Masten dieser Schiffe, an welche Delphine von Bley*) befestigt waren, aufgehalten. Diese waren so schwer, daß sie das Schiff, welches sie trafen, versenkten. Die Athenienser verloren in diesem Treffen sieben Galeeren, und eine Menge ihrer Truppen wurden theils getödtet, theils zu Gefangenen gemacht.

Dieser Verlust setzte den Nicias in die äußerste Bekümmerniß: alle die Widerwärtigkeiten, die er seit der Zeit des Oberkommandos erlitten, wurden ihm jetzt aufs neue gegenwärtig, und er hatte sich jetzt die allergrößte dadurch zugezogen, daß er dem Rath seiner Gehülfen nachgegeben. Indem er mit diesen traurigen Gedanken beschäfftigt war, sah man die Flotte des Demosthenes in großer Pracht ankommen, ein Anblick, welcher fähig war, dem Feinde Schrecken einzujagen. Es war jetzt der Tag nach dem Treffen. Diese Flotte bestand aus drey und siebzig Galeeren, welche fünf tausend Mann schwer bewaffnete Völker, und etwa drey

Ol. 91.
4. 413.
v. E.

*) Klumpen Bley in der Gestalt von Delphinen.

tausend Wurfspießträger, Schleuderer und Bogenschützen am Bord hatten. Alle diese Schiffe waren aufs prächtigste ausgeschmückt: ihre Vordertheile waren mit glänzenden Flaggen besteckt, sie waren mit starken Ruderknechten bemannt, von ansehnlichen Officieren kommandirt, und erschallten von Posaunen und Trompeten. Durch den Pomp und Triumph dieses Aufzuges suchte Demosthenes die Feinde in Schrecken zu setzen.

In der That geriethen sie durch diesen furchtbaren Anblick in die größte Bestürzung. Sie sahen kein Ende, oder nur den geringsten Aufschub ihres Elends. Alles, was sie bisher gethan oder gelitten hatten, war jetzt vergebens, und sie mußten jetzt wieder ganz von neuem anfangen. Wie konnten sie sich Hoffnung machen, jemals die Geduld der Athenienser ermüden zu können, da sie, ungeachtet mitten in Attika ein verschanztes Lager stand, doch im Stande waren, ein zweytes Geschwader, das eben so ansehnlich war, als das vorige, nach Sicilien abzuschicken; und da ihre Macht, so wohl als ihr Muth, alles erlittenen Verlusts ungeachtet, statt sich zu vermindern, vielmehr täglich zu wachsen schien.

Als Demosthenes sahe, wie die Sachen stunden, glaubte er, daß er hier keine Zeit verlieren dürfe, damit es ihm nicht gienge, wie dem *Nicias*. So furchtbar dieser nämlich anfänglich bey seiner Ankunft gewesen, so hatte er sich doch nachher dadurch, daß er zu *Katana* überwinterte und nicht gleich auf *Syrakus* losgieng, verächtlich gemacht, und nachmals dem *Gylippus* Gelegenheit gegeben, ihm mit seinen Truppen, die er in die Stadt warf, zuvorzukommen. Er schmeichelte sich mit der Hoffnung, daß er die Stadt beym ersten Angriff erobern würde, da alles über die erste Nachricht seiner Ankunft in Bestürzung wäre, und so gedachte er dem Kriege auf einmal ein Ende zu machen; im widrigen Falle aber wollte er die Belagerung aufheben, um theils die Truppen nicht länger durch Gefechte, die nichts entschieden, zu plagen und aufzureiben, theils die Stadt Athen durch vergebliche Verschwendung ihrer Schätze nicht ganz zu erschöpfen.

Nicias erschrack über diesen verwegenen und gefährlichen Entschluß des Demosthenes, und beschwor ihn, nicht so übereilt zu handeln, sondern alles vorher reiflich zu überlegen, damit er nicht nachher Ursache haben mögte, sein Verfahren zu bereuen. Er stellte ihm vor, daß man die Feinde durch Verzögerung zu Grunde richten könnte; denn es fehle ihnen schon an Lebensmitteln und an Gelde; ihre Bundsgenossen wären im Begriff sie zu verlassen; sie müßten nothwendig bald durch Mangel an Lebensmitteln in solche Noth gerathen, daß sie sich genöthigt sehen würden, sich zu ergeben, wie sie schon vorher willens gewesen wären. Es gab wirklich gewisse Leute in Syrakus, die eine geheime Korrespondenz mit dem Nicias unterhielten, und ihn ermahnten, nicht ungeduldig zu werden; weil die Syrakusaner nicht nur des Krieges, sondern auch des Gylippus müde wären, und wenn die Noth, worinn sie sich befänden, nur im geringsten zunähme, sich gewiß auf Gnade und Ungnade ergeben würden.

Da Nicias sich nicht ganz deutlich heraus ließ, und sich nicht ausdrücklich erklären wollte, daß er von Allem, was in der Stadt vorgieng, sichre und zuverläßige Nachrichten erhielt, so sah man seine Vorstellungen für nichts anders an, als für Wirkungen der Furchtsamkeit und Langsamkeit, die man ihm immer vorgeworfen hatte. Das sind, sagte man, seine gewöhnlichen Verzögerungen, seine Aufschübe, seine Bedenklichkeiten, seine mißtrauische Behutsamkeit, wodurch er alle Lebhaftigkeit ertödtet, allen Muth der Truppen niedergeschlagen hat, indem er nie gerade auf den Feind losmarschiert ist, sondern immer so lange den Angriff verschoben hat, bis seine Kräfte erst geschwächt und verdächtlich geworden. Dies zog bald die übrigen Generäle, und alle Officiere auf des Demosthenes Seite, und Nicias selbst sah sich am Ende gezwungen, nachzugeben.

Nachdem also Demosthenes die Mauer, welche die Gegenschanze der Belagerer durchschnitt, vergeblich angegriffen hatte, schränkte er sich darauf ein, Epipolä wieder zu erobern; denn er glaubte, wenn er sich dieses Postens bemächtigt hätte, so würde die Mauer nicht länger vertheidigt werden können. Er nahm daher Lebensmittel auf fünf Tage mit, nebst Arbeitsleuten, Werkzeugen, und allem dem, was er nöthig haben konnte, um Epipolä, sobald er sich desselben bemächtigt hätte, zu vertheidigen. Da es bey Tage nicht möglich war, es unbemerkt zu ersteigen, so rückte er bey Nacht in Begleitung des Eurymedon und Menander, mit der ganzen Armee aus; Nicias hingegen blieb zurück, um das Lager zu vertheidigen. Sie kamen über Euryelus durch eben den Weg, welchen die vorige Armee das erstemal genommen hatte, glücklich hinan, ohne von der feindlichen Wache bemerkt zu werden, stürmten die erste Schanze, und hieben einen Theil der Wache nieder. Demosthenes, mit diesem Vortheil nicht zufrieden, rückte so gleich weiter vor, um die Hitze seiner Soldaten nicht verrauchen zu lassen und sein Vorhaben ohne Verzug ganz auszuführen.

Während dieser Zeit marschierten die Truppen der Stadt, vom Gylippus unterstützt, bewafnet aus ihren Verschanzungen. Aber voll Bestürzung über einen so unerwarteten Anfall, welche die Finsterniß der Nacht*) noch vermehrte, wurden sie gleich in die Flucht geschlagen. Allein, da die Athenienser in Unordnung vorrückten, um Alles, was sich ihnen etwa noch widersetzen könnte, aus einander zu jagen, damit der Feind nicht, wenn er Zeit gewönne sich von seiner Bestürzung zu erholen, sich wieder vereinigen mögte, wurden sie plötzlich von den Böotiern aufgehalten, welche ihnen mit ihren Spießen entgegen giengen, sie mit großem

*) Diese wurde aber doch durch den Schein des Mondes erhellet.

Geschrey zurückschlugen, und eine schreckliche Niederlage unter ihnen anrichteten. Dies verbreitete ein allgemeines Schrecken durch den übrigen Theil der Armee. Die Fliehenden trieben entweder selbst diejenigen, die ihnen zum Beystande herbeyeilten zurück, oder sahen sie für Feinde an, und kehrten ihre Waffen gegen sie. Alles gerieth jetzt ohne Unterschied durch einander, indem es unmöglich war, in den Schrecken einer Nacht sich zu erkennen, welche zwar nicht so dunkel war, daß sie die Gegenstände ganz unsichtbar machte, aber auch nicht helle genug, daß man das Gesehene hätte unterscheiden können. Die Athenienser suchten einander auf, aber es half ihnen nichts, und durch ihr öfteres Fragen nach dem Losungsworte, welches jetzt das einzige Mittel war sich zu unterscheiden, entstand eine seltsame Verwirrung von Tönen, welche die Unordnung nur größer machte, nicht zu gedenken, daß sie dadurch das Losungswort den Feinden bekannt machten, ohne dagegen das ihre zu erfahren; denn weil sie mehr in einem Haufen vereinigt waren, hatten sie nicht Ursache, es zu wiederholen. Unterdessen stürzten sich die Flüchtlinge von den jähen Höhen herab, und manche wurden durch den Fall zerschmettert; die mehrsten derjenigen aber, welche noch glücklich herunter kamen, entfernten sich von einander, und irrten, der eine hier der andre dort, auf den Feldern und in den Wäldern herum, so daß sie den folgenden Morgen von den feindlichen Reutern, welche da umhersprengten, niedergehauen wurden. Zwey tausend Athenienser kamen in diesem Treffen ums Leben, und eine große Menge von Waffen fiel den Feinden in die Hände; denn die Flüchtlinge hatten sie weggeworfen, damit sie desto besser über die Abgründe entwischen könnten. Bald nachher machte Gylippus wieder eine Reise durch Sicilien, und brachte eine große Menge von Truppen mit, welches die Angelegenheiten der Athenienser noch verzweifelter machte, und dem Nicias alle Hoffnung eines glücklichen Ausgangs nahm. Ueberdem fieng die Atheniensische Armee jetzt an durch

Krankheit sehr zu schmelzen, und man sahe kein andres Mittel vor sich, als ein Land zu verlassen, wo sie so viele Widerwärtigkeiten und die äußerste Demüthigung erfahren hatten. Nicias widersetzte sich diesem Entschluß nicht, und verlangte nur, daß er geheim gehalten würde. Man ertheilte demnach so geheim als möglich der Flotte Befehl, daß sie sich anschicken sollte, in äußerster Geschwindigkeit abzusegeln.

Als alles in Bereitschaft, und man eben im Begriff war abzusegeln, (ohne daß der Feind das geringste argwöhnte, weil er nichts weniger dachte, als daß sie Sicilien so bald verlassen würden) trat plötzlich mitten in der Nacht eine totale Mondfinsterniß ein, welche den Nicias und die ganze Armee in Schrecken setzte; Unwissenheit und Aberglaube machten ihnen eine so plötzliche Veränderung fürchterlich, deren Ursachen sie nicht einsahen, und von welcher sie also schreckliche Folgen erwarteten. Man fragte die Wahrsager um Rath, die, gleich unbekannt mit den Ursachen dieses Phänomens, nur ihre Bestürzung vermehrten. Es war damals gewöhnlich, nach Ereigniß eines solchen Zufalls, ein Unternehmen nur drey Tage zu verschieben. Die Wahrsager aber thaten jetzt den Ausspruch, daß sie nicht eher absegeln dürften, als nach Verlauf von neunmal drey Tagen, (dies sind des Thucydides Worte) welches ohne Zweifel in der Meynung der Leute eine geheimnißvolle Zahl war. Nicias, der oft übertrieben bedenklich war, und eine blinde Verehrung gegen diese vorgeblichen Ausleger des göttlichen Willens hegte, erklärte, daß er einen ganzen Mondeswechsel abwarten, und nicht eher als an dem nemlichen Tage des nächsten Monats absegeln wolle, gleich als ob er nicht diesen Planeten sehr deutlich gesehen hätte, in dem Augenblicke, da er hinter dem Schatten, den der Erdkörper auf ihn geworfen, hervorgieng.

Allein man ließ ihm so lange nicht Zeit. Die Nachricht von der vorgehabten Abfahrt der Athenienser verbreitete sich bald in die Stadt; und man faßte daher den Entschluß, sie zur See und zu Lande anzugreifen. Den ersten Tag machten die Syrakusaner den Anfang damit, die Verschanzungen anzufallen, wobey sie einen geringen Vortheil erfochten. Den folgenden Morgen thaten sie einen zweyten Angriff, und segelten zugleich mit sechs und siebzig Galeeren aus, denen die Athenienser sechs und achtzig entgegensetzten. **Eurymedon**, welcher den rechten Flügel der Athenienfischen Flotte kommandirte, dehnte seine Linien längst der Küste aus, um die Feinde zu umringen; aber diese Wendung war sein Unglück. Denn die Syrakusaner brachten nun bald das Haupttreffen, von dem er sich also getrennt hatte, zum Weichen, griffen ihn darauf muthig an, trieben ihn in den Meerbusen **Daskon**, und richteten ihn daselbst sehr übel zu; wobey er selbst sein Leben verlohr. Hierauf jagten sie den Rest der Athenienfischen Flotte vor sich hin, und trieben sie gegen die Küste. Als **Gylippus**, welcher die Landarmee kommandirte, sah, daß die feindliche Flotte geschlagen war, und nicht wieder auf ihren Standplatz zurückkehren konnte, so landete er mit einem Theil seiner Truppen, um auf die Soldaten, die vielleicht würden an das Ufer getrieben werden, loszugehen und seinen Freunden das Fortziehen der genommenen feindlichen Galeeren zu erleichtern. Indessen ward er doch von den **Tyrrheniern**, welche hierher postirt waren, und denen die Athenienser gleich zu Hülfe eilten, mit einigem Verlust bis an einen gewissen nahegelegenen Sumpf zurückgeschlagen. Die Athenienser retteten hierdurch den größten Theil ihrer Schiffe, achtzehn ausgenommen, welche die Syrakusaner erobert und ihre Mannschaft niedergehauen hatten. Hierauf füllten die letztern, um die übrigen feindlichen Schiffe in Brand zu stecken, ein altes Schiff mit brennbaren Materien, zündeten es an, und trieben es mit Hülfe des Windes auf die Athenienser los, die aber so glücklich waren, die Flamme zu dämpfen, und das Fahrzeug abzuhalten.

Nun errichtete man auf beiden Seiten Tropäen;

die Syrakusaner über den Tod des Eurymedon, und ihre am vorigen Tage erfochtenen Vortheile, die Athenienser aber, weil sie einen Theil der Feinde in den Sumpf getrieben und die übrigen in die Flucht geschlagen hatten. Die Gesinnungen beider Nationen aber waren nach diesem Vorfall sehr verschieden: die Syrakusaner, welche durch die Ankunft des Demosthenes und seiner Flotte in äußerste Bestürzung gerathen waren, jetzt aber in einem Seetreffen gesiegt hatten, schöpften frische Hoffnung, und hielten sich eines vollkommnen Sieges über die Feinde versichert; die Athenienser hingegen, die jetzt ihre einzige letzte Zuflucht vereitelt, und sich, wider alle ihre Erwartung, zur See geschlagen sahen, verlohren gänzlich den Muth, und waren auf nichts als ihren Rückzug bedacht.

Um ihnen nun alle Mittel der Rettung abzuschneiden, versperrten die Syrakusaner die Mündung des großen Hafens, die ungefähr fünf hundert Schritte weit war, mit queergestellten Galeeren, und andern Fahrzeugen, die sie mit Ankern und eisernen Ketten befestigten, und setzten sich zugleich in Bereitschaft zu einem Seetreffen, im Fall die Athenienser kühn genug seyn sollten, noch einmal eins zu wagen. Als die Athenienser sich solchergestalt eingesperrt sahen, versammleten sich die Generale und vornehmsten Officiers, um sich über die jetzige Lage der Sachen zu berathschlagen. Es fehlte ihnen jetzt ganz an Lebensmitteln; denn sie hatten, auf den gefaßten Entschluß ihrer Abfahrt, den Einwohnern von Katana verboten, ihnen Zufuhr zu bringen, und von andern Orten her konnten sie auch nichts bekommen, weil sie nicht Meister der Seewaren. Dies brachte sie zu dem Entschluß, ein Seetreffen zu wagen. In dieser Absicht entschlossen sie sich, ihr altes Lager zu verlassen, und sich ganz nahe an den Schiffen auf dem Ufer zu verschanzen in einem möglichst kleinen Bezirk; hier wollten sie einige Truppen zur Bedeckung ihres Gepäckes und ihrer Kranken zurücklassen, mit den übrigen Truppen aber, alle ihre geretteten Schiffe bemannen. Wenn sie alsdann den Sieg erhielten, wollten sie nach Katana segeln, widrigenfalls aber ihre Schiffe in Brand stecken, und zu Lande zur nächsten Stadt ihrer Bundsgenossen ihre Zuflucht nehmen.

Als dieser Entschluß gefaßt war, besetzte Nicias sogleich hundert und zehn Galeeren (denn die übrigen hatten ihre Ruder verloren) mit dem Kern seines Fußvolkes, und stellte die übrigen Truppen, vornehmlich die Bogenschützen, an der Küste in Schlachtordnung. Da die Athenienser sich sehr vor den Schiffsschnäbeln der Syrakusanischen Galeeren fürchteten, so hatte Nicias eiserne Wurfhaken machen lassen, mit denen man jene festhalten konnte, theils um die Gewalt des Stoßes zu brechen, theils um gleich, wie in einem Landtreffen, handgemein zu werden. Allein als die Feinde dieses gewahr wurden, bezogen sie die Vordertheile und Verdecke ihrer Galeeren mit Leder, damit diese Hacken nicht so leicht fassen konnten. Auf beyden Seiten hatten die Generale alle ihre Beredsamkeit angewandt, ihren Leuten Muth einzusprechen, und nie konnten ihnen stärkere Bewegungsgründe vorgehalten werden als jetzt; denn das Treffen, welches sie zu liefern im Begriff waren, mußte nicht nur über ihr Leben und ihre Freyheit, sondern auch über das Schicksal ihres Vaterlandes entscheiden.

Das Gefecht war sehr hartnäckig und blutig. Als die Athenienser sich der Mündung des Hafens näherten, wurden sie bey dem ersten Anlauf von den zur Vertheidigung dahingestellten Schiffen Meister. Allein als sie die Kette zu zerbrechen suchten, um den Durchgang zu erweitern, eilten die Feinde von allen Seiten herbey. Da sich hier an die zwey hundert Galeeren von beiden Seiten in einen so engen Raum zusammendrängten, so mußte nothwendig grosse Verwirrung entstehen, indem die Schiffe nicht leicht vorwärts dringen, oder zurückziehen, oder sich umschwenken konnten, um den Angriff zu erneuern. Die Schnäbel der Galeeren konnten also wenig ausrichten; hingegen schossen sie auf einander desto hitziger und häufiger. Die Athenienser wurden mit einem Regen von Steinen überhäuft, welche immer großen Schaden anrichteten, woher sie auch geworfen seyn mochten; dahingegen sie sich blos mit Wurfspießen und Pfeilen vertheidigten, die wegen der Bewegung der Schiffe auf dem unruhigen Meer nicht sicher treffen konnten, und also größtentheils nur wenig ausrichteten. Der Steuermann Ariston hatte den Syrakusanern diesen Rath gegeben. Als dieses vorüber war, suchten die schwerbewaffneten Soldaten die feindlichen Schiffe zu ersteigen, um handgemein zu werden, da es denn oft geschah, daß, indem sie auf der einen Seite hinauf kletterten, ihre eignen Schiffe von der andern Seite erstiegen wurden; und zwey oder drey Schiffe also zusammengeklammert waren, welches große Verlegenheit und Verwirrung verursachte. Ferner verhinderte das Getöse der Schiffe, welche eins gegen das andre stießen, das verschiedne Geschrey der Sieger und Besiegten, daß die Befehle der Officiers nicht gehört werden konnten. Die Athenienser hatten es darauf angelegt, sich durchzuschlagen, was auch daraus erfolgen mögte, um sich eine sichre Rückkehr in ihr Vaterland zu verschaffen, und dies suchten die Feinde aus äußersten Kräften zu verhindern, um einen desto vollkommnern und herrlichern Sieg zu erhalten. Die beiden Landarmeen standen während des Treffens auf der Anhöhe an der Küste, und die Einwohner der Stadt waren auf die Mauern zusammengelaufen, unterdeß die übrigen in den Tempeln knieten, und den Himmel anfleheten, ihren Mitbürgern Glück zu verleihen. Alle diese konnten, wegen der kleinen Entfernung von den Flotten, ganz deutlich sehen, was vorgieng, und betrachteten das Treffen wie von einem Amphitheater, aber nicht ohne die größte Furcht und Angst. Aufmerksam und schaudernd bey jeder Bewegung, jeder kleinsten Veränderung, entdeckten sie ihre Theilnehmung, ihre Furcht, ihre Hoffnung, ihre Bekümmerniß, ihre Freude, durch verschiednes Geschrey und behrden, indem sie bald ihre Hände gegen die Fechtenden ausstreckten, um sie aufzumuntern, bald sie gen Himmel erhuben, um den Beystand und Schutz der Götter zu erflehen. Endlich ward die Athenienssche Flotte, nachdem sie lange tapfer gefochten, und den muthigsten Widerstand gethan hatte, in die Flucht geschlagen, und auf den Strand gejagt. Die Syrakusaner, welche Zuschauer dieses Sieges waren, thaten der ganzen Stadt durch ein allgemeines Freudengeschrey die frohe Nachricht kund. Die Sieger, jetzt Meister der See, segelten mit günstigstem Winde nach Syrakus, und errichteten ein Siegeszeichen, unterdeß die Athenienser, ganz trostlos und niedergeschlagen, nicht einmal die Auslieferung ihrer Todten verlangten, um den Ueberbleibseln ihrer Freunde die letzte traurige Pflicht abzustatten.

Nur zwey Wege blieben ihnen jetzt zu wählen übrig: entweder noch einmal einen Versuch zu machen, sich durchzuschlagen, wozu sie noch Schiffe und Truppen genug vorräthig hatten, oder ihre Flotte dem Feinde zu überlassen, und sich zu Lande zurückzuziehen. Demosthenes rieth zum ersteren, und Nicias trat ihm bey, aber das Schiffsvolk weigerte sich in der tiefsten Betrübniß, zu gehorchen, völlig überzeugt, daß es ihm unmöglich seyn würde, ein zweytes Treffen auszuhalten. Man entschloß sich also zum letztern, und schickte sich an, in der Nacht abzuziehen, um den Marsch der Armee vor dem Feinde zu verbergen.

Aber Hermokrates, welcher ihren Entschluß muthmaßte, sahe wohl ein, daß es von der äußersten Wichtigkeit sey, eine so große Anzahl von Truppen nicht entwischen zu lassen, weil sie sich sonst in irgend einem Winkel der Insel befestigen, und den Krieg von neuem wieder anfangen mögten. Die Syrakusaner waren damals mitten in Freude und Lust begriffen, und dachten auf nichts weiter, als wie sie sich nach den Beschwerlichkeiten des Treffens am besten erquicken mögten. Sie feyerten eben das Fest des Herkules. Jetzt von ihnen verlangen, daß sie schon wieder zu den Waffen greifen sollten, um den Feind zu verfolgen, sie durch Gewalt oder Ueberredung von ihren Lustbarkeiten abzuziehen suchen, das würde ganz vergebens gewesen seyn, und man mußte sich daher eines ganz andern Mittels bedienen. Hermokrates schickte einige wenige Reuter aus, die sich für Freunde der Athenienser ausgaben, und ihnen laut zurufen mußten: Sagt dem Nicias, daß er ja nicht eher als bey hellem Tage aufbreche, denn die Syrakusaner passen ihm auf, und haben alle Wege besetzt. Diese falsche Nachricht hielt den Nicias zurück, und er wartete sogar noch den folgenden Tag, damit seine Truppen mehr Zeit haben mögten, sich zum Abmarsch anzuschicken, und alles, was sie zu ihrem Unterhalt etwa nöthig hatten, mitnehmen, das übrige aber zurücklassen könnten.

Nun hatte der Feind Zeit die Wege zu besetzen. Den nächsten Morgen früh bemächtigten sie sich der gefährlichsten Pässe, setzten Wachen an diejenigen Stellen der Flüsse, wo sich durchkommen ließ, brachen die Brücken ab, und stellten hin und wieder in den Ebnen Detaschements der Reuterey aus, so daß kein Ort übrig blieb, wo die Athenienser ohne zu fechten hätten hindurch kommen können. Den dritten Tag nach dem Seetreffen, begaben sie sich endlich, in der Absicht sich nach Katana zu verfügen, auf den Weg. Die ganze Armee war in unbeschreiblicher Bestürzung bey dem Anblick einer so grossen Menge von Todten oder Sterbenden, die sie theils den wilden Thieren zum Raube, theils der Grausamkeit der Feinde überlassen mußten. Die Kranken und Verwundeten beschworen sie mit Thränen, sie doch nicht im Stiche zu lassen; sie hielten die Abmarschierenden bey den Kleidern fest, oder krochen ihnen nach, und folgten ihnen solchergestalt so weit, als ihre Kräfte es erlaubten; und wenn sie dann nicht weiter konnten, nahmen sie ihre Zuflucht zu Thränen, Seufzern, Verwünschungen, und klagten mit sterbenden Aechzen zum Himmel auf; sie riefen Götter und Menschen an, die se Grausamkeit zu rächen, und von allen Seiten hörte man ihr Wehklagen wiederhallen.

Die ganze Armee befand sich in dem bedaurenswürdigsten Zustande. Alle Athenienser waren in tiefste Melancholie versunken. Wüthender Gram marterte sie bey dem Gedanken an die Größe, von welcher sie herab gefallen, das äußerste Elend, in welches sie versunken waren, und die noch größeren Uebel, denen sie, wie sie voraus sahen, unmöglich würden entgehen können. Und unerträglich war ihnen die ihrer Seele immer vorschwebende Vergleichung des triumphirenden Zustandes, in welchem sie Athen verlassen hatten, mitten unter den Segenswünschen und Zurufungen des Volks, mit der Schande ihres Rückzuges, verbittert durch das Geschrey und die Flüche ihrer Verwandten und Mitbürger.

Der melancholischste und mitleidenswürdigste Gegenstand des ganzen Schauspiels aber war Nicias, niedergeschlagen und abgezehrt durch eine langwierige Krankheit, beraubt der nöthigsten Bedürfnisse zu einer Zeit, da sein Alter und Schwäche sie am mehrsten erforderten, gequält nicht nur durch seinen eignen Kummer, sondern auch durch die Bekümmernisse Andrer, welche sein Herz durchborten. Gleichwohl war dieser große Mann, über alle seine Widerwärtigkeiten erhaben, auf nichts anders bedacht, als, wie er seine Truppen am besten trösten, und ihnen neuen Muth einflößen mögte *). Er war allenthalben, bald hier bald dort, gegenwärtig, rief laut, daß ihr Zustand noch nicht ganz ohne Rettung sey, und daß andere Armeen schon oft größeren Gefahren entgangen wären; sie sollten sich nur nicht selbst anklagen, oder sich zu unmäßig grämen über Widerwärtigkeiten, an denen sie selbst nicht Schuld hätten; sollten sie je irgend einen Gott beleidigt haben,

---

*) So trefflich schildert ihn vornemlich Thucydides (VII. 77. ff.) Aber die Komödienschreiber und Plutarch (III. 338. u. a. a. O.) reden oft von seiner Furchtsamkeit und Langsamkeit auf das nachtheiligste.

so müsse gewiß seine Rache jetzt gesättigt seyn; das Glück, nachdem es so lange den Feind begünstigt, würde ja endlich müde seyn, sie zu verfolgen; ihre Tapferkeit und ihre Anzahl (denn sie waren noch an vierzig tausend Mann stark) mache sie ja noch furchtbar; keine Stadt in Sicilien würde ihnen widerstehen, oder sie hindern können, sich niederzulassen, wo sie es für gut fänden; sie hätten jetzt weiter nichts zu thun, als nur jeder für sich, sorgfältig auf ihrer Hut zu seyn, und in guter Ordnung fortzurücken; durch einen klugen und muthigen Rückzug, welcher jetzt ihr einziges Rettungsmittel sey, würden sie nicht nur sich selbst, sondern auch ihr Vaterland erhalten, und es in Stand setzen, sich zu seiner vorigen Größe wieder aufzuschwingen.

Die Armee marschierte in zwey Haufen, beide in Form eines Phalanx *), der erstere vom Nicias, und der zweyte vom Demosthenes angeführt, mit dem Gepäcke in der Mitte. Als sie an den Fluß Anapus kamen, schlugen sie sich durch die Feinde durch und giengen hinüber, und wurden nachher durch die feindliche Reuterey sowohl als durch die Bogenschützen, die unaufhörlich auf sie schossen, beunruhigt. Solchergestalt ward ihnen verschiedne Tage hintereinander auf ihrem Marsch zugesetzt, indem alle Pässe besetzt waren, und die Athenienser sich genöthigt fanden, jeden Fußbreit ihres Weges zu erkämpfen. Der Feind hatte nicht Lust ein Treffen gegen ein Heer zu wagen, welches Verzweifelung allein unüberwindlich machen konnte; und sobald die Athenienser den Syrakusanern ein Treffen anboten, zogen die letztern sich zurück; sobald aber die ersteren ihren Marsch fortsetzten, näherten sie sich wieder, und griffen sie wie vorher an.

Bey diesem elenden Zustande der Truppen, da sie ganz von Lebensmitteln entblößt, und großentheils verwundet waren, hielten Demosthenes und Nicias es für rathsam, sich durch einen ganz entgegengesetzten Weg, als den sie jetzt hielten, an die Seeküste zu zie-

*) Nach Thucyd. 7, 78. im länglichten Viereck.

hen, und sich gerades weges nach **Kamarina** und **Gela** zu wenden, statt, wie sie anfangs willens waren, nach **Katana** zu marschieren. Sie brachen also in der Nacht auf, nachdem sie eine Menge von Feuern angezündet hatten. Der Rückzug geschah in grosser Verwirrung und Unordnung, wie es gemeiniglich großen Armeen in dem schrecklichen Dunkel der Nacht zu ergehen pflegt, vornehmlich wenn der Feind nicht weit ist. Indessen rückte der Vortrupp, unter des **Nicias** Kommando, in guter Ordnung fort, aber über die Hälfte des Nachzuges, vom **Demosthenes** geführt, gerieth von der Hauptarmee ab, und verlor den Weg. Die Syrakusaner, welche auf die Nachricht von dem Rückzuge der Feinde, mit äußerster Geschwindigkeit ihnen nachsetzten, holten den **Demosthenes** den folgenden Tag um Mittag ein; sie umringten ihn mit ihrer Reuterey, und trieben ihn in einen Platz, der mit einer Mauer umgeben war, wo dann seine Soldaten wie Löwen fochten. Als die siegenden Syrakusaner gegen Abend gewahr wurden, daß sie ganz entkräftet und mit Wunden bedeckt waren, so boten sie den Insulanern die Freyheit an, zu ihnen überzutreten, welches denn auch einige annahmen; und sie schonten nachher auch das Leben der übrigen, welche sich nebst dem **Demosthenes** auf Discretion ergaben, unter der der Bedingung, daß keiner von ihnen weder hingerichtet, noch zu ewiger Gefangenschaft verdammt werden sollte. Ungefähr an sechstausend Mann ergaben sich unter diesen Bedingungen.

Nicias langte noch an eben dem Tage bey dem Fluß **Erineus** an, wo er hinüber gieng, und seine Völker auf eine Anhöhe lagern ließ. Die Syrakusaner holten ihn hier den folgenden Tag ein, und foderten ihn auf, sich gleich dem **Demosthenes** zu ergeben. **Nicias** konnte anfangs nicht glauben, daß das, was sie vom **Demosthenes** sagten, wahr sey, und bat daher um Erlaubniß, einige seiner Reuter ausschicken zu dürfen, um sich selbst davon zu überzeugen. Als diese mit der Nachricht zurückkamen, daß Demosthenes sich wirklich ergeben, so erbot er sich, die Kriegskosten zu erstatten, auf die Bedingung, daß sie ihm erlaubten, mit seinen Truppen das Land zu verlassen, da er ihnen dann, so viel Athenienser zu Geißeln übergeben wolle, als sie Talente zu bezahlen haben würden. Die Feinde verwarfen diesen Vorschlag mit Verachtung und Uebermuth, und erneuerten den Angriff. Nicias, wiewohl er durchaus an allem Mangel litt, hielt dennoch die ganze Nacht hindurch das Schießen aus, und zog sich unterdeß gegen den Fluß Assinarus fort. Als sie das Ufer desselben erreicht hatten, jagten die Syrakusaner, die ihnen immer auf den Fersen waren, die mehrsten von ihnen in den Strom, da die übrigen sich schon freywillig hinein gestürzt hatten, ihren brennenden Durst zu löschen. Hier wurde dann erst das größte und schrecklichste Blutbad angerichtet, indem man die armen Elenden ohn alles Erbarmen beym Trinken niedermachte. Nicias, der nun Alles verlohren sahe, und nicht fähig war, den Anblick dieses schrecklichen Schauspiels zu ertragen, ergab sich auf die Bedingung, daß Gylippus dem Blutvergießen ein Ende machen, und des noch übrigen Theils seiner Armee schonen mögte. Eine große Menge wurde bey dieser Gelegenheit getödtet, noch mehrere aber zu Gefangenen gemacht, mit denen man ganz Sicilien anfüllte. Die Athenienser scheinen unzufrieden über ihren General gewesen zu seyn, daß er sich also auf Discretion ergeben, und deßwegen haben sie seinen Namen auf einem öffentlichen Denkmal ausgelassen, in welchem die Namen aller derjenigen Feldherrn eingegraben waren, die ihr Leben im Kampfe für ihr Vaterland verloren hatten.

Die Sieger schmückten die schönsten und größten Bäume, die sie an den Ufern der Flüsse fanden, mit den Waffen der Gefangenen, und machten eine Art von Trophäen aus diesen Bäumen. Sich selbst krönten sie mit Blumenkränzen, behiengen ihre Pferde mit den reichsten Decken, und zogen also triumphirend in

Syrakus ein, nachdem sie den wichtigsten Krieg, den sie je mit den Griechen geführt, glücklich zu Ende gebracht, und durch ihre Stärke und Tapferkeit den ausgezeichnetsten und vollkommensten Sieg erfochten hatten.

Den folgenden Tag ward eine Versammlung gehalten, um zu berathschlagen, wie man mit den Gefangenen verfahren sollte. Diokles, einer von den angesehensten Anführern des Volks, wollte, daß alle Athenienser, die von freyen Aeltern geboren wären, und alle Sicilianer, die es mit ihnen gehalten hätten, gefangen gesetzt, und ihnen täglich nur zwey Maaß Mehl, und ein Maaß Wasser gereicht; daß die Sklaven und alle Bundsgenossen öffentlich verkauft, und die beiden Atheniensischen Generale erst öffentlich gegeisselt, und dann hingerichtet werden sollten.

Dieser letztere Vorschlag wurde von allen weisen und menschlichen Syrakusanern äußerst gemißbilligt. Hermokrates, welcher wegen seiner Redlichkeit und Gerechtigkeit sehr berühmt war, suchte dem Volk einige Vorstellungen dagegen zu thun, aber man wollte ihn nicht anhören, und das Geschrey, welches von allen Seiten erschallte, hinderte ihn, in seiner Rede fortzufahren. In diesem Augenblick ließ ein alter Mann, ehrwürdig wegen seines hohen Alters und seiner Gravität, der in diesem Kriege zween Söhne, die einzigen Erben seines Namens und seiner Güter, verloren hatte, sich von seinen Sklaven zu dem Rednerplatze führen, und sobald er erschien, entstand eine allgemeine Stille.

„Ihr sehet hier, sagte er, einen unglücklichen Va-
„ter, der mehr, als irgend ein andrer Syrakusaner,
„die traurigen Folgen dieses Krieges gefühlt hat; denn
„ich habe zween Söhne verloren, die mein einziger
„Trost, die einzige Stütze meines Alters, waren. Ich
„kann freylich nicht umhin, ihre Tapferkeit und ihr
„Glück zu bewundern, indem sie dem Wohl ihres Va-
„terlandes ein Leben aufgeopfert haben, dessen sie der-
„einst durch den gewöhnlichen Lauf der Natur würden

„beraubt worden seyn: aber dann kann ich eben so we-
„nig umhin, die grausame Wunde, die ihr Tod mei-
„nem Herzen versetzt hat, aufs stärkste zu empfinden,
„und die Athenienser, die Urheber dieses unseligen Krie-
„ges, als Mörder meiner Kinder zu hassen und zu ver-
„abscheuen. Gleichwol kann ich einen Umstand nicht
„verhehlen, nämlich den, daß meine besondern Trübsale
„mir nicht so sehr zu Herzen gehen, als die Ehre mei-
„nes Vaterlandes; und diese sehe ich jetzt in Gefahr
„unauslöschlicher Schande, durch den barbarischen
„Rath, welcher euch jetzt gegeben worden. Freylich
„verdienen die Athenienser die härteste Behandlung und
„jede Art von Strafe, die ihnen nur angethan werden
„kann, dafür daß sie einen so ungerechten Krieg mit
„uns angefangen; aber haben nicht die Götter, die ge-
„rechten Richter der Verbrechen, sie gestraft, und uns
„hinlänglich gerächet? Als der General die Waffen
„niederlegte, und sich ergab, that er es nicht in der ge-
„wissen Erwartung, daß wir ihres Lebens schonen wür-
„den, und wenn wir sie hinrichten, wird es uns dann
„möglich seyn, den gerechten Vorwurf zu vermeiden,
„daß wir das allgemeine Völkerrecht verletzt, und un-
„sern Sieg durch unerhörte Grausamkeit geschändet ha-
„ben? Wie könnt ihr ertragen, daß euer Ruhm also
„vor den Augen der ganzen Welt befleckt werde, und
„daß man sage, eine Nation, welche zuerst in dieser
„Stadt der Gnade einen Tempel weihete, habe bey
„euch keine gefunden? Wahrlich, Siege und Trium-
„phe geben einer Stadt keinen unsterblichen Ruhm;
„sondern Güte und Menschlichkeit gegen den überwun-
„denen Feind, Mäßigung im größten Glück, und
„Furcht, die Götter durch ein stolzes übermüthiges
„Verfahren zu beleidigen, sichern den Ruhm auf im-
„mer. Ohne Zweifel habt ihr doch nicht vergessen, daß
„eben dieser *Nicias*, dessen Todesurtheil ihr jetzt fällen
„wollt, der Mann war, der sich in der Versammlung
„der Athenienser eurer annahm, und sein ganzes Anse-
„hen, die ganze Macht seiner Beredsamkeit anwandte,

„seinem Vaterlande von diesem Kriege abzurathen. „Sprächet ihr also das Todesurtheil über diesen würdi- „gen General aus, wäre das eine gerechte Vergeltung „des Eifers, den er für eure Sache bewies? Für mei- „ne Person wenigstens würde der Tod mir weniger her- „be seyn, als der Anblick, meine Landsleute und Mit- „bürger eine so schreckliche Ungerechtigkeit verüben zu „sehen."

Das Volk schien durch diese Rede von Mitleiden gerührt, vornehmlich da es, bey der ersten Erscheinung dieses ehrwürdigen Greises erwartet hatte, daß er es laut um Rache gegen diejenigen, die all sein Elend über ihn gebracht, anrufen würde, statt um Verzeihung für sie zu bitten. Allein die Feinde der Athenienser breiteten sich mit vieler Heftigkeit über die unerhörten Grausamkeiten aus, welche ihre Republik gegen verschiedne feindliche Städte und selbst gegen ihre alten Bundsgenossen verübt; den eingewurzelten Haß, welchen die Generale gegen Syrakus bewiesen, und die Uebel, die sie ihnen würden zugefügt haben, wenn das Glück ihnen günstig gewesen wäre; die Trübsale und Seufzer unzähliger Syrakusaner, die den Tod ihrer Kinder und nächsten Angehörigen beweinten, deren abgeschiedene Geister nicht anders besänftigt werden könnten, als durch das Blut ihrer Mörder. Diese Vorstellungen behielten die Oberhand, das Volk kehrte wieder zu seinem blutdürstigen Entschluß zurück, und befolgte des Diokles Rath aufs genaueste. Gylippus gab sich vergebens alle mögliche Mühe, den Nicias und Demosthenes ausgeliefert zu erhalten, (vornehmlich da er sie gefangen genommen hatte) um sie nach Sparta zu bringen; seine Bitte ward ihm mit verächtlichem Uebermuth abgeschlagen, und die beiden Generale wurden hingerichtet.

Alle weise und mitfühlende Menschen konnten sich nicht enthalten, Thränen zu weinen über das tragische Schicksal zweyer so großer Männer, vornehmlich des Nicias, der von allen Menschen seiner Zeit am we-

nigsten ein so schimpfliches und unschickliches Ende zu
verdienen schien. Viele, die sich erinnerten, welche
Reden er gehalten, welche Vorstellungen er gethan,
diesen Krieg zu verhindern, und auf der andern Seite
bedachten, welch eine hohe Ehrerbietung er immer gegen alles, was die Religion betraf, bewiesen, geriethen
in Versuchung, gegen die Fürsehung zu murren, indem
sie sahen, daß ein Mann, der immer so tiefe Ehrerbietung gegen die Götter bewiesen, und stets das äußerste
für ihre Ehre und Anbetung gethan hatte, so schlecht
von ihnen belohnt wurde, und kein besseres Schicksal
fand, als die ruchlosesten Bösewichter.

Die Nachwelt muß den Nicias mehr für einen
guten, als für einen großen Mann halten. Er war
menschenfreundlich und wohlwollend. An Weisheit
und Einsicht mangelte es ihm nicht, und niemand besaß
mehr Vaterlandsliebe als er. Allein er war zu furcht-
sam für die Geschäfte, bey denen er gewöhnlich angestellt wurde, und bey jeder Gelegenheit zu mißtrauisch
gegen seine eignen Fähigkeiten. Diese seine Eigenschaften waren nicht ohne Vortheil für ihn selbst. Denn
ob sie ihn gleich den Verdruß machten, daß er seine
Rathschläge verworfen sehen mußte, daß er bey einem
Dienst angestellt wurde, der seiner Neigung nicht angemessen war; oder daß seine Operationen im Felde weniger
angenehm waren, als sie sonst gewesen seyn würden: so
verschaften sie ihm doch die Achtung des Volks durch
den Schein von Mäßigung und Ehrfurcht für ihre Pri-
vilegien, den diese Eigenschaften an sich trugen, und das
Zutrauen der Soldaten dadurch, daß sie damit immer
die Vorstellung von Vorsichtigkeit oder von Kriegslist,
oder auch von Gottesfurcht verbanden. Es war kein
geringer Dienst für des Nicias Charakter, daß er in
Gemeinschaft mit dem Kleon und Alcibiades agiren sollte. Das Feuer und die ungestüme Hitze dieser Männer mußte durch die Kälte und Bedachtsamkeit ihres
Amtsgenossen abgekühlt werden, und jede Betrachtung
über den Kontrast, den ihre verschiedne Stimmung

machte, dient dazu unsre Meinung vom Nicias zu erhöhen. Nicias soll immer guten Rath ertheilt und immer gut gefochten haben. Hieraus könnte man schliessen, daß er einen höhern Rang verdiene, als wir ihm zuzugestehen geneigt scheinen, und daß, wenn er wollte, die Geschwindigkeit seiner Entwürfe mit der Aufrichtigkeit seiner Absichten und selbst mit der Lebhaftigkeit ihrer Ausführung Schritt hielt. Der unglückliche Erfolg seiner letzten Unternehmungen in Sicilien rührte von verschiednen Ursachen her. Manche von seinen Mitbürgern bemühten sich neidisch seinen Ruf zu vernichten; der abwechselnde Zustand seiner Gesundheit erlaubte ihm nicht die unablässige Wachsamkeit und Aufmerksamkeit, welche die Atheniensischen Angelegenheiten auf dieser Insel forderten; und ansteckende Krankheiten, Wunden und Tod hatten die größten Bestrebungen seiner Truppen unkräftig und unwürksam gemacht. Nicias war ein reicher Mann: eine Silbermine, die er auf seinen Gütern zu Laurium hatte, verschaffte ihm das Vermögen bey öffentlichen Feyerlichkeiten und Geschenken sich sehen zu lassen. Dadurch gewann er viele, die seinen Maaßregeln abgeneigt waren, und erhielt sich die gute Gesinnung derer, die sie billigten. *)

Demosthenes war ein braver, unerschrockner Feldherr, und es mangelte ihm an der Kenntniß der Kriegskunst in keinem Stück. Kein Zeitgenosse von ihm konnte besser die Ehre des Namens der Athenienser erhalten, als er; aber das Unglück war, daß vor seiner Ankunft schon die Syrakusanischen Angelegenheiten sehr schlimm geworden waren. Sein Name blieb lange in Athen geachtet. **Demosthenes** der Redner schätzte

---

*) Man f. Plutarch. Nic. III. p. 338. f. Zu einem schwachen mittelmäßigen Kopf würdigt ihn Meiners Gesch. d. Wiss. in Gr. II S. 253. 263. herab, und über seine Freygebigkeit urtheilt eben derf. in der Gesch. des Luxus der Athen. S. 55. f. hart, wo auch einiges vom Ertrag der Bergwerke erinnert wird. Die Komödienschreiber seiner Zeit haben ihn öffentlich verspottet.

sich mehrere Jahre nach dem erzählten Mißgeschick, noch glücklich, daß er von der Familie des Demosthenes war, der bey Syrakus fiel. *)

Die Gefangenen wurden in die Steingruben eingesperrt, wo sie, dicht zusammengedrängt, acht Monate hinter einander unbeschreibliche Qualen ausstehen mußten. Hier waren sie ohne Bedeckung allen Abwechselungen der Witterung ausgesetzt, wurden des Tags durch die brennenden Sonnenstrahlen und des Nachts durch die kalten Herbstfröste gemartert, durch den Gestank ihres eignen Auswurfs, und der Leichname derer, die an Wunden oder Krankheit starben, vergiftet, und von Hunger und Durst verzehrt, da sie auf acht Monate ein kleines Maaß Wasser und zwey Maaß Mehl erhielten. Diejenigen, die zwey Monate nachher aus diesem Gefängniß erlöst wurden, um als Sklaven verkauft zu werden, unter denen sich viele Bürger befanden, die ihren Stand verhehlt hatten, fanden ein milderes Schicksal. Ihre Weisheit, ihre Geduld, und eine gewisse Miene von Redlichkeit und Sittsamkeit gereichten ihnen zu großem Vortheil, denn sie wurden entweder bald in Freyheit gesetzt oder erfuhren die gütigste und edelste Begegnung von ihren Herren. Verschiedne derselben hatten auch die Begegnung, die ihnen wiederfuhr, dem Euripides zu danken, aus dessen Tragödien sie die schönsten Scenen den Sicilianern vorsagten, welche ausnehmend viel Geschmack daran fanden; so daß verschiedne, die in ihr Vaterland zurückkamen, zu dem Dichter giengen, ihn ihren Retter nannten, und ihm erzählten, was für bewundernswürdige Wirkungen seine Verse zu ihrem Besten gethan hätten. **)

*) III. Olynth. Rede S. 34. Ueber den Tod beyder Feldherren vergl. Plut. Nic. III. p. 404.

**) Es waren gewiß nicht weniger als 7000 Mann gefangen genommen worden. Thucyd. zu Ende des 7. B.

240 Zehnt. Abschn. Von dem Frieden des Nicias

Als die Nachricht von der erlittenen Niederlage nach Athen kam, waren die Bürger, welche nichts weniger vermutheten, so weit entfernt ihr Glauben beyzumessen, daß sie den Mann zum Tode verurtheilten, der sie zuerst bekannt gemacht hatte. Da sie sich aber bald bestätigte, gerieth Alles in die äußerste Bestürzung; und gleich als ob sie nicht selbst den Krieg beschlossen hätten, ließen sie ihre Wuth und Erbitterung gegen die Redner aus, welche das Unternehmen befördert, und gegen die Wahrsager, die durch ihre vorgeblichen Anzeichen ihnen mit der Hoffnung des Sieges geschmeichelt hatten. Noch nie hatten sie sich in einem so betrübten Zustande befunden, als jetzt: sie hatten weder Fußvolk, noch Reuterey, noch Geld, noch Schiffe, noch Seeleute; mit einem Worte, sie waren in tiefster Verzweiflung, und erwarteten jeden Augenblick, daß der Feind, stolz auf einen so großen Sieg, und verstärkt durch die Empörung der Bundsgenossen, kommen und Athen mit der ganzen Macht des Peloponnes, zur See und zu Lande, angreifen würde. Cicero, als er von dem Seetreffen in dem Syrakusanischen Hafen sprach, sagte mit Recht, da wären die Truppen sowohl als die Galeeren der Athenienser zu Grunde gerichtet und versunken, und in diesem Hafen habe die Macht und der Ruhm der Athenienser elendiglich Schiffbruch gelitten. *)

Indessen ließen die Athenienser sich doch nicht ganz niederschlagen, sondern faßten bald wieder Muth. Sie entschlossen sich jetzt an allen Orten, wo sie nur könnten, Geld aufzubringen, und Holz zum Schiffbau einzuführen, um die Bundsgenossen, besonders die Einwohner der Insel Euböa in Ehrfurcht zu erhalten. Sie schränkten alle überflüssigen Ausgaben ein, und errichteten einen neuen Rath von bejahrten Männern, welche alle Angelegenheiten, ehe sie dem Volke vorgetragen würden, vorher abwägen und untersuchen sollten. Kurz sie unterließen nichts, was bey gegenwärtigen

*) Rede wider den Verres V, 37.

Umständen dienlich seyn könnte, indem die Furcht, in welcher sie schwebten, und ihre gemeinschaftliche Gefahr Jedermann nöthigte, auf die Bedürfnisse des Staats aufmerksam zu seyn, und sich bereitwillig nach jeder Einrichtung zu bequemen, die sein Wohl befördern könnte.

So lief es mit der Belagerung von Syräkus ab, deren unglücklicher Ausgang die Macht derjenigen zerstörte, die sie unternommen hatten. Wir haben bisher gesehen, wie Athen durch Künste und Waffen emporgestiegen, wie es allen Nationen umher in Verfeinerung, Menschlichkeit, Philosophie und Kriegskunst Unterricht gegeben, und angefangen, eine Herrschaft zu stiften, die, wenn sie einmal fest gestanden, keine benachbarte Macht zu überwältigen würde vermogt haben. Aber ihr Ehrgeiz wuchs schneller auf, als ihre Kräfte, und da sich ihre Absichten weiter hinaus erstreckten, als ihre Fähigkeiten zur Ausführung reichten, so stürzten sie auf einmal von der Höhe herab, nach welcher sie Jahrhunderte hindurch so emsig gestrebt hatten. Jetzt also wird sich ein ganz andres Gemälde uns darstellen: wir werden diesen kleinen Staat nicht länger nach Eroberungen über andre Nationen streben, sondern sich selbst zu Hause ängstlich vertheidigen sehen; Athen wird nicht länger in den Rathsversammlungen Griechenlands den Vorsitz haben, und seine verbundene Heere anführen; es wird jetzt gewissermassen in das Nichts herabsinken; und vor den Augen des Geschichtforschers dahinwelken; und andre Nationen, deren Namen bisher kaum erwähnt worden, sich aus der Dunkelheit emporheben. Die übereilte Unbesonnenheit jenes Unternehmens war jetzt aufs strengste bestraft, durch den Verlust ihrer besten Generale, Flotten, und Kriegsheere; Alles war jetzt vertilgt, oder der Willkühr derer überlassen, die sie so sehr zur Unzeit ihrer Herrschaft zu unterwerfen gesucht hatten.

Ihre Bundsgenossen fiengen nun an darauf zu denken, ihr Joch abzuwerfen; und selbst diejenigen, die bisher neutral geblieben, ergriffen diese Gelegenheit, sich gegen sie zu erklären. Aber die Lacedämonier, die jetzt vor allen andern aufgeblasen waren, entschlossen sich, den Krieg mit Nachdruck fortzusetzen, und der Winter wurde mit Zurüstungen von beiden Seiten hingebracht. Die Athenienser wußten bey ihrer jetzigen Verlegenheit kaum, wohin sie sich wenden sollten; viele mit ihnen im Bunde stehende Städte empörten sich, und nur mit äußerster Schwierigkeit brachten' sie dadurch, daß sie ihre Truppen und Flotte nach Samos schickten, die abgefallenen Staaten wieder zum Gehorsam, und erhielten die übrigen bey ihrer Pflicht. So kämpften sie noch mit einem Theil ihres vorigen Geistes, und erhielten sich dadurch im Stande, ihren Feinden die Spitze zu bieten, über welche sie verschiedne Vortheile erhalten hatten.

Alcibiades, welcher von Allem, was bey den Atheniensern vorgieng, sehr wohl unterrichtet war, schickte insgeheim an die Anführer derselben zu Samos, um ihre Gesinnungen auszuforschen, und sie wissen zu lassen, daß er nicht abgeneigt sey, nach Athen zurückzukehren, wofern nur die Verwaltung der Republik in die Hände der Großen und Mächtigen übergeben, und nicht länger dem Pöbel gelassen würde, welcher ihn verbannet hatte. Einige der Oberbefehlshaber giengen also von Samos ab, in der Absicht, die schicklichsten Maaßregeln zur glücklichen Ausführung dieses Vorhabens mit ihm abzureden. Er versprach ihnen, den Atheniensern nicht allein die Gunst des Persischen Generals Tissaphernes, zu dem er seine Zuflucht genommen hatte, *) sondern auch des Königes von Persien selbst zu verschaffen, auf die Bedingung, daß sie die Demokratie oder Volksregierung abschaffen wollten; weil der König mehr Vertrauen auf die Zusagen des Adels, als auf die eines veränderlichen und eigensinni-

---

*) Als er nämlich von Sparta hatte entwischen müssen. Er hatte sich ganz in die Persischen Sitten zu schicken gewußt. Plutarch. Alcib. II, p. 48. ss. ed. Reisk.

gen Pöbels, setzen würde. Der Angesehenste von denen, die sich seiner Rückkehr widersetzten, war Phrynichus, einer der Generale; welcher, um seine Absichten zu erreichen, dem Astyochus, dem General der Lacedämonier, Nachricht gab, daß Alcibiades mit dem Tissaphernes Unterhandlung pflege, um ihn auf die Seite der Athenienser zu ziehen. Er erbot sich ferner, ihm die ganze Athenienstsche Armee und Flotte in die Hände zu liefern. Aber alle diese verrätherischen Anschläge wurden durch das gute Vernehmen zwischen dem Alcibiades und Astyochus entdeckt, worauf er seiner Würde entsetzt, und nachher auf dem Marktplatze ermordet wurde. *)

Unterdessen waren die Athenienser elfrig damit beschäfftigt, die Veränderung der Regierungsform, die Alcibiades vorgeschlagen hatte, zu Stande zu bringen. Man fieng an, die Demokratie in verschiednen Atheniensischen Städten abzuschaffen, und bald nachher wurde der Entwurf, durch den Pisander, welchem dieses Geschäfft besonders aufgetragen war, noch weiter durchgesetzt. Um die neue Staatsverfassung einzurichten, wirkte er aus, daß zehn Bevollmächtigte mit unumschränkter Gewalt erwählt wurden, die aber zu einer gewissen bestimmten Zeit dem Volke von dem, was sie gethan, Rechenschaft ablegen sollten. Nach Verlauf dieser Zeit ward die allgemeine Versammlung zusammenberufen, worinn man zuerst ausmachte, daß es Jedem freystehen sollte, vorzuschlagen, was er für gut fände, ohne daß er fürchten dürfte, wegen Verletzung der Gesetze verklagt, oder dem gemäß bestraft zu werden. Hiernächst wurde beschlossen, daß ein neuer Rath errichtet werden sollte, mit völliger Gewalt, die öffentlichen Angelegenheiten zu verwalten, und neue Magi-

J. 411. v. C. G.

*) Er wurde durch Meuchelmord des Hermon aus dem Wege geräumt, und erst nach dem Tode verdammet. Plut. II. 53. Von der Staatsveränderung s. Thucyd. 8, 67. f. Diod. Sic. 13, 35. Antiphon und Theramenes hatten nebst dem Pisander daran Theil.

stratspersonen zu erwählen. Zu diesem Ende wurden fünf Proedren, oder Vorsteher erwählt, welche dann hundert Männer ernannten, sich selbst eingerechnet. Jeder von diesen wählte sich nach Belieben drey andre zu Gehülfen, die also in Allem vier hundert Männer ausmachten, welche eine unumschränkte Macht in Händen hatten. Um aber das Volk zu hintergehen, und es mit einem Schatten von Demokratie zu trösten, unterdeß eine wahre Oligarchie eingeführt wurde, sagte man, diese Vierhundert sollten, so oft sie's nöthig fänden, einen Rath von fünf tausend Bürgern zu ihrem Beystande zusammenberufen. Die Versammlungen des Volks wurden, wie gewöhnlich, gehalten, aber nichts geschah anders, als auf Befehl der Vierhundert. Solchergestalt wurde das Volk von Athen seiner Freyheit beraubt, welcher es beynahe hundert Jahre, nach Abstellung der Tyranney der Pisistratiden, genossen hatte.

Als diese neue Anordnung ohne Widerstand zu Stande gebracht war, und man die Volksversammlung getrennt hatte, giengen die Vierhundert mit Dolchen bewaffnet, und mit einer Wache von hundert und zwanzig jungen Leuten versehen, deren sie sich, sobald etwas auszuführen war, bedienten, in den Rath, und entsetzten die Senatoren ihrer Würde, nachdem sie ihnen ihre rückständige Besoldung ausgezahlt hatten. Hierauf erwählten sie, unter Beobachtung der bey solchen Gelegenheiten üblichen Ceremonien, neue Magistratspersonen aus ihrem eignen Mittel. Sie fanden es nicht für gut, die Verbannten zurückzuberufen, um nicht durch ein solches Beyspiel den Alcibiades zur Rückkehr zu berechtigen, vor dessen unbändigem Geist sie sich fürchteten, und welcher sich bald zum Herrn des Volks gemacht haben würde. Sie mißbrauchten übrigens ihre Gewalt auf eine tyrannische Art, indem sie Einige hinrichteten, Andre verbannten, und ihre Güter ungestraft einzogen. Alle, die es wagten, sich dieser Veränderung zu widersetzen, oder sich nur darüber zu beklagen, wurden unter falschen Vorwänden aus der Welt geschafft, und dadurch wurde denn jeder abgeschreckt, die Mörder zur Verantwortung zu ziehen.

Bald nach ihrer Erhebung schickten die Vierhundert Deputirten nach Samos, um die Armee zur Genehmigung dieser neuen Einrichtung zu bewegen. Allein die Armee zu Samos protestirte gegen diese Unternehmungen in der Stadt; und auf Anrathen des Thrasybulus berief sie den Alcibiades zurück, und machte ihn zu ihrem Generale mit voller Gewalt, gleich nach dem Piräus abzusegeln und diese neue Tyranney zu vertilgen. Alcibiades wollte gleichwohl diesen raschen Entwurf nicht billigen, sondern begab sich erst wieder zum Tissaphernes, und ließ ihn wissen, daß es jetzt in seiner Gewalt stünde, ihm als Freund oder als Feind zu begegnen. Durch dieses Mittel schreckte er die Athenienser mit dem Tissaphernes, und den Tissaphernes mit den Atheniensern. Als nachher die Vierhundert noch einmal nach Samos schickten, um ihr Verfahren zu rechtfertigen, verlangte die Armee, daß man die Abgeordneten hinrichten sollte, und bestand darauf, ihren Entwurf auf den Piräus auszuführen; aber Alcibiades wollte durchaus nicht darein willigen, und rettete dadurch offenbar den Staat vom Untergange *).

Unterdessen hatte die Neuerung zu Athen zu so vielen Faktionen und Tumulten Gelegenheit gegeben, daß die Vierhundert mehr darauf bedacht waren, für ihre Sicherheit zu sorgen, als den Krieg fortzusetzen. Dem gemäß befestigten sie denjenigen Theil des Piräus, welcher die Mündung des Hafens beherrschte, und waren entschlossen, im Fall der äussersten Noth, lieber die Lacedämonier einzulassen, als sich selbst der Wuth ihrer Mitbürger auszusetzen. Die Spartaner nahmen

---

*) Diese Beschützung der Abgeordneten der Vierhundert und Zurückhaltung der Armee, war ein würkliches Verdienst des Alcib. um den Staat. Meiners Gesch. b. Wiss. II. 282.

von diesen Unruhen Gelegenheit, mit zwey und vierzig Galeeren, unter Anführung des *Hegesandrides*, den Atheniensern entgegen zu gehen, und diese sahen sich genöthigt, ihnen mit sechs und dreyßig, unter dem **Timochares**, ein Treffen zu liefern, verloren aber einen Theil ihrer Flotte, und das Uebrige wurde zerstreuet. Hierzu kam noch, daß ganz **Euböa**, **Oreus** ausgenommen, sich empörte, und die Parthey der Peloponnesier ergriff.

Dieser unglückliche Vorfall gab der Gewalt der Vierhundert den letzten Stoß. Die Athenienser entsetzten sie unverzüglich ihrer Würde, als Urheber aller Unruhen und Spaltungen, unter denen sie seufzten. **Alcibiades** ward mit einmüthiger Bewilligung zurückberufen, und aufs dringendste gebeten, in möglichster Eile der Stadt zu Hülfe zu kommen. Doch er glaubte, wenn er alsobald nach Athen zurückkehrte, so würde er seine Zurückberufung dem Mitleiden und der Gunst des Volkes zu verdanken haben; er beschloß also, nicht anders als im Triumph und mit größtem Glanz in **Athen** einzuziehen, und seine Rückkehr erst durch irgend eine wichtige That zu verdienen *). In dieser Absicht verließ er **Samos** mit einer kleinen Anzahl von Schiffen, kreuzte um die Inseln **Kos** und **Knidus**, und als er erfahren hatte, daß **Mindarus**, der Spartanische Admiral, mit seiner ganzen Flotte nach dem Hellespont gesegelt, und daß die Athenienser ihm nachsetzten, lenkte er mit äußerster Geschwindigkeit seinen Lauf dahin, um ihnen beyzustehen, und kam zum Glück mit seinen achtzehn Schiffen an, als eben die beiden Flotten bey **Abydos** in einem Gefecht begriffen waren, welches ohne Vortheil von beiden Seiten bis an den Abend fortdauerte. Seine Ankunft gab den Spartanern, die ihn noch für ihren Freund

---

*) Um diese Zeit erhielt schon Thrasybulus einen Sieg über die Peloponnesier im Hellespont; und Alcibiades hinderte durch Unterhandlungen mit Tissaphernes die Vereinigung der phönic. und peloponn. Flotten.

hielten, Muth, und schlug die Athenienser nieder. Aber Alcibiades steckte gleich die Athenienfische Flagge aus, griff die Feinde an, und schlug sie in die Flucht. Muthig durch dieses Glück gemacht, versenkte er ihre Schiffe, und richtete ein großes Blutbad unter den Soldaten an, die sich in die See geworfen hatten, um sich durch Schwimmen zu retten. Nachdem die Athenienser dreyßig Galeeren genommen, und ihre eignen wiedererobert hatten, errichteten sie ein großes Siegeszeichen.

Alcibiades machte nach diesem Siege dem Tissaphernes einen Besuch, welcher aber so weit entfernt war, ihn seiner Erwartung gemäß zu empfangen, daß er ihn augenblicklich in Verhaft nehmen ließ, und ihn als Gefangenen nach Sardes schickte, wobey er zur Ursache anführte, daß er von seinem König Befehl erhalten, die Athenienser zu bekriegen. Die wahre Ursache aber war, daß er befürchtete, von den Peloponnesiern bey seinem Herrn verklagt zu werden, und sich durch diese ungerechte Handlung von allen vorigen Beschuldigungen rein zu machen suchte. Alcibiades entwischte, dreyßig Tage darauf, nach Klazomenä, und griff bald nachher die Peloponnesische Flotte an, die vor dem Hafen von Cyzikus vor Anker lag. Mit zwanzig seiner besten Schiffe brach er durch den Feind durch, verfolgte diejenigen, die von ihren Schiffen aufs Land flohen, und richtete eine große Niederlage an. Die Athenienser nahmen alle feindliche Schiffe weg, machten sich Meister von Cyzikus, und Mindarus, der Lacedämonische General, kam bey dieser Gelegenheit um *).

Alcibiades verstand die Kunst, den erfochtenen

---

*) Plut. Alc. II. 56-61. Xen. Hist. Gr. I, I. fs. Diod. S. 13. p. 576. fs. ed. Wessel. Alcibiades besiegte an einem Tage den Mindarus und den Pharnabazus. Vergeblich suchten die Spartaner Ol. 92. 3. wieder um Frieden an. Cleophon hintertrieb es. Die Athenienser waren leichtsinnig und stolz.

Sieg zu benutzen; und eroberte an der Spitze seiner Truppen verschiedne von den Atheniensern abgefallene Städte, unter denen sich Chalcedon, Selymbria und Byzantium befanden. Voll von Stolz auf diese Thaten, schien er nichts eifriger zu wünschen, als sich nun einmal wieder seinen Landsleuten zu zeigen, seinen Freunden zum Triumph, und seinen Feinden zum Hohn. Er segelte demnach, seiner Zurückberufung zufolge, geradesweges nach Athen. Außer den Schiffen, welche mit Schilden und Beute von aller Art, wie Trophäen, behangen waren, ließ er sich eine große Menge von Fahrzeugen, wie im Triumph, nachziehen; zugleich stellte er die Kriegszeichen und Zierrathen der verbrannten Schiffe zur Schau aus, deren mehr waren, als der übrigen, indem sich ihre ganze Anzahl an zwey hundert belief. Die Geschichtschreiber sagen, als er, bey seiner Annäherung zum Hafen, überlegt, was man vormals alles gegen ihn gethan, sey er etwas in Furcht gerathen, und habe sich gescheuet das Schiff zu verlassen, bis er von dem Verdeck eine grosse Menge seiner Freunde und Verwandten gesehen, welche an die Küste gekommen waren, ihn zu empfangen, und ihn inständigst baten, ans Land zu steigen. So bald er gelandet war, heftete die Menge Volks, die ihm aus der Stadt entgegen gegangen war, ihre Augen auf ihn, drängte sich um ihn her, begrüßte ihn mit lautem Zurufungen, und krönte ihn mit Blumenkränzen. Er nahm ihre Bewillkommnungen und Glückwünsche mit großem Vergnügen an; er bat, daß man das vormals über ihn gefällte Todesurtheil zurück nehmen mögte, und erhielt durch die Priester die Lossprechung von allen wider ihn ausgesprochenen Verwünschungen.

Ungeachtet dieser Triumphe, war es doch um die wahre Macht der Athenienser geschehen; die Stärke des Staats war dahin; und selbst die Liebe für die Freyheit hatte sich jetzt in der allgemeinen Verderbniß der Zeiten verloren. Viele von dem geringen Volk wünschten nichts eifriger, als daß Alcibiades die Oberherrschaft übernehmen mögte, ja sie baten ihn sogar, alle Gewalt in seiner Person zu vereinigen, und sich dadurch über die Angriffe des Neides hinauszusetzen. Die Vornehmen indessen waren nicht so lebhaft in ihrer Dankbarkeit; sie begnügten sich ihn zum Generalissimus aller ihrer Truppen zu ernennen; wobey sie ihm alles einräumten, was er verlangte, und ihm die Generale, welche ihm am angenehmsten waren, zu Gehülfen gaben.

Er segelte demnach mit hundert Schiffen ab, und gieng zuerst nach der Insel Andros, die sich empört hatte. Nachdem er die Einwohner derselben bezwungen, begab er sich nach Samos, welches er zum Hauptsitze des Krieges zu machen willens war. Unterdessen erwählten die Lacedämonier, denen mit Recht über dieses Glück des Alcibiades bange wurde, einen General, den sie für fähig hielten, ihm die Spitze zu bieten. Dieser war Lysander, ein Mann, der zwar von der vornehmsten Familie, aber doch unter Beschwerden groß gezogen war, und eine gänzliche Unterwerfung gegen die Ordnung und Sitten seines Vaterlandes bewies. Er war tapfer und hochstrebend, und opferte, gleich allen Spartanern, jedes Vergnügen seinem Ehrgeiz auf. Er hatte eine Gleichmuth und Gesetztheit, welche machten, daß er sich in alle Situationen des Lebens gleich gut finden konnte; bey alle dem aber war er ausnehmend einschmeichelnd, verschlagen und hinterlistig, und machte sein Interesse zum einzigen Maaßstab der Wahrheit und Falschheit. Diese betrügliche Gemüthsart bemerkte man sein ganzes Leben hindurch an ihm; man sagte daher: er betrüge Kinder durch Spielsachen, und Männer durch Meineyd; und es war eine seiner Maximen: wenn man die Löwenhaut nicht haben könne, so müsse man den Fuchspelz gebrauchen *).

*) S. Plut. vit. Lys. T. III. p. 3. s. ed. Reisk. Meiners II. 292. f.

Nachdem **Lysander,** seine Armee nach **Ephesus** gebracht hatte, ließ er aller Orten her Lastschiffe dahin zusammenkommen, und errichtete ein Schiffswerft, Galeeren zu bauen; er machte die Häfen für die Kaufleute frey, munterte Künstler und Handwerker von allen Arten auf, setzte alles in Bewegung, und erfüllte dadurch die Stadt mit Reichthümern, und legte den Grund zu derjenigen Pracht, wodurch sie nachmals so berühmt ward. Während daß er diese Anstalten machte, erhielt er Nachricht, das **Cyrus,** der Persische Prinz, zu **Sardes** angekommen; er reiste daher von **Ephesus** dahin, ihm einen Besuch zu machen, und sich über den **Tissaphernes** zu beklagen, dessen Falschheit und Verrätherey ihrer gemeinschaftlichen Sache so großen Schaden gethan. **Cyrus,** welcher einen persönlichen Haß auf diesen General geworfen hatte, bot den Absichten des **Lysander** die Hände, willigte darein, den Sold der Schiffsoldaten zu erhöhen, und ihm allen Beystand zu leisten, der nur in seiner Macht stünde.

Diese Freygebigkeit setzte die ganze Flotte in Eifer und Thätigkeit, und entzog den feindlichen Galeeren eine Menge Leute, indem das Schiffsvolk größtentheils zu derjenigen Parthey übergieng, wo am besten bezahlt wurde. Die Athenienser, voller Verzweiflung bey dieser Nachricht, gaben sich alle mögliche Mühe, den **Cyrus** durch Vermittelung des **Tissaphernes** zu gewinnen; allein, er wollte sie nicht anhören, ungeachtet der Satrap ihm vorstellte, daß es dem Interesse des Königs gar nicht gemäß sey, die Lacedämonier groß zu machen, sondern vielmehr, die eine Parthey mit der andern im Gleichgewicht zu erhalten, um den Krieg immer zu unterhalten, und also beide durch ihre eignen Spaltungen zu Grunde zu richten.

Als unterdessen **Alcibiades** auf einige Zeit die Flotte verließ, um Kriegsbedürfnisse herbeyzuschaffen, übergab er das Kommando derselben dem **Antiochus,** mit ausdrücklichem Befehl, sich während seiner Abwesenheit durchaus nicht mit dem Feinde einzulassen, oder ihn anzugreifen. Antiochus aber wünschte nichts mehr, als irgend eine That auszuführen, wodurch er sich, ohne seinen Ruhm mit Jemanden zu theilen, in Ansehen setzen könnte; er war daher so weit entfernt, dem Befehl des Alcibiades zu gehorchen, daß er vielmehr alsobald gegen Ephesus absegelte, und vor der Mündung des Hafens selbst jedes Mittel anwandte, den Feind zu einem Treffen zu reizen. Lysander bemannte anfangs nur einige wenige Schiffe, seine Anfälle abzutreiben; da aber die Athenienfischen Schiffe näher kamen, den Antiochus zu unterstützen, eilten auch andre Lacedämonische Galeeren herbey, bis endlich beide Flotten nach und nach zusammen waren, und das Treffen von beiden Seiten allgemein wurde. Lysander erfocht endlich den Sieg, *) Antiochus kam ums Leben, und funfzehn Athenienfische Galeeren wurden erobert. Vergebens kam bald nachher Alcibiades seinen Freunden zu Hülfe, vergebens bemühete er sich, das Treffen zu erneuern; Lysander, zufrieden mit dem erhaltenen Siege, hatte nicht Lust, sich noch einmal dem Glücke zu vertrauen.

Der wetterwendische Athenienfische Pöbel fieng nun aufs neue an, den Alcibiades der Untüchtigkeit zu beschuldigen. Er, den man erst eben bis zur Anbetung verehrt hatte, ward jetzt, auf den ungegründeten Verdacht, daß er seiner Pflicht zuwider gehandelt, des Kommandos entsetzt. Aber der Ruhm, den er sich durch seine vergangenen Dienste erworben, war es, was ihn jetzt zu Grunde richtete; denn sein beständiges Glück hatte eine so hohe Meynung von ihm bey dem Volk erzeugt, daß man glaubte, es könne ihm unmöglich irgend etwas, das er unternähme, fehlschlagen, und daher nahmen seine Feinde Anlaß, seine Rechtschaffenheit

---

*) Bey Notium, einem Vorgebürge von Jonien. Plut. II. p. 75. s. Xen. I. 5. L Diod. S. 13, 64. s.

verdächtig zu machen, und ihm sowohl seine eigne, als anderer Leute Fehler, zur Last zu legen. *)

J. 406.
v.C.G.
Kallikratidas wurde zum Nachfolger des Lysander ernannt, dessen Jahr jetzt verflossen war. Gleich strenge gegen sich selbst und Andre, unzugänglich der Schmeichelen und unverdrossen, ein erklärter Feind der Ueppigkeit, behauptete er die Sittsamkeit, Mäßigkeit und Strenge der alten Spartaner, Tugenden, welche ihn jetzt schon besonders auszeichneten, da sie zu seiner Zeit eben nicht sehr gewöhnlich mehr waren. Seine Gelindigkeit und Gerechtigkeit konnte durch Nichts besiegt werden; seine Simplicität und Aufrichtigkeit verabscheute alle Betrüglichkeit und Falschheit, und dazu kam wahrer Spartanischer Edelmuth und Größe der Seele.

Den ersten Versuch machte dieser neue Admiral gegen Methymna auf Lesbos, welches er durch Sturm eroberte. Hierauf drohte er dem Konon, welchen die Athenienser zum General erwählt hatten, er wollte ihn bald zwingen, nicht länger mit der See Ehebruch zu treiben, und verfolgte ihn auch bald nachher in den Hafen von Mitylene mit hundert und siebzig Schiffen, nahm ihm dreyßig Schiffe weg, und belagerte ihn in der Stadt, welcher er alle Lebensmittel abschnitt. Bald nachher nahm er noch zehn Schiffe weg, von zwölfen, die dem Konon zu Hülfe kamen. Und als er hiernächst hörte, daß die Athenienser ihre ganze Macht, die aus hundert und funfzig Schiffen bestand, ausgerüstet hätten, so ließ er funfzig seiner Schiffe unter dem Eteonikus zurück, um die Belagerung von Mitylene fortzusetzen, und gieng mit den übrigen hundert und zwanzig den Atheniensern entgegen, die er bey Arginusä, Lesbos gegen über, antraf. Sein

*) Alcibiades begab sich in seine Burg nach Thracien, wo er viele Schätze hatte. Ueber den Character des Kallikratidas und das schändliche Betragen des Lysander gegen ihn s. Meiners II. 294. ff. Er verabscheuete auch die Perser und vornemlich den Cyrus.

bis auf das Ende des Peloponnesis. Krieges. 253

Steuermann gab ihm den Rath, sich zurückzuziehen, denn der Feind sey ihm an Anzahl überlegen. Er gab ihm zur Antwort: es würde Sparta deßwegen nicht an guten Bürgern fehlen, wenn er auch umkäme. Das Treffen dauerte lange und war sehr hartnäckig, bis endlich das Schiff des **Kallikratidas**, da es unter die Feinde gerieth, versenkt wurde, worauf die übrigen die Flucht ergriffen. Die Peloponneßer verloren an siebzig Schiffe; und die Athenienser fünf und zwanzig, mit dem größten Theil der Mannschaft auf denselben. Die Athieniensischen Admirale, welche das gemeinschaftliche Kommando über die Flotte führten, statt für einen so herrlichen Sieg belohnt zu werden, wurden ein schreckliches Beyspiel der Macht und Undankbarkeit ihrer Mitbürger. Auf einen Bericht von diesem Treffen an den Senat, beschuldigte man sie, sie hätten ihre Leute auf den versenkten Schiffen untergehen lassen, da sie dieselben doch retten können; worauf sie dann in Fesseln gelegt wurden, um sich darüber vor dem Volke zu verantworten *). Sie führten zu ihrer Rechtfertigung an, daß sie den Feind verfolgt, und zu gleicher Zeit denen, deren eigentliches Geschäfft dieses gewesen, Befehl gegeben, die Leute einzunehmen, besonders dem **Theramenes**, welcher jetzt ihr Ankläger war; gleichwohl hätten ihre Befehle nicht vollzogen werden können; weil zu der Zeit eben ein sehr heftiger Sturm entstanden. Dies schien so vernünftig und befriedigend, daß verschiedne auftraten, und sich erboten, sie loszubürgen; in einer andern Versammlung aber, forderten die Aufwiegler des Volks Genugthuung, und setzten die Richter so sehr in Furcht, daß Sokrates der einzige unter ihnen war, der Muth genug hatte, zu erklären, er werde nichts

*) Alle wurden zurückberufen, den Konon ausgenommen, dem man zwey neue Kollegen gab. Theramenes hatte sie angeklagt. Zwey entgiengen durch die Flucht dem traurigen Schicksal. Die sechs hingerichteten sind: Diomedon, Thrasylus, Erasinides, Lysias, Aristokrates, Perikles. Xen. I, 6. f. Diod. 13, 101. fs. und Morus Examen loc. quo. Hist. Xen. c. 2.

thun, was den Gesetzen zuwider wäre, und daher seine Zustimmung verweigerte. Nachdem man sich lange herumgestritten, wurden endlich achte von den zehn verdammet, und sechs derselben hingerichtet, unter denen sich **Perikles**, des großen **Perikles** Sohn, befand. Er erklärte, sie hätten in keinem Stücke ihre Pflicht verletzt, da sie Befehl gegeben, daß die todten Leichname aufgefischt werden sollten; wenn also Jemand strafbar sey, so sey er es, der diesen Befehl erhalten, und ihn zu vollziehen versäumt hätte; aber er klage Niemanden an; denn der Sturm, welcher eben damals unerwartet entstanden, sey eine unwiderlegliche Rechtfertigung, und spreche die Beklagten durchaus von aller Schuld frey. Er verlangte, daß man ihnen einen ganzen Tag einräumen mögte, sich zu rechtfertigen, eine Gunst, die den gröbsten Verbrechern nicht versagt wurde, und daß man einen Jeden besonders vernehmen sollte. Er stellte ihnen vor, daß sie ja nichts nöthige, ein Urtheil zu übereilen, wo es auf das Leben der vornehmsten Bürger ankäme; es sey gewissermaßen ein Angriff gegen die Götter, wenn man Menschen wegen Wind und Wetter zur Verantwortung ziehen wollte; welch eine himmelschreyende Undankbarkeit und Ungerechtigkeit es seyn würde, Sieger hinzurichten, welche sie mit Ehrenkronen und Triumphen belohnen sollten, oder die Beschützer des Vaterlandes der Wuth ihrer Neider Preis zu geben; wenn sie das thäten, so würde ein ungerechtes Gericht eine plötzliche, aber vergebliche Reue nach sich ziehen, welche die schärfsten Gewissensbisse zurücklassen, und sie mit ewiger Schande bedecken würde. Unter den Verurtheilten befand sich auch **Diomedon**, ein Mann, der sich eben so sehr durch Rechtschaffenheit, als durch Tapferkeit auszeichnete; als man ihn zum Gerichtplatz führte, bat er, daß man ihn anhören mögte. „Athenienser, sprach „er, ich wünsche, daß das Urtheil, welches ihr über uns „gefället habt, der Republik nicht zum Unglück gerei- „chen möge; um eine Gnade aber habe ich euch für mich

„und meine Gehülfen zu bitten, nämlich, daß ihr uns „vor den Göttern von den Gelübden lossaget, die wir „ihnen für euch und für uns selbst gethan haben, da „wir nicht im Stande sind, sie abzutragen; denn ihrem „Schuß, welchen wir vor dem Treffen angerufen, ha„ben wir allein den über die Feinde erfochtenen Sieg „zu verdanken." Es war kein guter Bürger, der nicht über diese Anrede, so voller Wohlwollen und Gottesfurcht, in Thränen zerfloß, und mit Erstaunen die Mäßigung eines Mannes bewunderte, der, da er sich so ungerecht zum Tode verdammet sah, doch nicht die geringste Erbitterung äußerte, oder sich nur über seine Richter beklagte, sondern, zum Besten eines undankbaren Vaterlandes, einzig besorgt war, daß es dasjenige thun mögte, was es, gemeinschaftlich mit ihnen, für ihren eben erfochtenen Sieg den Göttern schuldig sey.

Diese schändliche That *), von höchster Ungerechtigkeit und Undankbarkeit zusammengesetzt, schien den Angelegenheiten der Athenienser den letzten Stoß zu geben. Sie sträubten sich noch eine Zeitlang nach der Niederlage in Sicilien, aber von nun an erlagen sie gänzlich, wiewohl dem Schein nach in den Armen des Sieges.

Die Feinde nahmen, nach ihrer letzten Niederlage, noch einmal ihre Zuflucht zum Lysander, der sie schon so oft zum Siege geführt hatte; auf ihn setzten sie ihr vornehmstes Vertrauen, und hielten aufs dringendste an, daß man ihn zurückschicken mögte. Die Lacedämonier, um den Wunsch ihrer Bundsgenossen zu befriedigen, und doch ihre Gesetze zu beobachten, nach welchen es nicht erlaubt war, das Oberkommando zweymal derselben Person zu übertragen, schickten ihn mit einem niedrigern Titel, aber mit der Gewalt eines Admirals ab. Lysander segelte gleich mit der Flotte nach

---

*) Diejenigen, welche die Athenienser dazu verleitet hatten, sollten nachher den verdienten Lohn erhalten, entkamen aber doch meistens. Kleophon verlor in einem Volksaufruhr das Leben.

dem Hellespont, und belagerte **Lampsakus**, er eroberte den Ort mit Sturm, und gab die Stadt den Soldaten Preis. Als die Athenienser, welche ihm gleich nachgefolgt waren, hiervon Nachricht bekamen, seegelten sie weiter bis **Olestus**, zogen sich von da längs der Küste fort, und hielten endlich dem Feinde gegenüber zu **Argos Potamos**, ein Ort, der ihnen sehr unglücklich wurde. *)

Der Hellespont ist in dieser Gegend nicht über zwey tausend Schritte breit. Da also die beiden Armeen sich so nahe neben einander sahen, gedachten sie, nur diesen Tag auszuruhen, und gleich den folgenden ein Treffen zu liefern. Aber **Lysander** hatte sich einen andern Plan gemacht; er gab den Seetruppen und Steuerleuten Befehl, an Bord ihrer Galeeren zu gehen, als ob sie wirklich den nächsten Morgen mit Anbruch des Tages fechten sollten, sich bereit zu halten, und seine Befehle in tiefem Stillschweigen abzuwarten. Auf gleiche Weise gab er der Landarmee Befehl, an der Küste sich in Schlachtordnung zu stellen, und ohne Geräusch den Tag abzuwarten. Den folgenden Morgen, so bald die Sonne aufgegangen war, ruderten die Athenienser ihnen mit ihrer ganzen Flotte in einer Linie entgegen, und foderten sie heraus. **Lysander**, wiewohl seine Schiffe, dem Feinde zugekehrt, in Schlachtordnung gestellt waren, hielt sich ganz stille, ohne die geringste Bewegung zu machen. Am Abend, als die Athenienser sich zurückzogen, ließ er seine Soldaten nicht eher ans Land steigen, als bis sie zwey oder drey Galeeren, die er abgeschickt hatte, sie zu beobachten, mit der Nachricht zurückkamen, daß sie die Feinde landen gesehen. Der folgende Tag, der dritte und vierte verstrichen auf eben die Art. Ein solches Verhalten, wel-

*) **Arakus** war dem Titel nach Spartan. Admiral, **Lysander** sein Rath. Dieser erhielt vom **Cyrus** die Erlaubniß, aus mehrern Städten Tribut zu erheben. Dadurch wurde er in den Stand gesetzt, seine Flotte auszurüsten Xen. 2, 1. Plut. III. p. [13. st.

ches Bedenklichkeit und Furcht zu verrathen schien, machte die Athenienser immer sicherer und dreister, und flößte ihnen die größte Verachtung gegen die Armee ein, welche ihrer Meynung nach, nicht Muth hatte, sich zu zeigen, ober das geringste zu wagen.

Während daß dieses vorgieng, kam Alcibiades, welcher sich in der Nähe der Flotte aufhielt, zu Pferde zu den Atheniensischen Generalen, und stellte ihnen vor, daß sie sich da an einer sehr nachtheiligen Küste hielten, wo sie weder Häfen noch Städte in der Nachbarschaft hätten; daß sie genöthigt wären, ihre Lebensmittel mit großer Schwierigkeit und Gefahr von Sestos herbeyzuschaffen, und daß sie sehr unrecht thäten, ihren Soldaten und Seeleuten zu erlauben, so bald sie ans Land gestiegen wären, herumzulaufen und sich nach Gefallen zu zerstreuen, unterdeß eine feindliche Flotte sie in den Augen hätte, welche gewohnt sey, die Befehle ihres Generals mit augenblicklichem Gehorsam und auf das geringste Zeichen zu vollziehen. Er erbot sich auch, den Feind mit einem starken Korps Thracischer Truppen zu Lande anzugreifen, und ihn zum Treffen zu zwingen. Die Generale, vornehmlich Tydeus und Menander, auf ihr Oberkommando eifersüchtig, begnügten sich nicht bloß, seine Anerbietungen auszuschlagen, in der Meynung, daß wenn die Sache unglücklich ablief, die ganze Schuld allein auf sie fallen, widrigenfalls aber Alcibiades allein die Ehre davon tragen würde; sondern sie verwarfen auch mit Hohn seinen weisen und heilsamen Rath; als ob ein in Ungnade gefallner Mann zugleich mit der Gunst des Staats auch seinen Verstand und seine Fähigkeiten verloren hätte. Alcibiades entfernte sich.

Am fünften Tage kamen die Athenienser wieder heran, und forderten den Feind zum Treffen heraus, worauf sie sich am Abend, ihrer Gewohnheit gemäß, stolzer und hohnsprechender, als vorher, zurückzogen. Lysander schickte ihnen, wie gewöhnlich, einige Galeeren nach, sie zu beobachten, mit Befehl, aufs schnellste umzukehren, so bald sie die Athenienser gelandet sähen, und einen braunen Schild an der Spitze jedes Schiffes auszuhängen, so bald sie die Mitte des Kanals erreicht hätten. Er selbst fuhr unterdessen in seiner Galeere vor der ganzen Linie her, und ermahnte die Piloten und Officiere, die Schiffer und Soldaten in Bereitschaft zu halten, um auf das erste Zeichen zu rudern und zu fechten.

Sobald die Schilde auf den abgeschickten Galeeren aufgesteckt waren, und das Admiralschiff durch eine Trompete das Zeichen gegeben hatte, ruderte die ganze Flotte in schönster Ordnung vorwärts. Zu gleicher Zeit eilte die Landarmee auf die Spitze des Vorgebirges, um das Treffen anzusehen. Die Meerenge, welche die beiden festen Länder in dieser Gegend absondert, ist etwa funfzehn Stadia, oder drey Viertel einer Meile breit, welcher Raum durch die Thätigkeit und den Fleiß der Ruderknechte augenblicklich zurückgelegt war. Konon, der Athenienßische General, war der erste, welcher von der Küste die feindliche Flotte in guter Ordnung zum Angriff herankommen sah, worauf er alsobald seine Truppen herbeyrief, sich einzuschiffen. Voller Bestürzung und Verlegenheit, rief er Einige bey Namen, Einige beschwur er, und Andre zwang er mit Gewalt an Bord zu gehen; aber alle seine Bemühungen und sein Eifer waren vergebens, indem die Soldaten sich nach allen Seiten hin zerstreuet hatten. Denn sie waren nicht sobald ans Land gekommen, als einige zu den Marketendern gelaufen, Andre ins Land hinein spatzieren gegangen waren, Andre sich in ihren Zelten schlafen gelegt, Andre angefangen hatten, sich ihr Abendessen zuzurichten. Dies kam von dem Mangel an Wachsamkeit und Erfahrenheit ihrer Generale her, welche nicht die mindeste Gefahr besorgten, sich daher selbst der Ruhe überließen, und ihren Soldaten eine gleiche Freyheit verstatteten.

Der Feind hatte bereits mit lautem Geschrey und großem Geräusch der Ruder den ersten Anfall gethan, als Konon sich mit neun Galeeren, unter denen sich das heilige Schiff,*) befand, von der Flotte trennte, und nach Cyprus davon gieng, wo er zu dem Evagoras seine Zuflucht nahm. Die Peloponnesier fielen über den Ueberrest der Flotte her, nahmen gleich alle Galeeren weg, welche noch leer waren, und verbarben oder zerstörten diejenigen, in welchen sich schon einige Leute befanden. Die Soldaten, die ohne Ordnung und Waffen ihnen zu Hülfe eilten, wurden entweder getödtet, indem sie an Bord steigen wollten, oder wenn sie sich durch die Flucht zu retten suchten, durch den Feind, welcher gleich landete, und ihnen nachsetzte, niedergehauen. Lysander bekam drey tausend Mann gefangen, mit allen Generalen und der ganzen Flotte. Nachdem er das Lager geplündert, und die feindlichen Galeeren an die Hintertheile seiner eignen befestigt hatte, kehrte er unter dem Schall der Flöten und Triumphlieder nach Lampsakus zurück. Sein war der Ruhm, eine der größten Kriegsthaten, welche die Geschichte erzählt, mit geringem oder gar keinem Verlust vollführt, und in dem kurzen Zeitraum einer Stunde einen Krieg geendigt zu haben, welcher bereits sieben und zwanzig Jahre gedauert hatte, und ohne ihn vielleicht noch viel länger gedauert haben würde. Er schickte unverzüglich Botschafter mit dieser angenehmen Nachricht nach Sparta ab.

Nachdem die drey tausend Gefangenen, die den Peloponnesiern in diesem Treffen in die Hände gefallen, zum Tode verurtheilt waren, ließ Lysander den Philokles vor sich kommen, einen der Atheniensischen Generale, welcher alle Gefangenen, die er auf zwey Galeeren, der einen von Andros, und der andern von Korinth, in die Hände bekommen, von dem Gipfel eines Felsen hatte herabstürzen lassen, und vorher das Volk zu Athen beredet hatte, das Gesetz zu machen,

---

*) Dieß Schiff hieß Παραλος und wurde in öffentlichen Angelegenheiten, besonders um Befehle oder Nachrichten zu überbringen, gebraucht.

Zehnt. Abſch. Von dem Frieden des Nicias

daß allen Kriegsgefangenen der Daumen der rechten Hand abgehauen werden ſollte, damit ſie nicht weiter im Stande wären, die Waffen zu führen, ſondern bloß am Ruder dienen könnten. Dieſen alſo ließ Lyſander vor ſich führen, und fragte ihn, was für ein Urtheil er wohl dafür, daß er ſeine Vaterſtadt beredet hätte, eine ſo grauſame Verordnung abzufaſſen, ſich fällen wollte? Philokles, ohne im geringſten ſeinem Stolz etwas zu vergeben, ungeachtet der äußerſten Gefahr worinn er ſich befand, gab zur Antwort: „Klaget ein „Volk nicht wegen Verbrechen an, welches keine Rich„ter hat; aber da ihr Sieger ſeyd, ſo gebraucht euer „Recht, und thut an uns, wie wir an euch gethan „haben würden, wenn wir geſiegt hätten." Alſobald gieng er in ein Bad, zog darauf ein prächtiges Kleid an, und gieng dann zuerſt auf den Richtplatz. Alle Gefangne wurden niedergehauen, den einzigen Adimantus ausgenommen, der ſich dem Geſetze der Athenienſer wegen der Gefangenen widerſetzt hatte. *)

Als die Nachricht von der gänzlichen Niederlage der Armee durch das Staats-Schiff, welches bey Nacht in dem Piräus ankam, nach Athen gebracht wurde, gerieth die ganze Stadt in die äußerſte Beſtürzung. Sie erwartete jetzt natürlicher Weiſe eine Belagerung; und in der That machte Lyſander dazu ſchon Anſtalten. Nichts hörte man als Wehklagen und Geſchrey der Verzweiflung von allen Seiten. Die Athenienſer bildeten ſich ein, der Feind ſey ſchon vor ihren Thoren; ſie ſahen ſchon im voraus das Elend einer langen Belagerung, eine grauſame Hungersnoth, ihre Häuſer zertrümmert und in Flammen, den Uebermuth eines ſtolzen Siegers, und die ſchimpfliche Sklaverey, worein ſie jetzt gleich gerathen würden, die ihnen ſchrecklicher und unerträglicher war, als die härteſten Strafen und der Tod ſelbſt. Den folgenden Tag ward die Ver-

*) Xenoph. H. Gr. 2, 1. zu Ende, Plut. Lyſ. c. 9, 13. Adimantus war übrigens im Verdacht, daß er die Ath. Schiffe an die Feinde verrathen. Paul. 4, 17.

sammlung des Volks zusammen berufen, in welcher man beschloß, alle Häfen, nur einen ausgenommen, zu verschließen, die Mauern auszubessern, und mit Wachen zu besetzen, um sich gegen eine Belagerung anzuschicken.

Ihre Besorgnisse wurden bald durch den Erfolg bestätigt. Lysander befahl allen Atheniensern, die er in verschiednen Städten zerstreut antraf, bey Strafe des Todes, sich nach Athen zu verfügen. Dies that er in der Absicht, die Stadt so voll zu machen, daß er bald im Stande seyn würde, sie durch Hunger zur Uebergabe zu zwingen. In der That kam er bald darauf mit hundert und funfzig Schiffen vor dem Hafen von Athen; unterdeß Agis und Pausanias, die beiden Könige von Sparta mit ihrer Armee anrückten, es zu Lande zu belagern.

Die armen Athenienser, solchergestalt von allen Seiten eingesperrt, ohne Lebensmittel, Schiffe, oder Hoffnung einer Hülfe, schickten sich an, mit Geduld das Aeußerste zu erwarten. Sie sagten also kein Wort von einer Uebergabe, wiewohl sie haufenweise auf den Strassen hinstarben, und fuhren hartnäckig fort, sich zu vertheidigen; endlich aber, da sie alle ihre Lebensmittel aufgezehrt hatten, sahen sie sich gezwungen, Abgeordnete an den Agis abzuschicken, wobey sie sich erboten, alle ihre Besitzungen zu verlassen, bloß ihre Stadt und den Hafen ausgenommen. Der stolze Spartaner verwies ihre Abgeordneten an den Staat selbst, und als sie aufs demüthigste ihren Auftrag den Ephoren bekannt gemacht hatten, erhielten sie Befehl, sich zu entfernen, und mit andern Vorschlägen zu kommen, wenn sie Frieden zu haben verlangten. Endlich nahm es Theramenes, ein Athenienser, über sich, mit dem Lysander Unterhandlungen zu pflegen, und nach einer drey Monate fortdauernden Unterhandlung erhielt er Vollmacht, zu Sparta zu tractiren. Als er hier von neun andern Abgeordneten begleitet, vor den Ephoren erschien, drangen verschiedne von den Bundsgenossen sehr stark dar-

Ol. 93. 4.

auf, daß man Athen gänzlich zerstören sollte, ohne ferneren Vorschlägen Gehör zu geben. *) Allein die Lacedämonier sagten ihnen, daß sie nicht in den Untergang einer Stadt willigen könnten, welche Griechenland in den gefährlichsten Umständen vom Untergange so vorzüglich errettet hätte. Sie bewilligten also einen Frieden auf folgende Bedingungen: Die langen Mauern und die Festungswerke des Piräus sollten geschleift werden; die Athenienser sollten alle ihre Schiffe, bis auf zwölfe, ausliefern; sie sollten alle ihre Verbannte zurückrufen; sie sollten in ein Offensiv- und Defensiv-Bündniß mit den Lacedämoniern treten, und ihnen in allen ihren Feldzügen, so wohl zur See als zu Lande, beystehen.

Als Theramenes mit diesen Artikeln nach Athen zurückkam, fragte man, warum er den Absichten des Themistokles so sehr entgegen gehandelt, und diejenigen Mauern in die Hände der Lacedämonier übergeben hätte, welche von Jenem, ihnen zum Trotz, wären erbauet worden? „Ich hatte allerdings mein Auge auf „die Absicht des Themistokles, sagte er, gerichtet; er „führte diese Mauern zur Erhaltung der Stadt auf, und „ich lasse sie aus dem nehmlichen Grunde niederreissen; „denn wenn nur Mauern eine Stadt sicher stellen, so „muß Sparta, welches keine hat, sich in sehr schlech„tem Zustande befinden." Zu andern Zeiten würden die Athenienser diese Antwort schwerlich befriedigend gefunden haben; aber sie waren jetzt in so elenden Umständen, daß sie sich nicht lange bedenken durften, ob sie die Bedingungen eingehen sollten, oder nicht. Endlich näherte sich Lysander dem Piräus, und schleifte die Mauern mit großer Feyerlichkeit und unter hohnsprechendem Triumph einer kriegerischen Musik. So endigte sich dieser unselige Krieg, welcher sieben und zwan-

---

*) Evanthus von Theben soll dieß verlangt haben. Vergl. Wesseling. über Diod. Sic. 15, 63. Theramenes hatte übrigens zu viel aufgeopfert.

zig Jahre gedauert, unermeßliche Schätze und Ströme von Blut gekostet hatte.

Man würde es uns nicht verzeihen, wenn wir nicht dem Andenken jener erhabnen Köpfe den schuldigen Tribut der Dankbarkeit und Achtung entrichten wollten, deren Arbeiten die Völker ihrer Zeit berühmt gemacht, und die Nationen der spätern Zeit verfeinert und ausgebildet haben. Kriege und politische Streitigkeiten dienen nur dazu, die Erde zu entvölkern, oder die Gemüther der Menschen mit Haß und Feindseligkeit zu erfüllen: die Arbeiten des Geschichtschreibers, die Dichtungen des Poeten, die Erfindungen des Philosophen bereichern den Verstand, verbessern das Herz, und lehren uns Tapferkeit und Ergebung in unser Schicksal. Solche friedfertige und beglückende Künste sind unsrer Kenntniß werth. Noch verdient ihre Cultivirung unter den Griechen insbesondere unsre Aufmerksamkeit, da viele Schriftsteller dieses Landes sowohl wegen ihrer kriegerischen und bürgerlichen, als wegen ihrer litterarischen Vorzüge berühmt sind.

Es wäre unnöthig, viel vom Homer zu sagen, da sein Verdienst wohl bekannt ist. Wahrscheinlich war er nicht der erste Griechische Dichter. Es scheinen schon vor ihm Dichter gelebt zu haben, von denen er manches bey der Ausarbeitung seiner Iliade entlehnte; da er aber der erste merkwürdige Dichter war, so war es ganz natürlich, daß man ihn an die Spitze der alten Griechischen Sänger stellte. Zusammentreffende Zeugnisse scheinen Smyrna den größten Anspruch auf die Ehre, seine Geburtsstadt zu seyn, zu geben. Dieß wurde sie ungefähr zweyhundert und vierzig Jahre nach Trojens Eroberung. *)

Hesiodus war entweder sein Zeitgenosse, oder lebte unmittelbar nach ihm. Ihre Werke erlauben keine

---

*) Seine Gedichte sind: Ilias in 24 B. Odyssee in eben so vielen Büchern. Dann werden ihm Hymnen und eine komische Epopee, Batrachomomachie, zugeschrieben.

Vergleichung. Homer ist prächtig und erhaben, Hesiodus plan und annehmlich. Dadurch wollen wir dem Ruhm des Hesiodus nicht das Geringste entziehen. Angenehm und ohne Bilder zu schreiben, war sein ganzes Bestreben, und dieß hat er gewiß erreicht. *)

Zu Anfange des Kriegs, **) der vor dem zwischen den Atheniensern und Lacedämoniern auf 50 Jahre geschlossenen Frieden hergieng, starb Aeschylus, der Athenienfische dramatische Dichter. Er kann mit eben dem Rechte Vater des Trauerspiels genannt werden, mit welchem Homer Vater der Dichtkunst heißt. Denn ob gleich auch er nicht der erste war, der diese Art von Dichtkunst versuchte: so hat er sie doch zuerst auf gewisse Regeln und Methode zurückgeführt. Zur Zeit des Solon machte Thespis eine wichtige Verbesserung, indem er eine einzelne Person aufstellte, die den Chor ablößen, und irgend eine außerordentliche Begebenheit dazwischen erzählen sollte. Aeschylus war es, der den Wagen des Thespis mit einem Theater vertauschte, der mehrere Acteurs einführte, von denen jeder an der Vorstellung Einer Handlung Antheil nahm, und auf eine seinem Charakter angemessene Art gekleidet war. Die Schreibart des Aeschylus ist pompös und bisweilen erhaben, aber hart und nicht musikalisch. Wäre er weniger dunkel gewesen, er würde einen gröſ-

*) Seine Gedichte sind zwey Lehrgedichte vom Feldbau und Tagewerk, und von der Götterzeugung Noch ein Stück eines größern Gedichts: Beschreibung des Schilds des Herkules.

**) In dem Zwischenraum zwischen Homer und den Persischen Kriegen fehlen hier die lyrischen, (welche Hymnen und kleinere Gedichte verfertigt, Olen, Orpheus, Alkmäon, Alcäus, Sappho, Anakreon) elegische (Tyrtäus,) jambische (Archilochus) gnomische (Solon, Theognis), Fabeldichter (Aesopus) die Griechischen sieben Weisen, die Physiker (Thales, Anaximander, Anaximenes) die ersten Prosaiker (Pherecydes, Akuslaus) Philosophen, die neue Schulen stifteten (Pythagoras, Jenophanes.)

sern Anspruch auf den Charakter des **Erhabenen** gehabt haben. Die vornehmste Absicht seiner Stücke war, Schrecken zu erregen; und ohne Zweifel hat seine rauhe ungefeilte Manier zur Erreichung dieser Absicht viel beygetragen. *)

Während der Periode, in welcher Griechenland mit dem Peloponnesischen Kriege so sehr beschäfftigt war, blühten **Sophokles, Euripides, Aristophanes,** u. s. f. unter den Dichtern; **Herodotus** und **Thucydides** unter den Geschichtschreibern, und **Sokrates** unter den Philosophen.

Sophokles hatte sich als ein junger Mann mit so anhaltendem Fleiße auf das Studium des Trauerspiels gelegt, daß man sein erstes Stück für nicht schlechter als die besten vom Aeschylus hielt. Beide Dichter waren in ihrer Art vortrefflich, aber Aeschylus erhabener. Diesem Vorzuge aber hielt die Fruchtbarkeit des Genies vom **Sophokles**, das sich auf alle Seiten wenden ließ, und seine größerer Deutlichkeit und Fülle des Ausdrucks das Gegengewicht. Er war auch glücklicher als sein Lehrer, in Erregung der Leidenschaften, und ob er gleich nicht durch Schrecken die Brust erschütterte; so rührte er sie doch mehr durch Mitleid, und erwarb sich in der Folge den Ruhm eines sanftern und feinern Schriftstellers. **Sophokles** war auch in der Verwickelung des Knoten glücklicher, als sein Vorgänger; er machte die Handlung dadurch interessanter, daß sie künstlicher war. Er setzte auch die Chorgesänge in nähere Verbindung mit der Haupthandlung, und machte so alles zu einem Ganzen. Der große Beyfall mit dem sein letztes Stück aufgenommen wurde, soll ihm das Leben gekostet haben. **)

*) Von ihm sind noch 7 Trauerspiele vorhanden: die Perser, der gefesselte Prometheus, die sieben Anführer wider Theben, Agamemnon u. s. f.

**) Auch von ihm sind 7 Trauerspiele auf unsre Zeit gekommen: der rasende Ajax, König Oedipus und Oedi-

Euripides, der Nebenbuhler des Sophokles, strebte nicht nach dem majestätischen Vortrag des Aeschylus oder seines großen Mitwerbers. Er war Spruchreicher und moralisirte mehr, als jene beide, und schien ein eben so heftiges Verlangen zu haben, die Menschen zu belehren, als ihren Beyfall zu erhalten. Korrektheit und Schönheit waren die Eigenschaften des Styls, die er bewundert zu haben scheint. Er ist weniger kunstvoll und prächtig als Sophokles, mehr natürlich und lehrreich als er. Wir haben schon einen Umstand erwähnt, der zur Ehre des Dichters gar sehr gereicht, daß nehmlich verschiedne Athenensische Gefangene zu Syrakus in Freyheit gesetzt worden sind, weil sie einige von seinen schönen Versen wiederholten. *)

Unterdeß daß das Trauerspiel unter den Händen des Sophokles und Euripides gewann, machte das Lustspiel unter der Leitung des Phrynichus, Aristophanes und Kratinus Fortschritte. Am meisten Kopf dazu besaß Aristophanes. Zu gleicher Zeit unterhielt er die Athenienser mit seinen witzigen Einfällen und züchtigte sie mit seiner Satire. Wahr ist es, er besaß nicht die Gabe fein zu spotten, wodurch das neuere Lustspiel eine so sanfte Schärfe erhält; *) aber er hatte doch Feuer und Nachdruck, und da er seine Charaktere ohne Veränderung der Namen, Geschäffte u. s. f. aufführte, so erhielten seine Vorstellungen oft mehr Beyfall, und waren meistens nützlicher, als die der Tragödienschreiber. Die Periode, von welcher wir reden, kann das freye Zeitalter der Poesie in Griechenland genannt werden. Verschiedne Um-

pus auf Kolonos, Antigone, Philoktet. Elektra, die Trachinierinnen.

*) Von ihm haben sich die meisten ganzen Trauerspiele erhalten (18.) und ein satyrisches Drama.

**) Seine Lustspiele (11 an der Zahl sind auf unsre Zeit gekommen) gehören auch nicht zur neuern Gattung, sondern haben einen eignen Charakter.

stände machten es dazu. Geschmack und Sitten der Griechen waren verfeinert, ihre Einsichten durch den Umgang mit auswärtigen Völkern, und durch den Unterricht ihrer Philosophen vergrößert; und was mehr als alles dieß, die Nacheiferung unter den Dichtern erregen mußte, war die sanfte, wohltönende, ausdrucksvolle, reichhaltige und mannigfaltige Sprache, in der sie schrieben.

Was die Geschichte anbetrifft, so wird Herodotus als der Vater dieser Art von Schriftstellerey in Griechenland betrachtet. Er schrieb die Geschichte der Kriege zwischen den Griechen und Persern, und lieferte eine umständliche Erzählung der Begebenheiten der meisten übrigen Nationen von der Regierung des Cyrus an bis auf Xerxes. *) Sein Werk besteht aus neun Büchern. Es ist in Jonischer Mundart geschrieben, und ein vollkommenes Muster von Simplicität und Eleganz.

Thucydides wird für einen geschicktern Schriftsteller gehalten, als Herodotus selbst. Ihm fehlt in der That die natürliche Schönheit, die man an seinem Vorgänger bewundert, aber er schreibt mit mehrerer Beurtheilung und kraftvoller. Er schrieb die Geschichte des größten Theils vom Peloponnesischen Kriege in 8 Büchern.

Vom Sokrates, Aristoteles, Demosthenes und andern berühmten Griechischen Schriftstellern und Philosophen ist an verschiednen Orten dieses Werks Erwähnung gethan. **) Noch etwas, das unsre Auf-

*) Auch die ältern Begebenheiten der Nationen z. B. der Aegypter, der Scythen, werden ausführlicher erzählt.

**) So wird auch vom Xenophon anderswo geredet. Es fehlen aber die Sophisten, Zeitgenossen des Sokrates und seiner Schüler, z. B. Gorgias, Prodikus; die Schüler des Sokrates, wie Plato, Antisthenes, Aristippus; die Redner, wie Isokrates; der Arzt Hippokrates zur Zeit des Pelop. Kriegs, die Künstler, die in Metall und Marmor arbeiteten, wie Phidias, und die Maler, wie Polygnotus.

merksamkeit verdient, ist, die Erfindung der **Metonischen Periode** von 19. Jahren, oder der **güldenen
Zahl** durch **Meton** aus Athen, einen Mathema-
tiker, der kurz vor Ausbruch des Peloponnesischen
Kriegs blühte und von den Athenienſern ſehr geſchätzt
wurde.

Pindarus (der erhabenſte lyriſche Dichter) war
aus Theben gebürtig und des **Meton** Zeitgenoſſe.

Eilfter Abſchnitt.

Von dem Untergange der Athenienſiſchen Macht, bis
auf den Tod des Sokrates.

Der Sieg des **Lyſander** war ein ſo ſchrecklicher
Schlag für Athen, daß es ihn nur überlebte,
um den Verluſt ſeiner Macht zu fühlen. Indeſſen waren die Sieger ſo edelmüthig, daß ſie ſeinen Namen
nicht vertilgten; ſie ſagten, nie würden ſie das Verbrechen begehen, das eine Auge von Griechenland auszureißen. Aber dafür ließen ſie die Athenienſer auf andere
Weiſe ihre Oberherrſchaft fühlen: ſie nöthigten das Volk,
die Demokratie abzuſchaffen, und dagegen dreyßig Männer als Oberherren zu erkennen, welche man gewöhnlich
die dreyßig Tyrannen nannte. Wiewohl die Griechen
ſonſt oft genug dieſen Namen ſehr tugendhaften Männern beylegten, *) ſo verdienten doch dieſe Kreaturen
des **Lyſander** in jeder Abſicht die ſchimpflichſte Benennung. Anſtatt ein vollkommneres Geſetzbuch zu-
ſammenzutragen, und bekannt zu machen, welches der
Vorwand war, unter welchem ſie erwählt wurden, fiengen ſie gleich an, von ihrer Gewalt über Leben und Tod
Gebrauch zu machen; und wiewohl ſie einen Senat und
andre obrigkeitliche Perſonen anordneten, ſo bedienten

---

*) Der Name hat auch urſprünglich nicht den üblen
Nebenbegriff, den wir allemal damit verbinden. Er zeigt
eigentlich nur einen Monarch an. Die Namen der 30 Tyrannen ſtehen bey Xen. 2, 3, 2.

ſie ſich derſelben doch zu weiter nichts, als ihre Gewalt zu befeſtigen, und ihre Befehle vollziehen zu laſſen. Indeſſen giengen ſie doch anfangs ſehr behutſam zu Werke, und verdammten bloß die allgemein verabſcheueten und niederträchtigſten Bürger, ſolche nämlich, die bloß vom Angeben und Anklagen anderer lebten. Aber dies geſchah nur um ihren Maaßnehmungen einen ſchönen Anſtrich zu geben. Ihre Abſicht war, ſich unabhängig zu machen, und da ſie wußten, daß dieſes nicht anders als mit Hülfe einer fremden Macht geſchehen könnte, ſo war ihr nächſter Schritt, daß ſie ſich von Sparta bis dahin, daß ſie die Stadt von allen Uebelgeſinnten gereinigt, und die neue Verfaſſung auf feſten Fuß geſetzt hätten, eine Wache ausbaten. Lyſander verſchaffte ihnen alſo eine Wache, unter dem Kommando des Kallibius, welcher ſich durch Beſtechungen und Kunſtgriffe in ihre Abſichten hineinziehen ließ, und dann bald ohne Maaß und Schranken wüthete, und die Stadt mit dem Blute derjenigen überſchwemmte, die ihm wegen ihres Reichthums, ihres Anſehens, oder ihrer guten Eigenſchaften am gefährlichſten für ſeine Gewalt zu ſeyn ſchienen.

Eine von den erſten Proben ihrer Grauſamkeit war, daß ſie den Alcibiades aus der Welt ſchafften, welcher in das Perſiſche Gebiet ſeine Zuflucht genommen hatte. Dieſer unglückliche General, noch immer eingedenk der Verpflichtungen, die er ſeinem Vaterlande ſchuldig war, wandte ſeine äußerſte Aufmerkſamkeit an, ihm von allem dem die früheſte Nachricht zu geben, wovon er glaubte, daß es ſeine Freyheit oder Sicherheit bewirken könne. Da nun Cyrus, der Perſiſche Prinz, welcher den Entſchluß gefaßt hatte, ſeinen Bruder Artaxerxes vom Throne zu ſtoßen, mit den Lacedämoniern zur Unterſtützung ſeiner Abſichten, in ein Bündniß getreten war; ſo that Alcibiades alles mögliche, um dieſen Entwurf zu hintertreiben. Allein die Lacedämoniſchen Anhänger zu Athen, das heißt, die dreyßig Tyrannen, welche ſich vor den Intriguen eines so überlegenen Kopfes fürchteten, stellten ihren Herren vor, daß es unvermeidlich um sie geschehen wäre, wofern sie nicht Mittel fänden, sich den Alcibiades vom Halse zu schaffen. Die Lacedämonier schrieben darauf an den **Pharnabazus** und baten ihn aufs dringendste mit einer Niederträchtigkeit, die sich gar nicht entschuldigen ließ, und ein Beweis war, wie sehr Sparta von seinen alten Sitten ausgeartet, daß er sie, es mögte kosten was es wolle, von einem so furchtbaren Feinde befreyen mögte. Dieser Satrap war bereit, ihre Wünsche zu erfüllen. **Alcibiades** befand sich damals in einer kleinen Stadt im Phrygien, wo er mit seiner Beyschläferinn **Timandra** lebte. Diejenigen, welche abgeschickt waren, ihn zu tödten, unterstanden sich nicht in sein Haus zu gehen, und begnügten sich, es zu umringen und in Brand zu stecken. **Alcibiades** rettete sich mit dem Degen in der Hand durch die Flammen, und die Barbaren, welche sich fürchteten mit ihm handgemein zu werden, ergriffen die Flucht, als sie ihn auf sich zukommen sahen, schossen aber in einiger Entfernung einen Regen von Spießen und Pfeilen auf ihn ab, so das er bald todt niederfiel. **Timandra** nahm seinen todten Leichnam, schmückte und bedeckte ihn mit ihren schönsten Kleidern, und beerdigte ihn mit aller Pracht, die ihre itzigen Umstände ihr gestatteten.

Dies wär das Ende des **Alcibiades**, dessen Tugenden durch noch größere Laster erstickt und unterdrückt wurden. Es läßt sich nicht leicht bestimmen; ob seine guten oder bösen Eigenschaften verderblicher für sein Vaterland gewesen; denn mit jenen hintergieng, und mit diesen unterdrückte er es. Er verband eine vorzügliche Tapferkeit mit dem edelsten Geblüt. Seine Person war schön und sehr fein gebildet; er war beredt, von großer Fähigkeit zu Geschäften, einschmeichelnd, und gemacht, alle Menschen zu bezaubern. Er liebte den Ruhm, überließ sich aber zu gleicher Zeit seinem Hange zum Vergnügen; doch liebte er das Vergnügen nicht so sehr, daß er seinen Ehrgeitz darüber vergessen hätte; er wußte, wie er, nach jedesmaliger Beschaffenheit der Umstände, den Lockungen der Wollust Gehör geben, oder taub dagegen seyn sollte. Nie war ein Geist so biegsam nach allen Gestalten, als der seinige, er verwandelte sich mit unglaublicher Leichtigkeit in die entgegengesetztesten Charaktere, und behauptete dieselben alle mit so vieler Ungezwungenheit und Annehmlichkeit, als ob jeder ihm natürlich gewesen wäre. *)

Auf solche Art fuhren die dreyßig Tyrannen fort, ihre Gewalt zu mißbrauchen; weil sie sich aber fürchteten, daß das Volk sich gegen sie auflehnen mögte, so bekleideten sie drey tausend Bürger mit einem Theil ihrer Macht, und behaupteten sich durch deren Beystand in dem übrigen. Durch einen solchen Zuwachs ihrer Parthey ganz sicher und dreist gemacht, wurden sie nun eins, Jeder seinen Mann auszusuchen, diese hinzurichten, und sich ihrer Güter zur Unterhaltung ihrer Garnison zu bemächtigen. Theramenes, einer ihrer Mitglieder, war der einzige, welcher ein solches Verfahren nicht ohne Grausen ansehen konnte **). Kritias, der Haupturheber dieses abscheulichen Beschlusses, hielt es daher für nöthig, ihn aus dem Wege zu räumen, und verklagte ihn vor dem Senat, als ob er damit umgienge, den Staat über den Haufen zu werfen. Das Todesurtheil ward also über ihn gesprochen, und er sah sich genöthigt den Schierlingsbecher zu trinken, welche Art der Hinrichtung damals in Athen die gewöhnliche

*) Ueber die Art seines Todes verschiedne Berichte Plut. Alcib. Diod. 14, 11. Cor. Nep. Alcib. 9. f. Athen. XIII. p. 574.

**) Vielleicht mehr, weil er selbst weniger Ansehen hatte, als aus Vaterlandsliebe: Meiners II. 314. Doch vielleicht war er, obgleich ein übelgesinnter Bürger, doch so ausschweifenden Grausamkeiten abgeneigt. Sehr männlich betrug er sich bey seinem Tode. Xen. 2, 3. Sokrates vertheidigte ihn nicht im Senat, sondern als man ihm Gewalt anthat, lief er mit 2. Freunden herbey, ihn zu retten. Diod. 14, 5.

war. Sokrates, deſſen Schüler er geweſen, war der Einzige im Senat, der es wagte, ihn zu vertheidigen; er gab ſich alle Mühe ihn aus den Händen des Henkers zu retten, und als er hingerichtet war, bot er ungeſcheut den Dreyßigen Trotz, und ſuchte Rathsherrn und Bürger gegen ſie aufzubringen.

So bald die Tyrannen ſich eines Gehülfen entlediget hatten, deſſen Gegenwart allein ein beſtändiger Vorwurf für ſie war, ſo kannten ſie weiter keine Schranken. Man hörte von nichts in der Stadt als von Gefängniß und Mord. Jedermann zitterte für ſich ſelbſt oder für ſeine Freunde. Das allgemeine Elend war ohne Gegenmittel, und alle Hoffnung, die verlorne Freyheit wieder zu erlangen, war dahin.

Alle Bürger von einiger Bedeutung in Athen, und die noch nicht alle Liebe zur Freyheit verloren hatten, verließen einen Ort, der jetzt unter dem Joch einer ſo harten und ſchimpflichen Sklaverey ſeufzte, und ſuchten anderswo irgend einen einſamen Aufenthalt, wo ſie in Sicherheit leben könnten. Die Lacedämonier hatten die Unmenſchlichkeit, daß ſie ſich Mühe gaben, dieſen unglücklichen Flüchtlingen auch dieſe letzte Zuflucht zu rauben. Sie machten ein Edikt bekannt, wodurch ſie den Griechiſchen Städten verboten, ſie bey ſich aufzunehmen, befahlen, daß man ſie den dreyßig Tyrannen ausliefern ſollte, und verdammten Jeden, der dieſem Befehl zuwider handeln würde, zu einer Geldſtrafe von fünf Talenten. Nur zwey Städte verwarfen mit Unwillen eine ſo ungerechte Verordnung, Megara und Theben; ja die letztere machte ſogar die Verordnung, daß Jeder hart beſtraft werden ſollte, der einen Athenienſer von ſeinen Feinden angegriffen ſähe, ohne ſein möglichſtes zu thun, ihm zu helfen. Lyſias, ein Redner von Syrakus, der von den Dreyßigen verbannt war, warb fünfhundert Soldaten auf eigne Koſten, und ſchickte ſie dem allgemeinen Vaterlande der Beredſamkeit zu Hülfe.

Thrasybulus, ein Mann von unvergleichlichem Charakter, welcher schon lange das Elend seines Vaterlandes beweint hatte, war jetzt der erste, der es zu befreyen suchte. Zu Theben hielt er Berathschlagung mit seinen Mitbürgern, und ihr Entschluß war, irgend eine muthige That zu wagen, sollte sie auch mit noch so großer Gefahr verknüpft seyn, um dem Staat seine Freyheit wieder zu verschaffen. Er überfiel dem zufolge, wie **Nepos** sagt, mit einem Haufen von dreyßig, nach dem **Xenophon** aber, welches wahrscheinlicher ist, von etwa siebzig Mann, **Phyle**, ein festes Schloß an der Gränze von Attika. Dieser kühne Streich setzte die Tyrannen in Furcht; sie marschierten alsobald mit ihren drey tausend Gehülfen und ihrer Spartanischen Wache aus der Stadt, und suchten den Platz zu erobern, wurden aber mit Verlust zurückgeschlagen. Da sie fanden, daß sie durch Sturm nichts ausrichten würden, so entschlossen sie sich zu einer Belagerung, sahen sich aber genöthigt, da sie mit den nöthigen Bedürfnissen dazu nicht versehen waren, und auch in derselben Nacht ein starker Schnee fiel, sich den folgenden Tag nach Athen zurück zu ziehen, indem sie bloß einen Theil ihrer Wache zurückließen, um ferneren Ausfällen ins Land Einhalt zu thun. Aufgemuntert durch dieses Glück, wollte **Thrasybulus** sich nicht länger eingesperrt halten lassen, sondern marschierte bey Nacht aus **Phyle**, und bemächtigte sich mit einem Korps von tausend Mann des **Piräus**. Die Dreyßig eilten mit ihren Truppen dahin, und es erfolgte ein ganz hitziges Treffen; da aber die Soldaten auf der einen Seite mit Feuer und Muth für ihre Freyheit fochten, und auf der andern mit Trägheit und Nachläßigkeit für die Gewalt ihrer Unterdrücker, so blieb der Sieg nicht lange zweifelhaft, sondern begünstigte die gute Sache. Die Tyrannen wurden geschlagen; **Kritias** und **Hippomachus** kamen ums Leben; und als der übrige Theil der Armee die Flucht ergriff, rief **Thrasybulus** aus: „Warum flieht ihr vor mir, als vor einem Sieger?

„warum helfet ihr mir nicht vielmehr, als dem Rächer „eurer Freyheit? Wir sind nicht eure Feinde, sondern „eure Mitbürger, und unser Krieg ist nicht gegen die „Stadt, sondern gegen die dreyßig Tyrannen." Er fuhr fort, sie zu erinnern, daß sie denselben Ursprung, Vaterland, Gesetze, Religion hätten, ermahnte sie, mit ihren verbannten Brüdern Mitleiden zu haben, sie ihrem Vaterlande wiederzugeben, und sich selbst ihrer Freyheit wieder zu bemächtigen. Diese Rede that die gehörige Wirkung. Die Armee, so bald sie nach Athen zurückkam, verjagte die Dreyßig, und gab an ihrer Statt die Regierung zehn Männern, die aber bald ihren Vorgängern nichts nachgaben.

Ungeachtet also die Verfassung verändert, und die Dreyßig ihrer Oberherrschaft entsetzt waren, machten sie sich doch noch Hoffnung, ihre vorige Gewalt wiederzuerlangen, und schickten Abgeordnete nach Lacedämon, um sich Hülfe auszubitten *). Lysander gab den Rath, in ihr Verlangen zu willigen; aber Pausanias, welcher damals König in Sparta war, von Mitleiden über den bedaurenswürdigen Zustand der Athenienser gerührt, begünstigte sie unter der Hand, und wirkte ihnen Frieden aus. Er ward mit dem Blut der Tyrannen besiegelt, welche, nachdem sie die Waffen ergriffen, um sich wieder ins Regiment einzusetzen, getödtet wurden, wodurch denn Athen den völligen Besitz seiner Freyheit wieder erlangte. Thrasybulus that darauf den Vorschlag zu einer Amnestie, vermöge, welcher die Bürger sich durch einen Eid verbindlich machten, alles Vergangene in ewiger Vergessenheit zu begraben. Die Regierungsform wurde jetzt in ihrer alten Verfassung wiederhergestellt, die Gesetze in ihre vo-

Ol. 94. a. 403. v. C.

---

*) Es waren vielmehr die dreytausend, als die XXX. welche Gesandte nach Sparta schickten. Die XXX. waren schon in Eleusis. Die Spartaner borgten ihnen auch 100 Talente, und überließen ihnen den Lysander zum Anführer. Xen. 2, 4, 19. Etwas anders erzählt Lysias adv. Eratostn. p. 419. T. V. Oratt. Reisk die Begebenheiten.

rige Kraft wiedereingesetzt, die obrigkeitlichen Personen mit den gewöhnlichen Ceremonien wieder erwählt, und die Demokratie diesem unglücklichen Volk noch einmal wieder gegeben. Xenophon bemerkt, diese im Innern wüthenden Tyrannen hätten in acht Monaten eben so viel Menschen aufgerieben, als der Peloponnesische Krieg in zehn Jahren. *)

Nach dieser Wiederherstellung der Athenienfischen Angelegenheiten genossen die übrigen Staaten gleicher Ruhe, oder hielten sich vielmehr in stiller Unterwerfung unter Sparta, welches jetzt die ungezweifelte Oberherrschaft über Griechenland in Händen hatte. Allein da es ein Grundsatz der Spartaner war, daß diese Oberherrschaft nicht anders, als durch eine beständig fortgesetzte Thätigkeit behauptet werden könne, so suchten sie immer neue Gelegenheit zum Kriege; und da um diese Zeit ein Theil ihrer Truppen, nebst einem andern Korps von Griechen, an dem Kriege zwischen dem König von Persien und seinem Bruder Theil hatte, so wird es nöthig seyn, daß wir nach Asien hinübergehen, und so viel von den Persischen Angelegenheiten erzählen, als zur Erläuterung des Feldzuges des jüngern Cyrus, wozu diese Truppen gebraucht wurden, dienlich seyn kann, vornehmlich da viele Umstände dabey vorfallen, die, wenn man sie gehörig erwägt, diesen Feldzug zu einem der bewundernswürdigsten machen, deren die alte Geschichte erwähnt. **)

Wir haben bereits angemerkt, daß Cyrus, der Sohn des Darius Nothus, seinem älteren Bruder

*) Xenophon läßt es ben Kleofritus sagen II. 4. 13. Es scheint aber übertrieben zu seyn. Uebrigens wurden die Gesetze Solons nicht sämmtlich wiederhergestellt, sondern erst geprüft, wozu eine Commission von XX. Männern niedergesetzt war. Andocid. de myster. p. 39. f. ed. Reisk.

**) Von diesem Feldzuge f. man Xenoph. Anabasis. Diod. S. 14, 19. fs. Plutarch. in Artax. T. V. p. 448. 489. Morus Exam. loc. Xen. hist. c. 6.

Artaxerxes II. den Thron mißgönnte, und mehr als einmal den Versuch machte, ihn herunter zu stürzen. Artaxerxes sah sehr wohl ein, was er von einem Bruder von so unternehmenden und ehrsüchtigen Geiste zu befürchten habe, konnte sich aber nicht enthalten, ihm auf die Bitten und Thränen seiner Mutter Parysatis, welche diesen ihren jüngsten Sohn vorzüglich liebte, zu verzeihen. Er verwies ihn daher nach seinem Gouvernement in Asien, und übergab ihm, allen Regeln der Politik zuwider, unumschränkte Gewalt über die Provinzen, die sein Vater ihm durch seinen letzten Willen hinterlassen hatte. Nicht so bald war er in diese Würde eingesetzt, als er schon alle mögliche Künste bey Barbaren und Griechen anwandte, sich mächtig und beliebt zu machen, um seinen Bruder des Throns zu entsetzen. Klearchus begab sich, nach seiner Verbannung von Sparta, an seinen Hof und leistete ihm wichtige Dienste, indem er ein geschickter, erfahrner und tapferer General war. Zu gleicher Zeit fielen verschiedne Städte in den Provinzen des Tissaphernes ab, und erklärten sich für den Cyrus. Dieser Umstand, welcher nicht eine Wirkung des Ungefährs, sondern der geheimen Anschläge dieses Prinzen war, gab zu einem Kriege zwischen den beiden Brüdern Gelegenheit. Die Abgesandten des Cyrus am Hofe, streuten beständig Gerüchte und Urtheile unter das Volk aus, um es zu der abgezweckten Staatsveränderung und Empörung vorzubereiten. Sie sprachen immer, der Staat erfordre einen König von des Cyrus Charakter, einen König, welcher prächtig, freygebig wäre, den Krieg liebe, und diejenigen mit seinen Gnadenbezeugungen überschütte, die ihm Dienste leisteten; die Größe des Reichs mache es nothwendig, daß ein Regent auf dem Throne sitze, den Ehrbegierde anfeure, und Tapferkeit fähig mache, den Glanz desselben zu erhalten und zu vermehren.

Die Truppen des Cyrus, welche dem Anschein nach zum Gebrauch des Staats, in der That aber ihn über den Haufen zu werfen, angeworben waren, bestanden aus dreyzehntausend Griechen, welche die Blüthe und Hauptmacht seiner Armee ausmachten *). Klearchus, der Lacedämonier, welcher die Peloponnesischen Truppen kommandirte, war der Einzige von allen Griechen, den der Persische Prinz zum Vertrauten seiner Absichten machte; er gab sich alle mögliche Mühe, die Liebe seiner Leute während ihrer Märsche zu gewinnen, indem er ihnen mit vieler Leutseligkeit begegnete, herablassend mit Jedermann umgieng, und immer dafür sorgte, daß Keiner an irgend etwas Mangel litte. Die Griechischen Truppen wußten weder Absicht noch Veranlassung des Krieges; sie marschierten endlich nach Sardes ab, und näherten sich den obern Provinzen Asiens.

Als sie bis Tarsus gekommen waren, weigerten sich die Griechen weiter zu marschieren, indem sie mit Recht argwöhnten, daß sie gegen den König bestimmt wären, und laut erklärten, daß sie auf diese Bedingung nicht Dienste genommen hätten. Klearchus, ihr Befehlshaber, hatte seine ganze Geschicklichkeit und Klugheit nöthig, um diese Bewegungen in der Geburt zu ersticken. Anfangs wollte er Ansehen und Gewalt gebrauchen, aber das gelang ihm so übel, daß er bald davon abstand, sich öffentlich ihren Gesinnungen zu widersetzen; er stellte sich sogar, als ob er ihnen beyträte, und sie durch seinen Beyfall und Kredit zu unterstützen suche. Durch diese listige Ausflucht besänftigte er den Tumult, und machte sie ruhig, worauf sie denn ihn, nebst einigen andern Officieren, zu Abgeordneten erwählten. Cyrus, den er insgeheim von Allem benachrichtigt hatte, gab ihnen zur Antwort, er sey willens, seinen Feind Abrokomas anzugreifen, welcher

*) Und 100,000 andern Truppen; die Flotte bestand aus 60 Schiffen, davon 35 Griechisch waren und unter dem Pythagoras (in Xen. Hist. gr. heißt der Admiral Samius) der Lacedämonier, standen. Die Schiff des Cyrus kommandirte Tamos.

sich zwölf Tagemärsche von da am **Euphrat** aufhielte. Als diese Antwort ihnen wiedergesagt wurde, entschlossen sie sich, wiewohl sie deutlich sahen, auf wen es eigentlich gemünzt sey, weiter zu marschieren, und foderten nur eine **Erhöhung** des Soldes. Cyrus versprach darauf, statt eines **Darikus** monatlich für jeden Soldaten, ihnen künftig anderthalb zu geben. Er that überdem alles mögliche, sich bey ihnen beliebt zu machen. Als er erfuhr, daß zwey Officiere von der Armee desertirt wären, und man ihm rieth, ihnen nachsetzen zu lassen und sie hinzurichten, erklärte er öffentlich, es sollte nie von ihm gesagt werden, daß er irgend Jemanden wider Willen in seinem Dienste aufgehalten; und gab darauf Befehl, daß man ihre Frauen und Kinder, die bey der Armee als Geissel geblieben waren, ihnen nachschicken sollte. Ein so weises und dem Schein nach so edelmüthiges Betragen, that erstaunliche Wirkung auf die Soldaten, und machte selbst diejenigen zu seinen treuesten Anhängern, die vorher geneigt gewesen waren, ihn zu verlassen.

Indem Cyrus sich mit starken Märschen näherte, berichtete man ihm aller Orten her, daß der König nicht willens sey, ihm gleich ein Treffen zu liefern, sondern beschlossen habe, in den entlegensten Theilen von Persien so lange zu warten, bis alle seine Truppen sich versammelt hätten; um unterdeß seinen Feinden den Weg zu versperren, habe er in den Ebnen von **Babylon** eine Schanze aufwerfen lassen, mit einem Graben, welcher fünf Klaftern in die Breite und drey in die Tiefe habe, und sich zwölf Parasangen oder Meilen lang, von dem **Euphrat** bis an die Medische Mauer erstrecke. Zwischen dem **Euphrat** und dem Graben war aber ein Weg von zwanzig Fuß in die Breite offen gelassen, welchen Cyrus mit seiner ganzen Armee passirte, nachdem er sie den Tag vorher gemustert hatte. Der König versäumte es, ihm diesen Paß streitig zu machen, und ließ ihn also ungehindert seinen Marsch gegen **Babylon** fortsetzen.

Cyrus übergab dem Klearchus das Kommando des rechten Flügels der Griechen, und dem Menon das des linken, und rückte so immer in Schlachtordnung weiter fort, indem er stündlich erwartete, daß er würde schlagen müssen. Endlich entdeckte er seines Bruders Armee, die aus zwölfmal hunderttausend Mann bestand, außer einem auserlesenen Korps von sechs tausend Reutern; sie kam ihm entgegen, und schickte sich gleich zum Treffen an.

Der Ort, wo das Treffen vor sich gieng, hieß Kunara, etwa fünf und zwanzig Meilen von Babylon. Cyrus stieg zu Pferde, mit seinem Wurfspieß in der Hand, und gab den Truppen Befehl, ihre Waffen bereit zu halten, und in Schlachtordnung vorzurücken. Die Feinde näherten sich unterdessen langsam, und in bester Ordnung. Artarerres selbst führte sie ganz regelmäßig, ohne Geräusch oder Verwirrung an. Diese gute Ordnung und genaue Kriegszucht setzte die Griechen in große Verwunderung, weil sie erwarteten, daß sie nichts als Gepränge und Tumult bey einer so großen Menge sehen, und ein verwirrtes Geschrey hören würden, wie Cyrus ihnen vorausgesagt hatte.

Die Armeen waren nun nicht über vier oder fünf hundert Schritte mehr von einander, als die Griechen anfiengen den Schlachtgesang zu singen, und erst ganz gemächlich und stillschweigend auf den Feind los marschierten. So bald sie ihm aber nahe waren, erhuben sie ein großes Geschrey, schlugen mit den Spiesen auf ihre Schilder, um die Pferde scheu zu machen, und fielen dann auf einmal mit aller Macht die Barbaren an, welche ihren Angriff nicht abwarteten, sondern insgesammt die Flucht ergriffen, den Tissaphernes allein ausgenommen, welcher mit einem kleinen Theil seiner Truppen Stand hielt.

Cyrus sah mit Vergnügen den Feind von den Griechen geschlagen, und wurde von denen, die um ihn waren, zum König ausgerufen; aber er überließ sich nicht

einer eiteln Freude, hielt sich auch noch nicht für den
Sieger. Er sah, daß Artaxerxes mit seinem rechten Flügel herumzog, um ihm in die Flanke zu fallen,
und gieng daher mit seinen sechs hundert Reutern gerade auf ihn los. Er tödtete den Artagerses, der
des Königs Wache von sechs tausend Mann Reutern
kommandirte, mit eigner Hand, und schlug den ganzen Haufen in die Flucht. Als er seinen Bruder er-
blickte, rief er mit Augen von Wuth blitzend aus: Ich
sehe ihn! und sprengte auf ihn los, nur von seinen vornehmsten Officieren begleitet; denn seine Truppen hatten ihre Glieder verlassen, um die Flüchtlinge zu verfolgen, welches ein wesentlicher Fehler war.

Nun ward aus dem Treffen gewissermaßen ein
Zweykampf zwischen dem Artaxerxes und Cyrus,
und man sah die beiden Brüder, von Rache und Wuth
außer sich gesetzt, gleich dem Eteokles und Polynices nur bedacht, einer dem andern sein Schwerd ins
Herz zu stoßen, und sich durch den Tod seines Nebenbuhlers des Throns zu versichern.

Cyrus öffnete sich durch die Schlachtordnung, die
vor dem Artaxerxes aufgezogen war, den Weg, traf
auf ihn, und tödtete sein Pferd, welches mit ihm zu
Boden fiel. Er stand auf, und setzte sich auf ein anderes, als Cyrus ihn wieder anfiel, ihm eine zweyte
Wunde versetzte, und im Begriff war, ihm die dritte
zu versetzen, in der Hoffnung, dadurch seinem Leben
ein Ende zu machen. Aber der König, gleich einem
vom Jäger verwundeten Löwen, wurde nur wüthender
durch den Schmerz; er sprengte dem Cyrus entgegen,
und stieß mit seinem Pferde mit solcher Heftigkeit auf
das seinige, daß Cyrus, welcher blindlings, ohne
auf seine Person zu achten, fortjagte, sich mitten in
eine Salve von Pfeilen stürzte, die von allen Seiten
her auf ihn abgeschossen wurden, und zu gleicher Zeit
von dem Spieß des Königs eine Wunde bekam. Cyrus fiel todt nieder; Einige sagen, von der Wunde,
die ihm der König beybrachte, Andre aber versichern,
daß ihn ein Karischer Soldat getödtet. Die Vornehm-

sten seines Hofes, die einen so guten Herrn nicht überleben wollten, wurden alle um seinen Leichnam her niedergemacht; ein gewisser Beweis, sagt Xenophon, daß er sich auf die Wahl seiner Freunde verstand, und wahrhaftig von ihnen geliebt wurde. Ariäus, welcher der allertreueste seiner Anhänger hätte seyn sollen, ergriff mit dem linken Flügel die Flucht, so bald er von seinem Tode hörte.

Als Artaxerxes seinem Bruder durch den Eunuchen Mesabates den Kopf und die rechte Hand hatte abhauen lassen, verfolgte er den Feind in sein Lager. Ariäus aber hielt sich hier nicht auf, sondern gieng gerade durch dasselbe, und setzte seinen Rückzug fort bis an den Ort, wo die Armee den Tag vorher im Lager gestanden hatte, welches etwa vier Meilen weiter war.

Tissaphernes führte unterdessen, nachdem der größte Theil seines linken Flügels von den Griechen geschlagen war, den Ueberrest gegen sie an, und drang sich, an der Seite des Flusses, durch das leichtbewaffnete Fußvolk der Griechen, die ihn mit Fleiß auswichen, und im Vorbeyziehen ihre Pfeile und Wurfspiese auf ihn abschossen, ohne einen Mann zu verlieren. Sie wurden von dem Episthenes aus Amphipolis kommandirt, welcher für einen geschickten General gehalten wurde. Tissaphernes gieng darauf weiter, ohne zum Angriff umzukehren, weil er merkte, daß er zu schwach sey, und verfügte sich zum Lager des Cyrus, wo er den König fand, welcher es plünderte, aber nicht im Stande war, den Bezirk zu erobern, welcher von den Griechen, die zum Schutz ihrer Bagage zurückgeblieben waren, vertheidigt wurde.

Da so wenig die Griechen ihrerseits, als Artaxerxes wußten, was an dem andern Flügel vorgegangen war, so glaubten beyde, daß sie den Sieg erfochten hätten; die erstern, weil sie den Feind in die Flucht geschlagen, und ihn verfolgt; und der König, weil er seinen Bruder getödtet, seine Truppen geschlagen, und ihr Lager geplündert hatte. Aber jetzt klärte sich die Sache auf beiden Seiten bald auf.

Tissaphernes berichtete: bey seiner Ankunft ins Lager, dem König, daß die Griechen seinen linken Flügel geschlagen, und ihm mit vieler Hitze nachsetzten; und die Griechen erfuhren nun auch, das der König, indem er den linken Flügel des Cyrus verfolgt, in das Lager gedrungen sey. Der König stellte auf diese Nachricht seine Truppen wieder in Ordnung, und marschierte ab, um den Feind aufzusuchen; und Klearchus, welcher jetzt von der Verfolgung der Perser umkehrte, rückte heran, um dem Lager zu Hülfe zu kommen.

Die beiden Armeen waren bald einander sehr nahe, und der König machte eine Bewegung, woraus die Griechen schlossen, daß er willens sey, sie von der linken Seite anzugreifen; weil sie nun fürchteten, von allen Seiten umringt zu werden, so schwenkten sie sich herum, und machten Halte, den Fluß im Rücken, um zu verhindern, daß ihnen der Feind nicht in den Rücken fallen könnte. Als der König dieses sahe, veränderte er seine Stellung auch, zog seine Armee in Fronte vor ihnen auf, und marschierte zum Angriff an. So bald die Griechen dieses sahen, fiengen sie an ihren Hymnus zur Schlacht zu singen, und giengen dem Feinde mit noch größerer Hitze, als das erstemal, entgegen.

Die Barbaren ergriffen gleich wieder die Flucht, liefen noch schneller, als vorher, und wurden bis an ein Dorf an dem Fuß eines Hügels verfolgt, auf welchem ihre Reuterey Halte machte. Hier sah man des Königs Standarte, nämlich einen goldenen Adler mit ausgebreiteten Flügeln, auf der Spitze einer Pike. Da die Griechen sich nun anschickten, sie noch weiter zu verfolgen, so verließen sie auch den Hügel und flohen in größter Unordnung und Verwirrung über Hals über Kopf davon. Klearchus, der mit den Griechen am Fuß des Hügels hielt, schickte den Lycias, einen Syrakusaner, und noch einen andern hinauf, um zu sehen, was in der Ebne vorgienge. Sie kehrten mit der Nachricht zurück, daß die Feinde allenthalben flöhen, und die ganze Armee zerstreuet sey.

Da die Nacht jetzt schon einzubrechen anfieng, legten die Griechen ihre Waffen nieder, um auszuruhen, voll Verwunderung, daß weder Cyrus, noch irgend Jemand von den Seinigen sich sehen ließ; sie bildeten sich ein, er sey entweder noch mit Verfolgung des Feindes begriffen, oder suche sich jetzt irgend eines wichtigen Orts zu bemächtigen; denn sie wußten noch nichts von seinem Tode und der Niederlage seiner Armee. Sie beschlossen daher, in ihr Lager zurück zu kehren, und fanden den größten Theil der Bagage von den Feinden weggenommen, nebst allen Lebensmitteln, und vier hundert Wagen mit Getreide und Wein beladen, welche Cyrus, auf den Fall einer dringenden Noth, ausdrücklich für die Griechen mitgenommen hatte. Die Nacht über brachten sie, größtentheils ohne einige Erfrischung zu sich zu nehmen, in dem Lager hin, indem sie nicht zweifelten, daß Cyrus am Leben und siegreich sey.

Mitten unter der Verwirrung, in welche die Griechen nach der Schlacht geriethen, schickten sie zu dem Ariäus, als Sieger und Oberbefehlshaber der Armee, nach dem Tode des Cyrus, und boten ihm die Persische Krone an. Unterdessen schickte auch der König als Sieger an sie, und foderte sie auf, ihre Waffen auszuliefern, und ihn um Gnade anzuflehen, wobey er ihnen zugleich vorstellte, da sie sich jetzt in dem Herzen seines Reichs befänden, von ungeheuren Flüssen und unzähligen Nationen umringt, so würde es ihnen unmöglich seyn, seiner Rache zu entgehen, und es bliebe ihnen also weiter nichts zu thun übrig, als sich der gegenwärtigen Nothwendigkeit zu unterwerfen. Da sie unter sich berathschlägten, was für eine Antwort sie hierauf geben sollten, fragte Proxenus die Herolde, auf was für Bedingungen der König ihre Waffen fodre; wenn als Sieger, so stehe es in seiner Macht, sie ihnen zu nehmen; wenn aber auf einen andern Fuß, was er ihnen dann dafür wiedergeben wolle? Ihn unterstützte Xenophon, welcher sagte, es sey ihnen jetzt nichts übrig, als ihre Waffen und ihre Freyheit, und sie könnten unmöglich das eine ohne das andre behaupten. Mit gleichen Gesinnungen erklärte **Klearchus**, wenn der König gesonnen sey, Freundschaft mit ihnen zu halten, so würden sie besser im Stande seyn, ihm mit ihren Waffen, als ohne dieselben zu dienen; wäre er aber ihr Feind, so würden sie derselben zu ihrer Vertheidigung nöthig haben. Andre sprachen etwas nachgebender; da sie dem **Cyrus** treu gedient hätten, sagten sie, so würden sie eben so auch dem **Artaxerxes** dienen, wenn er sie gebrauchen, und zu gleicher Zeit sie in Besitz von Aegypten setzen wollte. Endlich kamen sie dahin überein, daß sie da bleiben wollten, wo sie jetzt waren, denn sie mögten weiter vorrücken, oder sich zurückziehen, so würde beides das Ansehen einer Kriegserklärung haben. Kurz, der Ausgang dieser Berathschlagungen zeigte, daß man einer entscheidenden Antwort auszuweichen, und den König nur hinzuhalten und Zeit zu gewinnen suchte.

Während diese Unterhandlungen vorgiengen, empfiengen sie vom **Ariäus** die Antwort, es gäbe zu viel mächtige Herren in Persien, als daß er sich zum Besitz des Thrones Hoffnung machen könne; er sey daher gesonnen, den nächsten Morgen in aller Frühe aufzubrechen, um nach Jonien zurückzukehren; und wenn sie daher Lust hätten, ihn zu begleiten, so mögten sie noch in derselben Nacht zu ihm stoßen. Dies thaten sie dann auch Alle, den **Milthocytus**, einen Thracier, ausgenommen, welcher mit einem Haufen von dreyhundert Mann, und vierzig Reutern zu dem König übergieng. Die übrigen, nebst den Truppen des **Ariäus**, brachen mit Tages Anbruch auf, und setzten ihren Marsch bis Sonnenuntergang fort, da sie denn aus den benachbarten Flecken entdeckten, daß der König ihnen nachsetze.

Klearchus, der jetzt die Anführung der Griechen übernahm, befahl seinen Truppen, Halt zu machen, und schickte sich zum Treffen an. Der König von

Persien durch den Schein einer so großen Unerschrockenheit in Furcht gesetzt, schickte Herolde an sie ab, nicht um sie zur Uebergabe aufzufodern, sondern um ihnen Friedens- und Unterhandlungsvorschläge zu thun. Als Klearchus von ihrer Ankunft benachrichtigt wurde, gab er Befehl, sie warten zu heißen, und ihnen zu sagen, daß er noch nicht Zeit habe, sie anzuhören. Er nahm mit Fleiß ein stolzes und hohes Betragen an, um seine Unerschrockenheit zu zeigen, und zu gleicher Zeit ihnen den herrlichen Aufzug und guten Zustand seines Phalanx sehen zu lassen. Als er endlich mit seinen glänzendsten Officieren, die besonders zu dieser Absicht ausgelesen waren, zu ihnen kam, und ihren Vortrag angehört hatte, gab er ihnen zur Antwort, daß er erst nothwendig ein Treffen liefern müsse, weil seine Armee, welcher es an Lebensmitteln fehle, keine Zeit zu verlieren hätte. Nachdem die Herolde diese Antwort an ihren Herrn überbracht hatten, kamen sie alsobald wieder zurück, welches bewies, daß der König, oder wer in seinem Namen sprach, nicht so weit entfernt war. Sie sagten, daß sie Befehl hätten, sie in Dörfer zu führen, wo sie Lebensmittel im Ueberfluß finden würden, und führten sie dem zufolge auch dahin.

Nachdem sie sich drey Tage aufgehalten, kam Tissaphernes von dem König, und gab ihnen zu verstehen, wie sehr sie ihm für die guten Dienste, die er ihnen zu ihrer Erhaltung geleistet, verbunden wären. Klearchus führte zu seiner Rechtfertigung an, die Griechen hätten an diesem Feldzuge Theil genommen, ohne den Feind zu kennen, gegen den sie fechten sollten; sie wären frey von allen Verbindlichkeiten, und hätten gar keine Absichten gegen den Persischen König, wofern er sich ihrer Rückkehr nicht widersetzte. Tissaphernes willigte dem Anschein nach in ihr Begehren, und versprach, daß sie mit allen nöthigen Lebensmitteln auf ihrem Marsch versorgt werden sollten; und daß er selbst, damit sie desto unbesorgter seyn könnten, sie auf ihrer Reise begleiten wolle.

Sie marschierten also, wenige Tage darauf, unter seiner Anführung ab; da aber die Barbaren, während des Marsches, immer etwa eine Meile weit von den Griechen ihr Lager hatten, so gab dieß zu einigem Mißtrauen und Argwohn von beiden Seiten Gelegenheit. Nach funfzig Tagen etwa, da sie an das Ufer des Flusses Zabatus gekommen waren, hielt Klearchus, um zu verhindern, daß es nicht zu einem öffentlichen Bruch kommen mögte, eine besondere Unterredung mit dem Tissaphernes. Das Resultat derselben war, daß einige von des Klearchus Officieren durch falsche Vorstellungen einen gegen den andern einzunehmen gesucht hätten, und daß er sie alle zu dem Tissaphernes führen sollte, um die Schuldigen zu entdecken. Dem zufolge wurden sie unter sich eins, daß eine allgemeine Versammlung der Officiere zur Untersuchung angestellt, und darinn diejenigen, welche ihrer Pflicht entgegengehandelt, oder Uneinigkeiten zwischen beiden Armeen anzuzetteln gesucht hätten, beschämt und bestraft werden sollten. Menon besonders war auf beiden Seiten verdächtig, und er wurde mit unter die Zahl gesetzt. Diesem verderblichen Entschluß zufolge verfügten die fünf Oberbefehlshaber sich den folgenden Tag in das Gezelt des Persischen Generals. *) Ihre Namen waren Klearchus, Menon, Proxenus, Agias, und Sokrates; diese wurden, auf ein gegebenes Zeichen, alsbald in Verhaft genommen, ihre Begleiter niedergehauen, und sie selbst, nachdem man sie gebunden an den König geschickt, in seiner Gegenwart enthauptet.

Nichts konnte größer seyn, als die Bestürzung der Griechen bey der Nachricht von dieser Hinrichtung ihrer Generale. Sie waren jetzt fast 2000. (englische **) Meilen weit von Hause, von großen Flüssen,

*) Klearchus hatte fünf Generals und 20 Obersten mitgenommen. Xen. Anab. 2, 5, 6. Ariäus handelte als Verräther.

**) Die Verfasser von Guthrie und Gray allgem.

unermeßlichen Einöden, und feindlichen Nationen, umgeben, und wußten nicht, woher sie Lebensmittel nehmen sollten. In diesem Zustande allgemeiner Muthlosigkeit konnten sie nicht daran denken, weder Nahrung zu nehmen, noch sich Ruhe zu gönnen. Alle wandten jetzt ihre Augen auf den Xenophon, einen jungen Athenienser, der von dem Proxenus nach Asien eingeladen war, und bisher als Freywilliger bey der Armee gedient hatte. Dies war der Xenophon, der nachher als Geschichtschreiber so berühmt wurde, und dessen Geschicklichkeit im Kommando seiner Beredsamkeit, worinn er alle übrige Menschen übertraf, gleich zu kommen schien. Dieser junge General verfügte sich mitten in der Nacht zu Einigen der Griechischen Officiere, und stellte ihnen vor, daß sie keine Zeit zu verlieren hätten: daß es von der äußersten Wichtigkeit sey, den boshaften Anschlägen der Feinde zuvorzukommen; daß sie, so gering ihre Anzahl auch wäre, sich doch furchtbar machen würden, wenn ihr Betragen Unerschrockenheit und Entschlossenheit zeigte; daß Tapferkeit und nicht die Menge das Glück der Waffen entscheide; und daß vor allen Dingen nothwendig sey, augenblicklich neue Generale zu ernennen, weil eine Armee ohne Anführer einem Körper ohne Seele gleiche. Man stellte daher gleich eine Versammlung an, wobey hundert Officiere zugegen waren; und als man den Xenophon bat, seine Meynung zu sagen, führte er die Gründe weitläuftiger aus, die er vorher nur leicht berührt hatte; und nach seinem Rath wurden die Generale erwählt. Sie waren, Timasion an des Klearchus, Xanthikles an des Sokrates, Kleanor an des Agis, Philesius an des Menon, und Xenophon an des Proxenus Stelle.

Vor Tagesanbruch versammelten sie die Armee. Die Generale hielten Reden, um die Truppen aufzumuntern; unter andern auch Xenophon. „Kame-

Welthist. II. 367. berechnen den Rückzug zu 2325. engl. Meilen.

„raben, sprach er, der Verlust so vieler braven Män-
„ner durch niederträchtige Verrätherey, und unser Zu-
„stand, da wir von unsern Freunden im Stich gelassen
„worden, ist sehr bedauernswürdig. Aber wir dürfen
„deßwegen nicht muthlos unter unserm Unglück erlie-
„gen; und wenn wir nicht siegen können, so laßt uns
„lieber rühmlich sterben, als in die Hände grausamer
„Barbaren zu fallen, die uns ins äußerste Elend stür-
„zen würden. Laßt uns eingedenk seyn der glorreichen
„Schlachten bey Platäa, Thermopylä, Salamis,
„und so vieler andern, worinn unsre Vorfahren, wie-
„wohl in kleiner Zahl, die unermeßlichen Heere der Per-
„ser überwunden, und dadurch den bloßen Namen der
„Griechen auf immer furchtbar gemacht haben. Ihrer
„unüberwindlichen Tapferkeit haben wir die Ehre zu
„verdanken, daß wir keine andre Oberherren in der
„Welt erkennen, als die Götter, von keiner andern
„Glückseligkeit wissen, als welche mit Freyheit bestehen
„kann. Diese Götter, die Rächer des Meineides und
„Zeugen der Verrätherey der Feinde, werden uns gün-
„stig seyn; und da sie durch die Verletzung der Ver-
„träge, beleidigt worden, und gern den Stolzen de-
„müthigen, und den Niedrigen erhöhen, so werden sie
„uns auch ins Treffen begleiten, und für uns fechten.
„Uebrigens, meine Kameraden, da wir keine andre
„Zuflucht übrig haben, als zum Siege, den wir hoffen
„müssen, und der uns Alles, was er uns auch kosten
„mögte, reichlich vergüten wird, so hielte ich dafür,
„wenn ihr damit zufrieden seyd, daß wir, um uns ei-
„nen desto hurtigeren und weniger beschwerlichen Rück-
„zug zu verschaffen, nichts bessers thun könnten, als
„uns alles unnützen Gepäckes zu entledigen, und nur
„das zu behalten, was wir auf unserm Marsch durch-
„aus nothwendig gebrauchen." Alle Soldaten huben
alsobald ihre Hände auf, um ihren Beyfall und ihre
Einwilligung in alles, was er gesagt hatte, zu erkennen zu geben, und steckten ohne Zeitverlust ihre Gezelte und ihr übriges Gepäcke in Brand; indem diejenigen,

welche zu viel Equipage hatten, Andern, denen es daran fehlte, abgaben, und das übrige vertilgten.

Chirisophus, der Spartanische General, führte die Avantgarde, und Xenophon, nebst dem Timasion, den Nachzug. Sie lenkten ihren Marsch gegen die Quellen der großen Flüsse, um hindurch waden zu können. Sie waren aber noch nicht weit gekommen, als ihnen schon ein Korps der feindlichen Bogenschützen und Schleuderer, von dem Mithradates angeführt, nachfolgte, welches ihren Nachzug beunruhigte, und eine Menge von ihnen verwundete; denn da sie schwerbewaffnet und ohne Reuterey waren, konnten sie keinen Widerstand thun. Um diesem Uebel aufs künftige abzuhelfen, bewaffnete Xenophon zwey hundert Rhodier mit Schleudern, und ließ noch funfzig seiner Leute sich auf Bagagepferde setzen; so daß, als Mithradates ihn zum zweytenmal mit einem noch größern Haufen angriff, er ihn mit Verlust zurückschlug, und er also mit dieser handvoll Leute seinen Rückweg deckte, bis er bey der Stadt Larissa, an den Ufern des Tigris, ankam. Von hier marschierten sie nach einer andern wüsten Stadt, Namens Mespila, und etwa vier Meilen von da kam Tissaphernes mit seiner ganzen Armee in Schlachtordnung auf sie los, ward aber nach verschiednen Scharmützeln genöthigt, sich zurückzuziehen. Wenige Tage nachher besetzte er eine Anhöhe, über welche die Griechen kommen mußten, Xenophon aber, welcher dieses gewahr wurde, nahm ein Detachement der Armee, und erreichte in großer Geschwindigkeit den Gipfel eines Berges, welcher über dieser Anhöhe lag, so daß er nun mit leichter Mühe den Feind herunterjagte, und dem übrigen Theil seiner Truppen einen sichern Uebergang in die Ebne verschaffte, wo sie einen Ueberfluß von Lebensmitteln fanden, ungeachtet Tissaphernes vorher sein möglichstes gethan hatte, alles zu verbrennen und zu verwüsten. *)

Dem ungeachtet befanden sie sich jetzt in größerer

*) Xen. 3, 3. 4.

Noth und Verlegenheit, als jemals; denn auf der einen Seite waren sie von dem Tigris, und auf der andern von unersteiglichen Gebürgen eingeschlossen, die von den Karduchern, einem rohen und kriegerischen Volke bewohnt wurden, welches, wie Xenophon sagt, eine Armee von hundert und zwanzig tausend Persern, wegen der engen, hohlen Wege, bis auf den letzten Mann zu Grunde gerichtet hatte. Indessen, da sie keine Böte hatten, um über den Fluß zu setzen, und der Weg durch die Berge sich in die reichen Ebnen von Armenien öffnete, so entschlossen sie sich doch, ihren Marsch auf diesem Wege fortzusetzen. Diese Barbaren geriethen bald in Alarm, da sie sich aber nicht in Bereitschaft gesetzt hatten, die Griechen mit einem ganzen Heer zu empfangen, so bemächtigten sie sich der Gipfel der Felsen und Berge, und machten ihnen von da mit Pfeilen und großen Steinen, welche sie in die hohlen Wege, wo sie durchzogen, herabwarfen, viel zu schaffen. Zu gleicher Zeit wurden sie von verschiednen andern Haufen angegriffen, und wiewohl ihr Verlust eben nicht beträchtlich war, so hatten sie doch von Sturm und Hunger, außer einem Marsch von sieben langen Tagen, und der beständigen Nothwendigkeit sich mit Gewalt durchzuschlagen, mehr Noth und Elend auszustehen, als von den Persern während des ganzen Feldzuges.

Bald nachher fanden sie sich neuen Gefahren ausgesetzt. Fast noch an dem Fuß der Berge kamen sie an einen Fluß, Namens Centrites, welcher zwey hundert (Griechische) Fuß breit war, und sie auf einmal in ihrem Marsch aufhielt. Sie hatten sich zu gleicher Zeit gegen den Feind, der ihren Nachzug verfolgte, und gegen die Armenier, die Soldaten des Landes, welche das entgegengesetzte Ufer des Flusses besetzt hatten, zu vertheidigen. Vergebens suchten sie an einem Orte durchzugehen, wo das Wasser ihnen bis an die Achseln gieng, und der schnelle Strom sie fortriß, dem sie, wegen der Last ihrer Waffen, nicht widerstehen konnten. Zum

Glück entdeckten sie noch einen andern Ort, der nicht so tief war, wo einige Soldaten die Landeseinwohner hatten hindurch gehen sehen. Es erforderte nicht wenig Geschicklichkeit, Sorgfalt und Tapferkeit, den Feind auf beiden Seiten abzuhalten. Indeß kam die Armee doch endlich ohne sehr großem Verlust hinüber.

Nun marschierten sie ohne besondern Aufenthalt weiter, bis sie über die Quellen des Tigris hinweggekommen waren, und kamen an den kleinen Fluß Teleboas, dessen Ufer sehr anmuthig, und mit vielen Dörfern besetzt waren. Hier fieng das westliche Armenien an, dessen Gouverneur damals Teribazus war, ein Satrap, welcher bey dem König vorzüglich in Gnaden stand, und die Ehre hatte, so oft er am Hofe war, ihm aufs Pferd zu helfen. Er erbot sich, der Armee einen freyen Durchzug zu verstatten, und den Soldaten zu erlauben, sich mit Allem, was sie nöthig hätten, zu versorgen, auf die Bedingung, daß sie keine Verwüstungen auf ihrem Marsch anrichten würden. Dieser Vorschlag ward angenommen, und von beiden Seiten darüber ein Vertrag geschlossen. Teribazus hielt immer ein fliegendes Lager in einiger Entfernung von der Armee. Es fiel eine große Menge Schnee, welches den Truppen sehr beschwerlich fiel, und sie erfuhren von einem Gefangenen, daß Teribazus die Absicht hätte, die Griechen an einem Paß über die Berge, in einem holen Wege, wo sie nothwendig durch müßten, anzugreifen. Sie kamen ihm zuvor, indem sie sich dieses Postens bemächtigten, nachdem sie den Feind in die Flucht geschlagen hatten. Nach einigen Tagemärschen durch die Wüste passirten sie den Euphrat, nicht weit von seiner Quelle, so daß sie nicht viel über die Mitte ins Wasser kamen.

Nachher hatten sie viel auszustehen von einem Nordwinde, der ihnen gerade ins Gesicht wehete, und das Obemholen verhinderte; so daß man es für nöthig hielt, dem Winde zu opfern, worauf er sich zu legen schien. Sie marschierten darauf weiter fünf bis sechs Fuß tief im Schnee, wodurch verschiedne Sklaven und Lastthiere, außer dreyßig Soldaten, ums Leben kamen. Die Nacht über machten sie Feuer an, weil sie einen Ueberfluß von Holz fanden. Den ganzen folgenden Tag setzten sie ihren Marsch durch den Schnee fort; und viele blieben vor außerordentlichem Hunger, welcher Entkräftung oder Ohnmacht nach sich zog, auf dem Wege schwach und athemlos liegen; so bald ihnen aber etwas Speise gereicht war, fanden sie sich gestärkt, und setzten ihren Weg fort.

Nach einem Marsch von sieben Tagen kamen sie an den Fluß Araxes, auch Phasis genannt, welcher etwa hundert Fuß breit war. Zwey Tage nachher entdeckten sie die Phasier, die Chalyber und die Taocher, welche den Paß über den Berg besetzt hatten, um sie nicht in die Ebne herab zu lassen. Sie sahen, daß es unmöglich sey, ein Treffen mit ihnen zu vermeiden, und beschlossen, es noch an dem nehmlichen Tage zu liefern. Xenophon, welcher bemerkt hatte, daß der Feind nur den gewöhnlichen Uebergang vertheidigte, und daß der Berg sich auf drey Meilen in die Länge erstreckte, that den Vorschlag ein Detachement abzuschicken, um sich der Höhen, welche oberhalb des Feindes gelegen waren, zu bemächtigen, welches nicht schwer seyn würde, da sie allen Verdacht wegen ihres Vorhabens vermeiden könnten, wenn sie in der Nacht abmarschierten, und unterdeß auf der Heerstraße einen falschen Angriff thäten, um die Aufmerksamkeit des Feindes abzuziehen. Dies geschah, der Feind wurde in die Flucht geschlagen, und der Paß geöffnet. So kamen sie, nach einem Marsch von zwölf bis funfzehn Tagen an einen sehr hohen Berg, Namens Theches, von welchem sie endlich die See entdeckten. *) Die ersten, welche sie erblickten, erhuben ein großes Freudengeschrey, worüber Xenophon sich einbildete, die Avantgarde sey angegriffen, und daher in möglichster Eile zur Hülfe herbey kam. Als er

---

*) Xen. 4, 7, 16. wo vorher auch ein zwischen Xenophon und Chirisophus entstandner Zwist erzählt wird.

näher kam, hörte man das Geschrey, die See! die See! ganz deutlich, und der Schrecken verwandelte sich in Freude und Frohlocken; und als sie den Gipfel erreicht hatten, hörte man nichts anders als ein verwirrtes Getöse der ganzen Armee, indem alles rief: **die See! die See!** Keiner konnte sich der Thränen enthalten, alle umarmten ihre Generale und Officiere; trugen dann, ohne Befehl zu erwarten, einen großen Steinhaufen zusammen, und errichteten ein Siegeszeichen mit gebrochnen Schilden und andern Waffen.

Von da rückten sie weiter gegen die Berge in **Kolchis**, deren einer über die andern hervorragte, und diesen hatten die Einwohner des Landes besetzt. Die Griechen stellten sich an dem Fuß desselben in Schlachtordnung, um so hinanzugehen, weil der Zugang nicht unersteiglich war. Xenophon aber hielt es für rathsam, nicht in Linien, sondern in Reihen hintereinander, hinaufzumarschieren, weil die Soldaten wegen der Ungleichheit des Bodens, welcher an einigen Orten allmählig aufgieng, an andern aber schwer zu ersteigen war, ihre Glieder nicht würden halten können, welches sie muthlos machen mögte. Dieser Rath ward genehmigt, und die Armee also darnach gestellt. Die schwer bewaffneten Truppen, machten etwa achtzig solcher Reihen aus, deren jede etwa aus hundert Mann bestand; nebst achtzehn hundert leichtbewaffneten, die in drey Haufen getheilt wurden, deren einer zur Rechten, der andre zur Linken, und der dritte in die Mitte postirt wurde. Nachdem er seine Truppen aufgemuntert, indem er ihnen vorstellte, daß dies das letzte Hinderniß sey, welches sie zu überwinden hätten, und die Götter um ihren Beystand angerufen hatte, fieng die Armee an hinaufzusteigen. Der Feind war nicht im Stande, ihren Angriff auszuhalten, und zerstreuete sich. Sie giengen also über den Berg, und lagerten sich in Dörfern, wo sie Lebensmittel im Ueberfluß fanden.

Hier wiederfuhr der Armee ein seltsamer Zufall, welcher sie in große Bestürzung setzte. Da nämlich die Soldaten hier eine Menge von Bienenstöcken fanden, und den Honig aßen, wurden sie von heftigem Erbrechen und Durchlauf befallen, welcher mit Anfällen von Raserey begleitet war; so daß diejenigen, die sich am wenigsten übel befanden, betrunknen Leuten glichen, die übrigen aber entweder in tobender Wuth, oder zum Sterben krank waren. Die Erde war, wie nach einer Niederlage, mit ihren Körpern überstreut; gleichwohl starb keiner von ihnen, und die Krankheit hörte den folgenden Tag wieder auf, ungefähr um eben die Stunde, in welcher sie davon befallen waren. Den dritten oder vierten Tag hernach zogen sie weiter, aber in dem Zustand, worinn man nach dem Gebrauch einer heftigen Arzney zu seyn pflegt.

Zwey Tage nachher kam die Armee nach **Trebisond** (Trapezus), einer Griechischen Kolonie der Sinopier, welche am **Pontus Euxinus**, oder dem schwarzen Meer, in der Provinz **Kolchis** belegen war. Hier lagen sie dreyßig Tage stille, und entledigten sich der Gelübde, die sie dem Jupiter, dem Herkules und andern Gottheiten, um ihnen eine glückliche Rückkehr in ihr Vaterland zu verleihen, gethan hatten; sie feyerten auch die Spiele des Wettrennens zu Pferde und zu Fuß, des Ringens, Kämpfens, des Pancratium *), alles mit größter Freude und Feyerlichkeit. Hier **) machte Xenophon das Projekt, daß sie sich in dieser Gegend niederlassen, und eine Griechische Kolonie stiften sollten, welches bey verschiednen Beyfall fand; da aber seine Feinde es der Armee bloß als ein ehrbareres Mittel, sie im Stich zu lassen, und den Einwohnern des Landes, als einen Anschlag, sie unters Joch zu bringen, und zu Sklaven zu machen, vorstellten, so sah er sich gezwungen,

---

*) So heißt eine Art des Kampfs, welche aus Ringen und Faustschlägen zugleich bestand.
**) Vielmehr etwas später im Lande, der Sinopier. Xen. 5, 6, 7.

dies Vorhaben aufzugeben. Indessen hatte das Gerücht davon die gute Wirkung, daß die Eingebohrnen des Landes alles mögliche thaten, auf die freundschaftlichste Art ihre Abreise zu befördern, indem sie ihnen den Rath gaben, zur See nach Hause zurückzukehren, als welches der sicherste Weg seyn würde; und sie dazu mit einer hinlänglichen Anzahl von Transportschiffen versahen.

Sie schifften sich demnach mit günstigem Winde ein, und kamen den folgenden Tag in den Hafen von Sinope, wo Chirisophus ihnen mit einigen Galeeren entgegen kam*); aber statt des Geldes, welches sie auch von ihm erwarteten, sagte er bloß, daß der Rückstand ihnen ausgezahlt werden sollte, so bald sie den Pontus Euxinus verlassen hätten. Diese Antwort erregte ein grosses Murren und Misvergnügen unter den Truppen, so daß sie den Entschluß faßten, sich unter einen einzigen General zu begeben, und den Xenophon in den dringendsten und liebevollesten Ausdrücken baten, dies Kommando zu übernehmen; welches er aber bescheiden ablehnte, und es dahin brachte, daß ihre Wahl auf den Chirisophus fiel. Aber er genoß desselben nicht länger, als sechs oder sieben Tage; denn nicht so bald waren sie nach Heraklea gekommen, als sie ihn wieder absetzten, weil er sich weigerte, von den Einwohnern dieser Stadt eine Summe Geldes zu erpressen. Sie war eine Griechische Kolonie, und Xenophon wollte daher auch nichts mit der Sache zu thun haben; so daß die Armee, da sie sich in ihrer Hoffnung zu plündern betrogen sah, einen Aufstand machte, und sich in drey Haufen trennte. Als sie von ihren barbarischen Feinden schieden, wurden sie glücklich wieder vereinigt, und lagerten sich bey dem Hafen von Kalpe, wo sie das Kommando wieder wie vorher einrichteten, indem sie den Neon an des Chirisophus Stelle erwählten, welcher hier verstarb, und

*) Er war nemlich ausgesandt worden, Galeeren herbey zu holen. Xen. Anab. 5. 1.

die Todesstrafe darauf setzten, wenn irgend Jemand künftig der Armee den Vorschlag thun würde, sich zu trennen. Da sie aber bald Noth an Lebensmitteln litten, waren sie genöthigt, sich durch die Thäler zu zerstreuen, wo des Pharnabazus Reuterey, mit welcher die Einwohner sich vereinigten, fünf hundert von ihnen niedermachte; die übrigen, welche auf einen Hügel entwischten, wurden von dem Xenophon aus den Händen der Feinde errettet. Er führte sie darauf durch einen großen Wald, wo Pharnabazus seine Truppen postirt hatte, um sich ihrem Durchzuge zu widersetzen; aber sie schlugen ihn gänzlich, und setzten ihren Marsch bis Chrysopolis im Gebiet von Chalcedon fort, indem sie unterwegs eine reiche Beute machten, und begaben sich von da nach Byzantium.

Von hier führte sie Xenophon *) nach Salmydessus, um dem Thracischen Prinzen Seuthes beyzustehen, welcher ihn schon vorher durch seine Abgesandten ersucht hatte, mit Truppen zu ihm zu stoßen, um ihm zur Wiedererlangung seines väterlichen Reichs, dessen ihn seine Feinde beraubt hatten, behülflich zu seyn. Er machte dem Xenophon große Versprechungen, sowohl für ihn selbst, als für seine Truppen; er hatte aber nicht sobald durch diese Hülfe seinen Zweck erreicht, als er so weit entfernt war sein Wort zu halten, daß er ihnen nicht einmal den Sold, worüber sie eins geworden waren, auszahlen wollte. Xenophon machte ihm die bittersten Vorwürfe über diese Bundbrüchigkeit, und schob die Schuld seiner Treulosigkeit auf seinen Minister Heraklides, welcher sich dadurch bey seinem Herrn einzuschmeicheln suche, daß er ihm eine Summe Geldes erspare, auf Kosten der Gerechtigkeit, Treue und Redlichkeit, Eigenschaften, die einem Fürsten theurer seyn müßten, als alle andre, da sie sowohl zu seiner Ehre, als zu dem Glück seiner Angelegenheiten und zur Sicherheit eines Staats das mehrste bey-

---

*) Der auch die Stadt Byzanz von der Wuth der Soldaten gerettet hatte. Xen. Anab. 7, 1, 12. f.

trügen. Aber dieser verrätherische Minister, welcher Ehre, Redlichkeit und Gerechtigkeit als bloße Chimären ansähe, und nichts für wünschenswürdig hielte, als den Besitz großer Reichthümer, sey wirklich auf nichts anders bedacht, als sich selbst, durch was für Mittel es seyn mögte, zu bereichern; er beraube daher ungestraft erst seinen Herrn, und dann alle seine Unterthanen mit ihm. Gleichwohl, fuhr Xenophon fort, sollte jeder Mensch, vornehmlich Jeder, der über Andre gesetzt sey, Gerechtigkeit, Redlichkeit, Treue und Glauben bey Versprechungen, als den kostbarsten Schatz ansehen, den er nur besitzen könnte, und als eine sichre Zuflucht, eine unfehlbare Stütze bey allen möglichen Ereignissen und Umständen. Heraklides sey wegen dieses Verfahrens gegen die Truppen um desto weniger zu entschuldigen, da er ein gebohrner Grieche, und nicht ein Thracier sey; aber Habsucht habe alles Gefühl von Ehre in ihm ausgelöscht.

Indem der Streit zwischen dem Seuthes und Xenophon am hitzigsten war, kamen Charminus und Polynices als Gesandten von Sparta an, und brachten die Nachricht, daß die Republik gegen den Tissaphernes und Pharnabazus Krieg erklärt hätte; daß Chimbron bereits mit den Truppen eingeschifft wäre, und jedem Soldaten, der bey ihm Dienste nehmen würde, monatlich einen Darikus, jedem Officier zwey, und jedem Obersten vier zu geben verspräche. Xenophon nahm dies Anerbieten an, und nachdem er vom Seuthes, durch Vermittelung der Gesandten, einen Theil des schuldigen Soldes erhalten hatte, begab er sich mit der Armee, die sich damals auf sechs tausend Mann belief, zur See nach Lampsakus. Von hier marschierte er weiter nach Pergamus, einer Stadt in der Provinz Troas. Bey Parthenia, wo sich der Feldzug der Griechen endigte, traf er auf einen vornehmen Persischen Fürsten, der ins Reich zurückkehrte; er nahm ihn, nebst seiner Frau und Kindern und seiner ganzen Equipage gefangen, und

Unterdeß aber Griechenland in Persien Ruhm gewann, verlohr Athen seine Ehre zu Hause. Wiewohl es jetzt einige Ruhezeit hatte, um sich von der neuerlichen Zerrüttung zu erholen, so war doch der Saamen des Zwiespalts noch zurückgeblieben, und die Bürger suchten noch immer mit gleicher Bosheit, einander zu Grunde zu richten. Sokrates war der erste, der diesen bürgerlichen Zwistigkeiten zum Opfer ward *). Wir haben bereits diesen grossen Mann, welcher der Sohn eines geringen Bürgers in Athen war, sich aus der Dunkelheit seiner Geburt emporschwingen, und Beyspiele der Tapferkeit, Mäßigung und Weisheit geben sehen; wir haben gesehen, wie er dem Alcibiades im Treffen das Leben rettete, wie er sich weigerte, an dem Urtheil, welches ungerechter Weise die sechs Atheniensischen Generale zum Tode verdammte, Theil zu nehmen, wie er den dreyßig Tyrannen widerstand, und wie er den Aberglauben und die Verfolgungssucht seiner Zeiten mit dem durchdringendsten Scharfsinn, und der beissendsten Spötterey verfolgte. Er besaß eine beyspiellose Güte und allgemeine Menschenliebe; er

---

*) Er war gebohren Ol. 77, 4. Sein Vater Sophroniscus war ein mittelmäßiger Bildhauer, seine Mutter, Phänarrte, eine Hebamme. Frühzeitig hatte er zu lehren angefangen. Er machte sich vornemlich verdient durch Bestreitung der Lehrer einer falschen Weisheit, und verderblichen Grundsätze, der Sophisten, durch Einführung einer bessern Methode zu belehren und zu widerlegen, durch Richtung aller seiner Bemühungen und Lehren auf die sittliche Bildung seiner Mitbürger, durch seine populäre Theologie und erhabenere Sittenlehre, durch sein eignes Beyspiel. Anytus klagte ihn auf Anstiften der Demagogen, Melitus im Namen der Richter, Lyko im Namen der Sophisten an. Das Gericht, vor welchem er verklagt wurde, war das Heliastische. Ueber das Leben des Sokr. s. Xenoph. in Memor. Socr. und Apologia Socr. Plat. Apol. Socr. und andere Dialogen, Diog. Laer. 2, 44. fs. Libanii Apol. Socr. und außer Charpentier Lebensbeschreibung des Sokrates, Meiners Gesch. der Wiss. in Griech. und Rom. II, 346-540. Tychsen über den Proceß des Sokrates, Bibl. der alt. Litt. und Kunst I, und II. Stück.

hegte immer Mitleiden mit den Lastern Anderer, indem er selbst größtentheils von denselben frey war; gleichwohl kannte er seine eignen Mängel, und wenn er auf irgend etwas stolz war, so war es darauf, daß man glaubte, er habe keine. Er schien, sagt Libanius, der allgemeine Vater der Republik zu seyn, so aufmerksam war er auf die Glückseligkeit und den Vortheil seines ganzen Vaterlandes. Da es aber sehr schwer ist, das Alter zu bessern, und Leuten andre Grundsätze beyzubringen, welche die Irrthümer verehren, in denen sie grau geworden sind, so widmete er seine Bemühungen vorzüglich dem Unterricht der Jugend, um den Saamen der Tugend in einen Boden auszustreuen, von welchem er eher erwarten konnte, daß er darinn aufgehen und Früchte tragen würde. Er hatte weder eine öffentliche Schule, gleich den übrigen Philosophen, noch festgesetzte Lehrstunden, weder Schulerbänke noch Katheder; er war der Philosoph aller Zeiten und Stunden; er lehrte an allen Orten, und beym Spatzierengehen, bey Tische, bey der Armee, mitten im Lager, in den öffentlichen Versammlungen des Senats oder des Volks. Dies war der Mann, den eine Faktion in der Stadt schon lange zum Untergange ausgezeichnet hatte. Er war schon viele Jahre vor seinem Tode der Gegenstand ihrer Satyre und ihres Spotts gewesen. Unter andern miethete man den Komödienschreiber Aristophanes, ihn auf der Bühne dem öffentlichen Gelächter Preis zu geben. Er machte ein Stück, die Wolken betitelt, worinn er den Philosophen in einem Korbe einführte, und ihn die lächerlichsten Ungereimtheiten sprechen ließ. Sokrates, der bey dieser Vorstellung seiner Person selbst zugegen war, schien nicht den geringsten Verdruß darüber zu empfinden; und als einige Fremde das Original des Stücks zu kennen wünschten, stand er von seinem Platz auf, und zeigte sich also während des ganzen Stücks. Dies war der erste Streich, den man ihm versetzte, und erst zwanzig Jahre nachher verklagte ihn Melitus öffentlich vor Gericht, und fieng einen förmlichen Proceß gegen ihn an. Seine Anklage bestand aus zwey Hauptstücken: das erste war, daß er an die Götter, welche die Republik verehre, nicht glaube, und neue Gottheiten einführe; das zweyte, daß er die Athenienſiſche Jugend zum Böſen verführe; woraus er denn den Schluß zog, daß man ihn zum Tode verdammen müſſe. In wiefern die ganze Anklage ihn wirklich getroffen, läßt ſich nicht leicht beſtimmen: gewiß iſt, daß er es, bey ſo vielem Religionseifer und Aberglauben, als damals in Athen herrſchte, nie wagen durfte, ſich öffentlich gegen die eingeführte Religion zu erklären, und alſo gezwungen war, einen äußern Schein derſelben beyzubehalten; aber ſehr wahrſcheinlich iſts aus den Unterredungen, die er oft mit ſeinen Freunden hatte, daß er die ungeheuren Meinungen und lächerlichen Myſterien ſeiner Zeit im Herzen verachtete und verlachte, als Dinge, die blos in den Fabeln der Dichter ihren Grund hätten; und daß er ſich wirklich zu dem Begriff des einzigen wahren Gottes aufgeſchwungen, ſo daß Einige kein Bedenken tragen, ihn in Betracht ſeines Glaubens an die Gottheit, und ſeines exemplariſchen Lebens, den chriſtlichen Philoſophen an die Seite zu ſetzen.

So bald die Verſchwörung gegen ihn ausbrach, machten ſeine Freunde Anſtalt, ihn zu vertheidigen. Lyſias, der geſchickteſte Redner ſeiner Zeit, brachte ihm eine ſehr ausgearbeitete Rede von ſeiner Hand, worinn er die Gründe und Verhaltungsregeln des Sokrates in ihrer ganzen Stärke ausgeführt und Alles mit den rührendſten, eindringendſten Zügen der Beredſamſamkeit, welche fähig waren, die härteſten Herzen zu ſchmelzen, durchwebt hatte. Sokrates las ſie mit Vergnügen, und gab ihr den größten Beyfall; da ſie aber mehr den Regeln der Redekunſt, als den Geſinnungen und der männlichen Stärke eines Philoſophen angemeſſen war, ſo ſagte er ihm frey, daß ſie ſich für ihn nicht ſchicke. Lyſias fragte ihn, wie es möglich ſey, daß ſie ſo gut gerathen ſey, und ſich doch nicht für ihn ſchicken könne? Eben ſo, verſetzte Sokrates, indem er nach ſeiner gewöhnlichen Art ein Gleichniß aus dem gemeinen Leben hernahm, als wenn ein geſchickter

Handwerksmann mir ein prächtiges Kleid, oder Schuhe mit Golde verbrämt bringen wollte; seine Arbeit möchte vielleicht unverbesserlich seyn, aber für mich würde sich dergleichen nicht schicken. Er bestand also hartnäckig auf dem Entschluß, sich nicht dadurch zu erniedrigen, daß er auf eine kriechende Art Stimmen für sich erbettelte, wie es damals allgemein gewöhnlich war. Er gebrauchte weder Kunstgriffe, noch Flittergold der Beredsamkeit, nahm weder zu Bitten noch Schmeicheleyen seine Zuflucht; brachte weder Frau noch Kinder vor Gericht, um durch Gewinsel und Thränen die Richter zu gewinnen. Allein, wenn er sich standhaft weigerte, von keiner andern Stimme, als seiner eignen, zu seiner Vertheidigung Gebrauch zu machen, und in der unterwürfigen Stellung eines demüthigen Supplikanten vor seinen Richtern zu erscheinen, so that er das nicht aus Stolz oder Verachtung gegen das Gericht; es geschah aus einer edlen unerschrocknen Zuversicht, die aus Größe der Seele, und aus dem Bewußtseyn seiner Rechtschaffenheit und Unschuld entsprang. Seine Vertheidigung hatte also nichts Furchtsames, nichts Schwaches; seine Rede war kühn, männlich, edelmüthig, ohne Leidenschaft, ohne Gemüthsbewegung, voll der edlen Freyheit eines Philosophen, ohne allen Schmuck als den der Wahrheit, und durchaus mit den Charakter und der Sprache der Unschuld belebt. Plato, welcher zugegen war, schrieb sie nach, und machte daraus ohne einigen Zusatz seine Apologie des Sokrates, eines der vollkommensten Meisterstücke des Alterthums, wovon ich hier einen Auszug geben will.

An dem bestimmten Tage nahm das Gericht in gewöhnlicher Form seinen Anfang. Die Partheyen erschienen vor den Richtern, und Melitus sprach zuerst. Je schlechter seine Sache, und je weniger er mit Beweisen versehen war, desto mehr Kunst und Geschicklichkeit hatte er nöthig, ihre Schwäche zu decken. Er unterließ nichts, was die Gegenparthey verhaßt machen konnte, und der täuschende Glanz einer lebhaften und prächtigen Beredsamkeit diente ihm statt der Gründe, die ihm nothwendig mangeln mußten. Als er ausgeredt hatte, sagte Sokrates, er wisse zwar nicht, was für Eindrücke die Rede seiner Ankläger auf die Richter gemacht haben mögte, indessen müsse er für seine Person gestehen, daß er kaum wisse, wie sie ihn gestimmt habe; einen so künstlichen Anstrich, so viel Wahrscheinlichkeit hätten sie ihren Gründen zu geben gewußt, wiewohl kein wahres Wort an Allem sey, was sie gesagt hätten.

„Man beschuldigt mich, daß ich die Jugend verfüh„re, und ihr gefährliche Grundsätze einflöße, sowohl in „Betracht der Verehrung der Götter, als der Verwal„tung des Staats. Ihr wisset, Athenienser, daß ich „niemals eine Profeßion daraus gemacht, Andre zu „lehren; auch kann der Neid, so entrüstet er gegen mich „seyn mag, mir nicht vorwerfen, daß ich je meinen „Unterricht verkauft habe. Ein unwiderleglicher Be„weis, daß ich hierinn nicht lüge, ist meine Armuth. „Immer gleich bereitwillig, meine Gedanken dem „Reichen oder Armen ohne Unterschied mitzutheilen, „und ihnen völlige Zeit zu lassen, mich zu fragen, oder „mir zu antworten, überlasse ich mich Jedem, welcher „tugendhaft zu werden wünscht, und wenn unter denen, „die mich hören, sich Leute befinden, die entweder gut „oder böse sind, so darf man weder die Tugenden der „erstern, noch die Laster der letztern, zu denen ich nichts „beygetragen habe, mir zurechnen. Mein ganzes Ge„schäfft ist, daß ich Jung und Alt zu bereden suche, ih„ren Körper nicht zu sehr zu lieben, nicht zu begierig „nach Reichthümern und allen andern nichtswürdigen „Dingen, von was Art sie seyn mögen, zu trachten, und „ihre Seele, welche allein der Gegenstand ihrer Liebe „seyn sollte, nicht zu sehr zu vernachläßigen. Denn „ich dringe unaufhörlich darauf, daß Tugend nicht aus „Reichthum, sondern im Gegentheil Reichthum aus „Tugend entspringe; und daß alle andern Güter des „menschlichen Lebens, sowohl öffentliche als besondere, „aus dieser einzigen Quelle sich ergießen.

„Wenn so reden, die Jugend verführen heißt, so gestehe ich, Athenienser, daß ich schuldig bin, und gestraft zu werden verdiene. Ist es nicht Wahrheit, was ich sage, so ist es sehr leicht, mich der Lügen zu überführen. Ich sehe hier eine Menge meiner Schüler; sie dürfen nur auftreten. Doch, vielleicht verhindert sie ihre Zurückhaltung und Achtung gegen ihren Lehrer; sich gegen mich zu erklären; nun, so werden doch wenigstens ihre Väter, Brüder, und Oheime, als rechtschaffne Angehörige und Bürger nicht umhin können, aufzutreten und Rache zu fordern, gegen den Verführer ihrer Söhne, Brüder und Neffen. Aber gerade eben diese sind es, die meine Vertheidigung auf sich nehmen, und nichts eifriger wünschen, als einen glücklichen Ausgang meiner Sache.

„Entscheidet über mich, Athenienser, wie es euch beliebt; meine Aufführung kann ich weder bereuen, noch ändern; ich darf einen Beruf nicht verlassen, oder unterbrechen, welchen Gott mir selbst zur Pflicht gemacht hat. Nun hat er mir die Sorge anvertrauet, meine Mitbürger zu unterrichten. Wenn ich also, nachdem ich jeden Posten, den unsre Generale mir bey Potidäa, Amphipolis und Delium anwiesen, treulich behauptet, jetzt aus Furcht vor dem Tode diesen Posten im Stiche ließe, den die göttliche Fürsehung mir angewiesen, indem sie mir anbefohlen, mein Leben mit Erforschung der Wahrheit hinzubringen, um mich selbst und Andere zu belehren; so würde ich der strafbarste Ueberläufer seyn, und allerdings verdienen, daß man mich als einen gottlosen Menschen, der keine Götter glaube, vor dieses Gericht forderte. „Sollte es euch belieben, mich loszusprechen, so würde ich, was die Zukunft anbetrift, kein Bedenken tragen, euch zu antworten: Athenienser, ich ehre und liebe euch: aber ich will lieber Gott gehorchen, als euch, und werde nie, bis an meinen letzten Odemzug, meiner Philosophie entsagen, nie aufhören, meiner Gewohnheit gemäß euch zu vermahnen und Verweise

„zu geben, und zu Jedem von euch, wenn er mir be-
„gegnet, zu sagen: Mein guter Freund, und Mitbürger
„der Stadt, die in der Welt, wegen ihrer Weisheit und
„Tapferkeit am berühmtesten ist, schämst du dich nicht,
„auf nichts anders bedacht zu seyn, als Reichthümer,
„Ehre, Ansehen und Würden zu erlangen, unterdeß
„du die Schätze der Klugheit, Wahrheit und Weisheit
„vernachläßigest, und dir keine Mühe giebst, deine
„Seele so gut und vollkommen zu machen, als sie zu
„seyn fähig ist.

„Man beschuldigt mich einer niedrigen Furcht, ei-
„nes kleinen schwachen Geistes, weil ich so geschäfftig
„bin, Jedem bloß für sich meinen Rath mitzutheilen,
„und immer vermieden habe, in euren öffentlichen Ver-
„sammlungen zugegen zu seyn, um meinem Vaterlan-
„de das Beste zu rathen. Mich dünkt aber, ich habe
„meine Tapferkeit und Standhaftigkeit genug bewie-
„sen, sowohl im Felde, wo ich mit euch gefochten, als
„im Senat, wo ich mich allein dem ungerechten Ur-
„theil widersetzte, welches ihr über die zehn Generale
„fälletet, welche die Leichname der in dem Seetreffen
„bey der Insel Arginusä Getödteten und Ertrunkenen,
„nicht aufgenommen und begraben hatten; und als ich
„mich, bey mehr als einer Gelegenheit, den grausamen
„und gewaltsamen Befehlen der dreyßig Tyrannen wi-
„dersetzte. Aber was hielt mich denn ab, in eure Ver-
„sammlungen zu kommen? Nichts anders, als jener
„Dämon, jene göttliche Stimme, deren ihr mich so
„oft erwähnen gehört habt, und welche Melitus so
„sehr bemüht gewesen ist, lächerlich zu machen. Dieser
„Geist hat mich von meiner Kindheit an immer be-
„gleitet: aber ich höre seine Stimme nie, als wenn er
„mich verhindern will, etwas zu thun, was ich be-
„schlossen habe; denn nie ermahnt er mich, irgend etwas
„zu unternehmen. Dieser Geist hat sich mir immer wi-
„dersetzt, wenn ich mich in die Angelegenheiten der Re-
„publik mengen wollte, und das mit größtem Grun-
„de; denn ich würde schon längst ein todter Mann seyn,

„hätte ich mich der Staatsgeschäffte angenommen, „ohne doch irgend etwas, weder mir selbst noch unserm „Vaterlande zum Besten, auszurichten. Nehmt mirs „nicht übel, ich bitte euch, wenn ich ohne Zurückhal- „tung, mit Wahrheit und Freymüthigkeit sage, was „ich denke. Jeder, der sich edelmüthigerweise einem „ganzen Volk, es sey hier bey uns, oder anderswo, „widersetzen, und sich zur unverbrüchlichen Pflicht ma- „chen wollte, keine Verletzung der Gesetze, keine Ver- „übung von Ungerechtigkeiten in der Regierung zu dul- „den, würde gewiß nie so lange ungestraft davon kom- „men. Es ist also schlechterdings nothwendig für je- „den Freund der Gerechtigkeit, wenn er sein Leben ir- „gend lieb hat, immer im Privatstande zu bleiben, und „nie an öffentlichen Geschäfften den geringsten Antheil „zu nehmen.

„Im übrigen, Athenienser, wenn ich, bey der „großen Gefahr, in welcher ich jetzt schwebe, das Ver- „halten derjenigen nicht nachahme, welche bey viel ge- „ringern Vorfällen ihre Richter mit Thränen anflehen, „und um Gnade bitten, und dabey ihre Kinder, Ver- „wandte und Freunde vorführen; so geschieht das nicht „aus Stolz und Halsstarrigkeit, oder aus Verachtung „gegen euch, sondern einzig und allein aus Besorgniß „für eure Ehre, und für die Ehre der ganzen Stadt. „Ihr müßt wissen, daß es unter unsern Bürgern Leute „giebt, die den Tod gar nicht als ein Uebel ansehen, „sondern bloß der Ungerechtigkeit und Schande diesen „Namen geben. Würde es nun wohl, in meinem Al- „ter, bey dem guten Ruf, er sey gegründet oder nicht, „worinn ich stehe, anständig für mich seyn, wenn ich nach „allen den Lehren von Verachtung des Todes, die ich „gegeben, mich selbst vor dem Tode fürchtete, und „also durch meine letzte Handlung alle Grundsätze „und Gesinnungen meines vergangenen Lebens Lügen „strafte?

„Aber ohne von meinem guten Namen zu reden, „den ich durch ein solches Verhalten äußerst kränken

„würde, so halte ich es nicht für erlaubt, einen Richter
„zu bitten, oder durch Thränen und Flehen die Lospre-
„chung zu bewirken. Der Richter sollte überredet und
„überzeugt werden. Denn er sizt nicht da, durch Ver-
„letzung der Gesetze Gunst zu erweisen, sondern durch
„Befolgung derselben Gerechtigkeit ergehen zu lassen.
„Er schwört nicht, ungestraft, wo es ihm beliebt, los-
„zusprechen, sondern nach Verdienst zu strafen. Wir
„sollten euch daher nicht zum Meineyde gewöhnen, und
„ihr es nicht dulden, daß man euch dazu gewöhnt;
„denn sonst treten wir beide auf gleiche Weise Gerech-
„tigkeit und Religion mit Füßen, und sind beide straf-
„bare Verbrecher.

„Erwartet also nicht von mir, Athenienser, daß ich
„vor euch zu Mitteln meine Zuflucht nehme, die ich we-
„der für ehrlich, noch für erlaubt halte, vernehmlich
„bey dieser Gelegenheit, da Melitus mich der Gott-
„losigkeit anklagt. Denn wenn ich durch meine Bit-
„ten euch für mich einnähme, und euch bewegte, euren
„Eid zu verletzen, so wäre es unläugbar bewiesen, daß
„ich euch lehrte, nicht an die Götter zu glauben; ich
„würde dann, selbst indem ich mich vertheidigte und
„rechtfertigte, meinen Gegnern Waffen wider mich in
„die Hände geben, und selbst beweisen, daß ich keine
„Gottheit glaube. Aber ich bin sehr fern von solchen
„bösen Gedanken; ich bin fester überzeugt vom Daseyn
„Gottes, als meine Ankläger; und so überzeugt, daß
„ich mich Gott und euch überlasse, damit ihr so über
„mich urtheilen möget, wie ihr es für euch selbst und
„für mich am besten findet."

Sokrates sprach diese Rede mit festem uner-
schrocknem Ton; seine Miene, seine Bewegungen und
Gebehrden waren gar nicht die eines Angeklagten; er
schien der Herr seiner Richter zu seyn; mit solcher Zuversicht und Größe der Seele sprach er, ohne jedoch das
geringste von der ihm natürlichen Bescheidenheit zu verlieren. Allein so unbedeutend auch die Gründe gegen ihn waren, so war doch die Faktion seiner Geg-

ner mächtig genug, ihn schuldig zu finden. Man machte ihm freylich einen förmlichen Proceß, und seine Irreligion war der Vorwand desselben, aber sein Tod war gewiß schon vorher beschlossen. Sein standhafter ununterbrochener Wandel nach den Vorschriften einer standhaften Tugend, welche ihm in vielen Fällen das Ansehen eines Sonderlings gab, und ihn bewog, sich allem dem zu widersetzen, was er für ungerecht oder den Gesetzen zuwider hielt, ohne irgend auf Zeiten oder Personen Rücksicht zu nehmen, hatte ihm viel Neid und Uebelwollen zugezogen.

Durch das erste Urtheil erklärten die Richter den **Sokrates** bloß für schuldig; da er aber in seiner Antwort, von ihrem Tribunal an das Tribunal der Gerechtigkeit und Nachwelt appellirte; da er, statt sich für schuldig zu bekennen, auf Belohnungen und Ehre von dem Staate Anspruch machte, fanden sich die Richter so sehr beleidigt, daß sie ihn verdammten, Schierling zu trinken, die damals gewöhnliche Art der Todesstrafe.

Sokrates hörte dieses Todesurtheil mit äußerster Gelassenheit an. Und als **Apollodorus**, einer seiner Schüler in bittre Schmähungen und Wehklagen ausbrach, daß sein Lehrer unschuldig sterben sollte, sagte **Sokrates** lächelnd zu ihm: „Wie? Wolltest „du denn, daß ich schuldig stürbe? **Melitus** und „**Anytus** können mich wohl tödten, aber mir nichts zu „Leide thun."

Nach dem Urtheil behielt er noch immer eben den heiteren und unerschrocknen Anblick, womit er so lange die Tugend geprediget, und Tyrannen in Furcht gehalten hatte. Als er in sein Gefängniß trat, welches jetzt der Wohnort der Tugend und Redlichkeit wurde, folgten seine Freunde ihm dahin nach, und besuchten ihn beständig die Zeit über zwischen seiner Verurtheilung und seinem Tode, welche dreyßig Tage dauerte. Die Ursache dieser langen Verzögerung war, daß die Athenienser jährlich ein Schiff nach der Insel Delos abschickten, um da gewiſſe Opfer zu bringen, und es ihnen nicht erlaubt war, von der Zeit an, da der Prieſter des Apollo das Hintertheil dieſes Schiffes zum Zeichen seiner Abreiſe bekränzt hatte, bis zu seiner Rückkehr, Jemanden in der Stadt hinzurichten. Da also eben den Tag nach dieser Ceremonie das Urtheil über den Sokrates gefällt war, so mußte die Vollziehung deſſelben bis zur Rückkehr des Schiffs, welches dreyßig Tage ausblieb, verschoben werden.

In dieſer langen Zwiſchenzeit hatte der Tod Gelegenheiten genug, sich ihm in seiner schrecklichſten Geſtalt zu zeigen, und seine Standhaftigkeit auf die Probe zu stellen, nicht nur durch die ſtrenge Härte eines Kerkers, und die eiſernen Feſſeln an seinen Füßen, ſondern auch durch die beſtändige Vorſtellung und die grauſame Erwartung einer Begebenheit, vor welcher die Natur immer zurückbebt. In dieſem betrübten Zuſtande hörte er nicht auf, jener tiefen Gemüthsruhe zu genießen, die ſeine Freunde immer an ihm bewundert hatten. Er unterhielt sie noch immer mit eben der Heiterkeit, wie gewöhnlich; und Kriton bemerkte, daß er den Abend vor ſeinem Tode eben ſo ruhig geſchlafen, als jemals vorher. Er machte auch einen Hymnus auf den Apollo und die Diana und brachte eine von Aeſops Fabeln in Verſe.

Den Tag vorher, oder den nehmlichen Tag, da das Schiff von Delos ankommen ſollte, auf deſſen Rückkehr gleich des Sokrates Tod erfolgte, kam Kriton, sein vertrauter Freund, früh Morgens zu ihm, und kündigte ihm dieſe traurige Nachricht an; zu gleicher Zeit ſagte er ihm, daß es nur auf ihn ankäme, das Gefängniß zu verlaſſen; der Kerkermeister ſey gewonnen; er würde die Thüren offen finden, und man habe ſchon dafür geſorgt, daß er ſicher nach Theſſalien entkommen könnte. Sokrates lachte über dieſen Antrag, und fragte ihn, ob er irgend einen Ort außer Attika wüßte, wo man nicht ſtürbe? Kriton ſtellte ihm die Sache ſehr ernſtlich vor, und bat ihn aufs inständigste, sich eine so kostbare Gelegenheit zu Nutze zu machen, indem er Gründe auf Gründe häufte, um ihm seinen Beyfall abzunöthigen, und ihn zur Flucht zu bewegen. „Ohne des untröstbaren Schmerzes zu „gedenken, sagte er, den ich über den Verlust eines „solchen Freundes ausstehen würde, wie könnte ich die „Vorwürfe so vieler Menschen ertragen, welche glau„ben würden, es sey in meiner Macht gewesen dich zu „retten, ich habe aber einen geringen Theil meines „Reichthums dazu nicht aufopfern wollen. Wird sich „das Volk je überreden lassen, daß ein so weiser „Mann, als Sokrates, das Gefängniß nicht ver„lassen wollen, wenn er es mit aller möglichen Sicher„heit hätte thun können? Vielleicht fürchtest du dich, „deine Freunde in Gefahr zu setzen, ihre Güter, oder „selbst ihr Leben oder ihre Freyheit zu verlieren; aber „kann ihnen irgend in der Welt etwas theurer und „kostbarer seyn, als die Erhaltung des Sokrates? „Selbst Fremde machen ihnen diese Ehre streitig; „viele derselben sind ausdrücklich mit großen Summen „Geldes hier angekommen, um deine Flucht zu erkau„fen, und erklären, daß sie sich für hoch geehrt halten „würden, wenn sie dich unter sich aufnehmen könnten, „und daß sie dich reichlich mit Allem, was du nur nö„thig haben würdest, versehen wollten. Mußt du dich „Feinden dahin geben, welche es dahin gebracht haben, „daß du ungerechter Weise zum Tode verdammt wor„den, und kannst du's für erlaubt halten, zum Verrä„ther deiner eignen Sache zu werden? Ist es nicht „Pflicht deines Wohlwollens und deiner Gerechtigkeit, „deine Mitbürger von dem Verbrechen des unschuldig „vergossenen Bluts zu erretten? Aber, wenn alle diese „Bewegungsgründe nichts über dich vermögen, wenn „du in Betracht deiner selbst ganz gleichgültig bist, kannst „du denn gegen das Wohl deiner Kinder fühllos seyn? „In welchem Zustande würdest du sie verlassen! Könn„test du den Vater so ganz vergessen, und bloß des Phi„losophen eingedenk seyn?"

Nachdem ihn Sokrates mit Aufmerksamkeit angehört, lobte er seinen Eifer, und bezeugte ihm seine Dankbarkeit; aber ehe er in seinen Vorschlag willigen könnte, sagte er, müsse er erst untersuchen, ob es auch recht von ihm gethan seyn würde, das Gefängniß, ohne Erlaubniß der Athenienser zu verlassen. Die Frage war also, ob ein Mensch, der zum Tode verdammt sey, wäre es auch ungerechter Weise, ohne Verbrechen der Gerechtigkeit und den Gesetzen sich entziehen könne. Sokrates hielt dafür, daß es ungerecht sey, und weigerte sich daher edelmüthig, das Gefängniß zu verlassen. Er verehrte die Gesetze seines Vaterlandes, und war entschlossen, ihnen in allen Stücken, selbst im Tode, gehorsam zu seyn.

Endlich kam das unglückliche Schiff nach Athen zurück, welches gewissermaßen das Zeichen zum Tode des Sokrates war. Den folgenden Tag verfügten sich alle seine Freunde, den Plato ausgenommen, welcher krank war, früh Morgens ins Gefängniß. Der Kerkermeister bat sie, ein wenig zu warten, weil die eilf Männer (welche die Aufsicht der Gefangenen hatten) eben jetzt dem Gefangenen ankündigten, daß er noch heute sterben sollte. Gleich nachher giengen sie hinein, und fanden den Sokrates, dem man eben die Fesseln abgenommen, bey seiner Frau Xanthippe sitzen, welche eins ihrer Kinder auf dem Arm hatte. Sobald sie die Freunde hinein kommen sah, erhub sie ein großes Geschrey, riß sich die Haare aus und zerkratzte sich das Gesicht, und klagte, daß das ganze Gefängniß davon erschallte: O, mein Sokrates! da kommen deine Freunde, dich zum letztenmal zu sehen! Er bat, daß man sie nach Hause bringen mögte, welches denn alsobald geschah.

Sokrates brachte den übrigen Theil des Tages mit seinen Freunden zu, und unterredete sich mit ihnen so aufgeräumt und heiter, wie gewöhnlich. Der Gegenstand ihrer Unterredung war von der größten Wichtigkeit, aber den gegenwärtigen Umständen angemessen; denn er betraf die Unsterblichkeit der Seele. Den Anlaß zu dieser Unterredung gab eine Frage, die gleichsam von ohngefähr aufgeworfen wurde: ob ein wahrer Philosoph nicht wünschen, und sich bemühen müsse, zu sterben? Aus diesem Satz, zu wörtlich genommen, schien zu folgen, daß ein Philosoph sich selbst ums Leben bringen könne. Sokrates zeigte, daß nichts irriger sey, als dieser Begriff; und daß der Mensch, da er Gott angehöre, welcher ihn geschaffen, und ihm selbst seinen Posten in der Welt angewiesen, nicht ohne seine Erlaubniß von diesem Posten weichen, und also nicht ohne seinen Befehl das Leben verlassen dürfe. Was ist es denn aber, das einen Philosophen bewegen kann, den Tod zu wünschen? Nichts anders, als die Hoffnung derjenigen Glückseligkeit, die er in einem andern Leben erwartet; und diese Hoffnung kann sich nur auf den Glauben an die Unsterblichkeit der Seele gründen.

Ueber diese große und wichtige Materie unterredete sich Sokrates am letzten Tage seines Lebens mit seinen Freunden; aus welcher Unterredung Platons trefflicher Phädon gänzlich genommen ist. Er erklärte seinen Freunden alle Beweise für die Unsterblichkeit der Seele, welche seine Vernunft ihm darbot, und widerlegte alle Einwürfe gegen dieselbe, welches ungefähr die nehmlichen sind, die man noch heut zu Tage zu machen pflegt.

Als Sokrates zu reden aufgehört hatte, bat ihn Krito, ihm und seinen Freunden wegen seiner Kinder und übrigen Angelegenheiten die letzten Aufträge zu geben, damit sie durch Vollziehung derselben doch den Trost haben mögten, ihm gefällig zu seyn. „Ich „werde euch heute nichts weiter empfehlen, erwiederte „Sokrates, als was ich euch bereits empfohlen habe, „nämlich, daß ihr auf euch selbst Sorgfalt wenden mö„get. Dies ist der größte Dienst, den ihr euch selbst, „und das größte Vergnügen, das ihr mir und meiner „Familie erweisen könnt." Als Krito ihn hiernächst fragte, auf welche Art er begraben zu seyn wünsche; versetzte er: „Wie es euch beliebt, wenn ihr mich fest

„halten könnt, und ich euch nicht aus den Händen ent-
„wische." Zu gleicher Zeit sah er seine Freunde lächelnd an, und sagte: „Ich kann doch nie den Krito
„überreden, daß Sokrates der ist, welcher mit euch
„spricht, und die verschiednen Theile seiner Rede ord-
„net; denn er bildet sich immer ein, ich sey das, was
„er über eine kleine Weile todt sehen wird, er verwech-
„selt mich mit meinem Leichnam, und frägt mich da-
„her, wie ich begraben zu werden wünsche." Nach
diesen Worten stand er auf, und gieng in ein Nebenzimmer ins Bad. Als er wieder zurückgekommen war,
wurden seine Kinder zu ihm gebracht, denn er hatte
drey, von denen zwey noch ganz klein waren. Er sprach
einige Zeit mit ihnen, gab den Weibern, welche die
Aufsicht über sie hatten, seine Befehle, und schickte sie
fort; worauf er in seine Kammer zurückkehrte, und sich
auf sein Bette niederlegte.

In diesem Augenblick kam der Gerichtsdiener der
Elfe herein; er sagte ihm, daß es jetzt Zeit sey (um
Sonnenuntergang) den Schierling zu trinken, und ward
dabey von Betrübniß so sehr gerührt, daß er sich umwandte, und an zu weinen fieng. „Sehet, sagte So-
„krates, das gute Herz dieses Menschen; seit meiner
„Gefangenschaft ist er oft zu mir gekommen, sich mit
„mir zu unterreden; er ist braver, als alle seines glei-
„chen; wie herzlich der arme Mann über mich weint!"
Ein merkwürdiges Beyspiel, welches alle diejenigen,
die dergleichen Aemter haben, lehren sollte, wie sie sich
gegen alle Gefangene zu verhalten haben, vornehmlich
aber gegen Leute von Verdiensten, wenn diese so unglücklich sind, ihnen in die Hände zu fallen. Nun wurde
der Todestrank gebracht. Sokrates fragte, wie er
sich dabey zu verhalten habe. „Nichts mehr, erwiederte
„der Diener, wird erfordert, als daß ihr, nach Ausleerung
„des Bechers, so lange herumgehet, bis euch die Beine
„schwer werden, und euch dann aufs Bette niederleget."
Er nahm den Becher ganz gleichgültig, ohne die geringste Veränderung seiner Miene oder Gesichtsfarbe, sahe

den Mann mit ruhigem festen Blick an, und fragte ihn: „Nun was sagt ihr zu diesem Trank; kann man „noch etwas davon zum Opfer ausgießen? Als man ihm sagte, es sey nichts über die volle Portion, erwiederte er: „So kann ich doch wenigstens mein Ge„bet zu den Göttern verrichten, wie meine Pflicht „ist, und sie anrufen, daß sie meinen Ausgang aus „der Welt, meinen letzten Auftritt in derselben „segnen, dies ist alles, was ich aufs brünstigste von „ihnen erbitte," Nach diesen Worten schwieg er einige Zeit, und leerte dann den ganzen Becher mit einer Ruhe und Heiterkeit des Gesichts aus, die über alle Vorstellung und Beschreibung erhaben ist.

Bis dahin hatten seine Freunde, nicht ohne sich große Gewalt anzuthun, ihre Thränen zurückgehalten, aber sobald er den Becher geleert hatte, waren sie nicht länger Herrn über sich selbst, und weinten bitterlich. Apollodorus, welcher schon während der ganzen Unterredung in Thränen geschwommen, erhub jetzt ein großes Geschrey, und klagte mit einem Jammer, der allen Anwesenden das Herz durchbohrte. Sokrates allein blieb unbewegt, und machte sogar seinen Freunden Vorwürfe, wiewohl mit seiner gewöhnlichen Sanftmuth und Güte. „Was macht ihr? sagte er zu ihnen „Ich wundre mich über euer Betragen! O! was ist „aus eurer Tugend geworden? Schickte ich nicht darum „die Weiber weg, weil ich dergleichen Schwachheiten „von ihnen befürchtete? Ich habe euch immer sagen „hören, man solle in Ruhe sterben, und die Götter „segnen. Ich bitte also, fasset euch, und zeigt mehr „Standhaftigkeit und Entschlossenheit." Sie mußten also ihre Thränen trocknen, und des Weinens ein Ende machen.

Unterdeß gieng er immer auf und nieder; und als er fühlte, daß seine Beine müde wurden, legte er sich auf dem Rücken nieder, wie ihm gesagt war.

Das Gift wirkte hierauf immer stärker. Als er merkte, daß es ans Herz zu bringen anfieng, deckte er sein Gesicht auf, welches er bis dahin bedeckt hatte, ohne Zweifel, damit ihn nichts in seinen letzten Augenblicken stören mögte, und sagte: "Krito, wir sind dem Aeskulap einen Hahn schuldig; vergiß nicht, ich bitte dich, dies Gelübde für mich abzutragen." Gleich nach diesen Worten verschied er. Krito drückte ihm Mund und Augen zu. Dies war das Ende des Sokrates, im ersten Jahre der fünf und neunzigsten Olympiade, und im siebzigsten seines Alters.

Erst eine geraume Zeit nach dem Tode dieses grossen Mannes erkannten die Athenienser ihr Vergehen, und fiengen an es zu bereuen. Da ihr Haß befriedigt war, verschwanden ihre Vorurtheile, und da die Zeit ihnen zur Ueberlegung Raum gegeben hatte, zeigte sich ihnen die Ungerechtigkeit ihres Urtheils in ihrer ganzen Abscheulichkeit. Nichts hörte man durch die ganze Stadt, als Lobpreisungen des Sokrates. Die Akademie, das Lyceum, Privathäuser, öffentliche Spaziergänge und Marktplätze, Alles schien noch von den Tönen seiner geliebten Stimme wiederzuhallen. "Hier, sagten sie, hier bildete er unsre Jugend, und lehrte unsre Kinder, ihr Vaterland lieben, und ihre Aeltern ehren. Hier gab er uns seine bewundernswürdigen Lehren, und machte uns zuweilen heilsame Vorwürfe, um uns zu einem wärmeren Eifer für die Tugend zu reizen. Ach! wie haben wir ihm seine herrlichen Wohlthaten vergolten!" — Ganz Athen war in allgemeiner Trauer und Niedergeschlagenheit. Die Schulen waren verschlossen, alle Uebungen eingestellt. Die Ankläger wurden zur Rechenschaft gefodert, wegen des unschuldigen Bluts, das durch ihre Schuld vergossen war. Melitus wurde zum Tode verdammt, und die übrigen des Landes verwiesen. Plutarch erzählt, daß Alle, die an dieser schwarzen Verläumdung einigen Antheil gehabt, so sehr von allen Bürgern verabscheuet worden, daß Keiner ihnen Feuer geben, ihnen auf eine Frage antworten, oder in ein Bad mit ihnen gehen wollen, ohne vorher den Ort, wo sie sich gebadet, reinigen zu lassen, um sich nicht durch Berührung desselben zu beflecken, welches sie denn in solche Verzweiflung gestürzt, daß viele derselben sich selbst ums Leben gebracht.

Die Athenienser, nicht zufrieden, daß sie seine Ankläger bestraft hatten, ließen ihm eine Statue von Erz, von der Arbeit des berühmten Lysippus, an einem der ansehnlichsten Oerter der Stadt errichten. Ihre Ehrerbietung und Dankbarkeit stieg so gar bis zur religiösen Verehrung; sie weiheten ihm, als einem Halbgott, eine Kapelle, die sie die Kapelle des Sokrates nannten.

Zwölfter Abschnitt.
Von dem Tode des Sokrates, bis auf den Tod des Epaminondas.

Bisher haben wir die Athenienser, beides in ihrem Glück und in ihren Niederlagen, mit besonderer Aufmerksamkeit begleitet: so lange sie die erste Rolle in den Griechischen Angelegenheiten spielten, war es nöthig, sie auf den Vordergrund des Gemäldes zu stellen; aber jetzt müssen wir die Scene verändern; und, indem wir sie eine dunkle Rolle spielen lassen, zu denen Staaten, welche, nach ihrem Fall, nach und nach die Oberherrschaft an sich zogen, fortgehen.

Sparta schien jetzt der erste Staat zu seyn, welcher den übrigen Griechen Gesetze geben konnte *). Ihre

---

*) Sparta hatte Ol. 95, 1. 2. den Thimbro nach Asien gegen die Perser geschickt. Er plünderte aber die Bundesgenossen. An seine Stelle kam Dercyllidas, der den Pers. Statthalter Pharnabazus schlug und mit einem andern, dem Tissaphernes, Vergleich schloß. Ol. 95, 4. Weil aber der König von Persien sich rüstete und man einen größern Krieg fürchtete, so gab man das Commando dem Agesilaus, der Ol. 95, 1. seinen Bruder Agis als König von Sparta gefolgt war. Dem Agesilaus wurde eine ansehnliche Armee aber auch ein Rath von 30 Personen unter denen auch Lysander war, beygegeben. Beym Durchzug dieser Armee

Eifersucht gegen die kleineren Staaten, welche vormals Parthey gegen sie genommen hatten, fieng jetzt an wieder aufzuleben; und die Eleer waren die ersten, welche sie anfielen, unter dem Vorwande, daß sie von ihnen nicht so gut, wie die übrigen Griechen, zu den Olympischen Spielen zugelassen würden. Nachdem ihnen der Krieg angekündigt worden, und eben die Stadt Elis geplündert werden sollte, wurden sie von den Spartanern in ihr Bündniß aufgenommen, und die Sieger nahmen jetzt den Titel der Beschützer und Schiedsrichter von Griechenland an. Bald nachher wurde Agesilaus, der zum König von Sparta erwählt war, mit einer Armee nach Asien geschickt, unter dem Vorwande, die Griechischen Städte in Freyheit zu setzen. Er erfocht einen herrlichen Sieg über den Tissaphernes, an dem Flusse Patrolus, wo er das feindliche Lager eroberte, und eine ansehnliche Beute machte. Dieses Glück bewog den Persischen Monarchen, daß er anstatt dem Agesilaus im Felde die Spitze zu bieten, durch Bestechungen die Einigkeit der Griechischen Staaten zu zerstören suchte*); und in der That war dieser Bund jetzt so sehr geschwächt, ihr voriger Patriotismus und Eifer für gemeinschaftliche Freyheit so ganz verschwunden, daß sie jedem Anerbieten feil waren. Die Liebe

Ol. 96,
1, 396.
v. C.

---

durch Böotien wurde der Grund zur Feindschaft zwischen den Thebanern und Spartanern gelegt. Eine kurz vorher in Sparta gestiftete Verschwörung ward in der Geburt erstickt. Xen. 3, 1-3. Plut. Ages. III. p. 618. f. Diod. S. 14, 38. ff. Meiners II. 333. ff. Der Angriff auf die Eleer gieng vor dem Tode des Agis her. Xen. 3, 2, 16. f. Zwischen Agesilaus und Lysander entstand bald Zwist, und Lysander suchte vergeblich seinem Vaterlande eine andere Verfassung zu geben. Plut. III. 53. ff.

*) Timokrates aus Rhodus wurde dazu gebraucht. Es entstand bald der Böotische Krieg Ol. 96. !2. Xen. 3, 4, 11. fs. 5, 1. fs. Diod. 14, 80. Die Thebaner fochten mit den Lokrern gegen die Phocenser, diese riefen die Spartaner zu Hülfe. Lysander rückt in Böotien ein, verliert die Schlacht bey Haliartus und das Leben. Xen. 3, 5. mit der Anm. des Hrn. D. Morus.

zum Gelde hatte sich ganz ihrer Neigungen bemächtigt; und die Spartaner waren das einzige Volk, welches eine Zeitlang es zu verachten schien. Aber die Seuche griff immer weiter um sich, bis auch sie endlich seinen Lockungen nachgaben, und Jedermann bloß seinen eignen Vortheil suchte, ohne sich um das Wohl des Vaterlandes zu bekümmern.

Die Thebaner waren die ersten, welche die Perser für sich gewonnen hatten, und also auch die thätigsten, ihr Interesse zu befördern. Um ihren Bund zu verstärken, schickten sie Gesandte an die Athenienser, welche ihnen die gegenwärtige Lage der Sachen umständlich vorstellen, und zugleich ihren Eifer, ihre Liebe für den Atheniensischen Staat auf eine gute Art zu verstehen geben mußten. Hieraus nahmen sie dann weiter Anlaß gegen die Tyranney der Spartaner loszuziehen; und sagten ihnen endlich gerade heraus, jetzt sey es Zeit, das Joch abzuwerfen, und sich wieder in den Besitz ihres vormaligen Glanzes und Ansehens zu versetzen. Die Athenienser, wiewohl sie von dem Persischen Gelde nichts bekamen, bedurften nicht vieler Gründe, sich zu einem Bruch von dieser Art verleiten zu lassen, wozu sie schon längst eine bequeme Gelegenheit abgewartet hatten.

Agesilaus, welcher unterdeß den Krieg mit Persien mit großem Glück fortgeführt hatte, erhielt die
Ol. 96. Nachricht, daß ein neuer Krieg in Griechenland aus-
3. 394. gebrochen, und zugleich den Befehl, alsobald nach Hause
v. C. zurückzukehren. Er hatte es darauf gesetzt, ganz Persien zu erobern, und machte eben Anstalt, weiter ins Land einzumarschieren; aber so groß war seine Unterwürfigkeit gegen die Gesetze, und sein Gehorsam gegen die **Ephoren**, daß er augenblicklich ihrem Befehl gehorchte; doch ließ er viertausend Mann in Asien zurück, um seine dort gewonnenen Vortheile zu behaupten. Allein die Spartaner konnten seine Ankunft nicht abwarten; ihre Feinde schlossen immer neue Bündnisse, und sie waren in Gefahr, von allen Seiten her angegriffen

bis auf den Tod des Epaminondas. 319

zu werden. Die Athenienser, Argiver, Thebaner, Korinther und Euböer vereinigten sich gegen sie, und machten ein Heer von vier und zwanzig tausend Mann aus. Beide Armeen lagerten sich bey Sicyon, nicht weit von einander, und es kam bald zu einem ordentlichen Treffen. Die Spartanischen Bundsgenossen wurden anfangs gänzlich geschlagen; aber die Spartaner selbst lenkten bloß durch ihre eigne Tapferkeit das Glück auf ihre Seite, und erfochten also den Sieg, wobey sie nur acht Mann einbüßten *). Indessen wurde dieser Sieg gewissermaßen durch einen Verlust zur See wieder aufgewogen, den die Spartaner bey Cnidos erlitten. Konon, der Atheniensische General, welcher die Persische Flotte gegen sie anführte, eroberte funfzig ihrer Schiffe, und verfolgte die übrigen in den Hafen. Agesilaus erfocht auf der andern Seite einen ansehnlichen Sieg über die Athenienser und ihre Bundsgenossen in den Ebnen von Koronea. Solchergestalt ward der Krieg durch sehr hitzige aber unentscheidende Treffen fortgeführt, wobey keiner von beiden Theilen gewann; und so behaupteten die Spartaner sich und ihre Bundsgenossen, ohne beträchtliche Vergrößerung oder Verminderung ihrer Macht. In diesem allgemeinen Zusammenstoß der Griechischen Staaten, schien bey den Atheniensern auf eine Zeitlang ihr voriger Geist wieder aufzuleben; vom Persischem Gelde unterstüzt, und von dem Konon, einem vortrefflichen General, angeführt, giengen sie muthig ins Feld, und bauten sogar die Mauern ihrer Stadt wieder auf.

*) Desto mehr Bundesgenossen blieben. Xen. 4, 2, 13. f. Im Treffen bey Knidos kam Pisander der Laced. Admiral, des Agesilaus Schwager, um, und dieser erhielt die Nachricht davon, noch ehe er das Treffen bey Koronea anfieng. Durch die Schlacht bey Knidos büßten die Laced. die Herrschaft zur See ein. Konon segelte J. 393. v. C. nach Athen und führte die langen Mauern wieder auf, gerieth aber nachher in Pers. Gefangenschaft. Agesilaus hatte auf dem Marsch aus Asien nach Böotien erst sich in Thessalien durchschlagen müssen. Xen. 4, 2. und 3. Diod. 14, 83. L,

Durch die gegenseitige Eifersucht dieser kleinen Staaten unter einander, waren sie alle geschwächt, und der Persische Monarch ward Schiedsrichter über Griechenland. Auf diese Art wurden nach einer Abwechselung von Vortheilen und Intriguen *), endlich alle Partheyen des Krieges müde, und es erfolgte Friede. Dieser wurde im zweyten Jahr der 98ten Olympiade geschlossen; und wegen der vielen Bedingungen zum Vortheil der Perser, nennt Plutarch ihn den Schimpf und Ruin Griechenlandes.

Nachdem also die Spartaner von der Furcht vor einem mächtigen auswärtigen Feinde frey waren, fuhren sie fort, sich den kleinen Griechischen Staaten furchtbar zu machen. Sie gaben den Mantineern den entscheidenden Befehl, ihre Mauern niederzureißen, und zwangen sie zum Gehorsam. Sie nöthigten die Korinther, ihre Garnison aus Argos zurückzuziehen; und einige kleine Staaten behandelten sie mit einem gebieterischen Wesen, welches deutlich bewies, daß sie Gehorsam erwarteten. Sie marschierten gegen die Olynthier, welche seit kurzem mächtig geworden waren, und zwangen sie, sich zu unterwerfen. Sie mischten sich auch in einen einheimischen Streit, der zu Theben vorfiel. Da sich Phöbidas der Citadelle be-

---

*) Korinth durch Agesilaus und seinen Bruder Teleutias belagert Ol. 96, 4. durch den Athen. Feldherrn Ipbikrates gerettet. (Korinthischer Krieg). Niederlage der Spartaner bey Lechäum. Die Akarnanier und Argiwer werden gedemüthigt Ol. 97, 1. f. Die Spartaner erhalten wieder die Oberhand. Teleutias nimmt Rhodus ein, und beunruhigt den Piräus, den Hafen von Athen. Xen. 4, 4. ss. 5, 1. 86. Vom Frieden des Antalcidas, Xen. 5, 1, 28. Diod. 14, 110. Plut. Ag. III. 667. Isokrat in verschiedenen Reden. Alle Griechische Städte nebst Cypern und andern Inseln blieben dem König von Persien, die übrigen Inseln und Städte sollten frey seyn, nur Lemnus, Imbrus und Scyrus den Atheniensern gehören. Die Macht der Argiver, Athen. und vornemlich der Thebaner sollte dadurch geschwächt werden. Die Spartaner wollten aber den Frieden nur so lange halten, als er ihnen vortheilhaft war.

mächtigt hatte, trieben sie ihn heraus, und legten eine eigne Garnison hinein. Darauf bewirkten sie eine Anklage gegen den Ismenias, seinen Gegner, daß er von den Persern Geld genommen und ein Verständniß mit ihnen unterhalte, und daß er der Hauptanstifter ihrer innern Streitigkeiten gewesen: worauf er sich einer förmlichen gerichtlichen Untersuchung vor den Spartanischen Bevollmächtigten, und einem aus jeder von den andern grossen Griechischen Städten, unterwerfen mußte, und zum Tode verdammt wurde. Nachdem sie also sich der Thebaner versichert, und die Olynthier gedemüthigt hatten, giengen sie weiter, und züchtigten die Phliasier, weil sie einigen Verbannten, die sie auf Befehl der Spartaner hatten zurückberufen müssen, übel begegnet waren. Solchergestalt fuhren sie immer fort, mit Stolz und Härte ihre Befehle auszutheilen; kein Griechischer Staat war im Stande sich ihrer Macht zu widersetzen; und unter dem schönen Vorwande, Gerechtigkeit zu handhaben, bahnten sie sich stündlich mehr den Weg zu unumschränkter Herrschaft *).

Mitten in dieser ihrer Sicherheit wurden sie von einer Seite her aufgeschreckt, wo sie am wenigsten Widerstand erwarteten. Die Thebaner hatten sich vier Jahre lang, seit der Besitznehmung von ihrer Citadelle, dem Spartanischen Joch unterworfen; aber jetzt wagten sie einen verzweifelten Versuch, es abzuwerfen. Die angesehensten der Thebanischen Verbannten in Athen unterhielten zu diesem Ende einen geheimen Briefwechsel mit ihren Freunden in Theben. Phyllidas, der Secretär der Thebanischen Regierung, welcher an ihren Entwürfen Theil hatte, machte die Veranstaltung, eine hinreichende Anzahl der Verbann-

---

*) Die Mantineer, durch Agesipolis besiegt, musten in 5. Flecken ziehen. Phöbidas nahm das Schloß von Theben, Kadmea, Ol. 99, 3. als er eben mit einem Korps gegen Olynth marschierte, im Vorbeygehen ein. Leontiades verrieth es an ihn. Agesilaus demüthigt die Phliasier. Die Olynthier bitten um Frieden. Xen. 5, 2. 3. 4.

ten in die Stadt einzulassen; und **Charon**, einer der vornehmsten Männer in Theben, erbot sich, sie in seinem Hause aufzunehmen. An dem bestimmten Tage verließen sie Athen, und zwölf der Entschlossensten und Muthigsten unter ihnen wurden abgeschickt, zuerst in die Stadt zu gehen, unterdeß die Uebrigen in gehöriger Entfernung zurückblieben, um den Ausgang abzuwarten. Der erste, welcher sich dazu anbot, war **Pelopidas**, ein junger kühner Mann, der das Vorhaben aufs eifrigste betrieben hatte, und durch das, was er dabey that, eine hinlängliche Probe gab, was man sich künftig zum Dienst seines Vaterlandes von ihm versprechen könnte. Der wichtigste nach ihm war **Mellon**, welcher, wie Einige sagen, zuerst den ganzen Anschlag mit dem **Phyllidas**, entworfen haben soll *). Diese beiden, nebst ihren zehn Gehülfen, kleideten sich wie Bauern, und giengen mit Hunden und Jägergeräth in den Feldern herum, damit man sie für Jäger ansehen sollte. Nachdem sie auf diese Art ohne Verdacht in die Stadt gekommen waren, begaben sie sich gleich nach **Charons** Hause, als dem gemeinschaftlichen Sammelplatz, wo sich bald darauf noch sechs und dreyßig andre von den Mitverschwornen einfanden. Es war vorher abgeredt, daß **Phyllidas** an diesem Tage dem **Archias** und **Philipp**, den beiden Spartanischen Gouverneurs, ein großes Gastmal geben sollte; und um es desto reizender zu machen, hatte er ihnen eine Zusammenkunft mit einigen der schönsten Frauenzimmer in der Stadt versprochen. Nachdem also alles veranstaltet war, theilten die Verschwornen sich in zwey Haufen. Der eine, von dem **Charon** und **Mellon** angeführt, sollte den **Archias** und seine

---

*) Xen. 5, 4, 3. welcher den **Mellon** mit 6. Verschwornen die Sache unternehmen läßt. Diodor von Sic. (15, 23. ff.) weicht beträchtlich ab. Umständlich erzählt die Begebenheit Plutarch Pelop. 7. ss. Athen. Feldherrn leisten den Verschwornen einige Hülfe und werden dafür vom Volke bestraft. Xen. 5, 4, 19.

bis auf den Tod des Epaminondas. 323

Gesellschaft anfallen. Nachdem sie Frauenskleider über ihre Waffen angezogen, und sich mit Fichten und Pappellaub bekränzt hatten, um ihre Gesichter zu beschatten, warteten sie die Zeit ab, da alle Gäste vom Wein erhitzt waren, giengen dann ins Zimmer, und machten sogleich den Archias und Philipp, nebst allen denen von der Gesellschaft, welche Phyllidas ihnen angezeigt hatte, nieder. Kurz vor diesem Ueberfall erhielt Archias einen Brief von Athen, worinn die ganze Verschwörung entdeckt war, und der Bote beschwur ihn im Namen dessen, der den Brief geschrieben, ihn augenblicklich zu lesen, weil er Dinge von größter Wichtigkeit enthalte. Aber er legte ihn uneröffnet bey Seite, und antwortete lachend: Ernsthafte Dinge auf morgen! welches nachher zum Sprichworte ward. Der andere Haufen, vom Pelopidas und Damoklides angeführt, sollte den Leontiades angreifen, welcher zu Hause war und im Bette lag. Sie stürzten unversehens in sein Haus; aber er, gleich aufgeschreckt, sprang aus dem Bette, empfieng sie, mit dem Degen in der Hand, an der Thüre seines Zimmers, und stieß den Cephisodorus nieder, welcher der erste war, der hineinzudringen suchte. Pelopidas griff ihn hiernächst an, und nachdem er sich lange und mit großer Gefahr mit ihm herumgeschlagen, brachte er ihn endlich ums Leben. Von hier eilten sie zum Hypates, seinen Freund und Nachbar, und fertigten den gleichfalls ab; worauf sie sich zu dem andern Haufen verfügten, und eilends an die Verbannten, die sie in Attika zurückgelassen, abschickten, daß sie zu ihnen kommen sollten.

Die ganze Stadt war unterdeß voller Verwirrung und Schrecken; alle Häuser waren erleuchtet, und die Einwohner rannten wie wahnsinnig in den Gassen hin und her, erwarteten ungeduldig den Anbruch des Tages, um Freund und Feind unterscheiden zu können, und waren unschlüssig, was sie machen sollten. Früh Morgens kamen die Verbannten bewaffnet herein; und

Pelopidas erschien mit seiner Parthey in einer allgemeinen Versammlung des Volks, umgeben von den Priestern, welche Blumenkränze in den Händen, Freyheit für die Thebaner überhaupt ausriefen, und sie ermahnten für ihre Götter und ihr Vaterland zu fechten; denn wiewohl sie einen so glücklichen Anfang gemacht hatten, so war doch das wichtigste und schwerste noch zu thun übrig, so lange noch die Citadelle mit einer Garnison von funfzehn hundert Mann im Besitz der Spartaner war, wozu noch eine Menge von Bürgern und Andern kam, welche zu den Spartanern ihre Zuflucht genommen, und sich für ihre Parthey erklärt hatten.

Den nächsten Morgen früh schickten die Athenienser fünf tausend Mann zu Fuß, und zwey tausend zu Pferde, dem Pelopidas zu Hülfe. Von allen Städten Böotiens kamen auch bald Truppen herbey; so daß die Citadelle, da sie gänzlich eingesperrt war, und endlich alle Hoffnung eines Entsatzes fahren ließ, sich auf Discretion ergab.

Ol. 100, 3. Nachdem die Thebaner also ihre Freyheit wiedererlangt hatten, faßten die Spartaner den Entschluß, die Leitung der Griechischen Angelegenheiten an sich zu bringen, es mögte kosten was es wolle. Sie thaten einen Versuch, den Hafen Piräus wegzunehmen *), welches die Athenienser zu ihren unversöhnlichen Feinden machte. Agesilaus wurde bestimmt, die Armee zu kommandiren, welche die Griechischen Staaten demüthigen sollte. Sein Name setzte die Thebaner in Schrecken; und seine Macht, welche sich auf zwanzig tausend Mann belief, vermehrte ihre Furcht. Sie begnügten sich also, anstatt selbst einen Angriff zu wa-

---

*) Sphodrias, von den Thebanern, welche gern die Athenienser in den Krieg ziehen wollten, aufgemuntert, hatte es gethan. Xen. 5, 4, 20. Auch schlossen kurz darauf die Athen. mit den Thebanern ein Bündniß. Kleombrotus, dann Agesilaus, Phöbidas, dann wieder Agesilaus und zuletzt wieder Kleombrotus commandiren gegen die Thebaner, Xen 5, 4. Die Athen. gewinnen zwey Seetreffen unter Chabrias bey Naxus und Timotheus. Diod. 15, 34. f.

gen, sich blos defensiv zu verhalten, und besetzten einen Hügel nahe bey der Stadt. Agesilaus schickte einen Haufen leichtbewaffneter ab, um sie zum Treffen herabzulocken; da sie sich daran aber nicht kehrten, marschierte er mit seiner ganzen Macht heraus, um sie anzugreifen. Chabrias, welcher die Miethvölker auf Thebanischer Seite kommandirte, befahl seinen Leuten, sich in festgeschlossenen Gliedern, die Schilde zu ihren Füßen niedergelegt, und die Speere vorausgehalten, mit dem einen Beine vorwärts gestellt und das Knie halb gebogen, in Schlachtordnung zu stellen. Als Agesilaus sie auf solche Art in Bereitschaft fand, ihn zu empfangen, und sie seinem Angriffe gleichsam Trotz boten, fand ers für rathsam, seine Armee zurückzuziehen; und begnügte sich das Land zu verwüsten. Dies sah man als eine außerordentliche Kriegslist an; und Chabrias bildete sich so viel darauf ein, daß er seine Statue in dieser Stellung aufrichten ließ.

Also wurden durch eine Reihe von Treffen, sowohl zur See als zu Lande, die Spartaner, da sie durch ihr tyrannisches Betragen ein mächtiges Bündniß gegen sich erweckt hatten, von Tage zu Tage schwächer, und ihre Feinde kühner. Die Thebaner bekamen nun immer mehr Muth; und anstatt sich ferner mit vieler Mühe zu vertheidigen, griffen sie den Feind mit Unerschrockenheit und Glück an. Wiewohl die Treffen, welche zwischen diesen Staaten vorfielen, weder regelmäßig noch entscheidend waren, so waren sie doch von der Art, daß sie den Muth der Thebaner immer anfrischten, ihnen Zutrauen erwarben, und sie zu den großen Unternehmungen bildeten, welche bald nachher erfolgten. Pelopidas, welcher sie in der Schlacht bey Tanagra anführte, erlegte den Spartanischen General mit eigner Hand. In dem Treffen bey Tegyra schlug er mit einer viel geringern Anzahl ein großes Heer der Feinde in die Flucht. Da dieß die Schlacht war, in welcher Pelopidas zuerst seine großen militärischen Talente an den Tag legte, und in welcher die Griechischen Staaten überzeugt wurden, daß wahrer kriegerischer Geist auch in andern Gegenden und nicht bloß an den Ufern des Eurotas entstehen könne: so muß sie für sehr wichtig und erheblich gehalten werden. Pelopidas wollte Orchomenus, worin eine Spartanische Besatzung lag, angreifen; er marschierte also mit einer Schaar die aus 300 Fußgängern und 40 Reutern bestand, aus; da er aber hörte, daß ein großes Korps Spartaner zum Entsatz herbey eile, so hielt er es für klug, sich zurück zu ziehen. Beym Rückzug traf er auf diese Verstärkung nahe bey Tegyra. Er fand die Schlacht unvermeidlich, und beschloß sich einzulassen. Der Reuterey gab er den Befehl anzugreifen, das Fußvolk, welches er meisterhaft gestellet hatte, führte er eiligst zur Unterstützung der Reuter. Das Gefecht wurde allgemein und auf beiden Seiten mit Hitze und Lebhaftigkeit unterhalten. Doch Gorgoleon und Theopompus, welche die Spartaner commandirten, fielen frühzeitig im Kampfe, und die, welche neben ihnen fochten, wurden entweder erschlagen oder flohen; der übrigen Truppen bemächtigte sich ein solches Schrecken, daß sie sich sogleich auf jeder Seite zurückzogen und den Thebanern den Weg zur Fortsetzung ihres Marsches öffneten. Doch Pelopidas wünschte nicht nur einen sichern Rückzug zu haben; das neue Glück seiner Waffen reizte ihn noch etwas mehr zu versuchen. Er ließ daher seine Leute abermals aufmarschieren, erneuerte die Schlacht, und die Feinde wurden, nach einem großen Verlust, gänzlich geschlagen und zerstreuet. Die Thebaner erndteten von ihrem Rückzug mehr Ruhm und Vortheil ein, als sie von dem vollkommensten Ausgang ihrer ursprünglichen Absicht, Orchomenus anzugreifen, hätten erhalten können. Diese Niederlage war der ausgezeichnetste Unfall, der den Spartanern je begegnet war. Bisher hatten sie nie erfahren, was einer gleich starken Armee weichen heißt; bey Tegyra wurden sie von einer Armee besiegt, die nicht ein Drittheil der ihrigen ausmachte. Man muß aber doch gestehen, daß diese dreyhundert

Fußgänger die Blüthe und der Stolz der Thebanischen Armee waren. Sie führten den Namen der **heiligen Schaar.** *) Sie zeichneten sich eben so sehr durch ihre Treue gegen einander, als durch ihre Stärke und Tapferkeit aus. Sie waren durch die Bande einer gemeinschaftlichen Freundschaft verknüpft, und hatten sich durch einen Eid verbindlich gemacht, einander in den äußersten Gefahren nicht zu verlassen. Diese genaue Verbindung machte sie unüberwindlich, und brachte viele Jahre hindurch, gewöhnlich den Sieg auf ihre Seite; bis sie endlich durch den Macedonischen Phalanx unter dem **Philippus** bis auf den letzten Mann niedergehauen wurden.

Ein Friede von kurzer Dauer **) war die Folge von diesem Glück der Thebaner; aber es gab bald wieder neue Unruhen und Empörungen. Die Einwohner von **Zacynthus** und **Korcyra**, nachdem sie ihre Obrigkeit vertrieben, begaben sich unter den Schutz der Athenienser, und schlugen die Spartaner zurück, welche die Obrigkeit mit Gewalt wieder einsetzen wollten.

Um eben diese Zeit faßten die Thebaner einen Unwillen gegen die Einwohner von **Platäa**, weil diese sich an ihre alten Freunde, die Athenienser wandten, und ihren Schutz und Bündniß suchten. Sie schleiften ihre Stadt. Eben so verfuhren sie bald nachher mit **Thespiä**. Die Athenienser wurden über eine solche Behandlung zweyer Städte, die sich in dem Persischen Kriege um die gemeine Sache so wohl verdient gemacht hatten, dergestalt aufgebracht, daß sie mit den Thebanern brachen, wodurch auf einmal die Griechischen Angelegenheiten eine neue und unerwartete Wendung bekamen.

Ol. 101, 3.

*) Plut. Pelop. II. 356. ff. Dion. S. 15, 37. Die heilige Schaar soll Gorgidas gestiftet haben, nach Plutarch.

**) Zwischen Sparta und Athen. Xen. 6, 2, 2. ff. Diod 15, 46. f. In diesen Händeln thaten sich die Athen. Feldherrn, Timotheus und Iphikrates, hervor. Von dem nachherigen Vergleich zwischen Athen und Sparta f. Xen. 6, 3, 7.

Es zeigte sich nun erst recht, wie mächtig die Thebaner geworden waren. Denn unterdeß daß Sparta und Athen einander durch ihre Streitigkeiten schwächten, hatte dieser Staat, welcher alle Vortheile des Kriegs genossen, ohne etwas von seinen Lasten zu tragen, täglich mehr Stärke und Unabhängigkeit gewonnen. Die Thebaner, welche jetzt anfiengen Griechenland Gesetze zu geben, waren von Natur ein hartes und robustes Volk, von langsamen Verstande, und starker Leibesbeschaffenheit. Es war immer ihr Grundsatz gewesen, es bald mit Athen, bald mit Sparta in ihren Streitigkeiten zu halten; und sie hatten gewöhnlich Gewicht genug, der Seite, welcher sie beytraten, den Ausschlag zu geben. Indessen hatten sie bisher nicht weiter Gebrauch von diesem Gewicht gemacht, als sich selbst zu sichern; aber der Geist, welcher sich jetzt unter ihnen zeigte, war ihnen zuerst durch den Pelopidas, ihren Befreyer von dem Spartanischen Joch eingeflößt, und wurde bald zur größten Höhe getrieben durch den Epaminondas, welcher jetzt eine der glänzendsten Rollen in der Griechischen Geschichte zu spielen anfieng.

Epaminondas war einer von den wenigen erhabnen Charakteren, die kaum irgend ein Laster befleckt, und fast jede Tugend vor den übrigen Menschen auszeichnet. Wiewohl er von Anfang an jede zum Dienst des Staats erforderliche Eigenschaft besaß, so zog er doch die Stille des Privatlebens vor, wo er sich ganz mit dem Studio der Philosophie beschäftigte, und von der strengsten Befolgung aller ihrer Lehren in seiner eignen Person ein Muster gab.

Ein wahrer Philosoph und arm aus Neigung, verachtete er die Reichthümer, ohne im geringsten durch diese Verachtung Ehre zu suchen; und wenn man dem Justin glauben darf, trachtete er eben so wenig nach Ruhm, als nach Gelde. Es geschah immer wider seinen Willen, daß er Befehlshaberstellen übernahm;

bis auf den Tod des Epaminondas.

und er betrug sich in denselben so, daß er mehr seiner Würde, als die Würde ihm, Ehre machte.

Wiewohl er selbst arm und ohne alles Vermögen war, so gab ihm doch seine Armuth selbst, indem sie ihm die Achtung und das Vertrauen der Reichen erwarb, Gelegenheit, Andern Gutes zu thun. Da einer seiner Freunde sich in großer Noth befand, schickte Epaminondas ihn zu einem sehr reichen Bürger, mit dem Auftrage, ihn um tausend Kronen in seinem Namen anzusprechen. Als dieser Reiche nachher zu ihm kam, und ihn um die Ursache fragte, warum er dieses Geld durch seinen Freund fodern lassen, erwiederte Epaminondas: „Ey, weil dieser ehrliche Mann „Mangel leidet, und sie reich sind." — Ein Freund der Muße, die er dem Studio der Philosophie widmete, scheute er öffentliche Aemter, und bediente sich seiner Freunde nur, sich davon auszuschließen zu lassen. Seine Bescheidenheit verbarg ihn auch so sehr, daß er in Verborgenheit und fast ganz unbekannt lebte. Indessen zeichnete sein Verdienst ihn endlich so sehr aus, daß er mit Gewalt seiner Einsamkeit entrissen, und an die Spitze der Armeen des Staats gestellt wurde; und hier bewies er, daß die Philosophie, wiewohl sie gewöhnlich von denen, die nach dem Ruhm der Waffen streben, verachtet wird, auf bewundernswürdige Art geschickt ist, Helden zu bilden; denn es war, nach seiner Meinung, schon ein großer Schritt den Feind zu besiegen, wenn man sich selbst zu besiegen versteht. In den Schulen der Philosophie lernten die Alten die großen Maximen der wahren Politik, die Grundsätze jeder Art von Pflicht, die Bewegungsgründe zu gehöriger Vollbringung derselben; was man seinem Vaterlande schuldig sey; den rechten Gebrauch der Macht; worinn die wahre Tapferkeit bestehe; mit einem Worte, die Eigenschaften, die den guten Bürger, Staatsmann und großen General bilden; und in allen diesen that Epaminondas sich hervor.

Ueberdem besaß er alle Vollkommenheiten, die dem Geist zur Zierde gereichen können. Er hatte das Talent, sich vollkommen auszudrücken; und war in den erhabensten Wissenschaften wohl bewandert. Aber eine bescheidne Zurückhaltung warf einen Schleyer über alle diese vortreffliche Eigenschaften, welcher ihren Werth erhöhete; er wußte nicht, was Großthun sey. Spintharus sagt, da er seinen Charakter schildert, er habe nie einen Mann gefunden, welcher mehr gewußt, und weniger davon gesprochen. *)

Dies war der General, welcher gemeinschaftlich mit dem Pelopidas, mit welchem er die genaueste und uneigennützigste Freundschaft unterhielt, die Thebanische Armee kommandiren sollte. Da die Thebaner von dem allgemeinen Frieden ausgeschlossen waren, und also die verbundenen Spartaner und Athenienser wider sich hatten, schwebten sie in der äußersten Furcht, und ganz Griechenland hielt sie für unwiederbringlich verloren. Die Spartaner brachten aus allen Griechischen Staaten, die auf ihrer Seite waren, Truppen zusammen, und Alcombrotus, ihr General, marschierte, völlig überzeugt, daß er siegen würde, gegen die Gränzen von Böotien. Um aber doch seinem Anfall einen Schein von Gerechtigkeit zu geben, schickte er an die Thebaner, und verlangte von ihnen, sie sollten den Städten, welche sie usurpirt hätten, ihre Freyheit wiedergeben; sie sollten diejenigen, welche von ihnen geschleift worden, wieder aufbauen, und allen Schaden, welchen sie angerichtet hatten, wieder ersetzen. Hierauf erhielt er die Antwort: „Die Thebaner hätten Keinem, als dem Himmel, wegen ihres Verhaltens Rechenschaft zu geben." Nun blieb beiden Partheyen nichts anders

---

*) Die Stellen über den Charakter des Epam. und des Pelop. hat schon Meiners Gesch. der Wiss. II. 560. angeführt. Beide lebten sehr einfach und mäßig. Epaminondas aber besaß mehr wahre Geistesgröße, Klugheit und Vorsichtigkeit als sein ehrgeiziger, verwegener Freund. Der Ausspruch des Spintharus steht Plut. de Gen. Socr. VIII. 342.

übrig, als sich zum Treffen anzuschicken. Epaminondas brachte gleich so viel Truppen zusammen, als er konnte, und rückte ins Feld. Seine Armee belief sich nicht auf sechs tausend Mann; und der Feind war über viermal so stark. Da man durch verschiedne böse Vorbedeutungen seinen Abmarsch zu verhindern suchte, antwortete er darauf mit einem Verse des Homer: „Das einzige gute Omen ist, fürs Vaterland fechten." Um indessen seine Soldaten, die von Natur abergläubig waren, und die er dadurch muthlos gemacht sah, wieder zu beruhigen, machte er unter der Hand die Veranstaltung, daß von verschiednen Orten her sich Personen und günstige Vorbedeutungen meldeten, welches dann den Muth und die Hoffnung seiner Truppen wieder belebte.

Epaminondas hatte weislich dafür gesorgt, dem Kleombrotus einen Paß abzuschneiden, welcher seinen Marsch beträchtlich würde verkürzt haben. Der letztere kam also durch einen langen Umweg in Böotien, und lagerte sich bey Leuktra, einer kleinen Stadt zwischen Platäa und Thespiä. Auf beiden Seiten berathschlagte man sich, ob man ein Treffen liefern sollte. Kleombrotus entschloß sich gleich dazu, auf den Rath aller seiner Officiere, die ihm vorstellten, daß wenn er mit solcher Ueberlegenheit von Truppen das Treffen vermiede, Jedermann das gemeine Gerücht, daß er insgeheim die Thebaner begünstigte, glauben würde. Die Thebaner aber hatten auch einen sehr dringenden Grund, sobald als möglich ein Treffen zu wagen, weil nämlich der Feind täglich eine neue Verstärkung von Truppen erwartete. Gleichwohl waren die sechs Generale, welche den Kriegsrath ausmachten, in ihren Meynungen getrennt; Pelopidas aber, welcher der siebende war, kam noch zu rechter Zeit dazu, und trat denen bey, die zum Schlagen riethen. Dies machte dem Streit ein Ende, und man entschloß sich zum Treffen.*)

*) Xen. 6, 4. Diod. 15, 51. ff. Plut. Pelop. p. 364. sq.

Die beiden Armeen waren sehr ungleich an Zahl: die Lacedämonier bestanden, wie wir bereits angemerkt haben, aus vier und zwanzig tausend Mann zu Fuß, und sechszehn hundert zu Pferde; die Thebaner hatten nur sechstausend Mann zu Fuß und vier hundert zu Pferde; aber alles auserlesene Truppen, angefeuert durch ihre Erfahrenheit im Kriege, und entschlossen, zu siegen oder zu sterben. Die Lacedämonische Reuterey, lauter auf Geradewohl zusammengeraffte Leute, ohne Entschlossenheit und Kriegszucht, stand ihren Feinden an Tapferkeit so sehr nach, als sie ihnen an Anzahl überlegen war. Auf das Fußvolk konnte man sich eben so wenig verlassen, die Lacedämonier ausgenommen; denn die Bundsgenossen nahmen mit Widerwillen an diesem Kriege Theil, dessen Bewegursache sie nicht billigten, und waren außerdem mit den Lacedämoniern unzufrieden.

Die Geschicklichkeit der Generale auf beiden Seiten war so viel werth, als zahlreiche Heere, vornehmlich des Thebanischen, welcher der vollkommenste Krieger seiner Zeit war. Pelopidas, mit welchem er schon vorher gefochten und Blut vergossen hatte, unterstützte ihn, an der Spitze der heiligen Schaar, die aus drey hundert Thebanern bestand, durch die genaueste Freundschaft und Liebe verbunden, und durch einen besondern Eid verpflichtet, nie zu fliehen, sondern einander bis auf den letzten Blutstropfen zu vertheidigen.

Am Tage der Schlacht zogen sich beide Armeen in eine Ebne. Kleombrotus stand am rechten Flügel, an der Spitze einer Schaar von Lacedämoniern, auf die er sich am meisten verließ, und deren Glieder zwölf Mann hoch standen. Um den Vortheil zu benutzen, welchen seine Ueberlegenheit an Reuterey ihm in einem offnen Lande gab, stellte er dieselbe vor der Fronte seiner Lacedämonier her. Archidamus, der Sohn des Agesilaus, kommandirte die Bundsgenossen, welche den linken Flügel ausmachten.

bis auf den Tod des Epaminondas. 333

Epaminondas, welcher mit seinem linken Flügel, den er selbst kommandirte, den Angriff zu thun gedachte, verstärkte denselben durch den Ausbund seiner schwerbewaffneten Truppen, die er funfzig Mann hoch stellte. Die heilige Schaar war ihm zur Linken, und schloß den Flügel. Der übrige Theil seiner Infanterie machte den rechten Flügel aus, und stand in einer schiefen Linie, die, je weiter sie sich ausdehnte, sich destomehr von dem Feinde entfernte. Bey dieser ungewöhnlichen Stellung hatte er die Absicht, seine rechte Flanke zu decken, und seinen rechten Flügel als eine Art von Korps de Reserve zurückzubehalten, um nicht den Ausgang des Treffens auf den schwächsten Theil der Armee ankommen zu lassen; und das Gefecht mit seinem linken Flügel anzufangen, wo er seine beßten Truppen hatte, damit das ganze Gewicht des Treffens auf den Kleombrotus und seine Spartaner fallen mögte. Er war überzeugt, daß, wenn er nur erst in den Lacedämonischen Phalanx eindringen könne, der übrige Theil der Armee bald in die Flucht geschlagen seyn würde. Seine Reuterey stellte er, wie die Feinde, vor die Fronte des linken Flügels.

Die Reuterey kam zuerst an einander. Da die Thebaner wohl beritten und viel bravere Leute waren, als die Lacedämonier, so dauerte es nicht lange, als die letztern schon zertrennt und auf das Fußvolk zurückgetrieben waren, welches sie etwas in Unordnung brachten. Epaminondas, welcher seiner Reuterey auf dem Fuße nachfolgte, griff nun gleich den Phalanx des Kleombrotus mit dem ganzen Gewicht seiner schwerbewaffneten Schaar an. Der letztere, um eine Diversion zu machen, schickte ein Korps mit dem Befehl ab, dem Epaminondas in die Flanke zu fallen, und ihn zu umringen. Sobald Pelopidas diese Bewegung gewahr wurde, eilte er mit unglaublicher Geschwindigkeit und Kühnheit an der Spitze der heiligen Schaar, der Absicht des Feindes zuvorzukommen, und fiel selbst dem Kleombrotus in die Flanke, welcher durch diesen plötzlichen und unerwarteten Angriff in Unordnung gerieth. Das Treffen war sehr hitzig und hartnäckig; und so lange **Kleombrotus** kommandirte, blieb der Sieg zweifelhaft. Aber als er todt durch seine Wunden niederfiel, verdoppelten beide ihren Eifer, die Thebaner, um ihren Sieg vollkommen zu machen, die Lacedämonier, um der Schande, den Leichnam ihres Königs im Stiche gelassen zu haben, zu entgehen, und ein großes Blutbad erfolgte auf beiden Seiten. Die Spartaner fochten mit so vieler Wuth um den Leichnam, daß sie endlich ihren Zweck erreichten, und ihn davon trugen. Aufgemuntert durch einen so rühmlichen Vortheil, waren sie im Begriff den Angriff zu erneuern, welcher vielleicht glücklich gewesen seyn würde, hätten die Bundsgenossen ihren Eifer unterstützt: aber der linke Flügel, welcher den lacedämonischen Phalanx in Unordnung gebracht sah, und daher Alles für verloren hielt, vornehmlich da er hörte, daß der König todt sey, ergriff die Flucht, und zog den übrigen Theil der Armee nach sich. **Epaminondas** verfolgte sie hitzig, und machte eine große Menge der Flüchtlinge nieder. Die Thebaner behielten also das Feld, errichteten ein Siegeszeichen, und erlaubten den Feinden, ihre Todten zu begraben *).

Einen so herben Streich hatten die Lacedämonier noch nie empfunden. Die blutigste Niederlage bis dahin hatte ihnen nie mehr als vier bis fünf hundert ihrer Brüder gekostet. Hier aber verloren sie viertausend Mann, unter denen tausend Lacedämonier waren, und vierhundert Spartaner von sieben hunderten, die in diesem Treffen gefochten hatten. Von den Thebanern blieben nur dreyhundert Mann, unter denen sich vier ihrer Bürger befanden.

*) So wurde der Spart. Stolz am 20 Tag, nachdem sie die Thebaner vom Bündniß ausgeschlossen, bestraft. Der unversöhnliche Haß des Agesilaus gegen die Thebaner hatte die vornehmste Schuld. Morus ad Xen. 6, 4, 17. Plut. Agel. 29.

Die Stadt Sparta feyerte um diese Zeit die Gymnischen Spiele *), und war voller Fremden, welche die Neugier hingeführt hatte. Als die Boten von Leuktra mit der schrecklichen Nachricht ihrer Niederlage ankamen, erlaubten doch die Ephoren nicht, daß die Tänze unterbrochen, oder irgend eine Aenderung in der Feyer des Fests gemacht würde, so sehr sie auch alle Folgen dieses Unglücks einsahen, und überzeugt waren, daß die Spartanische Macht eine tödliche Wunde dadurch bekommen hätte. Sie schickten an jede Familie die Namen ihrer getödteten Verwandten, und blieben auf dem Schauplatz, um zu sehen, daß die Tänze und Spiele ununterbrochen bis zu Ende fortgesetzt würden. Es läßt sich nicht leicht entscheiden, ob man dieß gleichgültige und beyspiellose Betragen der Ephoren ihren Wunsch, den verzweifelten Zustand ihrer Angelegenheiten dem Volke zu verheelen, oder dem Luxus und der Zerstreuungssucht zuschreiben soll, welche Sparta selbst zu verderben angefangen hatten.

Den folgenden Morgen, als der Verlust jeder Familie bekannt war, versammleten sich die Väter und Verwandten derer, die im Treffen geblieben waren, auf dem öffentlichen Marktplatze, und begrüßten und umarmten einander mit großer Freude und Heiterkeit im Gesicht, unterdeß die Andern sich in ihren Häusern verborgen hielten; oder wenn Nothwendigkeit sie zwang hinauszugehen, geschah es mit so traurigem niedergeschlagenem Gesicht, daß man darinn den tiefen Gram und Kummer ihres Herzens deutlich lesen konnte. Dieser Unterschied zeigte sich noch deutlicher bey den Weibern: Schmerz, Stillschweigen, Thränen zeichneten diejenigen aus, welche die Rückkehr ihrer Söhne erwarteten; aber die, welche ihre Söhne verloren hatten,

---

*) Γυμνοπαιδιαι, zur Ehre des Apollo mehrere Tage hindurch gefeyerte Spiele, bey denen ein kriegerischer Tanz nakter Jünglinge auf dem Marktplatze Hauptsache war. Valk. ad Herod. 6, 67. Ern. ad Xen. mem. I, 2, 61.

liefen zu den Tempeln, den Göttern zu danken und einander zu ihrer Ehre und Freude Glück zu wünschen.

Ein wichtiger Punkt, der sogleich in Betrachtung gezogen wurde, war, wie man mit denen verfahren sollte, die im Treffen geflohen waren. Dem Gesetze nach mußten sie, in diesem Fall, aller Ehre beraubt, und für infam erklärt werden; so daß es ein großer Schimpf war, sich durch Heirath mit einem solchen zu verbinden: sie durften sich öffentlich nicht anders, als in schlechten, schmutzigen Kleidern, von zusammengeflickten vielfärbigen Stücken, und halb kahl geschoren, sehen lassen; und wer ihnen auf der Straße begegnete, konnte sie beschimpfen und schlagen, ohne daß sie sich im geringsten wehren durften. Dies war ein so hartes Gesetz, und die Anzahl der Straffälligen, deren viele in große Familien gehörten, und sehr in Ansehen standen, war itzt so groß, daß man befürchtete, die Vollziehung desselben mögte einen öffentlichen Aufstand veranlassen; außerdem, daß diese Bürger zu dieser Zeit, da man vielmehr die Armee bald möglichst wieder zu ergänzen suchen mußte, am wenigsten entbehrt werden konnten. In dieser Verlegenheit ertheilten sie dem Agesilaus eine unumschränkte Gewalt, von den Gesetzen loszusprechen, oder sie abzuschaffen, oder solche neue zu geben, als das gegenwärtige Bedürfniß erfodere. Er wollte indeß das Gesetz selbst nicht aufheben oder die geringste Veränderung darinn machen, sondern erklärte öffentlich: daß es nur auf den einzigen Tag ungültig seyn, aber den folgenden Morgen wieder seine volle Kraft haben sollte; und durch dieses Mittel rettete er die Bürger von der Schande *).

Ein so großer Sieg blieb nicht ohne schnelle Wirkungen; viele der Griechischen Staaten, die bisher neutral geblieben waren, erklärten sich jetzt für die Sieger,

---

* Plut. Agsl. III. p. 682. s. Uebrigens erhielt sein Sohn Archidamus das Kommando über die neu ausgeschickten Truppen, zu denen sich viele Bundesgenossen gesellten. Xen. 6, 4, 17.

und vermehrten ihre Armee auf siebzig tausend Mann. Epaminondas rückte in Lakonien mit einer Armee ein, von welcher nicht der zwölfte Theil Thebaner waren; und da er ein Land antraf, welches bisher kein Feind berührt hatte, verwüstete er es mit Feuer und Schwerdt, zerstörte und plünderte Alles, bis an den Fluß Eurotas.

Dieser Fluß war damals eben durch den geschmolzenen See sehr angeschwollen; und die Thebaner fanden es nicht so leicht hinüber zu kommen, als sie gehoft hatten, sowohl wegen der reißenden Schnelligkeit als wegen der ausnehmenden Kälte des Wassers. Als Epaminondas an der Spitze seiner Fußvölker hinüber gieng, zeigten einige Spartaner ihn dem Agesilaus, der, nachdem er ihn lange aufmerksam betrachtet, und mit den Augen verfolgt hatte, sich nicht enthalten konnte, voll Bewundrung seiner Tapferkeit auszurufen: O! der wunderthätige Mann! Der Thebanische General begnügte sich indessen, das Land zu verheeren, ohne irgend etwas gegen Sparta selbst zu unternehmen. Er gieng auch nach Arkadien, und setzte es in alle seine vorigen Rechte und Freyheiten wieder ein. Die Lacedämonier hatten geraume Zeit vorher die unschuldigen harmlosen Einwohner alles Ihrigen beraubt, und sie genöthigt, unter Fremden Zuflucht zu suchen. Ihr Land war von gleichem Umfange mit Lakonien, und so fruchtbar, als das beßte in Griechenland. Auch die alten Einwohner von Messenien, welche in verschiednen Gegenden von Griechenland, Italien und Sicilien zerstreut waren, kehrten auf die erste Nachricht von dieser Befreyung, mit unbeschreiblicher Freude zurück, beseelt von der allen Menschen natürlichen Liebe fürs Vaterland; und fast eben so sehr von dem Haß gegen die Spartaner, welchen die Länge der Zeit noch vermehrt hatte. Sie bauten sich eine Stadt, die sie nach dem alten Namen Messene nannten *).

*) Plut. Agef. III. p. 684-692. Meiners II. 555. welcher die Abweichungen der Geschichtschreiber bemerkt hat.

338 Zwölft. Abſch. Von dem Tode des Sokrates,

Nachdem Pelopidas und Epaminondas, die Thebaniſchen Generale, dieſe glänzenden Thaten vollbracht hatten, kehrten ſie nach Hauſe zurück, nicht um zu triumphiren und der Freudenbezeugungen ihrer Mitbürger zu genießen, ſondern um ſich gegen die Anklagen, die man wider ſie anhängig gemacht hatte, zu rechtfertigen. Sie wurden jetzt beide als Verbrecher gegen den Staat vor Gericht gefodert, weil ſie ihr Kommando vier Monate länger, als die durch die Geſetze beſtimmte Zeit, behalten hatten. Nach dem Thebaniſchen Geſetz hatten ſie den Tod durch dieſes Verbrechen verdient; und ihre Ankläger drangen ſehr ernſtlich darauf, daß es pünktlich an ihnen vollzogen werden ſollte. Pelopidas wurde zuerſt vor die Richter gefodert: er vertheidigte ſich mit weniger Stärke und Größe der Seele, als man von einem Manne ſeines Charakters, der von Natur warm und heftig war, erwartete. Jene Tapferkeit, die im Treffen ſo ſtolz und unerſchrocken war, verließ ihn vor ſeinen Richtern. Seine Miene ſowohl als ſeine Rede, die etwas Furchtſames und Kriechendes hatte, verrieth einen Mann, der ſich vor dem Tode fürchtete, und nahm ſeine Richter nicht im geringſten für ihn ein, ſo daß er nicht ohne Schwierigkeit losgeſprochen wurde. Epaminondas hingegen erſchien mit aller Zuverſicht der ſelbſtbewußten Unſchuld: ſtatt ſich zu rechtfertigen, erzählte er ſeine Thaten; er wiederholte in hohen Ausdrücken, wie er Lakonien verwüſtet, Meſſene wiederhergeſtellt, und die Arkadier wieder in einen Staatskörper vereinigt; und ſchloß mit den Worten: daß er gern ſterben wolle, wenn die Thebaner allem Ruhm dieſer Thaten entſagen, denſelben bloß ihm zuſchreiben, und erklären wollten, daß er alles aus eigner Macht und ohne ihre Theilnehmung gethan habe. Alle Stimmen erklärten ſich für ihn; und er kehrte von ſeinen Richtern zurück, wie er aus einem Treffen zurückzukehren pflegte, mit Ruhm und allgemeinem Beyfall. Solche Würde hat wahre Tapferkeit, daß ſie gewiſſermaßen mit Gewalt die Be-

bis auf den Tod des Epaminondas. 339

wunderung der Menschen an sich reißt. Diese Art ihnen Vorwürfe zu machen, hatte so gute Wirkung, daß seine Feinde von aller ferneren gerichtlichen Verfolgung abstanden; und er mit seinem Gehülfen auf die rühmlichste Art losgesprochen wurde. Indessen brachten es seine Feinde, die seinen großen Ruhm beneideten, und ihm gern einen Schimpf anhängen wollten, doch dahin, daß er zum Stadtgassenkehrer erwählt wurde. Er nahm die Stelle mit Dank an, und sagte, daß er, anstatt durch dieses Amt geehrt zu werden, es selbst ehren wolle. *)

Unterdessen wandten die Spartaner, ganz niedergeschlagen durch diese Unglücksfälle, sich an die Athenienser um Beystand, welche sich denn auch, nach einiger Bedenklichkeit, entschlossen, ihnen mit aller ihrer Macht beyzustehen; und ein geringer Vortheil, den die Spartaner über die Arkadier gewannen, wobey sie keinen Mann verloren, machte ihnen wieder einige Hoffnung. **) Auch an den Persischen König wandten sie sich um Beystand gegen Theben; aber Pelopidas,

*) Auf der Rückkehr aus dem Peloponnes hatten die Theban. Feldherrn noch die sich widersetzenden Athen. unter Iphikrates geschlagen. Der erste Einfall in den Peloponnes gehört zu Ol. 102, 3. Mantinea wurde wiederhergestellt, und Megalopolis von den Arkadiern erbauet. Der vornehmste Feind der Böotarchen (des Epamin. und Pelop.) war Meneklides. Plut Pel. II p. 372 ff. Diod. S. 15, 62. ff. Aelian, V. H. 13, 42. Nepos Epam. 7. 8.

**) Lycomedes hatte den Arkadiern so ehrgeizige Absichten eingeflößt. Xen. 6, 5. 7, 1. Der Spart. Sieg über sie, wurde der Sieg ohne Thränen genannt. Von der Gesandschaft des Pelop. an den Persischen Hof. Plut. II. p. 384. Vom Jason Xen 6, 1. 4. Er war Bundsgenosse der Thebaner. Polydorus wurde vom Polyphron getödtet, dieser vom Alexander und der letztere war den Thebanern feind. Von den übrigen Begebenheiten Plut. Pel. II. p. 318. ff. Pelopidas hat seit 368. v. C drey Züge nach Thessalien gethan. Beym zweyten gerieth er in feindliche Gefangenschaft. Zwischen den zweyten und dritten fällt seine Persis. Gesandschaft. Meiners p. 564. ff.

Zwölft. Abſch. Von dem Tode des Sokrates,

welcher eine Geſandſchaft an dieſen Hof unternahm, vereitelte ihre Abſichten, und bewog den großen Monarchen, neutral zu bleiben.

Eines ſo mächtigen Feindes entledigt, ſcheute ſich jetzt Theben weniger, dem Bündniß der Spartaner und Athenienſer die Spitze zu bieten: aber eine neue und unerwartete Macht erhub ſich jetzt gegen ſie, eine Macht, die dereinſt die Freyheit Griechenlandes verſchlingen, und dem ganzen menſchlichen Geſchlecht Geſetze vorſchreiben ſollte.

Einige Jahre vorher hatten die **Theſſalier** den **Jaſon**, König von **Pherä**, zu ihrem General erwählt. Er kommandirte eine Armee von mehr als acht tauſend Mann Reuterey, und zwanzig tauſend Schwerbewaffnete zu Fuß, die leichten Truppen ungerechnet; und hätte Alles unternehmen können, mit einem ſolchen Heer wohl diſciplinirter und unerſchrockner Leute, die auf die Tapferkeit und Klugheit ihres Anführers ein unbegränztes Vertrauen ſetzten. Aber der Tod kam ſeinen Abſichten zuvor; er wurde von einigen Leuten ermordet, die ſich zu ſeinem Untergange verſchworen hatten. Seine beiden Brüder, **Polydorus** und **Polyphron**, wurden an ſeine Stelle erwählt. Gegen dieſe ward **Pelopidas** abgeſchickt. Der letztere von den beiden Brüdern aber tödtete den erſteren, um allein zu regieren, und wurde bald nachher ſelbſt von dem **Alexander** von **Pherä** ermordet, welcher die Regierung an ſich riß, unter dem Vorwande den Tod des **Polydorus**, ſeines Vaters zu rächen. Der Thebaniſche General zwang bald den **Alexander**, ſich zu unterwerfen, und bemühte ſich, durch gütige Behandlung ſeinen von Natur wilden und viehiſchen Charakter zu beſſern. Aber **Alexander**, welcher lange ein ausſchweifendes Leben geführt hatte, und einen unerſättlichen Geiz beſaß, warf insgeheim allen Zwang ab, und war entſchloſſen, ſich bey der erſten Gelegenheit zu rächen. Dieſe fand ſich nach einiger Zeit, denn da **Pelopidas** als Geſandter an den **Alexander** geſchickt wurde, welcher sich damals an der Spitze einer mächtigen Armee befand, ward er plötzlich, allen Gesetzen des Völkerrechts und der Menschlichkeit zuwider, überfallen und zum Gefangenen gemacht. Vergebens beschwerten die Thebaner sich über diese Treulosigkeit, vergebens schickten sie eine starke Armee, aber von unbedeutenden Generalen kommandirt, ab, die Beleidigung zu rächen: ihre Armee kam unverrichteter Sache zurück, und Alexander behandelte seine Gefangenen mit äusserster Härte. Dem Epaminondas allein wars aufbehalten, den Tyrannen zur Vernunft zu bringen. Er rückte an der Spitze eines mächtigen Heers in Thessalien ein, und sein bloßer Name verbreitete ein solches Schrecken, daß der Tyrann Vorschläge der Unterwerfung that, und den Pelopidas auf freyen Fuß setzte.

Pelopidas war kaum dem Gefängniß entlassen, als er beschloß den Tyrannen für seine Treulosigkeit und Bundbrüchigkeit zu züchtigen. Er griff den Alexander mit seiner Armee bey Cynoscephalae (oder Scotussa) an, wo ein blutiges Treffen erfolgte, in welchem die Thebaner siegten, aber unglücklicherweise Pelopidas, ums Leben kam. Seine Landsleute hielten den Sieg, den sie mit seinem Tode erkaufen müssen, für sehr theuer bezahlt. Man beklagte seinen Verlust allgemein, beerdigte ihn mit größter Pracht, und ward nicht müde, ihn zu preisen. Alexander selbst wurde bald nachher von seiner Gemahlinn Thebe und ihren drey Brüdern, die voll Abscheu gegen seine Grausamkeiten, die Welt von einem solchen Ungeheuer zu befreyen wünschten, ermordet. Er schlief, wie man sagt, jede Nacht von einem Hunde bewachet auf einer Kammer, wo man durch eine Leiter hinaufsteigen mußte. Thebe lockte den Hund weg, und bewickelte die Stufen der Leiter mit Wolle, um das Geräusch zu verhindern, worauf sie ihn dann mit Hülfe ihrer Brüder überfiel, und durch verschiedne Wunden ums Leben brachte.

Unterdessen wurde der Krieg zwischen den Thebanern und Spartanern mit gleichem Eifer fortgesetzt.

Ol. 103, 4.
J. 365.
v. C

Die Thebanische Armee ward von ihrem Lieblingsgeneral, dem **Epaminondas**, kommandirt; und die Spartanische durch den **Agesilaus**, den einzigen Mann in Griechenland, der damals fähig war, ihm die Spitze zu bieten.

Das erste Unternehmen des **Epaminondas** in diesem Feldzuge, bewies seine großen Fähigkeiten und seine Geschicklichkeit in der Kriegskunst. *) Da er Nachricht erhielt, daß **Agesilaus** mit seiner Armee den Marsch angetreten, und nur wenige Bürger zur Vertheidigung der Stadt in **Sparta** zurückgelassen, marschierte er bey Nacht geradeswegs dahin, in der Absicht, die Stadt durch Ueberfall einzunehmen, da sie weder Mauern, noch Truppen hatte, sich zu vertheidigen. Aber zum Glück erfuhr **Agesilaus** sein Vorhaben, und schickte gleich Einen von seiner Reuterey ab, die Stadt von ihrer Gefahr zu benachrichtigen. Bald nachher kam er selbst mit einer starken Unterstützung an, und war kaum in die Stadt eingerückt, als man schon die Thebaner über den **Eurotas** gehen, und gegen die Stadt anmarschieren sah. Als **Epaminondas** gewahr wurde, daß man sein Vorhaben entdeckt hatte, hielt er es für Pflicht, nicht abzuziehen, ohne etwas zu unternehmen. **) Er ließ also seine Truppen anrücken, bediente sich der Tapferkeit statt der Kriegslist, griff die Stadt von verschiednen Seiten an, drang bis auf den Marktplatz ein, und bemächtigte sich des Theils von **Sparta**, welcher diesseit des Flusses lag. **Agesilaus** stellte sich ihm allenthalben entgegen, und vertheidigte sich mit größerer Tapferkeit, als man von seinen Jahren erwarten konnte. Er sahe, daß es jetzt nicht Zeit

---

*) Kurz vorher waren unter Vermittelung des Persis. Hofs Unterhandlungen zu Theben gepflogen worden. Xen. 7, 1, 27 f.

**) Die Mantineer waren wieder von den Thebanern abgefallen zu den Laced Dieß bewog den Epaminondas zum zweyten Einfall. Von den folgenden Begebenheiten Plut. Ages. III. 692. ff. Xen. 7, 5. Polyb. 9, 8. Diod. 15, 84. f.

bis auf den Tod des Epaminondas.

sey, wie vorher, sich zu schonen, und bloß vertheidigungsweise zu verfahren; sondern daß er seiner ganzen Tapferkeit und Unerschrockenheit nöthig habe, um mit der ganzen Kraft der Verzweiflung zu fechten. Sein Sohn Archidamus an der Spitze der Spartanischen Jugend, bewies einen unglaublichen Muth, wo nur die Gefahr am größten war; er that auch mit seinem kleinen Haufen dem Feinde Einhalt und stellte sich ihm allenthalben entgegen.

Ein junger Spartaner, Namens Isadas, that sich bey dieser Gelegenheit ganz besonders hervor. Er war sehr schön von Gesicht, von vollkommner Leibesbildung, ansehnlicher Größe, und in der Blüte der Jugend; weder Waffen noch Kleider bedeckten seinen Körper, welcher von Oel glänzte; er hielt einen Spieß in der einen, und einen Degen in der andern Hand. In diesem Zustande verließ er sein Haus mit äußerster Geschwindigkeit, brach durch das Gedränge der fechtenden Spartaner, stürzte sich auf den Feind, theilte mit jedem Hiebe tödtliche Wunden aus, und warf alles vor sich zu Boden, was sich ihm widersetzte, ohne selbst den geringsten Schaden zu nehmen; es sey nun, daß die Feinde durch einen so erstaunlichen Anblick in Schrecken geriethen, oder daß die Götter, wie Plutarch sagt, ein Wohlgefallen daran fanden, ihn wegen seiner außerordentlichen Tapferkeit zu erhalten. Die Ephoren beehrten ihn nach dem Treffen für seine Thaten mit einer Krone; straften ihn aber nachher um tausend Drachmen, weil er sich ohne Rüstung einer so großen Gefahr ausgesetzt hatte.

Epaminondas, dem seine Absicht auf Sparta also fehlschlug, entschloß sich, noch ehe er sein Kommando, welches jetzt zu Ende gieng, niederlegte, etwas zu versuchen, was das fehlgeschlagene Unternehmen ersetzen könnte. Agesilaus hatte, um Sparta zu decken, alle seine Truppen von Mantinea zurückgezogen: dorthin beschloß also Epaminondas seinen Marsch zu nehmen. Da er die Stadt anzugreifen entschlossen war, so sandte er einen Trupp Reuterey aus, ihre Lage zu recognosciren und das Feld von den streifenden Partheyen zu reinigen. Aber gerade als sie Mantinea erreichten, kam eine Armee von 6000 Atheniensischen Hülfsvölkern zur See an, welche, ohne für sich oder für ihre Pferde eine Erfrischung einzunehmen, hervorbrachen, und die Thebanischen Reuter angriffen und schlugen. Mittlerweile war Epaminondas mit seiner ganzen Armee vorgerückt, und hatte den Feind im Rücken. Da er seinen Zweck nicht erreichten konnte, bevor er ihn überwältigt hätte, so beschloß er mit ihnen zu schlagen. Er war itzt nicht weit mehr von der Stadt, die die Ehre gehabt hat, der Schlacht dieses Tages den Namen zu geben, der glänzendsten und am besten ausgefochtenen Schlacht, welche je in der Geschichte irgend eines Landes vorgekommen ist. *)

Nie hatten die Griechen mit zahlreichern Armeen gegen einander gefochten. Die Lacedämonier hatten mehr als zwanzig tausend Mann zu Fuß, und zwey tausend zu Pferde; die Thebaner dreyßig tausend zu Fuß und drey tausend zu Pferde. Auf dem rechten Flügel der ersteren standen die Mantineer, Arkadier und Lacedämonier in einer Linie; die Eleer und Achäer, als die schwächesten, hatten die Mitte; und die Athenienser allein machten den linken Flügel aus. In der andern Armee standen die Thebaner und Arkadier zur Linken, die Argiver zur Rechten, und die übrigen Bundsgenossen in der Mitte. Die Reuterey zu beiden Seiten war auf die Flügel vertheilt.

Der Thebanische General marschierte in der nehmlichen Schlachtordnung auf, in welcher er zu fechten gedachte, damit er, wenn er mit dem Feind an einander käme, nicht genöthigt seyn mögte, durch die Stellung seiner Armee eine Zeit zu verlieren, welche bey großen

*) Fast das ganze Europ. Griechenland hatte sich zu dieser Schlacht versammlet. Xen. 7, 5, 26. Meiners Gesch. II. 562. f.

Unternehmungen, wenn sie einmal verloren ist, nicht wieder eingebracht werden kann.

Er marschierte nicht geradeswegs und in Fronte auf die Feinde los, sondern in einer Kolonne auf den Hügeln, mit dem linken Flügel voran, als ob er nicht geneigt sey, an diesem Tage zu fechten. Als er ihnen gegenüber und noch eine Viertelstunde von ihnen war, ließ er seine Truppen Halt machen und ihre Waffen niederlegen, als ob er willens wäre, daselbst ein Lager aufzuschlagen. Die Feinde ließen sich auch wirklich dadurch hintergehen, und rechneten nicht weiter auf ein Treffen; sie legten daher ihre Waffen ab, zerstreuten sich durchs Lager, und ließen also die Hitze verrauchen, die ein nahebevorstehendes Treffen bey den Soldaten zu entzünden pflegt.

Epaminondas aber schwenkte sich plötzlich zur Rechten, verwandelte seine Kolonne in eine Linie, zog die auserlesensten Truppen, die er auf dem Marsch ausdrücklich an die Fronte gestellt hatte, aus, und ließ sie ihre Reihen an der Fronte seines linken Flügels doppelt so tief machen, damit sie desto mehr Stärke haben, und im Stande seyn mögten, in den Lacedämonischen Phalanx, welcher jetzt, durch die Bewegung, die er gemacht hatte, gerade gegen ihn über war, mit der Spitze einzudringen. Dem mittleren Korps und dem rechten Flügel seiner Armee gab er Befehl, sehr langsam anzurücken, und Halt zu machen, ehe sie mit dem Feinde an einander kämen, denn er wollte nicht gern den Ausgang des Treffens durch Truppen in Gefahr setzen, zu denen er kein großes Vertrauen hatte. Vielmehr gedachte er den Sieg durch denjenigen Haufen auserlesener Truppen zu entscheiden, welchen er in Person anführte und den er in eine Kolonne gestellt hatte, um den Feind mit einer keilförmigen Spitze anzugreifen. Denn er war überzeugt, daß, wenn er nur erst in den Lacedämonischen Phalanx, worinn die vornehmste Stärke des Feindes bestand, eingedrungen wäre, es ihm gar nicht schwer fallen würde, den übrigen Theil ihrer Armee in die Flucht zu schlagen, indem er mit seinen siegreichen Truppen zugleich ihren rechten und linken Flügel anfiele.

Um aber die Athenienser auf dem linken Flügel abzuhalten, daß sie dem rechten gegen seinen vorhabenden Angriff nicht zu Hülfe kommen mögten, ließ er ein Detaschement seiner Reuterey und Fußvölker aus der Linie vorrücken, und postirte sie auf eine Anhöhe, von welcher sie den Atheniensern gleich in die Flanke fallen könnten, theils um seine rechte Seite zu decken, theils sie in Furcht zu setzen, daß man ihnen selbst in die Flanke und in den Rücken fallen würde, wenn sie ihrem rechten Flügel zu Hülfe kommen wollten.

Nachdem er seine ganze Armee also geordnet hatte, rückte er an, um den Feind mit dem ganzen Gewicht seiner Kolonne anzugreifen. Sie geriethen in großes Erstaunen, als sie den Epaminondas in dieser Ordnung anmarschieren sahen, sie griffen gleich wieder zu den Waffen, zäumten ihre Pferde, und stellten sich mit größter Eile in ihre Glieder.

Unterdeß Epaminondas gegen den Feind anrückte, hatte seine Reuterey, welche seine Flanke zur linken deckte, die beste damaliger Zeit in Griechenland, indem sie gänzlich aus Thebanern und Thessaliern bestand, Befehl, die feindliche Reuterey anzugreifen. Der Thebanische General, welchem nichts entgieng, hatte sehr weislich Schleuderer, Wurfspies = und Bogenschützen zwischen seine Reuterey gestellt, um durch einen Regen von Steinen, Spießen und Pfeilen die feindliche Reuterey vorher etwas in Unordnung zu bringen.

Auf der andern Seite hatte man diese Vorsicht nicht gebraucht, und dagegen einen Fehler gemacht, der nicht weniger erheblich war; denn man hatte die Schwadronen so viel Mann hoch gestellt, als ob sie ein Phalanx wären. Solchergestalt war ihre Reuterey nicht im Stande, den Angriff der Thebaner lange auszuhalten. Nachdem sie verschiedne Anfälle mit großem Verlust gethan, sah sie sich genöthigt, sich hinter das Fußvolk zurückzuziehen.

Unterdessen hatte **Epaminondas** mit seiner Kolonne den Lacedämonischen Phalanx angegriffen. Auf beiden Seiten fochten die Truppen mit unglaublicher Hitze, denn sowohl Thebaner als Lacedämonier waren entschlossen, lieber zu sterben, als die Ehre des Sieges ihren Nebenbuhlern zu überlassen. Sie fochten anfangs mit dem Speer, und da diese ersten Waffen bald in der Wuth des Gefechts zerbrochen waren, fielen sie einander mit dem Degen in der Hand an. Der Widerstand war gleich hartnäckig, und das Blutbad auf beiden Seiten sehr groß. Die Truppen, voll von Verachtung der Gefahr, und nur begierig sich durch ihre Thaten hervorzuthun, wollten lieber in ihren Gliedern fallen, als einen Schritt breit weichen.

J. v. C.
362. b.
27 Jun.

Als dieses schreckliche Gemetzel immer fort dauerte, ohne daß der Sieg sich auf eine von beiden Seiten lenkte, hielt **Epaminondas**, um ihn mit Gewalt auf seine Seite zu ziehen, es für seine Pflicht, in eigner Person etwas Außerordentliches zu wagen, ohne seines eignen Lebens zu schonen. Er sammelte daher einen Haufen der tapfersten und entschlossensten Leute, stellte sich an ihre Spitze, fiel dann den Feind an wo das Gefecht am hitzigsten war, und verwundete den Lacedämonischen General mit dem ersten Spieß, den er abwarf. Der ganze Haufen, durch sein Beyspiel angefeuert, verwundete und tödtete Alles, was ihm im Wege stand, und drang endlich in den Phalanx ein. Die Lacedämonier, durch die Gegenwart des **Epaminondas** in Schrecken gesetzt, und überwältigt durch das Gewichte dieser unerschrocknen Schaar, sahen sich gezwungen zu weichen. Nun trieben die übrigen Thebanischen Truppen, durch das Beyspiel und Glück ihres Generals belebt, den Feind zur Rechten und Linken in die Flucht, und richteten großes Blutvergießen unter ihm an. Einige Spartaner aber, welche sahen, daß **Epaminondas** sich zu sehr von seiner Hitze hinreißen ließ, sammleten sich plötzlich wieder, erneuerten das Gefecht, und schossen einen Regen von Spießen auf ihn ab. Unterdeß er einen Theil derselben aparirte, andern auswich, andre auffieng, und mit der heldenmüthigsten Tapferkeit focht, um seiner Armee den Sieg zu sichern, versetzte ihm ein Spartaner, Namens Kallikrates,*) mit seinem Spieß, durch den Panzer in die Brust, eine tödtliche Wunde. Da der Schaft des Spießes zerbrach und die eiserne Spitze in der Wunde stecken blieb, litt er unerträgliche Schmerzen, und fiel gleich zur Erde nieder. Nun fieng das Gefecht um ihn her mit neuer Wuth an, indem die eine Parthey sich alle mögliche Mühe gab, ihn lebendig gefangen zu bekommen, und die andre ihn zu retten. Die Thebaner blieben endlich Meister, und trugen ihn davon, nachdem sie den Feind in die Flucht geschlagen hatten.

Nach mancherley verschiednen Bewegungen, und abwechselndem Verlust und Vortheil, standen endlich die Truppen auf beiden Seiten still, und ruhten auf ihren Waffen aus; und die Trompeter beider Armeen, als ob sie es abgeredt hätten, bliesen zu gleicher Zeit zum Rückzuge. Jede Parthey eignete sich den Sieg zu, und errichtete ein Siegszeichen; die Thebaner, weil sie den rechten Flügel geschlagen, und Meister des Schlachtfeldes geblieben waren; die Athenienser, weil sie des Feldherrn Detachement niedergehauen hatten; und wegen dieses Ehrenpunktes wollte keine von beiden zuerst um Erlaubniß bitten, ihre Todten begraben zu dürfen, welches bey den Alten so viel, als ein Geständniß der Niederlage war. Indessen bequemten sich doch die Lacedämonier endlich, zuerst um diese Erlaubniß anzuhalten; worauf denn die Uebrigen auf nichts anders bedacht waren, als ihren tobten Kameraden die letzte Pflicht abzustatten.

*) Nach Plut. III. 695. Antikrates, (von welchem ein Kallikrates zu Plutarchs Zeit ein Abkömmling war.) Vergl. Wess. ad D. S. II. p. 71. Nach Pauf. 8, 11. 9, 13 — 15. hat Gryllus, Sohn des Xenophon dem Epaminondas getödtet.

Epaminondas war unterdessen ins Lager gebracht worden. Die Wundärzte, nachdem sie seine Wunde untersucht hatten, erklärten, daß er sterben würde, so bald die Spitze des Spießes herausgezogen wäre. Alle Anwesende stürzten diese Worte in die äußerste Betrübniß, alle waren untröstbar, einen so großen Mann am Rande des Grabes zu sehen. Er aber bezeugte keine Bekümmerniß als über seine Waffen und den Ausgang des Treffens. Als man ihm seinen Schild zeigte, und ihn versicherte, daß die Thebaner den Sieg erhalten, wandte er sich mit ruhiger, heiterer Miene zu seinen Freunden, und sagte: „Nun so ist Alles wohl." Gleich darauf zog er die Spitze des Spießes aus der Wunde, und verschied in den Armen des Sieges.

Wie Thebens Größe mit dem Epaminondas entstanden war, so fiel sie auch mit ihm; und er ist vielleicht das einzige Beyspiel eines Mannes, der seine Mitbürger plötzlich auf den Gipfel des Kriegsruhms erhoben, und sie zu den herrlichsten Siegen angeführt, ohne einen Vorgänger gehabt zu haben, oder einen Nachahmer seines Beyspiels zu hinterlassen.

Die Schlacht bey Mantinea war die größte, welche je von Griechen gegen Griechen gefochten worden; die ganze Stärke des Landes stand hier, jedes nach seinem verschiednen Ansehen und Kräften, gegen einander im Felde; und man focht mit einer Hartnäckigkeit, die der Wichtigkeit der Sache, welche nichts weniger war, als die Entscheidung der Herrschaft über Griechenland, entsprach. Diese wäre nun den Thebanern zu Theil geworden, hätten sie nicht die Früchte ihres Sieges durch den Tod ihres Generals verloren, welcher die Seele aller ihrer Entwürfe und Absichten war. Dieser vernichtete alle ihre Hoffnungen, und löschte das plötzlich auflodernde Feuer ihrer Macht fast eben so schnell wieder aus, als es entzündet war. Indessen gaben sie nicht gleich ihre Ansprüche auf; sie wurden noch immer für einen der ersten Griechischen Staaten angesehen, und machten noch einige weitere Versuche; aber sie waren nur schwach und unwirksam, und sie kämpften mehr für Leben und Daseyn, als für Macht und Herrschaft. Man that daher Vorschläge zu einem Frieden, welcher von allen Griechischen Staaten, Sparta ausgenommen, *) bestätigt wurde. Die Bedingungen desselben waren, daß jeder Staat seine Besitzungen behalten, und daben unabhängig von jeder andern Macht bleiben sollte.

Eine allgemeine Ruhe erfolgte auf diesen Frieden, in welcher die Griechischen Mächte ihre vorigen Feindseligkeiten abzulegen schienen; und wenn wir einen Feldzug unter dem **Agesilaus** in Aegypten ausnehmen, wohin er geschickt war, dem **Tachos**, welcher dieses Königreich usurpirt hatte, benzustehen, und während dessen er starb, geschah einige Jahre über wenig.

Olymp 104, 3. 361 v. C. G.

Es ist hier der Ort, eine kurze Nachricht von diesem Feldzuge zu geben. Tachos hatte sich zum König in Aegypten aufgeworfen, und den Agesilaus um Benstand gegen den König von Persien gebeten, mit dem er im Krieg begriffen war. Agesilaus willigte aus Habsucht und in der Hoffnung, selbst das Hauptkommando zu erhalten, leicht ein; er versicherte die Spartaner, nichts als der Vortheil des Vaterlandes könne ihn bewogen haben, in die Dienste eines auswärtigen Fürsten zu gehen. Als er in Aegypten anlangte, war Jedermann begierig, einen Mann zu sehen, der sich einen so glänzenden Ruhm erworben. Es eilten daher viele Leute von jeder Art zu dem Ort hin, wo er sich aufhielt; aber wie sehr erstaunten sie, als sie anstatt einer schönen, majestätischen Gestalt, einen kleinen alten Mann, von mittelmäßigem Ansehen, in seinen abgetragenen Kleidern mit ungekämmten Haaren auf dem Gras liegen sahen. Sie wurden noch mehr betroffen, als sie ihm Wohlgerüche und andere Aegyptische Tändelenen überreichten und er ihnen antwortete: Gebt diese Dinge meinen

---

*) Diese wollten nicht beytreten, weil die Messenier in dem Frieden eingeschlossen waren. Plut. III. p. 695. L.

bis auf den Tod des Epaminondas. 351

Sklaven, freygebohrne Spartaner wissen keinen Gebrauch davon zu machen. Er fand bey dem Tachos bey weitem nicht die Art der Behandlung, die er erwartet hatte. Anstatt das oberste Kommando zu erhalten, wollte der Fürst ihm nur die Miethtruppen anzuführen geben. Agesilaus wurde in der Folge abgeneigt gegen Tachos, und verband sich mit dessen Neffen, Nectanebus, der Feindseligkeiten gegen ihn angefangen hatte. Tachos wurde bald aus dem Königreiche getrieben. Nectanebus genoß keiner langen Ruhe; denn er war kaum zum König ausgerufen, als ein andrer Mitbewerber aufstand, und Aegypten wieder in den Waffen war. Nectanebus und Agesilaus mußten sich mit ihren Truppen verschanzen. Das Verhalten des Agesilaus während der Belagerung, die sie aushielten, ist sehr gepriesen worden. Auf seinen Rath geschah ein glücklicher Ausfall, und Nectanebus wurde im Frieden auf den Thron gesetzt. Zur Belohnung so großer Dienste empfieng der Spartanische König 230 Silbertalente (fast 200000 Thl.) und alle nur mögliche Beweise der Dankbarkeit und Achtung. Als er in dem folgenden Winter nach Hause zurücksegelte, wurde er in den Hafen des Menelaus getrieben, welcher in einer wüsten Gegend von Afrika lag; hier wurde er von einer hitzigen Krankheit befallen, die ihn wegnahm, da er über 80 Jahr alt, und 40 Jahr König gewesen war. Sein Charakter war aus der Zusammensetzung der entgegengesetztesten Eigenschaften entstanden. Gegen seine Ansprüche auf die königliche Würde wirkten sehr starke Vorurtheile, sowohl in Rücksicht auf seine Person, als auf sein Interesse im Staat. Die erstern besiegte er durch seine gute Laune, die andern durch den Beystand des Lysander. Er war so vollkommen überzeugt, daß seine Bildung schlecht sey, daß er sich während seines Lebens nie wollte eine Bildsäule errichten lassen, und die Spartaner bat, daß sie auch nach seinem Tode ihm keine setzen sollten. Er bewies stets die größte Ehrerbietigkeit gegen den Spartan. Senat und die Ephoren; die Folge davon war, daß er alle seine Absichten durch neue Erwerbung von Vorzügen ausführen konnte. Er war seiner Enthaltsamkeit und Mäßigkeit wegen berühmt; er blieb der alten Spartanischen Frugalität und Simplicität eifrig ergeben. Er konnte unendlich viel Strapaze und Mühseligkeit aushalten. Seine ungewöhnliche Liebe zu seinen Kindern machte einen starken Zug in seinem Charakter aus. Ein Freund fand ihn, wie er mit ihnen auf einem Steckenpferd ritt; er sagte zu ihm: Sprich kein Wort darüber, bis du selbst Vater bist. Er war im hohen Grade menschlich und edelmüthig gegen seine Feinde; vergab ihnen ihre Beleidigungen, und erließ die Schulden sehr leicht; von ihrer Verlegenheit oder ihren Bedürfnissen zog er nicht den geringsten Vortheil. Auf der andern Seite war er zu partheyisch gegen seine Freunde, in denen er selten etwas Tadelnswürdiges finden konnte. Was er zu dem Fürst von Karien sagte, verdient erwähnt zu werden: „Wenn Nicias unschuldig ist, so sprich ihn wegen seiner Unschuld los, ist er schuldig, so thue es meinetwegen, auf jeden Fall sprich ihn los." Es war ein Unglück für sein Vaterland, daß die Heftigkeit und Ruhmsucht seiner Jugend im Alter in Hartnäckigkeit und verkehrtes Wesen ausartete. Diese Veränderung machte, daß er bisweilen seinem Vaterlande durch Unternehmungen, in welche der Senat nur mit Widerwillen eingieng, Unglück zuzog. Er hatte eine besondere Methode seine Feinde zu hintergehen. Wenn er einen Marsch antreten wollte, so ließ er die wahre Absicht und Zeit seines Marsches bekannt machen, und er hatte das Vergnügen immer zu hören, daß die Feinde an einem andern Tage aufgebrochen wären und einen andern Weg eingeschlagen wären, als sie zu nehmen wünschten. Seine kriegerische Tapferkeit war so groß, daß die Spartaner ihn nicht nur zu ihrem General, sondern auch zum Admiral machten, eine Ehre, welche noch keinem andern Feldherrn wiederfahren war. *)

---

*) Von dem letztern Feldzug s. Plut. Agesl. III. 696-702.

Die Athenienser besonders, als sie sich des Epaminondas, der ihre Nacheiferung bisher rege erhalten hatte, entledigt sahen, wurden ganz träge und nachlässig, überließen sich der Bequemlichkeit und dem Vergnügen, und beschäfftigten sich mit nichts, als Schauspielen und Lustbarkeiten. Sie waren von Natur diesen Zeitvertreiben gar zu sehr ergeben, und Perikles hatte sie vormals noch mehr dazu aufgemuntert, denn er verstand die Kunst, sie durch ihre Neigungen zu lenken, und bediente sich dieses Mittels, sich bey ihnen beliebt zu machen und sie von einer gar zu genauen Aufmerksamkeit auf seine Administration abzuziehen. Jetzt aber trieben sie ihre Lustbarkeiten zu einem weit höhern Grade von Ausschweifung. Sie hatten eine solche Leidenschaft für die Bühne, daß diese alle andern Gedanken, so wohl an Staats-Geschäffte als an den Ruhm der Nation erstickte. Kurz die Dekorationen und andre Kosten, welche das Theater erforderte, betrugen eine so übermäßige Summe, daß Plutarch sagt, es habe mehr gekostet, einige der berühmten Stücke des Sophokles und Euripides auszuführen, als der ganze Krieg gegen die Barbaren. Und um diese Kosten auszuhalten, griffen sie den Fond an, der zum Kriege ausgesetzt war mit dem Verbot, daß Keiner bey Todesstrafe je vorschlagen sollte, ihn zu irgend etwas anderm zu gebrauchen. Sie warfen jetzt nicht nur jene Verordnung um, sondern giengen wieder eben so weit auf der andern Seite, indem sie Todesstrafe darauf setzten, wenn Jemand den Vorschlag thäte, den Fond wieder zu dem Gebrauch anzuwenden, wozu er vorher bestimmt gewesen war. *) Bey dieser thörichten Anwendung der

(der den Neetanebus Nectanabis nennt, und dem Agesilaus ein Alter von 84 Jahren eine Regierung von 41 Jahren beylegt.) Diod. 15, 99. ff. und über die Tugenden des Agesilaus Xen. Or. in Aegypt. und die von Meiners Gesch. d. Wiß. II. 335. f. angef. Schriften.

*) Ein Gesetz des Eubulus untersagte bey Todesstrafe das Geld, das bey m Pöbel zu Opfern, Brod und Bezahlung der Sitze in den Schauspielen gegeben wurde, zu andern Ab-

Staatseinkünfte, wo der müssige Bürger auf Kosten der Soldaten und Seeleute unterhalten wurde, schienen sie nichts mehr von dem Geist und Muth übrig zu haben, den sie in den Persischen Kriegen geäußert hatten, da sie ihre Häuser niederrissen, um eine Flotte auszurüsten, und da die Weiber einen Menschen zu Tode steinigten, welcher den Vorschlag that, daß man den großen König (so nannte man den Persischen Monarchen) durch Tribut und Huldigung besänftigen sollte.

J. v. E. 358.

Bey dieser allgemeinen Erschlaffung war es nicht zu erwarten, daß ihre Bundesgenossen ihnen mit der Ehrerbietung, die sie foderten, begegnen würden. *) Die mehrsten der Staaten, die bisher im Bündniß mit ihnen gestanden, und unter ihrem Schutz Sicherheit gefunden hatten, ergriffen die Waffen wider sie. **Chabrias, Iphikrates** und **Timotheus**, welche sie zum Gehorsam bringen mußten, erndteten bey der Gelegenheit großen Ruhm ein; und man hält sie wirklich für vollkommne Generale; aber ihre Siege waren zu klein, als daß man sie in die Klasse der vorzüglichen Feldherrn setzen könnte; und so groß ihre Geschicklichkeit seyn mogte, so fehlte es ihnen doch an wichtigen Gelegenheiten, sie zu zeigen. Dieser Krieg ward mit der Belagerung von **Chios** eröffnet, wobey die Athenienser zurückgeschlagen wurden; und **Chabrias**, welcher sein Schiff nicht verlassen wollte, wählte lieber Tod als Flucht. Hierauf erfolgte die Belagerung von **Byzan-**

sichten und besonders zur Besoldung der Soldaten, anzuwenden. Petit. Leg. Att. p. 385. Die übrigen Nachrichten von der traurigen Beschaffenheit der Athen. Ochlokratie hat Meiners Gesch. d. Wiss. II. 606. ff. gesammlet.

*) Die Ath. hatten Ol. 104, 4. einen unglücklichen Feldzug gegen Alexander Tyran von Pherä gethan, unter Leosthenes, und der neue Admiral, den sie hinschickten, Chares war den Bundsgenossen beschwerlicher als den Feinden. Diod. 15, 95. Darauf traten die Chier, Koer, Rhodier, Byzantier in ein Bündniß gegen Athen, woraus der Bundsgenossenkrieg entsprang. Diod. 16, 2. ff.

cium, vor welcher Stadt die Flotten der streitenden Mächte durch einen Sturm zerstreut wurden. Die Atheniensischen Generale wurden dieserwegen zurückberufen. Man verdammte den **Timotheus,** eine große Geldsumme zu erlegen, er verbannte sich darauf freywillig aus seinem Vaterlande. Den **Iphikrates** zog man ebenfalls zur Verantwortung, aber er rettete sich durch seine Beredsamkeit; *) und unterdessen hatten die Athenienser schlechtes Glück unter der Anführung des **Chares,** welcher als einzig kommandirender General zurückgelassen war. Ein Friede ward geschlossen, wodurch jede Stadt und jedes Volk im vollen Besitz der Freyheit bestätigt wurde: und so endigte sich der Krieg mit den Bundsgenossen, nachdem er drey Jahre gedauert hatte.

Während dieser Vorfälle hub sich eine Macht in Griechenland empor, die bisher unbemerkt geblieben war, jetzt aber zu glänzend und furchtbar wurde, als daß man sie in dem allgemeinen Gemälde übersehen könnte. Das waren die **Macedonier,** ein bisher wenig bekanntes und gewissermaßen barbarisches Volk, welches zwar stark und kriegerisch war, aber noch nie sich unterstanden hatte, sich in die Griechischen Angelegenheiten zu mengen. Jetzt aber trafen verschiedne Umstände zusammen, sie aus der Dunkelheit empor zu heben, und sie in Entwürfe zu verwickeln, welche nach und nach eine gänzliche Veränderung in Griechenlands Zustande hervorbrachten. Es wird also nöthig seyn, eine kurze Nachricht von ihrer Macht und ihrem Ursprunge voranzuschicken, ehe wir uns ins Detail der glänzenden Rolle einlassen, welche sie nachmals auf dem Schauplatze der Welt gespielt haben.

---

*) Nach Polyaen. Strat. 3, 9, 15. durch Bewafnete, die er vor Gericht aufstellte. Chares hatte nachher auch einen Persis. Sattrap gegen den König von Persien unterstützt, und dadurch diesem König Gelegenheit gegeben zu klagen.

Dreyzehnter Abschnitt.

Von der Geburt des Macedonischen Königs Philipp bis auf seinen Tod.

Die Macedonier waren bisher als ein Volk, das an dem Griechischen Bunde keinen Theil habe, als Ausländer und halbe Barbaren angesehen. Sie rühmten sich freylich eines Griechischen Ursprungs, hatten aber bisher weder ihrer Verfeinerung noch ihrer Freyheit genossen; sie hatten wenig oder gar keinen Verkehr mit ihrem Mutterlande; sie hatten die Gewohnheiten und Sitten der Eingebohrnen des Landes, wo sie sich niedergelassen, angenommen, und wurden daher mit gleicher Geringschätzung behandelt.

Der erste König von Macedonien, dessen mit einigem Grade von Gewißheit Erwähnung geschieht, ist Karanus, des Temenus Sohn, welcher von Geburt ein Argiver und der sechszehnte in gerader Linie vom Herkules gewesen seyn soll. *) Dies war der Grund, daß Philipp nachmals vom Herkules abzustammen behauptete, und sich göttliche Ehre anmaßte. Von dem Karanus also ist die gemeine Meynung, daß er einen Haufen seiner Landsleute, auf Anrathen des Orakels, in die Gegenden, wo er sich niederließ, geführt, und sich zum König gemacht hat. Er soll acht und zwanzig Jahr regiert haben, und seine Krone von Vater auf Sohn bis zu der Zeit, wovon wir jetzt handeln, fortgeerbt seyn. Von allen diesen Königen läßt sich wenig Merkwürdiges sagen, indem sie vornehmlich nur besc... waren, sich gegen die Einfälle ihrer Nach-

Um d. J. 830. v. C.

---

*) Der erste König, den man mit größerer Gewißheit kennt, war Perdikkas aus Argos (um Ol. 12. 730. v. C.); von ihm und seinen beyden Brüdern, Gavanes und Aeropus, Temeniden, die aus Argos nach Illyrien und von da nach Obermacedonien und zuletzt in einen andern Theil, der Emathien hieß, flohen, wo Perdikkas ein Reich stifftete, s. Herod. 8, 139. und das. Valk....r.

barn zu vertheidigen. *) Und was ihre innern Angelegenheiten betrifft, so zeichneten sie sich bloß durch die häufigen Mordthaten und Usurpationen aus, die in der königlichen Familie vorgiengen.

Amyntas II., des Philippus Vater, trat im dritten Jahre der sechs und neunzigsten Olympiade die Regierung an. Da er gleich im folgenden Jahre sehr hitzig von den Illyriern angegriffen, und eines großen Theils seines Königreichs beraubt war, dessen er sich wieder zu bemächtigen kaum für möglich hielt, wandte er sich an die Olynthier; und um sie desto stärker sich zu verbinden, hatte er ihnen einen beträchtlichen Strich Landes in der Nachbarschaft ihrer Stadt eingeräumt. Die Thessalier setzten ihn wieder in den Besitz seines Reichs, worauf er denn auch den Strich Landes wieder zurücknehmen wollte, den er, bloß durch den schlechten Zustand seiner Angelegenheiten genöthigt, an die Olynthier abgetreten hatte. Dies veranlaßte einen Krieg; da aber Amyntas nicht stark genug war, allein einem so mächtigen Volke die Spitze zu bieten, so schickten die Griechen, und besonders die Athenienser, ihm Hülfe, und setzten ihn in Stand, die Macht der Olynthier, die ihm mit einem gänzlichen baldigen Untergange drohten, zu schwächen. **)

Amyntas starb, nachdem er vier und zwanzig Jahr regiert hatte, und hinterließ drey rechtmäßige Söhne, den Alexander, Perdikkas und Philipp. Alexander, der älteste, regierte nur ein Jahr. Perdikkas, der zweyte, fand einen Gegner an dem Pausanias, ***) welcher sich einiger Forts bemächtigte;

---

*) Amyntas I. hatte sich Ol. 67, 1. den Persern unterwerfen müssen. Herod. 5, 17.

**) Die Spartaner standen ihm vornemlich gegen Olynth bey. Diod. 15, 29. ff.

***) Goldsmith nannte ihn einen Lacedämonier. Er stammte aus dem Kön. Hause ab, und wurde vom Iphikrates verdrängt. Ptolemäus, der gar nicht mit dem Alexander verwandt war (Weß. ad Diod. S. 15, 71.) regierte

mit Hülfe des Atheniensischen Generals **Iphikrates** wurde der Usurpateur verjagt, und **Perdikkas**, der rechtmäßige Oberherr auf dem Throne befestigt. Er blieb indeß nicht lange in Ruhe. **Ptolemäus** von **Alorus**, ein natürlicher Sohn des **Amyntas**, machte Ansprüche auf die Krone und wollte ihm seine Ansprüche streitig machen. Die Sache wurde, mit gemeinschaftlicher Einwilligung dem Thebaner **Pelopidas**, einem Manne, der sowohl wegen seiner Redlichkeit als wegen seiner Tapferkeit sehr geehrt wurde, zur Entscheidung vorgelegt. **Pelopidas** entschied zum Vortheil des **Perdikkas**; und da er es für nöthig fand, Unterpfänder von beiden streitigen Partheyen mitzunehmen, um sie zu genauer Beobachtung der Artikel des Vertrages zu nöthigen, so nahm er unter andern auch den **Philipp** mit nach **Theben**, wo er sich mehrere Jahre lang aufhielt. Er war damals erst zehn Jahr alt. **Eurydice**, seine Mutter, als sie sich von diesem geliebten Sohn trennen mußte, bat den **Pelopidas** aufs angelegentlichste, ihm eine Erziehung geben zu lassen, die seiner Geburt und der Stadt, wohin er als Geißel gieng, würdig wäre. **Pelopidas** that ihn zu dem **Epaminondas**, welcher einen berühmten Pythagorischen Philosophen, **Lysis**, zur Erziehung seines Sohnes im Hause hatte. **Philipp** gewann viel durch den Unterricht des **Epaminondas**, unter welchem er ohne Zweifel einige Feldzüge machte, wiewohl dieß nicht ausdrücklich erwähnt wird. Er hätte unmöglich einen trefflichern Lehrmeister haben können, weder in der Kriegskunst, noch in der Weisheit und Tugend; denn dieser berühmte Thebaner war zu gleicher Zeit ein grosser Philosoph, das heißt, ein weiser und tugendhafter Mann, und ein großer General. **Philipp** war stolz darauf sein Lehrling zu seyn, und setzte sich ihn zum Muster vor; sehr glücklich, hätte er ihn vollkommen kopiren können. Vielleicht entlehnte er vom **Epami-**

3 Jahr. Perdikkas III. wird König J. 365. v. C. Von den folgenden Begebenheiten Diod. 16, 2. ff. Iustin. 7, 6. ff.

non das seine Thätigkeit im Kriege, seine Schnelligkeit sich jede Gelegenheit zu Nuße zu machen; Eigenschaften, die gleichwohl nur einen sehr unbeträchtlichen Theil von den Verdiensten dieses unvergleichlichen Mannes ausmachten. Seine Mäßigkeit aber, seine Gerechtigkeit, seine Uneigennüßigkeit, seine Redlichkeit, seine Großmuth, seine Güte, die ihn erst wahrhaftig groß machten, das waren Tugenden, die Philipp nicht von der Natur erhalten hatte, und auch nicht durch Nachahmung erwarb.

Die Thebaner wußten nicht, daß der gefährlichste Feind für Griechenland damals von ihnen gebildet und erzogen wurde. Nachdem Philipp neun oder zehn Jahre in ihrer Stadt zugebracht hatte, brachte die Nachricht von einer Revolution in Macedonien ihn auf den Entschluß, Theben heimlich zu verlassen. Er schlich sich also heimlich davon, eilte mit größter Schnelligkeit in sein Vaterland zurück, und fand die Macedonier in großer Bestürzung über den Verlust ihres Königs Perdikkas II. welcher in einem großen Treffen gegen die Jllyrier geblieben war, noch mehr aber über die Entdeckung, daß sie so viele Feinde als Nachbarn hatten. Die Jllyrier waren im Begriff, mit einer noch größern Macht nach Macedonien zurückzukehren; die Päonier plagten sie durch beständige Einfälle; die Thrazier waren entschlossen, den Pausanias auf den Thron zu setzen, der seine Ansprüche noch nicht aufgegeben hatte; und die Athenienser wollten den Argäus zum König machen, welchen Mantias, ihr General, mit einer starken Flotte und einem ansehnlichen Kriegsheer zu unterstützen, Befehl hatte. Macedonien hatte damals einen bejahrten Prinzen zum Regenten nöthig; und Amyntas, des Perdikkas Sohn und rechtmäßiger Erbe des Thrones, war noch ein Kind. Philipp regierte das Königreich eine Zeitlang als Vormund des Prinzen; aber die Unterthanen, die davon mit Recht üble Folgen befürchteten, setzten den Neffen zum Vortheil des Onkels ab, und erhuben statt des Erben, den die Natur ihnen gegeben hatte, den auf den Thron, welchen die gegenwärtige Lage der Sachen foderte, überzeugt, daß die Gesetze der Nothwendigkeit allen andern vorgehen. Philipp bestieg also im vier und zwanzigsten Jahre seines Alters, und im ersten Jahr der 105ten Olympiade, den Thron.

Nie erfoderten die Umstände der Macedonier so sehr einen Mann von so vorzüglicher Klugheit und Thätigkeit, als jetzt. Sie waren mit eben so viel Feinden als Nachbarn umgeben. Die Illyrier, angefeuert durch ihren neulichen Sieg, rüsteten sich, sie mit einer großen Armee anzugreifen. Die Päonier thaten täglich Einfälle in ihr Land; und zu gleicher Zeit machten Pausanias und Argäus auf die Krone Anspruch. Der erstere wurde von den Thraciern unterstützt, und der letztere von den Atheniensern, welche ihm zu dem Ende eine gute Flotte, und drey tausend Mann Landtruppen zu Hülfe geschickt hatten.

Unter diesen Umständen, da Philipp mit so vielen Feinden auf einmal zu thun bekam, und zwar noch ehe er sich völlig auf dem Throne festgesetzt hatte, gieng seine erste Sorge dahin, sich seines eignen Volks zu versichern, seine Liebe zu gewinnen, und seinen Muth zu beleben; denn es war jetzt ganz muthlos und niedergeschlagen, da es in dem letztern Treffen mit den Illyriern über vier tausend Mann eingebüßt hatte. Diese Absichten gelangen ihm durch die Künste seiner Klugheit und die Macht seiner Beredsamkeit, worinn er ein großer Meister war. Sein nächster Schritt war, seine Unterthanen in den Waffen zu üben und ihre Kriegszucht zu verbessern; und jetzt errichtete er den berühmten Macedonischen Phalanx, welcher nachmals so große Thaten that. Dies war eine Vervollkommnung der alten Art zu fechten bey den Griechen, indem sie gemeiniglich ihre Fußvölker so dicht zusammenstellten, daß sie den Angriff des Feindes, ohne gebrochen zu werden, aushalten konnten. Der vollständige Phalanx sollte eigentlich über sechszehn tausend Mann enthalten; wiewohl man das Wort auch überhaupt von jeder Kompagnie oder Schaar von Soldaten, und oft auch von dem ganzen Korps der Fußvölker gebrauchte. Dieser Phalanx von **Philipps** Erfindung aber war nach des **Polybius** Beschreibung von länglichter Gestalt, bestand aus acht tausend Spießträgern, sechszehn Mann hoch, und fünfhundert in der Fronte, welche so dicht zusammengedrängt waren, daß die Spitze der fünften Linie noch drey Fuß vor die Linie der Fronte hinausragten. Die Uebrigen, deren Entfernung von der Fronte die Spieße unbrauchbar machte, legten sie auf die Schultern derer, die vor ihnen standen, und indem sie also in einer Reihe zusammenschlossen, drängten sie immer vorwärts, um die vorderen Glieder zu unterstützen und fortzutreiben, wodurch denn der Angriff desto gewaltsamer und unwiderstehlich gemacht wurde.

Als **Philipp** einige nöthige Einrichtungen wegen seiner innern Angelegenheiten getroffen hatte, wandte er seine Aufmerksamkeit auf die auswärtigen, um die Stürme, die ihm von allen Seiten her drohten, zu zerstreuen. Durch Geld und Versprechungen schaffte er sich erst diejenigen Feinde vom Leibe, die ihm am nächsten waren; und kehrte darauf seine Waffen gegen die Athenienser, die bis **Methone** vorgerückt waren, dem **Argäus** beyzustehen. Es kam zu einem Treffen, worinn er siegte; und der Tod des **Argäus**, welcher dabey sein Leben verlor, machte diesem Krieg ein Ende: denn er erlaubte den Atheniensern, da sie in seiner Gewalt waren, nach Hause zurückzukehren. Diese Probe seiner Mäßigung bewog sie, bald nachher einen Frieden mit ihm zu schließen; welchen er aber nicht länger hielt, als er seiner Absicht, den andern Theil seines Reichs zu sichern, zu Statten kam.

Er marschierte demnach nordwärts, kündigte den **Päoniern** Krieg an, und bezwang sie. Hierauf gieng er gegen die **Illyrier**, schlug sie mit Verlust von mehr als sieben tausend Mann ihrer Truppen, und nöthigte sie, alle ihre Eroberungen in Macedonien wieder herauszugeben. Auch den Thasiern verschloß er den Eingang in Macedonien; hielt sich aber doch nicht hinlänglich gesichert, wenn er sich nicht auch von **Amphipolis** Meister machte, welches sehr bequem an dem Fluß **Strymon** belegen, und von dieser Seite der Schlüssel seines Reichs war. Er kannte die Wichtigkeit dieses Orts, und bemächtigte sich also desselben gleich im Anfange seiner Regierung. Dies war der Grund seines Zwists mit den Atheniensern, welche darauf als auf eine ihrer Kolonien Anspruch machten, und einen so grossen Werth darauf setzten, daß sie sagten, sie hätten den **Argäus** nicht so wohl um sein selbst willen, oder um die Ehre zu haben, den Macedoniern einen König zu geben, gegen ihn aufgestellet, als vielmehr in der Absicht, daß er ihnen wieder zum Besitz dieser Stadt verhelfen sollte, im Fall ihm seine Absicht auf den Thron gelänge. **Philipp**, welcher merkte, wo sie hinaus wollten, aber es damals nicht rathsam fand, sie vor den Kopf zu stoßen, behielt also den Ort nicht für sich, wollte ihn aber auch ihnen nicht überlassen, sondern nahm einen Mittelweg, und erklärte **Amphipolis** für eine freye Stadt; wodurch er es den Einwohnern selbst überließ, sich der Abhängigkeit von ihren alten Herrn zu entledigen, und der Sache das Ansehen gab, als ob er nichts damit zu thun hätte. Allein die Stadt blieb nicht länger in diesem Zustande, als bis er es in seiner Macht fand, sie sich völlig zu unterwerfen; und dies ward ihm damals sehr leicht durch die Saumseligkeit der Athenienser, welche sich weigerten, ihr Hülfe zu schicken; indem sie zu ihrer Entschuldigung anführten, daß es eine Verletzung des Friedens seyn würde, den sie das Jahr vorher mit **Philipp** geschlossen hatten. Die Wahrheit aber war, er hielt sie davon zurück durch das betrügliche Versprechen, sie ihnen auszuliefern. Anstatt aber sein Wort zu halten, griff er noch weiter um sich, indem er **Pydna** und **Potidäa** ge-

siz nahm. Die Athenienſiſche Garniſon, welche in dem leztern lag, ſchickte er nach Hauſe, entließ ſie aber mit ſolchen Höflichkeitsbezeugungen, woraus man abnehmen konnte, daß er es nicht gern zu einem öffentlichen Bruch mit dieſem Staat wollte kommen laſſen, wenigſtens nicht eher, als bis ſeine Entwürfe reifer wären; wiewohl er zu gleicher Zeit alles that, was er nur konnte, ſie zu ſchwächen, und aus ſeiner Nachbarſchaft zu vertreiben. Pydna, mit dem dazu gehörigen Gebiet, übergab er den Olynthiern, die ſeines Vaters unverſöhnliche Feinde geweſen waren. Er hatte jezt alle Hände voll zu thun, als daß er aufs neue mit einer ſo reichen und mächtigen Stadt hätte anbinden ſollen, welche drey Jahr hinter einander der vereinigten Macht der Spartaner und Macedonier die Waage gehalten hatte. Er wollte daher lieber fürs erſte ihre Freundſchaft, durch die Ueberlieferung dieſer Stadt, erkaufen, und ſie, wie die Athenienſer, durch den Frieden ſo lange hinhalten, bis er ſie mit größerem Vortheil angreifen könnte. In dieſem Schritte kam er ebenfalls den Athenienſern zuvor, welche zu gleicher Zeit die Freundſchaft der Olynthier ſuchten, um die Oerter, wo ſie in dieſen Gegenden Fuß gefaßt hatten, deſto ſicherer zu behaupten. Denn die Olynthier waren ſtark genug, derjenigen Parthey, welcher ſie beytraten, das Uebergewicht zu geben; und daher kams, daß Philipp und die Athenienſer ſich in die Wette beeiferten, ihre Freundſchaft zu gewinnen.

Nun gieng er weiter und bemächtigte ſich der Stadt Krenides, welche erſt zwey Jahre vorher war erbauet worden, und nannte ſie nach ſeinem Namen Philippi. Hier entdeckte er ein Goldbergwerk, welches jährlich über achtmal hundert tauſend Thaler (144000 Pf. Sterl.) einbrachte. Dieſes Geld, welches in dieſen Zeiten eine unermeßliche Summe war, that ihm größere Dienſte zu Beſiegung ſeiner Feinde, als Flotten oder Kriegsheere; und er ermangelte ſelten, bey ſeinen Unterhandlungen Gebrauch davon zu machen.

Die Römischen Dichter haben die Würkungen davon in den schönsten Stellen besungen. Man sagt, da er das Orakel zu Delphi über den Erfolg eines vorhabenden Feldzuges um Rath gefragt, habe die Priesterinn ihm zur Antwort gegeben, mit silbernen Spießen würde er Alles besiegen. Er merkte sich diesen Rath des Orakels, und sein Glück entsprach der Weisheit desselben. In der That war er nicht so stolz auf ein gewonnenes Treffen, als auf eine glückliche Unterhandlung; denn an dem ersterem nahmen seine Soldaten und Generale Theil, die Ehre der letzteren aber war ganz sein eigen.

Aber eine glänzendere Laufbahn öffnete sich jetzt seinem Ehrgeiz. Die wechselseitigen Uneinigkeiten der Griechischen Staaten waren noch nie ganz erloschen, und brachen jetzt bey einer sonderbaren Veranlassung aufs neue aus. Die erste Ursache dieses Bruchs (welcher nachher der heilige Krieg genannt wurde) war, daß die Phocier ein Stück Land, welches dem Tempel des Apollo zu Delphi gehörte, aufgepflügt hatten. Alle benachbarte Staaten schrieen gegen diese That, als einen Kirchenraub. Sie wurden vor das Gericht der Amphiktyonen gefodert, welche besonders über Religionssachen *) zu urtheilen hatten, und von denselben zu einer schweren Geldbuße verdammt. Diese waren die Phocenser nicht im Stande zu bezahlen; sie weigerten sich also dem Urtheil zu gehorsamen; sie beriefen sich darauf, daß der Tempel seit alten Zeiten unter ihrer Fürsorge und ihrem Schutz stehe, und führten eine Stelle aus dem Homer an, dies zu beweisen.

Olymp. 106, 2. 355. v. C. **Philomelus,** einer ihrer vornehmsten Bürger, gab sich vorzüglich alle Mühe, sie zu den Waffen aufzumuntern. Es gelang ihm, ihnen Muth einzuflö-

---

*) Sie hatten die Aufsicht und Sorge für den Delphischen Tempel und dessen Güter. Von dem Phocensischen oder heiligen Krieg s. Paus. Phoc. X. 2. ff. Diod. S. 15. 23. ff. bis 60. Meiners II. 579 — 582.

sen, und sie ernannten ihn zu ihrem General. Er wandte sich zuerst an die Spartaner, welche gleichfalls auf Bitten der Thebaner, nach der Schlacht bey Leuktra von den Amphiktyonen zu einer Geldbuße verdammt waren, daß sie sich des Schlosses von Theben, Kadmea, bemächtigt hatten. Sie waren daher ganz geneigt, sich mit ihm zu vereinigen, hielten es aber noch nicht für rathsam, sich zu erklären. Indeß munterten sie ihn doch in seinem Vorhaben auf, und unterstützten ihn unter der Hand mit Gelde, wodurch er in den Stand kam, Truppen aufzubringen, und sich darauf ohne viele Mühe des Tempels bemächtigte. Den vornehmsten Widerstand in der Nachbarschaft thaten ihm die Lokrenser; nachdem er diese aber geschlagen hatte, tilgte er das Dekret der Amphiktyonen aus, welches auf die Säulen des Tempels eingegraben war. Um indessen sich mehr Ansehen zu verschaffen, und seinem Verfahren einen Anstrich zu geben, hielt er es für rathsam, das Orakel um Rath zu fragen, und sich eine vortheilhafte Antwort auszuwirken. Da er sich deßhalb an die Priesterinn wandte, weigerte sie sich, ihr Amt zu verrichten, bis sie endlich, durch seine Drohungen in Furcht gesetzt, ihm sagte, der Gott erlaube ihm, nach seinem Belieben zu verfahren. Dies nahm er als eine günstige Antwort auf, und trug Sorge, sie als eine solche zu verbreiten.

Bey einer zweyten Versammlung der Amphiktyonen, ward der Entschluß gefaßt, den Phociern Krieg anzukündigen. Die mehrsten der Griechischen Nationen nahmen an dieser Streitigkeit Theil, und traten einer von beiden Partheyen bey. Die Böotier, die Lokrenser, die Thessalier und verschiedne andre benachbarte Völker, erklärten sich für die Sache des Gottes; Athen aber und Sparta und einige andre Peloponnesische Städte, schlugen sich zu den Phociern. Philomelus hatte bisher die Schätze des Tempels noch nicht angegriffen; jetzt aber setzte er seine Gewissenhaftigkeit bey Seite, und glaubte, daß die Reichthümer des Gottes nicht besser angewandt werden könnten, als zur Vertheidigung der Gottheit; denn mit diesem Vorwande suchte er sein kirchenräuberisches Verfahren zu beschönigen. Diese neue Beyhülfe setzte ihn in den Stand, den Sold seiner Soldaten zu verdoppeln, und dadurch zog er denn eine Menge von Truppen an sich.

Es kam zu verschiednen Treffen, und der Ausgang blieb eine geraume Zeit zweifelhaft. Jedermann weiß, daß nichts fürchterlicher ist, als Religionskriege, und wie weit der falsche Eifer, wenn er einen so ehrwürdigen Namen zum Deckmantel hat, auszuschwelfen pflegt. Die Thebaner ließen die Gefangenen, die ihnen in die Hände fielen, als gottlose Bösewichter, die in den Bann gethan worden, insgesammt hinrichten; und die Phocier thaten zur Vergeltung ein gleiches. Diese hatten anfangs verschiedne Vortheile erhalten, endlich aber wurden sie in einer großen Schlacht geschlagen. Philomelus, ihr Anführer, wurde auf einer Anhöhe, von welcher kein Rückzug möglich war, umringt, und vertheidigte sich lange mit unüberwindlicher Tapferkeit; da er aber endlich alle Hoffnung sich zu retten aufgeben mußte, stürzte er sich von einem Felsen herab, um den Märtern zu entgehen, die er hätte ohne Zweifel ausstehen müssen, wenn er den Feinden lebendig in die Hände gefallen wäre. Onomarchus war sein Nachfolger, und übernahm das Kommando der Truppen.

Philipp hielt es für sein Interesse am zuträglichsten, bey diesem allgemeinen Aufstande der Griechen unter einander neutral zu bleiben. Es war der Politik dieses ehrgeizigen Fürsten, welcher sich wenig um die Religion oder die Vortheile des Apollo bekümmerte, sondern einzig und allein auf sich selbst bedacht war, gemäß, sich nicht in einen Krieg zu mengen, von dem er nicht den geringsten Vortheil einerndten kohnte; und sich eine Lage der Umstände zu Nutze zu machen, worinn ganz Griechenland, durch einen großen Krieg beschäfftigt und getrennt, ihm die schönste Gelegenheit gab, seine Gränzen zu erweitern, und seine Eroberungen, ohne alle Besorgniß einer Widersetzung von ihrer Seite, auszubreiten. Ueberdem wars ihm eben recht, beide Partheyen sich also einander schwächen und aufreiben zu sehen; weil er dadurch in den Stand gesetzt wurde, sie nachher mit desto größerem Vortheil anzufallen.

Gerade beym Beschluß dieses Kriegs wurde Alexander der Große geboren. Sein Vater Philipp benachrichtigte augenblicklich den Aristoteles von dieser Begebenheit. Er schrieb an diesen ausgezeichneten Philosophen in den feinsten und schmeichelhaftesten Ausdrücken; bat ihn zu kommen und die Erziehung zu übernehmen, und seinem Sohne den nützlichen Unterricht in der Großmuth und Tugend zu geben, welche jeder große Mann besitzen müsse, da seine vielen Abhaltungen es unmöglich machten selbst ihm diese Unterweisung zu geben. Er setzte hinzu: „Ich danke den „Göttern nicht so sehr, daß sie mir einen Sohn gege„ben, als daß sie mir ihn zu der Zeit geschenkt haben, „da Aristoteles lebt."

Olymp. 106, 1. 356. v. C.

Da er sich Thracien zu unterwerfen, und die Eroberungen, die er dort bereits gemacht, zu sichern wünschte, so entschloß er sich, Methone zu erobern, eine kleine Stadt, die nicht im Stande war, sich durch ihre eigne Kräfte zu halten, aber ihn beunruhigte, und seinen Absichten im Wege stand, so oft sie in Feindes Händen war. Er belagerte also die Stadt, bemeisterte sich derselben, und schleifte sie. Bey der Belagerung verlor er ein Auge, durch einen sehr sonderbaren Zufall. Aster von Amphipolis hatte dem Philipp seine Dienste angeboten, als ein so vortrefflicher Schütze, daß er Vögel im schnellsten Fluge treffen könnte. Der König gab ihm zur Antwort: „Gut, ich will dich in „Dienste nehmen, wenn ich mit den Sperlingen Krieg „anfange." Diese Antwort erbitterte den Bogenschützen aufs äußerste. Ein beißender Spott aber ist oft für den, der ihn vorbringt, von traurigen Folgen: Aster begab sich in die feindliche Stadt, und schoß einen Pfeil aus derselben ab, auf welchem geschrieben war: „Philipps rechtem Auge." Dieser Pfeil brachte den grausamsten Beweis mit, daß er ein trefflicher Schütze sey; denn er traf ihm wirklich das rechte Auge. Philipp schickte den nehmlichen Pfeil zurück, mit der Aufschrift: „Wenn Philipp die Stadt erobert, wird „er den Aster hängen;" und er hielt nachher redlich Wort. Ein geschickter Wundarzt zog den Pfeil mit so vieler Kunst und Behendigkeit aus Philipps Auge, daß nicht die geringste Narbe zurückblieb; aber das Auge konnte er nicht retten.

Nachdem Philipp die Stadt erobert hatte, marschierte er, immer darauf bedacht seine Feinde durch neue Eroberungen zu schwächen, oder durch wichtige Dienstleistungen neue Freunde zu gewinnen, nach Thessalien, welches ihn um Beystand gegen seine Tyrannen angesprochen hatte. Dies Land schien durch den Tod des Alexanders von Pherä wieder in ruhigen Besitz seiner Freyheit gesetzt zu seyn. Allein seine Schwäger, die ihn mit Hülfe seiner Gemahlinn Thebe ermordet hatten, wurden endlich müde die Rolle der Befreyer zu spielen, sie erneuerten seine Tyranney, und legten den Thessaliern ein neues Joch auf. Lykophron, der älteste der drey Brüder, welcher dem Alexander in der Regierung nachfolgte, hatte sich durch den Schutz der Phocier verstärkt. Onomarchus, ihr Anführer, kam ihm mit einer zahlreichen Armee zu Hülfe, und erhielt anfangs einen beträchtlichen Vortheil über den Philipp; in einem zweyten Treffen aber ward er aufs Haupt geschlagen. Seine fliehenden Truppen wurden bis an die Seeküste verfolgt, über sechs tausend Mann derselben wurden niedergehauen, unter denen sich auch Onomarchus befand, dessen Leichnam man an einen Galgen hieng; und drey tausend Mann, welche man gefangen bekam, wurden auf Philipps Befehl, als kirchenräuberische Leute und erklärte Feinde der Religion, in die See gestürzt. *)

*) Dem Onomarchus folgte im Kommando der Phocier sein Bruder Phayllus, der von den Thebanern ein=

Nachdem also Philipp die Thessalier befreyt hatte, entschloß er sich in Phocis einzufallen. Dies war sein erster Versuch, in Griechenland Fuß zu fassen, und an den allgemeinen Angelegenheiten der Griechen Theil zu nehmen, von denen die Macedonischen Könige immer als Fremdlinge ausgeschlossen gewesen waren. In dieser Absicht marschierte er, unter dem Vorwande, in Phocis einzufallen, um die kirchenräuberischen Phocier zu züchtigen, nach Thermopylä, um sich eines Passes zu bemächtigen, der ihm einen freyen Eingang in Griechenland, vornehmlich in Attika gab.

Einen auswärtigen Staat in Griechenland festen Fuß fassen zu lassen, war immer etwas äußerst Furchtbares, für diejenigen, die sich Griechen nannten, und die Macedonier wurden, wie schon bemerkt worden, nicht unter diesem Namen begriffen. Die Athenienser, die in ihrer bürgerlichen sowohl als wissenschaftlichen Verfeinerung sich so sehr auszeichneten, ließen nicht einmal einzelne Personen gern lange unter ihnen wohnen; und die Streitigkeiten und Unglücksfälle, welche den Staat betroffen, machten sie eifersüchtig auf die Annäherung eines ganzen Korps von Ausländern. Als sie daher von einem Marsch hörten, welcher ihnen höchst gefährlich werden konnte, eilten sie nach Thermopylä, und besetzten diesen wichtigen Paß, welchen Philipp nicht Lust hatte, mit Gewalt zu erobern. Zu dieser Vorsicht wurden die Athenienser aus der Schlafsucht, worein sie ihre Liebe zum Vergnügen eingewiegt hatte, aufgeweckt und angefeuert durch den Demosthenes, den berühmten Redner, welcher von Anfang an Philipps Ehrgeiz und die Macht, die er in Händen hatte, seine Absichten durchzusetzen, eingesehen hatte.

besiegt, die Lokrier angriff und bald starb. Phalaeus, des Onomarchus Sohn folgte ihm. Die Delphischen Schätze wurden verschwendet (auf 10,000 Talente.) Die Thebaner, die schon am Persis. Hofe Hülfe gesucht, wandten sich zuletzt an Philipp von Macedonien. Lykophron und Pitholaus hatten ihre Herrschaft niedergelegt, und Pherä dem Philipp übergeben. Ol. 107, 1. 352. v. C. Diod. 16, 35. ff.

Dieser große Redner und Staatsmann, den wir im Verfolg dieser Geschichte eine so ansehnliche Rolle werden spielen sehen, war im letzten Jahr der neun und neunzigsten Olympiade geboren, wie Dionysius versichert, der in seinem Briefe an den Ammäus *) die verschiednen Perioden seines Lebens, und die Zeiten, wo er seine Reden gehalten, sehr genau bestimmt hat. Er war der Sohn, nicht eines geringen und unbekannten Handwerkers, wie der Römische Satyrenschreiber ihn vorstellt, sondern eines vornehmen Athenienschen Bürgers, der sich durch eine Waffenfabrik ein ansehnliches Vermögen erworben hatte. In einem Alter von sieben Jahren verlor er seinen Vater; zu diesem Unglücke kam noch, daß er pflichtvergeßne Vormünder bekam, die einen beträchtlichen Theil seines Erbtheils unterschlugen und durchbrachten. Solchergestalt durch Betrug unterdrückt, und durch eine schwache und weichliche Leibesbeschaffenheit abgeschreckt, äußerte er doch früh die Ehrbegierde, sich als Redner bey dem Volk beliebt zu machen. Der laute Beyfall der einem öffentlichen Redner, Kallistratus, gegeben, wurde, welcher in einer trefflichen Rede die Rechte seines Vaterlandes auf die Stadt Oropus vertheidigt hatte, entflammte seine junge Seele mit einer brennenden Begierde, sich gleiche Ehre zu erwerben. Isokrates und Isäus waren damals die beyden ersten Lehrer der Beredsamkeit in Athen. Die sanfte und blühende Manier d es ersteren aber war dem Genie des Demosthenes nicht angemessen: Isäus war kraftvoller und feuriger, und sein Styl schicklicher für öffentliche Geschäffte. An diesen also wandte er sich, und bemühte sich, unter seiner Anweisung den Gipfel von Vollkommenheit zu erreichen, nach welchem seine Ehrbegierde strebte. Seinen ersten Versuch machte er gegen seinen Vormund, welcher ihm so niederträchtig begegnet war: aber die Güte seiner Sache that hier mehr, als die Geschicklichkeit des jungen Red-

---

*) Opp. Dionysii VI. p. 724. II. ed. Reisk.

ners; denn seine ersten Bemühungen versprachen nicht viel, und überzeugten ihn bald von der Nothwendigkeit, sich eine annehmliche und männliche Aussprache zu erwerben. Sein unermüdeter und strenger Fleiß, und die außerordentliche Mühe, die er sich gab, seine Fehler und natürlichen Mängel zu überwinden, sind gar zu bekannt, und schon zu oft von Geschichtschreibern und Kunstrichtern, alten und neuern, wiederholt worden; als daß es hier einer umständlichen Erzählung derselben bedürfte. Seinen Charakter als Staatsmann wird man am besten aus der Geschichte seines Verhaltens bey den gegenwärtigen Vorfallenheiten abnehmen können. Von seinen großen Eigenschaften als Redner, dürfen wir vielleicht den Leser nicht erst belehren: In der That war Beredsamkeit damals der leichteste und fast der einzige Weg, sich im Staat empor zu schwingen. Seinen ersten Versuch vor Gericht machte er zwey Jahre nach diesem Vorfall, da er seine Vormünder wegen Durchbringung seines väterlichen Vermögens zur Rechenschaft zog, und dadurch einen Theil desselben wiedererlangte. Dies munterte ihn auf, einige Zeit nachher in einer öffentlichen Versammlung vor dem Volke zu reden; aber er machte seine Sache so schlecht, daß man ihn auszischte. Gleichwohl wagte er es noch einmal, aber mit eben so schlechtem Glück als vorher, so daß er sich ganz verwirrt, beschämt und voller Verzweiflung davon schlich. Bey dieser Gelegenheit redete der Schauspieler Satyrus ihn an, und munterte ihn mit freundschaftlicher Art auf, sich nicht abschrecken zu lassen, sondern weiter fortzufahren. Er bat ihn in dieser Absicht, einige Verse aus dem Sophokles oder Euripides herzusagen, welches er denn auch that: Satyrus aber wiederholte sie nach ihm mit so ganz verschiednem Geist und Ton, daß er erkannte, wie wenig er noch von der Deklamation verstünde. Er übte sich also mit unermüdeter Beharrlichkeit und nach den Anweisungen des Satyrus so lange, bis er sie endlich in seine Gewalt bekam, und verbesserte durch die erwähnte Methode alle sowohl angeborne als angenommene üble Gewohnheiten. Es ist nicht ganz klar, ob man diesen Umstand mit Recht dem Satyrus zuschreibt, denn er scheint mit dem Neoptolemus und Andronikus verwechselt zu werden, welche auch berühmte Schauspieler waren; und Demosthenes soll von allen dreyen unterrichtet worden seyn.

Mit diesen Vortheilen und Verbesserungen trat er nun wieder öffentlich auf, und erhielt so großen Beyfall, daß man aus ganz Griechenland herbeylief, ihn zu hören. Von dieser Zeit an ward er als das Muster wahrer Beredsamkeit angesehen; so daß Keiner seiner Landsleute je mit ihm in Vergleichung gestellt worden; selbst unter den Römern Keiner, als Cicero. Und wiewohl von alten Schriftstellern die Frage aufgeworfen worden, welchem von diesen beiden der Vorzug zukomme, so haben sie es doch nicht gewagt, sie zu entscheiden, sondern sich begnügt, ihre verschiednen Schönheiten zu beschreiben, und zu zeigen, daß sie beide in ihrer Art vollkommen waren. Seine Beredsamkeit war ernsthaft und streng, wie sein Charakter; männlich und erhaben, kühn, hinreissend und ungestüm; reich an Metaphern, Apostrophen und Fragen, die, nebst seiner feyerlichen Art, die Götter, die Planeten, die Elemente und abgeschiednen Geister derjenigen, die bey Salamis und Marathon gefallen waren, anzurufen, eine so wunderbare Wirkung auf seine Zuhörer thaten, daß sie ihn für begeistert hielten. Wenn er nicht so viel Sanftes und Einschmeichelndes hatte, als oft bey einem Redner erfodert wird, so war das nicht, weil es ihm an Kunst und Feinheit fehlte: wenn der Fall es erfoderte, so wußte er die Neigungen des Volks auszuforschen, und sie auf den Punkt zu lenken, den er sich vorgesetzt hatte; oft auch dadurch, daß er ganz das Gegentheil von dem, was er eigentlich wollte, vorzuschlagen schien. Aber sein Hauptunterscheidungszeichen war Heftigkeit, sowohl in der Action, als im Ausdruck; und in der That war dies die Eigenschaft, welche die jetzigen Umstände am nothwendigsten erfoderten. Denn das Volk war so frech und gebieterisch, so getheilt und partheysüchtig, so eifersüchtig auf die Gewalt der Demokratie geworden, und bey dem allen doch so sehr in Ueppigkeit und Trägheit versunken, daß keine Künste der-Ueberredung so viel vermocht haben würden, als dieser Geist, diese Entschlossenheit, diese Kraft und Energie des Demosthenes, es zu demüthigen, es zu vereinigen, und es zum Gefühl der gemeinschaftlichen Gefahr zu wecken.

Aber eben so wenig würde Demosthenes selbst solche Eindrücke auf sie haben machen können, wäre seine Gabe der Beredsamkeit nicht durch ihre gute Meynung von seiner Rechtschaffenheit unterstützt worden. Diese gab erst Allem, was er sagte, Gewicht und Nachdruck, und Leben dem Ganzen. Dies gewann ihm vorzüglich ihre Aufmerksamkeit, und bestimmte ihre Entschließungen; denn sie waren überzeugt, daß er vom Herzen sprach, und kein andres Interesse als das Wohl des gemeinen Wesens vor Augen hatte: und hiervon gab er die stärksten Beweise durch seinen Eifer gegen den Philipp, welcher sagte: Er stehe ihm mehr im Wege, als alle Armeen und Flotten der Athenienser; und er habe eigentlich keinen Feind, als den Demosthenes. Er ließ es daher nicht an Bemühungen fehlen, ihn zu bestechen, wie ers mit den mehrsten angesehenen Männern in Griechenland gemacht hatte: aber diese große Mann widerstand allen seinen Anerbietungen; und alles Gold in Macedonien, wie man zu sagen pflegte, vermögte nichts über ihn. *)

*) Vielleicht aber das Persische. Wenigstens hatte man die Vermuthung, daß er im Solde des Königs von Persien stehe. Plut. Dem. IV. 715. Das Leben des Demosth. erzählt Plutarch nach Theopompus und andern umständlich IV. 691. ff. Vergl. Vitae X. Oratt. unter Plutarchs Schr. IX. 356. ff. Ueber seine Beredsamkeit s. Cic. Brut. y de Orat. 7. und an mehrern Orten, Quintil. Inst. 10, 1, 76. Dionysius v. Halikarnaß in mehrern Schriften. Verschiedne Lebensbe-

Erster Zusatz zum I. Theile.

Chronologie der Griechischen Geschichte bis auf das Ende des Phocensischen oder heiligen Kriegs. *)

*) Zum Theil aus des Larcher Canon Chronologique bey dem VI. Th. seiner Uebersetzung des Herodotus p. 539. excerpirt, so weit dieser reicht. Dieser Chronologische Canon ist auf die neuesten Untersuchungen gegründet, von denen einiges in den Erklärungen dieser Chronol. Tafel beygebracht werden soll. Hr. M. Degen hat neulich den 5. Theil seiner Deutschen Uebers. des Herodotus diese Chronologie von Larcher verdeutscht angehängt. Es sind übrigens in dies. Tabelle von mir nicht bloß die wichtigsten Fakta der Griech. Geschichte, sondern auch die Namen der vornehmsten Personen eingetragen, und zur bequemern Vergleichung mit der übrigen Geschichte gleichzeitige Begebenheiten der übrigen Völkerhistorie angemerkt worden.

J. v. C.		Gleichz. Begebenheiten
1986.	Inachus, erster König von Argolis, regiert 60 Jahre	
	Argialeus in Sicyon.	
1978.	Phoroneus Sohn des Inachus geb.	
1926.	Wird König von Argos, reg. 30 J. und vereinigt die zerstreueten Einwohner des Landes in einen Flecken.	
1922.	Die Stadt Phegae in Arkadien (nachher Psophis) wird gegründet durch Phegeus, des Inachus Sohn.	Aufenthalt der Israeliten in Aegypten.
1904.	Pelasgus regiert in Arkadien.	
1885.	Erdbeben, welches den Ossa vom Olympus trennt, und Thessalien bewohnbar macht.	Herschaft der Hycsos in Aegypten.
1883.	Pelasgus, König von Arkadien geht nach Thessalien. Nach andern Chron. Angaben fällt diese Begebenheit erst ins Jahr 1727 v. Chr. G.	
1837.	Oenotrus und Peucetius, aus Arkadien, gründen eine Pelasgische Kolonie in Unteritalien.	Ninus erster König von Assyrien (nach andern viel früher, schon
1759.	Ogygische Fluth in Attika, im 37. Jahr der Regierung des Ogyges, den man zum er-	

schreibungen desselben stehen in Hier. Wolff. Ausg. der Werke des Demosth. Frf. 1604. f. Es haben sich noch 61. Reden von ihm erhalten. Vergl. Meiners Gesch. d. Wiss. II. ... f. 612.

J. v. C.		
	sten König von Attika und Böotien macht. (Nach andern 1769. v. Chr.)	Gleichz. Begeb. um 2100. v. Chr. G.
1573	Gelanor, Sohn des Sthenelus, eilfter Kön. von Argos, reg. 2 Jahre	
1572	Ankunft des Danaus in Griechenland, der den Gelanor verdrängt, und sich in die Regierung von Argos setzt. Danaiden (nach andern 1511. v. Chr.)	Moses in Aegypten.
1570	Cekrops I. ein Aegypter, erster König in Attika. Cekropia, nachher Athen. 189 J. nach der Ogyg. Fluth. (nach andern 1582. v. C.	
1550	Gründung der Inseln Thasos und Kalliste, nachher Thera genannt, durch Phönicier, die mit Kadmus ausgewandert waren.	
1549	Kadmus kommt in Böotien an. Kadmea, nachher Theben. (nach andern 1519. v. C.)	
1541	Deukalion regiert in Thessalien.	Semiramis.
1529	Berühmte Deukalionische Ueberschwemmung.	
1520	Cranaus zweyter König von Athen.	
1514	Pentheus des Kadmus Enkel regiert in Theben	
1511	Amphiktyon dritter König in Athen. Hellen Deukalions Sohn in Thessalien.	
1498	Erichthonius vierter König zu Athen.	
1497	Polydorus des Kadmus Sohn von Theben.	
1462	Pandion I. fünfter König von Athen.	
1457	Dorus, Aeolus, Xuthus, Söhne des Hellen. Dorer. Aeolier.	
1450	Labdakus K. von Theben	
1431	Erechtheus sechster König von Athen. Einführung des Gerstenbaues in Eleusis und Attika. Xuthus flieht aus Thessalien nach Athen. Seine Söhne Achäus, Stammvater der Achäer, und Jon Stifter der Jonier.	Die Israeliten nehmen Palästina in Besitz.
1428	Geburt Minos II. nachherigen Königs von Kreta.	Möris, K. von Aegypten.
1416	Amphion und Zethus regieren in Theben.	Stiftung der Stadt Troja.
1407	Achäus geht nach Lakonien, und Jon führt eine Kolonie aus Attika in den Peloponnes. Achäus begiebt sich bald darauf nach Thessalien. Jon kommt nach Athen zurück, und erhält in der Folge die Regierung.	Anfang der Hebräischen Helden (Richter)
1401	Lajus, König von Theben.	
1400	Geburt des Dädalus, Enkels von Erechtheus.	

J. v. C.		Gleichz. Begeb.
1397	Cekrops II. siebenter Kön. von Athen.	
1384	Geburt des Herkules, Sohns vom Amphitryo. Geburt des Orpheus.	
1374	Archander und Architeles verlassen Thessalien und begeben sich nach Argos. Achäer daselbst.	
1372	Pandion II. 8ter König von Athen.	
1361	Anfang der Arbeiten des Herkules.	
1358	Lajus wird vom Oedipus getödtet.	Sesostris Kön. von Aegypten.
1354	Aegeus neunter König von Athen. Kretensischer Krieg.	
1350	Seezug der Argonauten nach Kolchis. (Jason nach andern 1280. v. Chr.)	
1342	Unglückliches Schicksal des Oedipus. Eerokles und Polynices.	
1330	Evander führt eine Kolonie Arkadier nach Italien.	
1328	Sisyphus Kön. von Korinth, Stifter der Sisyphiden.	
	Um diese Zeit kommt Pelops nach Griechenland.	
1322	Theseus zehnter König von Athen, zweyter Stifter des Staats.	Erbauung von Tyrus.
1317	Krieg der sieben Heerführer gegen Theben, und des Theseus gegen Kreon.	
1311	Sieg der Herakliden, die sich nach Attika begeben, über Eurystheus Kön. von Mycen. Erster vergeblicher Einfall der Herakliden in den Peloponnes.	Midas II. Kön. in Phrygien.
1310	Atreus, Sohn des Pelops, regiert in Argos.	
1299	Thersander, des Polynices S. Kön. von Theben.	Proteus Kön. von Aegypten.
1292	Mnestheus eilfter König von Athen	
1290	Hyllus thut den zweyten vergebl. Einfall in den Peloponnes.	
1280	Troja wird von den Griechen belagert.	
1270	Eroberung von Troja. Agamemnon nach der Rückkehr von Aegisthus getödtet (nach andern 1184. oder 1209. v. Chr.)	
1268	Metapontum in Lukanien durch Epeus, Gefährten des Nestor gegründet. Diomedes geht mit den Argivern nach Apulien, und gründet daselbst neue Griech.: Kolonien.	Antenor mit Venetern in Oberitalien. Aeneas in Latium.
1266	Amphilochus, Sohn des Amphiarus, gründete die Stadt Argos Amphilochium, im Ambracischen Golf, nach Thucyd. 2, 68.	Alba Longa in Italien erbaut

J. v. C.		Gleich. Gesch.
1203	Aegisthus und Klytämnestra von Orestes getödtet, Orestes vom Areopagus losgesprochen, und regiert zu Mycenä, Argos und Sparta.	
1245	Dritte Unternehmung der Herakliden auf den Pelopones, unter Anführung des Kleodäus, Sohns des Hyllus.	Rhampsinitus Kön. von Aegypten.
1210	Die erste Aeolische Wanderung unter Leitung des Orestes fängt an. Vierter Einfall der Herakliden in den Peloponnes unter Aristomachus Die Böoter, von Arne in Thessalien vertrieben, setzen sich in dem Gebiet von Theben fest, welches nun Böotien heißt.	Ende der Herrschaft der Argaden in Lydien Dynastie der Herakliden 1220. v. C.
1190	Die Herakliden und Dorer nehmen den Peloponnes ein. Ihre Führer Aristodemus, Temenus, Kresphontes, Oxylus. Neue Staaten zu Sparta, Argos, Messenien, Elis gestiftet. Penthilus und Tisamenus des Orestes Söhne von den Herakliden verjagt. (Die Rückkehr der Herakliden setzte Apollodor 80 J. nach dem Troj. Kriege an. Xanthus Kön. von Theben von Melanthus der nach Athen geflüchtet war, getödtet, Melanthus wird König von Athen. Zu Theben hört die Königl. Regierung auf.	
1189	Penthilus setzt die Aeolische Wanderung fort. Achäer, von Herakliden verdrängt, treiben die Jonier aus Aegialus, diese gehen nach	
1188	Athen.	
1178	Aristodemus läßt das Königreich Sparta seinen Söhnen, Prokles und Eurysthenes. Doppelregierung der Prokliden und Eurystheniden in Sparta.	Cheops Kön von Aegypten Pyramiden
1174	Dritte Aeolische Wanderung unter Echelatus, S. des Penthilus.	
1162	Die Pelasger werden von Athen vertrieben und flüchten nach Lemnos. Sie verdrängen von hier die Minyer, die sich nach Lacedämon begeben, und im Peloponnes neue Städte gründen.	
1160	Aletes, erster Kön. von Korinth, vom Stamm der Herakliden.	
1151	Vierte und letzte Wanderung der Aeolier, un-	

J. v. C.		Gleichz. Begeb.
	ter Grais, S. des Penthilus. Sie gehen nach Aeolien.	
1150	Die Insel Kalliste, nachher Thera, wird von Theras und Minyern bevölkert.	Bey den Israeliten entsteht ein Königreich.
1140	Gründung der Stadt Lesbos.	
1132	Krieg zwischen den Herakliden und den vereinigten Joniern und Atheniensern. Kodrus letzter Kön. von Athen opfert sich auf. Abschaffung der königlichen Herrschaft. Immerwährende Archonten. Medon, des Kodrus S. der erste.	Saul erster König.
1131	Megara auf der Gränze von Attika wird gegründet.	
1130	Jonische Wanderung nach Kleinasien.	Chephren König von Aegypten.
1120	Kumä (Kyme) in Aeolien gegründet.	
1116	Kolonie auf der Insel Melos.	
1105	Akastus, zweyter lebenslänglicher Archon in Athen.	Zankle von Sikulern in Sicilien angelegt. J. 1158. v. C.
1102	Die Stadt Smyrna in Jonien gestiftet. Geburt des Homer.	
1069	Archippus dritter Archon perpetuus in Athen.	
1044	Thersippus vierter Archon perpetuus.	
1012	Bacchis fünfter König von Korinth, Stifter der Familie der Bacchiaden.	
1031	Kumä in Unteritalien, eine Kolonie von Kuma auf Euböa nach Euseb. J. 1050. v. C. Aus Kumä wird in der Folge eine Kolonie nach Neapolis und Zankle geführt.	Anysis, Kön. v. Aegypten.
944	Hesiodus blüht nach dem Oxforder Marmortafeln.	
907	Homer blüht nach ebendenselben.	
895	Phidon, König von Argos, erfindet Gewichte, Maaße und Silbermünzen.	
884	Die Olympischen Spiele, welche Pisus, Pelops und Herkules angestellt, werden von Lykurgus aus Sparta, Iphitus aus Elis und Kleosthenes aus Pisa erneuert.	
876	Gesetzgebung des Lykurgus aus Sparta.	
854	Phidon von Argos wird durch die Lacedämonier verdrängt.	
833	Jährliche Prytanen werden zu Kor. angestellt.	Gründung von Carthago 819. J. v. Chr. Menahem, Kön. v. Israel
813	Karanus angebl. erster Kön. von Maced. nach andern schon um 884. v. C.	
776	Olympiade des Koröbus, mit welcher die Zählung der Jahre derselben anfangen.	

v.C.B.	J.d.Ol			Gleichz. Begeb.
759	V, 2	Krotona von Myscellus gegründet in Unteritalien (Nach andern erst Ol. XVII. 3, 710. v. C. Stiftung der Stadt Naxos in Sicilien durch Theukles und die Chalcidenser aus Euböa (vielleicht erst um Ol. 11.		Phul Kön. v. Assyrien fällt in das Isr. Königreich ein.
758	V, 3	Gründung von Syrakus in Sicilien durch Archias aus Korinth, nach dem Marm. Par. (Wahrscheinlicher erst Ol. XI, 2		
755	V, 4	Gründung von Lokri in Italien, Locri Epizephyrii (Man unterscheidet eine ältere Stiftung aus Corcyra, eine zweyte Ol. 14, 1. u. eine dritte Ol. 24, 2. 683. v. C. von den Opuntischen Lokrern.		
756	VI, 1	Die Insel Korcyra wird durch Chersikrates, der aus Korinth verbannt war, bevölkert. Die Kolchier, die auf Korcyra wohnten, gehen auf das feste Land, und lassen sich bey den Abantern nieder.		Roms Gründung Ol. VI, 3. 754. v. C. nach Varro.
753	VI, 4. Roms 1.	Charops, erster zehnjähriger Archon in Athen. Um diese Zeit blüht Eumelus, von Korinth, ein Griech. Dichter; auch Cinäthon von Lacedämonien, soll seine Telegonie verfertiget haben. Die Chalcidier aus Naxos gründen Leontini in Sicilien und kurz darauf, Katana (Nach andern erst Ol. 12, 3. J. 730. v. C.		Meder u. Babylonien werfen das Assyrische Joch ab. 748. v. C. Nabonassarische Zeitrechnung 27 Febr. 747. v. C. Perdikkas Kön. von Macedonien 729. v. C. Tiglath Pilesar Kön. von Assyrien. Ahas Kön. v. Juda. Salmanasser, Kön. von Assyrien.
742	IX, 3	Erster Messenischer Krieg, dauert 20 Jahre lang.		
739	X, 2	Lamis, der erst in andern Städten Siciliens geherrscht hat, erbauet die Stadt Thapsos.		
728	XIII, 1	Chalcidier von Thapsos stiften die Stadt Megara in Sicilien. Vorher Ol. XI. war Hybla in Sicilien angelegt worden.		
724	XIV, 1	Der Lauf des doppelten Stadiums oder Diaulos, wird bey den Olympischen Spielen eingeführt.		
720	XV, 1	Sybaris in Unteritalien von Achäern angelegt.		

J. v. C.	J. d. Olymp.		Gleichz. Begeb.
714	XVI, 3.	Stiftung von Gela in Sicilien durch Rhodier. (nach andern erst Ol. 22, 3. 690. v. C.) Archilochus von Paros, Erfinder der Jamben blüht (nach Larcher erst Ol. 22.)	Kandaules letzter Kön. von Lydien vom Stamm der Herakliden von Gyges getödtet 715. v. C. Dynastie der Mermnaden. Numa Pompilius K. von Rom. Sanherib, König von Assyrien. Dejoces Kön. von Medien 709 v. C.
710	XVII, 3.	Kroton in Unteritalien durch Achäer angelegt.	
708	XVIII, 1.	Das Ringen wird bey den Olympischen Spielen eingeführt.	
707	— 2.	Tarent von Lacedämoniern gestiftet.	
704	XIX, 1.	Aminokles von Korinth bauet die ersten 4 Triremen für die Samier.	
688	XXIII, 1.	Der Faustkampf wird bey den Olympischen Spielen eingeführt. Akrä in Sicilien durch Syrakusaner gestiftet. (Nach andern erst Ol. 28, 4 665. v. C.	
684	XXIV, 1.	Kreon, erster jähriger Archon in Athen, im J. 420. der Attischen Aera.	
682	XXIV, 3.	Zweyter Messenischer Krieg. Tyrtäus der Elegische Dichter blüht.	
680	XXV, 1.	Die Messenier schliessen sich in Ira ein. Das Wagenrennen wird bey den Olymp. Spielen eingeführt.	Argäus K. von Macedonien.
675	XXVI, 2.	Gründung von Chalcedon.	Ardys Kön. von Lydien. Manasse Kön. von Juda Dodekarchie in Aegypten. Tullus Hostilius, Kön. von Rom.
668	XXVIII, 1.	Kasmenä in Sicilien, durch die Syrakusaner gestiftet. (nach andern erst Ol. 33, 4 Rhegium in Unteritalien, von Chalcidensern erbauet. Alkman, der Lyrische Dichter blüht zu Sardes. Messana (Zankle) in Sicilien von Messeniern bevölkert.	
664	XXIX, 1.	Seetreffen zwischen den Korinthern und Korcyräern, das älteste in Griechenland.	

J. v. C.	J. d. Olymp.			Gleichz. Begeb.
663	XXIX, 2.	Cypselus schafft die Regierung der Prytanen in Korinth ab, vertreibt die Bacchiaden und wird Tyrann von Korinth. Demaratus ein Bacchiade geht nach Tarquinii in Hetrurien. Sein Sohn wird in der Folge König von Rom.		Phraortes Kön. von Medien
658	XXX, 3.	Byzantium wird angelegt.		
655	XXXI, 2.	Gründung der Städte Akanthus, Stagira, Lampsalus und Borysthenes (Olbia) am schwarzen Meer. Abdera in Thracien wird von Timesias aus Clazomenä gegründet. Orthagoras Tyrann von Sicyon.		Psammitichus macht sich zum Kön. von Aegypten 656. v. C.
652	XXXII, 1.	Pittakus nachher Tyrann von Mitylene wird geboren, einer von den VII Weisen †Ol. 52, 3.		
650	XXXII, 4.	Himera, eine Stadt in Sicilien wird angelegt.		
648	XXXIII, 1.	Das Pferderennen wird bey den Olymp. Spielen eingeführt.		
639	XXXV, 2.	Battus bevölkert mit Einwohnern von Therá die Insel Platäa, von wo er sich bald darauf nach Aziris in Libyen begiebt.		Nabopolassar Kön. von Babylon Josias, Kön. von Juda
638	XXXV, 3.	Geburt des Solon in Athen.		Antus Martius, König von Rom.
634	XXXVI, 3.	Milesier stiften die Städte Istros und Tomi am schwarzen Meer.		
633	XXXVI, 4.	Periander, König von Korinth, einer der VII Weisen, regiert 70 Jahr. Geburt des Thales zu Miletus, eines der VII Weisen, Stifters der Jonischen Philosophischen Schule.		Cyaxares Kön. von Assyrien 636. v. C. Einfall der Scythen in Oberasien 633. v. C. Ihre Herrschaft dauert 28 Jahr.
632	XXXVII, 2.	Battus (s. bey 639. v. C.) stiftet Cyrene in Afrika.		

J. v. C.	J. d. Olymp.		Gleichz. Begeb.
627	XXXVIII, 2.	Megarier stiften Selinus in Sicilien.	Sadyattes, Kön. von Lydien.
626	XXXVIII, 3	Arion, ein Dithyrambendichter blüht. Thrasybulus Tyrann von Miletus.	
623	XXXIX, 2.	Camarina in Sicilien wird von Syrakusauern angelegt.	Nebukadnezar K. von Babel.
626	XL, 1	Aesopus blüht.	
619	— 2.	Xenophanes von Kolophon, Stifter der Eleatischen Philos. Schule.	Necho König von Aegypten Alyattes Kön. von Lydien
612?	XLII, 1.	Verschwörung des Cylon zu Athen.	Tarquinius Priskus Kön. von Rom, J. Roms 139. v. C. 615.
		Geburt der Sappho zu Lesbos, einer Lyrischen Dichterin.	
611	XLII, 2.	Der Lyrische Dichter Alcäus, aus Mitylene blüht. Die Lyr. Dichterin Erinna von Lesbos.	Ein zwölfjähriger Krieg zwischen den Lydiern und Milesiern, geendigt 610. v. C.
610	— 3.	Geburt des Jonischen Philosophen Anaximander.	
603	XLIII, 1	Geburt des Pythagoras zu Samos, Stifters der Italienischen Philos. Schule.	
605	XLIII, 4.	Agrigentum in Sicilien (Girgenti) von den Bewohnern von Gela erbauet (nach andern erst Ol. 49, 3.)	Die Scythen aus Oberasien vertrieben 605. v. C.
600	XLV, 1.	Gründung von Marseille (Massilia).	Ninive von Cyaxares erobert 603. v. C.
594	XLVI, 3.	Berühmte Gesetzgebung des Solon in Athen.	Berühmte Sonnenfinsterniß 9. Jul. 597. v. C.
		Mimnermus aus Kolophon blüht, Erfinder des Pentameters.	
592	XLVII, 1.	Anacharsis aus Scythien kommt nach Griechenland.	Apries Kön. von Aegypten
583	XLIX, 2.	Geburt des Theognis, eines berühmten Gnomisch. Dichters.	
582	— 3	Solon reiset aus seinem Vaterlande weg.	
580	L, 1.		

J.v.C.	J. d. Olymp.			Gleichj. Begeb.
564	LIV,	1.	Stesichorus von Himera, Lyr. und Bukol. Dichter blüht (geb. Ol. 39. gest. Ol. 56. Thespis Urheber der Tragödie, Susarion, Vater der Comödie.	v. C. Die Jahre der Babyl. Gefangenschaft fangen früher an. Servius Tullius Kön. von Rom.
562	LIV,	3.	Korsika von Phocäern bevölkert.	
560	—,	4.	Pisistratus Tyrann von Athen fängt an zu regieren.	Geburt des Cyrus 575.
560	LV,	1.	Miltiades aus Athen, Sohn des Cypselus, stiftet sich eine Herrschaft im thracischen Chersones	v. C. Krösus, Kön. von Lydien.
559	LV,	2.	Pisistratus wird von Athen vertrieben. Geburt des Anakreon zu Teos, eines berühmten Lyrischen Dichters.	Amasis K. von Aegypten 570. v. C. Astyages K. von Medien vom Cyrus besiegt 559. v. C.
557	—,	3.	Geburt des Simonides, Sohns des Leoprepes. Abaris der Scythe kommt nach Griechenland.	Persisches Reich. Rückkehr der Juden aus dem Babylon. Exil.
554	LVI,	3.	Pisistratus wiederhergestellt in Athen und kurz darauf wieder vertrieben.	
553	—,	4.	Gründung der Stadt Barce in Libyen. Ibykus von Rhegium ein Lyrischer Dichter blüht.	Contfu-tsee ein Weiser in Sina blüht.
549	LVII,	4.	Geburt des Griech. Historikers Hekatäus von Miletus. Wir haben kein ganzes Geschichtbuch von ihm.	
548	LVIII,	1.	Der Tempel zu Delphi brennt ab.	
545	LVIII,	3.	Krieg zwischen den Spartanern und Argivern	
—	—,	4.	Anaximenes zu Miletus geboren, ein Jonischer Philosoph.	Krösus vom Cyrus besiegt.
542	LIX,	3.	Pisistratus zum drittenmal in Athen wiederhergestelt, er behauptet seine Herrschaft.	Phocäa wird v. Harpagus, Feldherrn des Cyrus erobert.

J. v. C.	J. d. Olymp.			Gleichz. Begeb.
541	LIX,	4.	Die Tejer bevölkern Abdera in Thracien. Phocyl des der Gnomische Dichter blüht.	542. v. C. die Jonier den Persern unterworfen.
536	LXI,	1.	Die Phoceer schlagen die Karthager und Etrusker zur See.	
535	—	2.	Vorstellung der Alcestis des Thespis in Athen. Hyela (Elia, Velia in Lukanien wird von den Phoceern gegründet. Sie bevölkern Marseille.	Tarquinius Superbus, letzter König von Rom. Cyrus kommt um 530. v. C.
528	LXIII,	1.	Tod des Pisistratus. Hipparchus und Hippias folgen ihm als Oberherrn von Athen.	Cambyses K. von Persien.
525	—	4.	Die Spartaner senden Truppen gegen Polykrates Tyrann von Samos ab. Geburt des Aeschylus, des Tragödiendichters in Athen.	Aegypten von Cambyses erobert 525. v. C
524	LXIV,	1.	Die Samier gründen Cydonia auf der Insel Kreta.	
523	—	2.	Kamarina in Sicilien durch Syrakusaner bevölkert.	Tod des Cambyseus 522. v.
519	LXV,	1.	Die Platäer begeben sich unter den Schutz der Athenienser.	C. und des Polykrates, Tyranns von
—	—	2.	Geburt des Pindarus zu Theben Oberherrschaft der Aegineten zur See.	Samos. Der Magier Smerdis K. von Persien.
514	LXVI,	3.	Hypparchus, Tyrann von Athen, wird durch Harmobius und Aristogiton getödtet.	Darius I. K. von Persien 521. v. C.
512	LXVII,	1.	Phrynichus erhält den Preiß des Trauerspieles. Die Amphiktyonen machen zum Wiederaufbauen des Delphisch. Tempels Anstalt.	Des Darius Scythischer Feldzug 511. v. C.
510	LXVII,	3.	Hippias wird von Athen verjagt die Freyheit wiederhergestellt.	

J. v. C.	J. d. Olymp.			Gleichz. Begeb
		Die Stadt Sybaris von den Crotoniaten zerstört. Tod des Pythagoras.		Die Könige werden aus Rom verjagt 509. v. C. Röm. Republik. Consuls.
508	LXVIII,	1,	Lasus Dithyrambischer Dichter blüht.	
507	—	2.	Miltiades von Athen geht in den Chersones zurück. Der Chersones wird v. den Scythen überfallen.	
			Um diese Zeit blüht Ageladas ein Griech. Künstler in Bronze.	
504	LXIX,	1.	Anfang des Jonischen Kriegs zwischen den Persern und Joniern.	Porsena Kön. der Hetrusker mit den Römern in Krieg. Amyntas, I. K. von Macedonien den Persern unterwürfig.
503	LXIX,	2	Die Stadt Sardes wird von den Joniern und Atheniensern verbrannt.	
500	LXX,	1.	Geburt des Anaxagoras zu Klazomenä, nachher berühmten Philosophen zu Athen.	
			Kamarina wird von den Syrakusanern zerstört.	
			Der Philosoph Heraklitus von Ephesus blüht. Vielleicht gehört in diese Zeiten auch der Geograph Scylax von Caryanda.	
498	LXX,	3.	Miletus wird von den Persern erobert. Aristagoras getödtet. Ende des Jonischen Kriegs.	
			Geburt des Sophokles, des Tragischen Dichters zu Athen. Nach andern erst Ol. 71, 2.	
497	—	4.	Kamarina wird vom Hippokrates wiederhergestellt. Die Inseln Chios, Tenedos ꝛc. werden von den Persern erobert, Jonien beruhigt.	Schlacht zwischen den Römern und Lateinern am Regillischen See 497 v. C. sichert die Unabhängigkeit der Römer
496	LXX,	1.	Geburt des Geschichtschreibers Hellanikus von Lesbos.	
495	—	—	Mardonius der Pers. Feldherr	

J.v.C.	J. der Olymp.		Gleichz. Gegeb.
		geht gegen die Griechen zu Felde, kehrt aber bald um.	Die Römer erhalten Tribunen des Volks 494 v.C.
491	LXXII, 2.	Krieg zwischen den Persern und Europ. Griechen.	
490	— 3.	Schlacht bey Marathon.	
484	LXXIV, 1.	Geburt des Geschichtschreibers, Herodotus.	Tod des Darius 485. v.C. Xerxes Kön. von Persien erobert Aegypten, das sich empöret hat, wieder.
		Um diese Zeit blüht Epicharmus, Urheber der alten Komödie.	
484	LXXIV, 1.	Gelon macht sich zum Herrn von Syrakus. Er zerstört Kamarina u. führt die Einwohner nach Syrakus.	
481	— 3.	Anfang des Persischen Feldzugs gegen die Athenienser.	Koriolanus bekriegt sein eignes Vaterland, Rom.
480	LXXV, 1.	Schlachten bey Thermopylä u. bey Salamis. Gelon besiegt die Karthager. Geburt des Euripides.	Alexander Kön. v. Macedonien.
479	— —	Schlachten, bey Platäa und Mykale.	Heldenmuth der Fabier in Rom.
		Griechenland von den Einfällen der Perser frey.	
477	— 3.	Gelon Kön. v. Syrakus stirbt. Ihm folgt Hiero I. die Oberherrschaft von Griechenland kommt von den Lacedämoniern an die Athenienser.	
		Um diese Zeit blühen Korinna aus Korinth, eine Dichterin, und Achäus aus Erteria ein Komödienschreiber.	Streitigkeiten in Rom über die Ackervertheilung.
471	LXXVII, 1.	Geburt des Thucydides des Geschichtschreibers.	
	— 2.	Die Eleer, die bisher in kleinere Städte zerstreuet waren, vereinigen sich in der Stadt Elis und vergrößern sie.	
470	— 3.	Cimon, Sohn des Miltiades, schlägt die Perser zu Wasser und zu Lande. Sophokles führt sein erstes Trauerspiel auf.	

J. v. C.	J. der Olymp.			Gleichz. Gesch.
469	LXXVII, 4.	Geburt des Sokrates zu Athen		
468	LXXVIII, 1.	Die Messenier und Heloten empören sich gegen die Spartaner. Neuer Messenischer Krieg.		
465	— 4.	Thrasybulus, der bisherige Beherrscher von Syrakus, wird vertrieben. Syrakus erhält seine Freyheit wieder.		Xerxes wird von Artabanus getödtet 465. v. C.
463	LXXIX, 1.	Die Athenienser schicken den abgefallenen Aegyptern Hülfstruppen zu.		Artaxerxes I. Kön. v. Pers.
460	LXXX, 1.	Herodotus reiset nach Aegypten. Um diese Zeit blühen die Dichter des alten Lustspiels Kratinus und Plato, der lyrische Dichter Bacchylides, die Dichterin Praxilla aus Sicyon, und der Bildhacher Onatas.		Inaros und Amyrtäus Könige von Aegypten. In Rom Streit über die Einführung des Gesetzbuchs.
457	— 4	Vollkommner Sieg der Athen. über die Thebaner, unter Kommando des Myronides. Vorher hatten sie schon die Korinther und Peloponnesier besiegt.		
456	LXXXI, 1.	Herodotus liest einen Theil seiner Geschichte in den Olympischen Spielen vor, einen andern Theil soll er Ol. LXXXIII, 4. bey den Panathenäen in Athen mit Beyfall vorgelesen haben.		Römische Deputirte nach Griechenland geschickt, Gesetze abzuschreiben.
454	— 3.	Fünfjähriger Waffenstillstand zwischen den Athen. und Lacedämoniern.		Perdikkas II. Kö. v. Maced.
452	LXXXII, 1.	Sybaris wieder hergestellt.		In Rom J.
450	— 3.	Cimon schlägt die Perser zur See bey Cypern und zu Lande in Cilicien.		302, v. C. 452. Zehnmänner zur Verfertig. der Gesetze Gesetze der Zwölf Tafeln 448. v. C.
449	— 4	Friede des Königs von Persien mit den Griechen. Tod des Cimon. Staatsverwaltung des Perikles.		

J. v. C.	J. d. Olymp.		Gleichz. Begeb.
447	LXXXIII, 2.	Die Lacedämonier brechen in Attika ein, die Athen. werden von den Thebanern bey Koronea geschlagen.	
446	— 3.	Sybaris abermals zerstört. Die Athenienser gründen Thurin in Italien. Herodotus ist unter der Zahl der dorthin gehenden Kolonisten. (Karcher setzt es zu Ol. 84. 1. 444. v. C.)	
443	LXXXIV, 1.	Euripides blüht. Der Sophist Protagoras. Demokritus von Abdera, Empedokles zu Agrigentum, Philosophen. Parmenides ein Philosoph und Dichter, verschiedene Sophisten unter denen Gorgias von Leontini, Prodikus von Ceos, Antiphon von Rhamnus.	In Rom werden Kriegstribunen statt der Consuls gewählt.
441	— 4	Perikles nimmt die Insel Samos ein.	
440	— —	Es wird zu Athen verboten, Komödien aufzuführen, aber dieß Verbot schon 4 Jahre nachher aufgehoben. Berühmte Komödiendichter: Aristophanes, Eupolis, Phrynichus, Philonides, Teleklides, Agatho.	Verschwörung des Mälius in Rom.
439	LXXXV, 2.	Anfang des Korinthischen Kriegs. Die Korcyräer erhalten einen Seesieg über die Korinther.	
438	— 3.	Phidias, der berühmte Bildhauer und Baumeister, verfertigt zu Athen, die Statue der Minerva aus Elfenbein. (Wahrscheinlich hat er den Olympischen Jupiter zu Elis früher gemacht. Heyne Antiqu Aufs. I. 189—209.) Zu eben der Zeit leben die Dichter Polygnotus, My-	

J.v.C.	J.d. Olymp.		Gleichz. Begeb.
		con, Panänus, die Schüler des Phidias, Alkamenes und Agorakritus, die in Marmor und Erz arbeiteten.	
437	LXXXV, 4	Die Athen. schicken nach Amphipolis eine Kolonie.	Perdikkas II. K. von Maced.
436	LXXXVI, 1	Bündniß zwischen den Korcyräern und Athenienfern.	wird ein Feind der Athen.
435	— 2	Potidäa fällt von den Athenienfern ab. Heraklea sonst Siris von Tarentinern angelegt.	
433	LXXXVI, 4	Meton zu Athen macht seine Enneadekaeteris bekannt.	Die Römer setzen ihre kleinen Kriege mit Aequiern und Volskern und immere Streitigkeiten fort.
431	LXXXVII, 1	Anfang des Peloponnesischen Krieges, im Frühjahr.	
430	— 3	Geburt des Plato, eines nachher berühmten Philosophen.	
429	— 4	Tod des Perikles. Potidäa von den Athen. erobert.	Sitalkes K. von Thracien Bundsgenosse der Athen. gegen die Macedonier.
427	LXXXVIII, 2	Plataa wird von den Lacedämoniern zerstört.	
426	— 3	Heraklea Trachinia von den Lacedämoniern gegründet	
425	— 4	Kleon macht die Lacedämonier auf der Insel Sphakteria zu Gefangnen.	Tod des Kön. von Persien Artarerxes; ihm folgt Xerxes II. diesem J. 424. v. C. Sogdianus, dann J. 423. Darius II. Nothus.
422	LXXXIX, 2	Die Wolken, ein Lustspiel des Aristophanes zum zweyten mal aufgeführt.	
422	— 3	Kleon der Athen. und Brasidas der Laced. Feldherr kommen in einer Schlacht um. Zwischen den Athen. und Laced. wird ein Friede auf 50 Jahre geschlossen, der Krieg dauert doch auswärts fort.	
		Um diese Zeit blüht Hippokrates von Cos, der Griech. Arzt, geboren Ol. 80, 1. gest. Ol. 106, 1. Sein Schüler und Schwiegersohn, Polybus.	Auch Perdikkas K von Maced. macht mit den Athen. Friede.

J.v.C.J.d.O.				Gleichz. Begeb.
421	LXXXIX,	4.	Berühmte Bildhauer und Bildner: Polykletus aus Sicyon, Myron aus Eleutherä, Pythagoras von Rhegium, Kallon, Ktesilaus; und die Maler: Aglaophon, Evenor, Damophilus, Nseas. Die vornehmsten Städte sind unzufrieden mit dem Frieden und verbinden sich unter einander. Alcibiades hindert in Athen die Ausführung des Friedens.	
416	XCI,	1.	Die Athen. unternehmen den Krieg in Sicilien gegen Syrakus.	
—	—	2.	Alcibiades wird von der Flotte zurückberufen, flieht nach Sparta.	
414	—	3.	Die Syrakusaner erhalten von den Spartanern und Korinthiern Hülfe.	
413	—	4.	Decelea im Attischen Gebiet von den Spartanern eingenommen und befestigt. Unglück der Athen. in Sicilien.	Archelaus Kön. von Macedonien.
411	XCII,	1.	Revolutionen in Athen. Vierhundert Bürger bringen die Regierung an sich im März. Vier Monate darauf wird sie abgeschafft.	
410	—	3.	Seesieg der Athenienser über die Lacedämonier.	
409	—	4.	Himera in Sicilien von den Karthagern zerstört.	Archelaus nimmt Pydna ein.
408	XCIII,	1	Die Stadt Rhodus wird gegründet. Man versetzt die Einwohner von Jalyssos, Kamirus und Lindus dahin.	
407	—	2.	Tod des Euripides. Kurz darauf stirbt auch Sophokles.	

J. v. C.	J. d. Olymp.		Gleich. Gegeb
405	XCIII, 3	Großer Seesieg der Athen. Admirale bey den Inseln Arginusä im October. Sie werden zum Tode verurtheilt.	Berühmte Römische Belagerung, von Veji. die Röm. Soldaten erhalten Sold.
405	— —	Dionysius wird Tyrann von Syrakus	
—	— 4.	Die Athenienstsche Flotte wird bey Aegos Potamos von Lysander genommen. Athen von Lysander erobert. Herrschaft der XXX. Tyrannen.	Artarerres II. succedirt dem Darius als Kön. v. Persien
403	XCIV, 1.	Thrasybulus ergreift die Waffen gegen die angemaßten Regenten.	
—	— 2.	Der Athen. Staat wird wieder hergestellt. Archon Euklides.	
400	XCV, 1.	Sokrates wird zum Tode verdammt.	Feldzug des jüngern Cyrus gegen seinen Bruder, den Kön. v. Persien 401. v. C. In Macedonien nach Ermordung des Kö. Archelaus 400. v. C. innere Unruhen.
		Agis Kön. von Sparta stirbt. Ihm folgt sein Bruder Agesilaus.	
		Spartanisch-Persischer Krieg, durch des jüngern Cyrus Feldzug veranlaßt.	
398	— 3.	Dercyllidas, der Spart. General besiegt den Tissaphernes und schließt mit ihm Vergleich.	
396	XCVI, 1	Glücklicher Feldzug des Agesilaus in Asien.	Römische Eroberung von Veji 397. v. C. M. Furius Camillus, Dictator.
395	— 2.	Konon, der Athenienser, kommt an den Persischen Hof und wird Persischer Admiral	
		Neuer Korinthischer und Böotischer Krieg.	
394	— 3.	Schlacht bey Haliartus. Lysander bleibt: Agesilaus muß aus Asien zurück.	
—	—	Konon schlägt die Spart. Flotte unter Pisander bey Knidus. Schlacht bey Koronea.	
393	— 4.	Conon führt die Mauern von Athen wieder auf. Korinth	

J. v. C.	J. d. Olymp.			
			durch den Athen. Iphikrates gerettet. *)	Gleichj. Beget. Argäus verdrängt den Amyntas K. von Maceb. Rom durch die Gallier erobert 391.v.C. Amyntas wieder K. v. Mac. 390. v. C. Rom wird wieder hergestellt 365. J. R. 389. v. C
392	XCVII,	1.	Thrasybulus stellt die Macht der Athen. im Hellespont wieder her, und nimmt Lesbos ein. *)	
389	—	4.	Krieg der Athenienser mit den Bewohnern von Aegina.	
387	XCVIII,	2.	Friede des Antalcidas. In diesen Zeiten blühen die Schüler des Sokrates, Aristippus von Cyrene, Stifter der Cyrenaischen Schule, Antisthenes, Stifter der Cynischen, Cebes, Aeschines, Xenophon, Plato (der Urheber der Akademischen Schule) phädo und Menedemus (Stifter der Elischen oder Eretrischen) Euklides (Vater der Megarischen Schule); die Pythagorischen Philosophen, Timäus von Lokri, Archytas von Tarent, Euboyus von Knidus; die Redner, Andocides, Lysias, Isokrates, Alcidamas, Isäus; der Dithyrambendichter Philoxenus, der Tragiker Chäremon, die Komödiendichter, Antiphanes (vornehmste Dichter der mittlern Komödie,) Nikophron; die Geschichtschreiber Thucydides (geb. Ol. 77, 2.) Xenophon (geb. Ol. 82.) Ktesias von Knidus; die Maler Apollodorus aus Athen, Zeuxis aus Velia, Parrhasius aus Ephesus, Timanthes, Eupompus, Pamphilus, die Bildner Kanachus, Polykles u. s. f.	Verschwörung des Manlius Capitolinus in Rom, 369. f. 385. v. C.

*) Bis hieher geht die Larcherſche Chronol.

J. v. C.	J. d. Olymp.		Gleichz. Begeb.
386	XCVIII, 3.	Die Thebaner wollen den geschlossenen Frieden nicht annehmen. Evagoras, Kön. von Cypern, führt mit den Persern Krieg.	
385	— 4.	Evagoras von den Persern bezwungen. Die Stadt Mantinea von den Spartanern zerstört.	
383	XCIX, 2.	Die Lacedämonier schicken dem Kön. von Macedonien Hülfe gegen Olynthus.	
—	— 3.	Phöbidas, der Spart. Feldherr nimmt Kadmea, die Burg von Theben und die Stadt selbst verrätherischer Weise ein.	
380	C, 1.	Die Olynthier müssen mit dem Kön. von Maced. Friede schließen.	
379	— 2.	Die Phliasier vom Agesilaus bezwungen.	
378	— 3.	Große Revolution in Theben. Die Stadt wird frey. Sphodrias, der Spartaner, macht einen Versuch auf den Hafen von Athen. Bündniß zwischen den Atheniens. und Thebanern.	
377	— 4.	Chabrias schlägt bey Naxos den Spart. Admiral Pollis, und kommt bey Abdera um.	Fortdauernde Anarchie in Rom.
376	CI, 1.	Zweyter Seesieg der Athen. unter Timotheus bey Leukate. Sieg des Pelopidas bey Tegyra.	
374	— 3.	Friede zwischen den Athen. und Thebanern.	
373	— 4.	Die Lacedämonier werden von Korcyra vertrieben.	
371	CII, 2.	Treffen bey Leuktra.	
369	— 3.	Einfall der Thebaner ins Lacedämonische Gebiet.	Jason Tyrann von Thessalien ermordet.
368	— 4.	Zweyter Theban. Einfall in Lakonien.	

J. v. C.	J. d. Olymp.			Gleichz. Begeb.
367	CIII,	1.	Unglückliche Unternehmungen der Arkadier. Feldzüge des Pelopidas gegen Alexander Thessalischen Tyrann zu Pherä.	Alexander II. Kön. von Maced. Ol. 102, 4.
366	—	2.	Neuer Thebanischer Einfall in den Peloponnes.	Alexander II. ermordet
—	—	3.	Waffenstillstand zwis. Griech. Völkern, bald gebrochen.	Perdikkas III. K. von Maced.
364	CIV,	1.	Pelopidas kommt in Thessalien um.	Dionysius I. Tyrann von
362	—	2.	Schlacht bey Mantinea. Epaminondas bleibt. Allgemeiner Friede.	Syrak. stirbt Ol. 103, 1. In Rom der erste
361	—	3.	Agesilaus Feldzug nach Aegypten und Tod.	Plebejische Konsul. Praetor.
359	CV,	2.	Philipp von Maced. schließt mit den Athen. Vergleich.	Philipp K.
358	—	3.	Bundesgenossenkrieg der Athenienser.	von Maced. Ol. 105, 1.
356	CVI,	1.	Friede der Athen. mit den Bundesgenossen.	Artaxerxes III. Ochus,
354	—	3.	Phocensischer oder heiliger Krieg.	Kön. v. Persien Dionysius II.
353	—	4.	Philipp erobert Methone und macht Thessalien frey.	durch Dion aus Sicilien
—	CVI,	4.	Philomelus, Anführer der Phocier, kommt in Thessalien um. Onomarchus tritt an seine Stelle, wird aber von Philipp geschlagen.	vertrieben. Geburt Alexanders des Gr. Ol. 106, 1.
352	CVII,	1.	Phayllus, Anführer der Phocenser, nach ihm Phaläcus.	Der Kön. von
349	—	4.	Die Athenienser schicken den Olynthiern Hülfe.	Persien besiegt die Phönicier,
348	CVIII,	1.	Philipp erobert Olynth.	Cyprier und
346	—	3.	Ende des Phocensischen Kriegs durch Philipp. In diesen Zeiten blühen die Komödiendichter Anaxandrides, Philetärus, Eubulus, Theopompus, Epikrates, Philippus und andere, die Tragiker Theodektes, Astydamas; die Red-	Aegypter. Dionysius II. wird wieder Tyrann von Syrakus Ol. 108, 3.

ner, Demosthenes, Aeschines, Lykurgus, Phocion; die Stifter der Peripatet. Schule Aristoteles, der Geschichtschreiber Theopompus die Bildhauer und Bildner, Praxiteles, Skopas.

II. Zusatz. Einige Erläuterungen der Griechischen Zeitrechnung.

Die Zeitabtheilung, der Gebrauch bestimmter Zeitmaße, die Zusammenrechnung derselben, die Feststellung gewisser Zeitkreiße, wurde sehr langsam unter den Griechen verbessert, und zu einiger mehrerer Vollkommenheit gebracht; aber die schon gemachten Verbesserungen wurden weder in die bürgerliche Zeitrechnung durchgängig aufgenommen, noch von allen Geschichtschreibern gehörig benutzt. Zuerst fieng man an, die Griech. Historie der blühenden Zeiten Chronologisch vorzutragen, und später machte man von den Chronol. Hülfsmitteln die Anwendung auf die ältere Historie. Die Epochen derselben scheinen auch oft mehr willkührlich, als auf zuverläßige Rechnungen gegründet zu seyn. Auch die Epochen des Parischen oder Arundelischen Marmors sind doch nur Angaben, die sich auf eine angenommene Folge der Begebenheiten gründen. Dieser Gegenstand ist in neuern Zeiten von mehrern Gelehrten untersucht worden. Ich will nicht die Schriftsteller anführen, die Fabricius (Bibl. Antiqu. p. 252. 283. u. a. a. O.) und Hr. Hofr. Meusel (Bibl. Hist. III, II, p. 318. fs. genannt haben. Montucla hat in der Hist. des Mathemat. T. I. mehr gelehrte Erläuterungen als genaue historische Forschungen darüber geliefert. Eine brauchbare Uebersicht gewährt Hrn. Hauptp. Rambach's Erster Abschnitt der Archäolog. Untersuchungen (oder 3. Th. seiner Ueb. von Potters Griech. Archäologie S. 1 — 68. Die sorgfältigsten Untersuchungen hat Eduard Corsini angestellt in den Fastis Atticis (Florenz 1744—56. IV. 4.) vornemlich in den beyden ersten Theilen, wozu einige Zusätze in Clem. Biagi Tractatu de decretis Athen. Rom. 1785. 4. befindlich sind. Auch Jul. Pontedera hat in den Enarrationibus antiqq. lat. graecarumque (Padua 1740.) von 19 — 28. Br. die Zeitrechnung der Griechen erläutert.

Die ältesten Bewohner Griechenlands kannten lange keine andre Abtheilung der Zeit, als die, welche täglich die Sonne macht, von deren Untergange an noch in der Folge der Anfang eines Tages berechnet wurde. Die Beobachtung der Veränderungen und Wiederkehr des Monds führte auf die Bemerkung größerer Zeitabschnitte, welche der Mondslauf bestimmte, und die Erfahrung, die man in dem Wechsel der Jahrszeiten machte, lehrte die Griechen, als sie mehr zu beobachten anfiengen, eine neue Abtheilung des Jahres. Selbst nach Sommern und Erndten wurde die längere oder kürzere Zeitentfernung der Begebenheiten berechnet, und lange hatte man keinen Zeitpunkt, von dem man die Jahre zu zählen anfangen konnte. Kein Wunder, daß bis auf den Trojanischen Krieg keine Chronologie und bis auf die Olympiaden keine sichere Chronologie der Griechen Statt findet. In Kleinasien erhielten die dasigen Griechen zuerst von ihren Nachbarn oder andern Fremden, Resultate astronom. Beobachtungen, die sie mit eignen vermehrten und worauf sich ihre Verbesserungen der Zeitabtheilung, Jahresform, und größere Perioden gründeten. Homer kennt noch nicht die Eintheilung in Stunden, denn ὥραι sind bey ihm größere Zeitabschnitte[1]) und die Theile des Tages werden nach dem Stand der Sonne, oder nach gewissen Beschäftigungen, und die der Nacht nach verschiednen Nachtwachen oder andern Umständen benannt [2]) Wasseruhren und Sonnenzeiger kennt er nicht. Von den Babyloniern hatten nach Herodotus ausdrücklicher Versicherung die Griechen den Schattenzeiger und Sonnenweiser angenommen.[3]) Unter den Europäischen Griechen sollen die Arkadier zuerst den Mondslauf beobachtet,[4]) und ein Jahr von drey Mondmonaten gehabt haben. Ueberhaupt ist die Zahl der Monate eines Jahrs anfangs verschieden gewesen, bis man sie zu 12 Mondenmonaten bestimmte. Willkührlich bestimmte man in der Folge die Länge dieser Monate, und setzte ein bürgerliches Jahr von 360 Tagen fest, dessen sich die Athenienser noch bis in die spätern Zeiten bedient haben.[5]) Der Anfang der Jahre war nicht immer auf dieselbe Jahrszeit gesetzt, ursprünglich auf den Wintersonnenstand,

[1]) f. Costard Letter concerning the ages of Homer and Hesiod, Philosoph. Transf. Vol. 48. P. II, p. 230. Witt. Hindenburg. Anim. in Xen. p. 170. ff.

[2]) Die verschiednen Namen führt Pollux Onom. I, 68-71. an.

[3]) Martini von den Sonnenuhren der Alten S. 12 welcher S. 27 — 38 in den τροπαις ηελιοιο in einer Stelle Homers, einen natürlichen Sonnenweiser findet.

[4]) Heyne Opusc. Acadd. II. 342. ff.

[5]) Plin. A. N. 7, 6. 60. 34, c. 6.

dann auf den ersten Neumond nach dem Sommersonnenstand.

Die Vergleichung der Mondenjahre mit den Sonnenjahren oder der bürgerlichen Jahre von 360 Tagen mit denen von 365 machte Einschaltungen nothwendig, zumal da manche Feste und Opfer der Griechen an die Jahreszeiten und andere an die Veränderungen des Mondlaufs gebunden waren, und so wie bey den, unter den verschiednen Griechischen Nationen gebräuchlichen, verschiednen Jahresanfängen ein gemeinschaftlicher Maaßstab erfordert wurde, den man nachher in der Aere der Olympischen Spiele fand: so wurden zum Behuf der Einschaltungen mehrere Cyklen gebraucht, die nur allmälig eine größere Vollkommenheit erhalten konnten. Der älteste soll nur aus zwey Jahren bestanden haben (Dieteris), man schaltete nämlich alle zwey Jahre [1]) einen Monat, vielleicht nur von 22 Tagen ein, welcher zweyter Posideon genannt wurde. Vielleicht ist die Trieteris nur aus einer nicht ganz richtigen Auslegung der angezeigten Stelle des Herodotus entstanden. Der bald darauf eingeführte vierjährige Cyklus (Tetraeteris) sollte die Fehler des vorigen verbessern. [2]) Nach der Erklärung einiger Chronologen schaltete man im zweyten Jahre einen Monat von 22 und im vierten einen von 23 Tagen ein. Nach Scaligers Meynung setzte man jeden von den drey ersten Jahren dieser Periode zwey und den letzten nur einen Tag zu. Daß diese Periode frühzeitig in Umlauf gekommen, kann man schon aus der bestimmten Dauer einer Olympiade schließen.

Als man die Fehler oder die Unbequemlichkeiten dieser Einschaltungsperiode eingesehen hatte, wurde eine doppelte Tetraeteris oder eine Achtjährige Periode (Oktaeteris) eingeführt, deren Urheber Kleostratus aus Tenedos (nach einigen um die 61te nach andern erst in der 68sten Olymp.) gewesen seyn soll. Wenn dabey ein Mondenjahr von 354 Tagen zum Grunde gelegt war (also $8 \times 354 = 2832$ Tagen), so mußten noch 90 Tage in drey Monaten jeden von 30 Tagen eingeschaltet werden, welche wohl nicht sämmtlich in das letzte Jahr gesetzt, [3]) sondern im ersten, dritten und sechsten, oder im dritten, fünften (sechsten) und achten Jahre eingeschaltet wurden. Harpalus nahm eine Verbesserung dieses Cyklus vor, und gab ihn zwey Tage

---

[1]) Herodot. 2, 4. Montucla I. p. 164. der keinen deutlichen Begriff von der Sache giebt.
[2]) Censorin. de die nat. c. 18.
[3]) Nach Macrob. Sat. I, 13.

mehr; die Octaëtride des Kleostratus hatte 2922; die des Harpalus 2924 Tage, in jener wechselten Monate von 30 und 29 Tagen regelmäßig ab, hier war dieß nicht in allen Jahren der Fall. Etwas später setzte Eudoxus die Octaeteride auf 2923½ Tage, weil der achtjährige Mondcyklus fast so viel beträgt; er verdoppelte daher die Octaeteride und führte die sechszehnjährige Periode (Hexcaidecaeteris) ein, in welcher die erste Hälfte die gewöhnliche Kleostratische war, die andere aber 2925 Tage hatte. Da 19 solche Perioden 30 Tage zu viel gaben, so ließ man nach 160 Jahren einen Schaltmonat von 30 Tagen weg, und auf diese Art behauptete diese Periode sich im Gebrauch, ungeachtet so viele andere erfunden worden waren. Die Monate standen bis auf Meton in folgender Ordnung: 1. Gamelion 30 T. 2. Anthesterion 29 T. 3. Elaphebolion 30 T. 4. Munychion 29 T. 5. Thargelion 30 T. 6. Scirrhophorion 29 T. 7. Hekatombäon, 30 T. 8. Metagitnion 29 T. 9. Boëdromion 30 T. 10. Mämacterion 29 T. 11. Phanepsion 30 T. 12. Posideon 29 T. = 354 T. Hierzu kam 13. ein zweyter Posideon in den Schaltjahren, erst von 22. Dann abwechselnd von 22 oder 23 endlich von 30 Tagen. Einige andere Einschaltungsperioden sind nie in bürgerlichen Gebrauch gekommen.¹)

Lange vor dem Eudoxus, dessen Cyklus durch Dostheus verbessert wurde, hatte Meton zu Athen (in der 87. Olymp. 432. J. vor Chr. Geb.) einen neuen Zeitkreis von 19 Jahren (Enneadecaeteris) bekannt gemacht, weil er die Fehler der Octaeteride durch die Abweichung der Umläufe der Sonne und des Mondes, die in jeder achtjährigen Periode einige Stunden betrug, einsah. Sein Cyklus, der vom 15. Jul. Olymp. 87, 1. anfieng, und zur genauern Bestimmung der Feste der Griechen diente, begriff die Summe von 6940 Tagen. Die gewöhnlichen Jahre waren Mondjahre von 354 Tagen, sieben Schaltjahre (das 2. oder 3., 5. oder 6., 8, 10. oder 11., 13. oder 14., 16. oder 17., 18. oder 19. J. hatten einen Schaltmonat von 30 Tagen und noch müssen 4 andere Jahre aus 355 Tagen bestanden haben. Obgleich auch diese Periode einen Fehler hat, der 6 Stunden beträgt, so war er doch anfangs so unmerklich, daß fast alle Griechen dieser Periode sich bedienten, und daß die öffentlichen Kalender (parapegmata) auf ihre Berechnung sich gründeten. Meton hatte auch den ursprünglichen Jahresanfang der Athenienser, nemlich vom

---

¹) Montucla I. 166.

Neumond zur Zeit des Sommersonenstillstandes oder vom Hekatombäon an wiederhergestellt. *) Als der Fehler dieser Periode sichtbar wurde, machte Kalippus hundert Jahre später einen Verbesserungsversuch. Er setzte eine größere Einschaltungsperiode von 76 Jahren oder vier Metonischen Perioden fest, die vom 29. Jun. Ol. 112, 3. J. 330. v. Chr. Geb. anfieng. Er ließ einen Tag weg, den die Metonische Periode in 76 Jahren zu viel hatte, und ließ nicht einen zweyten Posideon als Schaltmonat fortdauern, sondern ein zweyter Scirrhophorion wurde Schaltmonat, als der letzte im Jahre.

Kalippus hat nachher noch seinen Cyklus dahin verändert, daß anstatt des bisherigen Anfangs der Jahre vom Sommersonnenstand die Jahre nun vom Herbstäquinoctio anfiengen. Nach Alexanders Tode kam dieser Cyklus in mehrern Gebrauch (312. v. C. G.) und verbreitete sich mit der Herrschaft der Seleuciden. Selbst Hipparchus, der nach seinen richtigern Beobachtungen der Nachtgleichen eine nicht unbedeutende Verbesserung der Kalippischen Periode machte, konnte ihren Gebrauch nicht verdrängen. Er setzte aus 4 Kalippischen Cyklen einen großen von 304 Jahren zusammen, bey welchem er aber einen Tag, der zu viel war, ausließ. Seitdem C. Julius Cäsar die Jahresform in Rom hatte verbessern lassen, (45. v C) bedienten auch die Griechen sich des Julianischen Jahres, und selbst der Römischen Monatsnamen. Mit den Einschaltungsperioden veränderte sich auch der Anfang der Griechischen Jahre. Die Athenienser hatten sie erst mit dem Wintersonnenstand, dann mit Rücksicht auf die Olympischen Spiele vom ersten Neumond nach dem Sommersonnenstand, und nachher vom Herbst angefangen. Daher ihre Monate und deren Anfang nicht jährlich mit demselben Tage und Monate der Römer oder unsrer Zeit zusammentreffen konnten, bis zuletzt festgesetzt wurde, daß der Hekatombäon vom 1. Jul. angehen sollte. Selbst unter den Griechischen Nationen, den Lacedämoniern, Korinthern, Thebanern und andern war, obgleich die Olympischen Spiele zum gemeinschaftlichen Maaßstabe dienten, keine geringe Verschiedenheit der Monate. Die Macedonier fiengen ihr altes Jahr, welches auch ein Mondjahr war, anfangs nach dem Sommersolstitio, dann vom Frühling, und seit Alexanders Siege bey Arbela vom Herbst

*) Montucla I 163. f. Bailly Geschichte der alten Astronomie I. 272. ff. II. 290. ff.

aquinoctio an. Später erhielten sie ein Sonnenjahr. Die Macedonische Jahresform und Monate wurden mit ihrer Oberherrschaft von mehrern Asiatischen Völkern angenommen, nicht ohne einige Verschiedenheit des Anfangs der Jahre, welche erst die Römische Herrschaft aufhob. Auch die Griechen in Asien hatten ihre etwas abweichenden Jahresformen, ob sie gleich meistens, wie die Macedonischen, von Herbstäquin. anfiengen. Die Athen. und Maced. Monate waren:

A.	M.	
Hekatombäon	Lous	im Julius
Metagitnion	Gorpiäus	— August
Boedromion	Hyperberetäus	— September
Mämacterion	Dius	— October
Pyanepsion	Apelläus	— November
Posideon	Audinäus	— December
Gamelion	Peritius	— Januar
Anthesterion	Dystrus	— Februar
Elaphebolion	Xanthirus	— März
Munychion	Artemisius	— April
Thargelion	Däsius	— May
Scirrhophorion	Panemus	— Junius.

Das Macedonische Jahr fieng erst vom Dius, nachher vom Hyperberetäus an.

Die Monate der Athenienser haben ihre Namen von gewissen größern Festen erhalten, welche in dieselben fielen. Jeder Monat wurde in 3 Dekaden getheilt, die des anfangenden, des mittlern und des endigenden Monats (αρχομενυ, μεσυντος, φθινοντος) der erste Tag der ersten Dekade hieß Νυμηνια, die folgenden wurden bloß durch fortlaufende Zahlwörter unterschieden (δευτερα ιςαμενυ oder αρχομενυ), eben so die der zweyten Decade, die Tage der letzten Dekade wurden sowohl in aufsteigender als absteigender Zahl ausgedrückt. Der letzte Monatstag hieß allemal ενη και νεα (der alte und neue,) auch wenn der Monat 30 Tage hatte, τριακας.

Die einzelnen Griech. Völker hatten auch verschiedne Epochen und darauf sich gründende Aeren Am gewöhnlichsten war es die Jahre bey jedem Volke mit den Namen der obersten Magistratspersonen zu bezeichnen. Nur eine Jahrrechnung wurde allgemein gebräuchlich, die der Olympiaden. Die ersten Olympischen Spiele, von welchen die Olympiaden berechnet zu werden anfangen, werden von den meisten gesetzt auf den 19—22. Jul. 776

obgleich einige den Anfang der Olymp. in die Jahre 772. 774. 775. vor Chr. setzen. Wahrscheinlich bewahrt man zuerst im Tempel des Olymp. Jupiters Verzeichnisse der Sieger auf. Diese wurden späterhin bekannt gemacht. Ob aber Timäus der erste Geschichtschr. gewesen ist, der in seinem grössern Werke die Zeitrechnung nach den Olympiaden bestimmt hat, ist zweifelhaft. Auch die übrigen gr. Spiele (die pythischen, isthmischen, nemeischen) konnten als Aeren gebraucht werden. Eben so diente der Anfang einer Geschlechtsfolge (Geschlechtssage) zur Epoche (daher die verschiedenen Argivischen, sicyonischen u. s. f. Epochen) und einen ähnlichen Gebrauch veranlaßten wichtige einzelne Vorfälle. Aus diesen Verzeichnissen, Genealogien und Mythen schöpften die folgenden Chronologen (unter denen schon Aristoteles Verzeichnisse der Sieger in den griech. Spielen lieferte, Diog. Laert. V, 27.). Die beyden vornehmsten sind Eratosthenes, aus Cyrene im 3. Jahrh. vor Christi Geb. und Apollodorus aus Athen im 2. Jahrh. (s. Larcher VI. 406. ff. 463.) Letzterer nahm zwischen Trojas Eroberung und der ersten Olympiade einen Zeitraum von 408 Jahren an. Nach den einzelnen Berechnungen des erstern betrug er 407 Jahre. Er setzte die Rückkehr der Herakliden 80 Jahre nach Trojas Eroberung und die Jonische Colonie 60 Jahre nach der Rückkehr der Herakliden an. Auch Dicäarchus hatte die vornehmsten griechischen Epochen bestimmt *). Wer auch Verfasser der Chronik von Paros gewesen seyn mag, und auf welche Veranlassung diese Inschrift auch verfertigt worden ist, die die wichtigsten Epochen der griechischen Zeitrechnung angiebt, ihrer Brauchbarkeit und ihrer Aechtheit ist weder dieß nachtheilig, daß man ihren Verfasser nicht kennt, noch auch, daß sie keine öffentliche Auctorität gehabt zu haben scheint **). Und andere neuerlich vorgebrachte Gründe gegen ihre Aechtheit sind noch weniger scheinbar. Aber die Zuverlässigkeit der Angaben wird dadurch zweifelhafter, daß man ihre Quellen und die Gründe der Abweichung von andern Angaben so wenig kennt. Cecrops wird 1318. J. vor dem letzten Zeitpunct dieser Chronik (264. vor Chr.) angesetzt,

---

*) Larcher VI. 402. f. wo auch von andern Chronologen gehandelt wird.
**) Ueber ihre Geschichte kann man das nachsehen, was Hr. D. Semler in Zusätzen zur allgemeinen Welthistorie 1 Th. S. 145. ff. und Herr Hofr. Meusel Bibl. Hist. III, II, 330. ff. gesammlet haben. Vergl Larcher S. 412. ff. und vornemlich K. F. C. Wagner in seiner Schr.: Die parische Chronik griech. übersetzt und erläutert, nebst Bemerkungen über ihre Aechtheit. Götting. 1790. 8.

d. i. 1582. vor Chr., nach den Chronographen, denen Eusebius und Syncellus gefolgt sind, gehört er zum Jahre 1556. oder 1555. vor Chr. Die Belagerung von Troja war eine zu wichtige Begebenheit für die griech. Heldenzeit, als daß nicht spätere Chronologen die Eroberung dieser Stadt hätten zu einer Epoche machen sollen. Aber als man diesen Gebrauch davon zu machen anfieng, wußte man schon die Zahl der Jahre nicht mehr genau, die vor oder seit dieser Epoche verflossen waren. Denn auch hier mußte man sich an die Geschlechtsfolgen großer Häuser halten. Die Geschichtschreiber gaben daher verschiedene Zeitbestimmungen an, die sich jedoch auf drey reduciren lassen *), die des Herodotus, dem auch Thucydides folgt, nach welchem die Eroberung von Troja ungefähr ins Jahr 1270. vor Chr. Geburt fällt **); die der Parischen Marmortafeln, nach welchen sie zum J. 1209. vor C. gehört, und die des Eratosthenes und Apollodorus, nach denen sie zum J. 1184 oder 1183. gerechnet werden muß. Die Rückkehr der Herakliden war eine zweyte wichtige Begebenheit, die man fast allgemein 80 Jahre nach Troja's Eroberung ansetzte †). Andere Epochen und chronologische Hülfsmittel sind, so wie die Schriften der spätern Chronographen, welche die Zeitfolge der Begebenheiten bemerkten oder die chronologischen Angaben einer gewissen Art sammelten, schon in der Einleitung genannt worden.

*) Larcher VI. 411.
**) Ebenders. S. ss. 393. und vornemlich der seel. Reiz Vorrede zum Herodot. T. I. p. XXVII. sq.
†) Thucyd. I, 12. Larcher am ang. Orte VI. 495. ff.

Ende des ersten Theils.

www.ingramcontent.com/pod-product-compliance
Lightning Source LLC
Chambersburg PA
CBHW021424300426
44114CB00010B/641